Ricardo Semler

Das Semco System

RICARDO SEMLER

DAS SEMCO SYSTEM

MANAGEMENT OHNE MANAGER

DAS NEUE REVOLUTIONÄRE FÜHRUNGSMODELL

WILHELM HEYNE VERLAG
MÜNCHEN

Titel der amerikanischen Originalausgabe:
Maverick: The Success Story Behind The World's
Most Unusual Workplace

Ins Deutsche übertragen von Michael Schmidt

Umschlaggestaltung: Schlotterer & Duffek, München
Satz: (1605) IBV Satz- und Datentechnik GmbH, Berlin
Druck und Bindung: Mohndruck, Gütersloh
Printed in Germany
ISBN 3-453-06916-1

Inhaltsverzeichnis

Vorwort zur deutschen Ausgabe

TEIL EINS 11

1. Ein ganz natürliches Unternehmen 15
2. In die Pflicht genommen 24
3. Dr. Dickie 31
4. Fehlstart 43
5. Was kostet die Welt? 52
6. Drei Dämpfer 58
7. Noch eine Eroberung 63
8. So kann es nicht weitergehen 69

TEIL ZWEI 79

9. Die Kehrtwende 83
10. Ein demokratisches Unternehmen 98
11. Eine Veränderung kommt selten allein 107
12. Der Ärger mit den Vorschriften 118
13. Als die Bananen die Affen fraßen 127

TEIL DREI 137

14. Was nützt es uns, daß wir so groß sind 141
15. Teile und gedeihe 152
16. Die Irren übernehmen die Anstalt 160
17. Den Reichtum verteilen 168
18. Aktenberge 176

19. Starke Frauen 185
20. Flexible Arbeitsplätze 192
21. Problemfälle 198
22. Auch Bosse kann man einstellen und feuern . . 208
23. Mehr als ein Job 219

TEIL VIER 227

24. Die runde Pyramide 231
25. Nennen Sie Ihren Preis 243
26. Vom Unternehmer zum Bestsellerautor 252
27. Das Maultier ohne Kopf 258
28. Ehrlich währt am längsten 265
29. Denken als Job 273
30. Gleitzeit 280

TEIL FÜNF 287

31. Zusammenbruch 291
32. Startrampe für Satelliten 302
33. Wiedergeburt 311
34. Wer braucht schon eine Nummer eins? 321
35. Ein Modell für die ganze Welt? 331
36. Moderne Zeiten 341

Anhang A Von unten gesehen – Wie Semco-Mitarbeiter ihre Vorgesetzten bewerten . 353
Anhang B Die Semco-Kur gegen die Zeit-Krankheit 358
Anhang C Ein Semco-Wörterbuch 362
Anhang D Das Überlebens-Handbuch 367

Vorwort zur deutschen Ausgabe

Deutschland steht gegenwärtig an einem Wendepunkt seiner Geschichte. Die stillschweigende Annahme, die ehemalige DDR und alles, wofür sie stand, lasse sich allmählich in eine Gesellschaft verwandeln, die Schritt für Schritt alles Positive aus dem Westen übernimmt, erweist sich zunehmend als unrealistisch. Doch gibt es immerhin noch die Chance, daß bei der Vereinigung der beiden Teile Deutschlands etwas kulturell Neues herauskommt – wobei »kulturell« hier im weiten Sinne gefaßt ist und auch die Arbeitswelt einschließt. Wer annimmt, der westdeutsche Weg sei der einzig mögliche, kann genausogut daran glauben, daß die USA und der Kapitalismus die Sowjetunion und den Sozialismus besiegt hätten. Doch damit hätte er sein Weltbild dergestalt verengt, daß darin nur noch kapitalistisch bestimmte Organisationen Platz finden. Diese Sicht der Dinge ist wahrscheinlich unhaltbar.

Ich glaube indes fest daran, daß Teil der grundlegenden Umformung Deutschlands letztlich auch eine Neugestaltung der Arbeitswelt sein wird. Viele Konzepte des Sozialismus sind nützlich und notwendig, während die Fehler des lupenreinen Kapitalismus ebenso ins Auge stechen. Den Arbeitern am Arbeitsplatz eine starke Stimme zu sichern, ist in der Tat höchst wünschenswert. Wer sich davon überzeugen will, braucht nur weltweit Rentner und Pensionäre zu befragen, ob sie das Gefühl haben, daß ihr Arbeitsleben ihnen etwas gegeben hat – vor allem Befriedigung und innere Erfüllung –, und ob sie selbst dabei alles geben konnten, das in ihnen steckte. Wenn man sich die Antworten ansieht, die vor allem in den westlich-kapitalistischen Gesellschaften auf solche Fragen gegeben werden, kann man nur sorgenvoll die Stirn runzeln.

In Deutschland gibt es offizielle gewerkschaftliche Mitbestimmungsmodelle (besonders auf Druck der IG Metall). Doch obgleich man sich bemüht hat, auf diese Weise die Mitspracherechte der Arbeiter im Unternehmen zu verankern, hat man auch hier immer noch kein System gefunden, das den Arbeitern echte Befriedigung verschaffen kann. Das ist natürlich kein Fehler der Deutschen. Gerade sie haben schließlich mit Fleiß, Disziplin und Qualitätsbewußtsein ihrem Land eine wirtschaftlich führende Stellung erarbeitet. Doch das höchste Ziel, eine Gesellschaft zu schaffen, in der sich freies Unternehmertum und Demokratie am Arbeitsplatz vereinigen, liegt auch in Deutschland noch in weiter Ferne. Durch die Wiedervereinigung ist die Herausforderung sogar noch größer geworden, denn die ersatzlose Abschaffung der sozialistischen Staatsphilosophie ist als einzige Antwort natürlich nicht ausreichend. Auch eine rein symbolische Mitbestimmung der Arbeiter in Komitees ohne wirkliche Entscheidungsbefugnis scheidet als langfristige Lösung aus.

Hinzu kommt natürlich noch, daß Europa irgendwie mit dem drängenden Problem fertig werden muß, viele sehr unterschiedliche Kulturen auf einen Nenner zu bringen. Mit Einwanderungswellen werden diese Länder noch lange zu tun haben, und der Trend zu mehr Minderheitenschutz wird vor allem am Arbeitsplatz seine Bewährungsprobe bestehen müssen. Hier gilt es, die Menschen konstruktiv zu integrieren. Gastarbeiter wird man kaum in Deutsche verwandeln können, doch ist es praktisch auch undurchführbar, die Grenzen einer so großen Volkswirtschaft wirklich dichtzumachen.

Vielleicht liegt die Lösung ja darin, den Arbeitsplatz Schritt für Schritt wirklich demokratisch zu gestalten und so eine Demokratie entstehen zu lassen, wie es sie bisher fast nirgends auf der Welt gegeben hat. Die Erfahrungen, die wir bei Semco in den letzten 14 Jahren gemacht haben, sind durchaus nur eine mögliche Antwort auf die hier skizzierten Fragen. Doch vielleicht können sie zeigen, was alles möglich ist, wenn Menschen die Möglichkeit erhalten, ihren Arbeitsplatz nach demokratischen Prinzipien zu gestalten.

Ricardo Semler

Danksagung

Mein Dank gilt zuerst und vor allem Rick Levine, der heute schon gar nicht mehr weiß, wie viele schlaflose Nächte ihm dieses Buch bereitet hat. Danken möchte ich aber auch Suzanne Gluck bei ICM, die naiv genug war zu glauben, wir könnten dafür auch noch einen Verleger finden; ferner Rick Horgan, Maureen Egen sowie ihren Kolleginnen und Kollegen bei Warner Books; Gail Rebuk bei Random House, England – und all den anderen Verlegern auf der ganzen Welt, die an dieses Buch glauben. Nicht vergessen werden sollen auch die resoluten Agentinnen Esther Newberg, Heather Schroder und ihre kompetenten Kolleginnen bei der Agentur Rogers, Coleridge & White in London. Und natürlich gilt mein ganz besonderer Dank den 65 Mitarbeitern bei Semco, die sich von mir so viele Stunden lang befragen ließen, und den anderen Angehörigen unseres Unternehmens, die diese Geschichte – und viele unserer Träume – Wirklichkeit werden ließen.

Für Antonio Curt,
dessen Seele in der Zentrale stets gegenwärtig ist,
und für Sofia, die mein Herz auf ewig in Gewahrsam hält.

TEIL EINS

Dies ist kein Wirtschaftsbuch im üblichen Sinne. Es ist ein Buch über Arbeitsbedingungen und darüber, wie man sie verbessern kann. Es basiert auf den Erfahrungen eines Unternehmens namens Semco, dem es gelungen ist, Geld zu verdienen und *den Menschen, die für diese Firma arbeiten, zu einem besseren Leben zu verhelfen. Manche Leute behaupten, Semco sei nichts weiter als ein verrücktes Labo-Maratorium, das von ein paar dreisten und ketzerischen Managern betrieben wird. Das sei nicht die wirkliche Welt, meinen sie. Sondern eben Brasilien. Inzwischen kenne ich all die anderen Argumente auch – wir seien zu weit gegangen, wir seien zu schnell vorangegangen, wir seien zu groß, wir seien zu klein, wir seien zu sehr auf High-Tech abgefahren, wir seien nicht genug High-Tech-orientiert.*

Aber ein paar Leute, die möglicherweise leichter zu begeistern oder zu beeindrucken, vielleicht auch nur aufgeschlossener sind als andere, werden in der Geschichte dieses – zugegebenermaßen merkwürdigen – Unternehmens und seiner Menschen einen neuen Weg sehen, wie man ein Unternehmen führen kann. Dieser Weg ist weder sozialistisch, wie einige unserer Kritiker behaupten, noch rein kapitalistisch. Es ist eben ein neuer Weg. Ein dritter Weg. Ein Weg, der humaner, vertrauensvoller, produktiver, anregender und in jeder Hinsicht lohnender ist als andere.

Kapitel 1

Ein ganz natürliches Unternehmen

An jedem Mittwochnachmittag strömen Dutzende von Männern und Frauen zum Haupteingang herein – auf dem Weg zu einem Konferenzraum im dritten Stock bei Semco, dem Unternehmen, das ich in São Paulo in Brasilien leite. Der Pförtner erwartet sie schon. Schon seit Jahren begeben sich inzwischen leitende Mitarbeiter von einigen der größten und bekanntesten Unternehmen der Welt – IBM, General Motors, Ford, Kodak, Bayer, Nestlé, Goodyear, Firestone, Pirelli, Alcoa, BASF, Chase Manhattan, Siemens, Dow Chemical, Mercedes-Benz, Yashica u. a. – auf eine merkwürdige Pilgerschaft zu unserem unscheinbaren Industriekomplex außerhalb der Stadt.

Semco stellt eine beeindruckend vielseitige Produktpalette her – zum Beispiel Pumpen, die einen Öltanker über Nacht entleeren können; Geschirrspülmaschinen, die pro Stunde 4100 Teller waschen; Kühlaggregate für Klimaanlagen, die in riesigen Bürotürmen selbst bei glühendster Hitze für angenehme Arbeitsbedingungen sorgen; Mischanlagen, die alles mixen, von Raketentreibstoffen bis zur Kaugummimasse; und ganze Keksfabriken, mit 6000 einzelnen Komponenten und zig Kabelkilometern. Aber nicht, *was* Semco macht, veranlaßt leitende Angestellte und Managementexperten aus der ganzen Welt, monatelang auf die Gelegenheit zu warten, unsere Werke und Büros zu besichtigen. Es ist die Art und Weise, *wie* wir das bei Semco machen.

Als ich Semco vor zwölf Jahren von meinem Vater übernahm, war die Firma in jeder Hinsicht ein traditionelles Unternehmen, mit einer pyramidenförmigen Hierarchie und Vorschriften für jede Kleinigkeit. Heutzutage aber setzen unsere Fabrikarbeiter zuweilen ihre eigenen Produktionsquoten fest und erfüllen sie sogar nach eigenen Arbeitszeitplänen, ohne vom Management dazu angetrieben werden zu müssen oder sich für Überstunden bezahlen zu lassen. Sie sind beteiligt an der Überarbeitung der Produkte, die sie herstellen, und an der Formulierung der Marketingpläne. Ihre Bosse wiederum können unsere Unternehmenseinheiten mit außergewöhnlicher Freiheit leiten und Unternehmensstrategien beschließen, ohne daß man ihnen von oben hineinredet. Sie setzen sogar ihre eigenen Gehälter fest, ohne an bestimmte Bedingungen gebunden zu sein. Es weiß aber auch jeder, wie hoch sie sind, denn bei Semco werden alle Finanzdaten offengelegt. Unsere Arbeiter haben wirklich unbegrenzten Zugang zu unseren Büchern (und wir haben keine »doppelte« Buchführung). Und um zu zeigen, daß wir das auch ernst meinen, bieten wir bei Semco, zusammen mit den Gewerkschaften, die unsere Arbeiter vertreten, eine Kurs an, bei dem jeder – sogar die Boten und das Reinigungspersonal – lernen kann, wie man Bilanzen und Cash-Flow-Berichte liest.

Bei allen wirklich großen Entscheidungen, etwa dem Kauf eines anderen Unternehmens, bekommt jeder bei Semco ein Stimmrecht. Als wir vor ein paar Jahren einen neuen Standort für eine Fabrik suchten, haben wir für einen Tag dichtgemacht und alle Mitarbeiter in Bussen zu drei möglichen neuen Standorten gefahren. Und dann haben die Arbeiter entschieden. Ihre Wahl hat uns nicht gerade begeistert, denn dieser Standort befand sich in der Nähe eines Unternehmens, das häufig bestreikt wurde. Doch obgleich in unserem Management niemand Auseinandersetzungen zwischen Arbeitern und Management aus nächster Nähe miterleben wollte, sind wir dann doch dorthin gezogen.

In der Lobby unserer Zentrale, einem ganz normalen Bürogebäude mit vier Etagen aus Stahl und Glas, gibt es zwar einen Empfang, aber keine Empfangsdamen. Daran sieht man als erstes, daß wir anders sind: Wir haben keine Empfangsdamen. Wir glauben nämlich, daß wir sie gar nicht brauchen – trotz all der vielen Besucher. Wir haben auch keine Sekretärinnen oder persönliche Assistentinnen. Wir wollen unsere Gehaltsliste nicht mit unbefriedigenden Jobs ohne Aufstiegsmöglichkeiten überfrachten. Jeder bei Semco, selbst ein Topmanager, holt Gäste ab, bedient Fotokopierer, schickt Faxe ab, schreibt seine eigenen Briefe und bedient das Telefon. Wir haben keine Kasinos für leitende Angestellte, und beim Parken gilt die Regel: »Wer zuerst kommt, mahlt zuerst.« Das gehört einfach alles dazu, wenn man ein »natürliches Unternehmen« führen will. Bei Semco haben wir uns die überflüssigen Vergünstigungen und Privilegien abgeschminkt, die das Ego kitzeln, aber die Bilanz belasten und die alle von den wesentlichen Unternehmensaufgaben ablenken, nämlich zu produzieren, zu verkaufen, Rechnungen auszustellen und zu kassieren.

In unseren Büros gibt es nicht einmal die üblichen Wände. Statt dessen werden in unseren Arbeitsbereichen die Schreibtische, Computer und Reißbretter durch einen Wald aus lauter Pflanzen voneinander getrennt. Hier herrscht eine informelle Atmosphäre: Die einen tragen Anzüge und Krawatten oder Kleider, andere Jeans und Turnschuhe. Wenn jemand Nadelstreifenanzüge und Button-Down-Hemden tragen will – bitteschön. Aber Rollkragenpullis und T-Shirts sind auch okay. Und ich habe nichts dagegen, wenn unsere Leute ihre Füße auf den Schreibtisch legen, genau wie ich. Ich erzähle gern davon, daß es immer wieder mal vorkommt, daß eine Gruppe von Semco-Managern von Leuten gestört wird, die in ihrem Konferenzraum gerade eine Geburtstagsparty abhalten wollen. Es macht mir Spaß, wenn ich sehe, wie Vizepräsidenten Kuchen von kleinen Tellern löffeln, die mit Mickey und Minnie Mouse verziert sind.

Bei uns gibt es einen Verkaufsleiter – Rubin Agater heißt er –, der stundenlang dasitzen und Zeitung lesen kann und sich dabei nicht einmal die Mühe macht, beschäftigt auszusehen. Ich bin überzeugt, das wird einige unserer Besucher verblüffen. Die meisten modernen Manager würden das nicht dulden. Aber wenn eine Semco-Pumpe auf einem Öltanker auf der anderen Seite der Erde versagt und Millionen Liter Öl ins Meer zu strömen drohen, dann schießt Rubin aus den Startlöchern. Er weiß einfach alles, was man über unsere Pumpen wissen muß und wie man sie repariert. Und genau dann verdient er sein Gehalt. Ob er die übrige Zeit beschäftigt *aussieht,* interessiert niemanden.

Mein Büro befindet sich in der vierten Etage – zumindest war es noch dort, als ich zum letztenmal vorbeigeschaut habe. Ich benutze es nämlich nicht so oft wie andere Unternehmensinhaber. Meist arbeite ich morgens zu Hause. Dort kann ich mich besser konzentrieren, auch wenn unsere beiden Schäferhunde am liebsten gerade dann bellen, wenn ich mit einem wichtigen Kunden telefoniere. Ich bestärke sogar andere Semco-Manager darin, zu Hause zu arbeiten. Außerdem nehme ich mir mindestens zwei Monate frei, um zu verreisen – und ich mag Fernreisen. In meinem Büro gibt es Fotos von meinen beiden letzten Expeditionen: einer Ballonsafari in Tansania und einer Trekkingtour am Khaiberpaß in Afghanistan. Ich hinterlasse niemals eine Nummer, wo man mich erreichen kann, wenn ich nicht da bin, und ich rufe auch nicht im Büro an. Ich möchte, daß jeder bei Semco selbständig ist. Das Unternehmen ist so organisiert – na ja, vielleicht ist das nicht ganz das richtige Wort für uns –, daß es nicht allzusehr von einem einzelnen abhängt, besonders nicht von mir. Ich bin ganz stolz darauf, daß ich schon zweimal nach meinen langen Reisen ein anderes Büro bekommen habe – und jedesmal war es kleiner. Meine Rolle besteht darin, eine Art Katalysator zu sein. Ich versuche, ein Milieu zu schaffen, in dem andere Entscheidungen treffen können. Erfolg zu haben bedeutet nicht, daß ich sie selbst treffen muß.

Eine meiner ersten Aktivitäten bei Semco bestand darin, daß ich die Vorschriften über Bord geworfen habe. Alle Unternehmen haben Richtlinien-Bibeln. Einige sind so umfangreich wie ein Konversationslexikon. Wer braucht das eigentlich alles? Diese Regelwerke verhindern Flexibilität und sind reiner Selbstzweck. Bei Semco hüten wir uns vor fixen Formeln und versuchen, unseren Geist offen zu halten. Ich wußte sofort, wie nutzlos unser Regelbuch war, als ich einmal testhalber einige Ergänzungsblätter dafür verteilte. Ich bat ein paar Manager, die neuen Abschnitte zu lesen und mir zu sagen, was sie davon hielten. Fast jeder sagte, sie wären in Ordnung. Das Dumme war nur, daß ich die Blätter zusammengeheftet hatte, so daß man sie zum Lesen erst mühsam auseinanderreißen mußte. Komisch, daß das niemand erwähnt hatte. Heute bekommen neue Mitarbeiter bei Semco nichts weiter als eine 20seitige Broschüre, die wir *Das Überlebens-Handbuch* nennen. Darin gibt es eine Menge Cartoons, aber nicht viele Worte. Nach dem Grundsatz: Gebrauchen Sie Ihren gesunden Menschenverstand.

Wenn Sie es nicht inzwischen selbst mitbekommen haben: Die

Unternehmenspolitik von Semco besteht darin, keine Politik zu haben. Manche Unternehmen beschäftigen ganze Abteilungen damit, Papierberge auszustoßen, mit denen sie ihre Mitarbeiter unter Kontrolle halten wollen. Nehmen Sie nur die Reisetätigkeit. Da gibt es Vorschriften, die regeln, wieviel jemand in jeder nur denkbaren Situation jeweils ausgeben darf. Bei Semco sollen unsere Leute soviel ausgeben, wie ihrer Meinung nach nötig ist. Bei uns gibt es dafür keine eigene Abteilung, keine Vorschriften, keine Bücherrevisionen. Wenn wir Angst davor haben, Menschen selbst darüber entscheiden zu lassen, in welcher Klasse sie fliegen wollen oder wie viele Sterne ihr Hotel haben muß, sollten wir sie eigentlich nicht losschicken, damit sie Geschäfte in unserem Namen machen, nicht wahr?

Wir haben absolutes Vertrauen in unsere Mitarbeiter. Eigentlich sind wir ihre Partner. Weil wir davon ausgehen, daß eine kapitalistische Gesellschaft auch für alle ihre Mitglieder kapitalistisch sein muß, gibt es bei Semco einen Gewinnverteilungsplan – allerdings mit einem Unterschied. Normalerweise verteilen Unternehmen diese Pläne so huldvoll, wie Gott einst Moses die Zehn Gebote übergab. Die Inhaber befinden darüber, wer was wann zu bekommen hat. Bei Semco gibt es eine Gewinnbeteiligung auf demokratischer Basis. Wir haben mit unseren Mitarbeitern über den zu verteilenden Grundanteil verhandelt – etwa ein Viertel unseres Unternehmensgewinns, wie sich herausstellte –, und sie haben auf Versammlungen den Aufteilungsmodus beschlossen. Dieser ist also allein ihre Angelegenheit. Unser Gewinnbeteiligungsmodell hat bisher so gut funktioniert, daß bei den Verhandlungen über einen neuen Tarifvertrag ein Gewerkschaftsführer einmal meinte, bei einer zu kräftigen Lohnerhöhung würde sich das Unternehmen finanziell übernehmen.

Man hat die Semco-Philosophie gelegentlich mit dem Sozialismus im Osten verglichen. *Nonsenskaja.* Ich glaube nämlich, wir haben den Beweis erbracht, daß eine Beteiligung der Mitarbeiter nicht gleichbedeutend ist mit einem Machtverlust der Bosse. Wir haben nichts anderes beseitigt als das blinde, irrational autoritäre Gehabe, das sich produktivitätsmindernd auswirkt. Es freut uns, daß sich unsere Mitarbeiter selbstverantwortlich verwalten und organisieren. Es bedeutet nichts anderes, als daß sie sich für ihre Jobs und für ihr Unternehmen engagieren, und das ist gut für uns alle.

Bei der Umstrukturierung von Semco haben wir aus vielen Systemen das Beste übernommen. Vom Kapitalismus zum Beispiel die Ideale der persönlichen Freiheit, des Individualismus und des Wettbewerbs. Aus der Theorie des Sozialismus – nicht aus seiner Praxis! – haben wir gelernt, die Habgier unter Kontrolle zu bekommen und Wissen und Macht mit allen zu teilen. Die Japaner haben uns beigebracht, wie wertvoll Flexibilität ist; aber von ihren familienähnlichen Bindungen an ihr Unternehmen und von ihrer automatischen Verehrung der Alten wollen wir nichts wissen. Wir wollen, daß die Menschen aufgrund ihrer Kompetenz vorankommen, nicht weil sie schon so lange in der Firma sind oder weil sie sich angepaßt haben.

Wenn man ein starres Denken und hierarchische Strukturen aufgibt, entsteht gewöhnlich ein fürchterliches Durcheinander – und genauso sieht es in unseren Fabriken auch aus. Statt daß die Maschinen so ordentlich in langen, geraden Reihen ausgerichtet sind, wie es Henry Ford immer gewollt hat, sind sie kreuz und quer und an allen möglichen und unmöglichen Stellen plaziert. Unsere Arbeiter arbeiten nämlich normalerweise in Gruppen oder Teams und bauen ein komplettes Produkt zusammen und nicht bloß einzelne Komponenten. Dadurch bekommen sie mehr Kontrolle und Verantwortung, was sie glücklicher macht – und unsere Produkte besser. Fast alle unsere Arbeiter beherrschen mehrere Jobs. Sie fahren sogar Gabelstapler, um ihre Teamkollegen mit Rohmaterialien und Ersatzteilen zu versorgen, die sie sich selbst bei Zulieferern zu beschaffen wissen.

Die Metallarbeitergewerkschaft war anfangs gegen diese Flexibilität. Vor langer Zeit mußten gewerkschaftlich organisierte Arbeiter auf immer engeren Arbeitsplatzbeschreibungen bestehen, damit sie sich gegen die Bestrebungen von Großunternehmen zur Wehr setzen konnten, mit immer härterem Druck höhere Produktivität und Profite zu erzielen. Schließlich erkannten die Gewerkschaften aber, daß sie das System auch gegen dessen Erfinder, die Unternehmer, kehren konnten, indem sie sich weigerten, irgendeine Abweichung von den Vorschriften ohne Extrabezahlung zuzulassen. Im Laufe der Zeit kam das System so der Arbeiterschaft mehr zugute als der Unternehmensführung – in Wirklichkeit aber hatten beide Seiten nichts davon.

Als die Gewerkschaft erkannte, daß Semco nicht an ihrer Macht rütteln wollte, daß von unseren Fabriken erwirtschaftete höhere Gewinne auch höhere Löhne für ihre Mitglieder abwerfen würden und daß wir unseren Arbeitern ein sinnvolles Mitspracherecht in unserem Unternehmen einräumen wollten, ließ ihre Obstruktionspolitik nach. Wir durften innovativ sein – damit unsere Mitarbeiter innovativ sein konnten. Nun haben wir alle mehr Freiheit.

Unsere Fabrikarbeiter beispielsweise können jederzeit zwischen 7 und 9 Uhr morgens anfangen. Es liegt bei ihnen, nicht bei uns. Was aber, wenn der eine Arbeiter um 7 Uhr anfangen will, sein Teamkollege aber erst um 9 Uhr kommt? Wird dadurch nicht die Produktion gestört? Diese Bedenken hatten wir auch, also haben wir eine Sondereinheit gebildet, die bei allen Problemen vermittelnd eingreifen soll. Dazu bestand bisher kein Anlaß. Unsere Arbeiter wußten genau, daß die Produktion darunter zu leiden hätte, wenn sie ihre Arbeitspläne nicht koordinierten – und genau das haben sie daraufhin getan.

Bei Semco denken wir eigentlich nicht einmal so gern in Begriffen wie Arbeiter oder Boss. Wir sprechen lieber von Kollegen und Koordinator. Und wir fordern jeden auf, mit allen anderen Umgang zu pflegen, ganz gleich welchen Job jeder hat. In unseren Büroetagen mischen sich die Abteilungen Einkauf und Technik, so daß alle beieinandersitzen, in der Nähe der Fabrik. Der Gedanke dabei ist, daß wir alle voneinander lernen können. Unsere Büros sind alles andere als elegant, und gelegentlich ist der Boden schon mal ruß- und ölverschmiert. Niemand außer mir hat sich daran gestört, und da ich inzwischen keine schicken italienischen Slipper mit diesen papierdünnen Sohlen mehr trage, macht es mir auch nichts mehr aus.

Und was halten die Bosse von alldem? werde ich oft gefragt. Nun, wir haben längst nicht mehr so viele Bosse wie früher. Als die Arbeiter ihre Jobs besser unter Kontrolle bekamen und sich stimmkräftiger an unserer Politik beteiligten, brauchten wir immer weniger Vorarbeiter und Aufpasser. Auch unsere Unternehmensstabsebene, die unseren Produktionseinheiten mit ihrem juristischen, buchhalterischen und Marketing-Fachwissen zur Seite steht, konnten wir um über 75 Prozent verkleinern. Es gibt bei uns auch keine für Datenverarbeitung oder Ausbildung zuständigen Abteilungen mehr. Jeder bürgt für seine eigene Arbeit, also brauchen wir auch keine Abteilung für Qualitätskontrolle mehr. Nachdem wir uns sorgfältig unter die Lupe genommen hatten, haben wir unseren Apparat von zwölf Managementschichten auf drei reduziert und eine neue Struktur eingeführt, die auf dem Prinzip konzentrischer Kreise basiert und welche die traditionelle, einengende Unternehmenspyramide abgelöst hat.

Neu ist auch die Art und Weise, wie unsere einzelnen Abteilungen geschäftlich miteinander umgehen. Wenn eine Abteilung nicht die Dienstleistungen einer anderen kaufen will, steht es ihr frei, sie bei jemand anderem außerhalb des Unternehmens zu erwerben. Der Wettbewerbsdruck hält uns alle auf Trab. Vor einiger Zeit haben wir unseren Mitarbeitern den Start eigener Unternehmen erleichtert, indem wir ihnen Maschinen von Semco zu günstigen Leasingbedingungen zur Verfügung stellten. Wir kaufen natürlich von unseren ehemaligen Angestellten, aber sie können ihre Produkte auch an andere verkaufen – sogar an unsere Konkurrenz. Durch dieses Programm sind wir schlanker und beweglicher geworden, und sie können ganz allein über ihr Arbeitsleben entscheiden. Aus Mitarbeitern werden Unternehmer.

Das ist natürlich ein Extremfall, aber bei Semco versuchen wir, die Möglichkeiten eines jeden zu maximieren und die Kontrolle über ihn zu minimieren. Das bedeutet nicht, daß es bei uns keine Verantwortlichkeit gibt. Ehe wir jemanden einstellen oder in eine führende Position befördern, wird er von allen, die mit ihm zusammenarbeiten werden, befragt und in seiner neuen Position bestätigt. Und alle sechs Monate werden die Manager von ihren »Untergebenen« bewertet. Die Ergebnisse werden öffentlich ausgehängt, so daß jeder sie sehen kann. Bedeutet das, daß Arbeiter ihre Bosse feuern können? Ich denke schon, denn wer ständig nur schlechte Noten bekommt, wird normalerweise Semco so oder so verlassen.

Wir sind nicht das einzige Unternehmen, das mit dem Prinzip des partizipativen Managements herumexperimentiert. Es ist ein gewisser Trend geworden. Aber viele Bemühungen um mehr Demokratie am Arbeitsplatz sind nichts weiter als heiße Luft. Dabei sind die Absichten nicht schlecht, aber es ist doch viel einfacher, über Mitbestimmung zu reden, als sie einzuführen. Wir haben Semco auseinandergenommen und setzen das Unternehmen seit rund einem Dutzend Jahren wieder zusammen – was uns gerade erst zu 30 Prozent gelungen ist. Dennoch hat sich das bereits erstaunlich gelohnt.

Wir haben ein marodes Unternehmen übernommen und es wieder zum Blühen gebracht, und zwar hauptsächlich deshalb, weil wir uns geweigert haben, unsere wichtigste Ressource zu vergeuden – die Menschen. Semco ist inzwischen sechsmal größer geworden, und das trotz fürchterlicher Rezessionen, einer atemberaubenden Inflation und einer chaotischen Wirtschaftspolitik in unserem Land. Die Produktivität hat sich nahezu versiebenfacht. Die Gewinne sind um ein Fünffaches gestiegen. Und wir haben Zeiten erlebt, in denen uns bis zu 14 Monate hintereinander kein einziger Arbeiter verlassen hat. Bei uns haben sich über 2000 Bewerbungen angestaut, und Hunderte davon sind von Menschen, die jeden Job übernehmen würden, nur um bei Semco zu sein. Tatsächlich hat unsere letzte Stellenanzeige einen Rücklauf von über 1400 Bewerbungen in der ersten Woche gehabt. Und die Umfrage einer führenden brasilianischen Zeitschrift unter frischgebackenen Hochschulabsolventen hat ergeben, daß 25 Prozent der Männer und 13 Prozent der Frauen erklärt haben, Semco sei das Unternehmen, in dem sie am liebsten arbeiten würden.

Vor kurzem wollte die Frau eines unserer Arbeiter mit einem Mitarbeiter unserer Personalabteilung sprechen. Sie war völlig perplex über das Verhalten ihres Mannes. Er würde die Kinder nicht mehr anbrüllen, sagte sie, und frage jeden, was er am Wochenende machen wolle. Er sei nicht mehr dieser autoritäre Brummbär wie früher.

Die Frau war beunruhigt: Was hatten wir nur mit ihrem Mann gemacht?

Wir kamen dahinter: Seit es mit Semco aufwärts ging, hatte auch er sich positiv verändert.

Kapitel 2

In die Pflicht genommen

Im Heimkinofilm gibt es einen abrupten Schwenk: Wir sehen eine enge, schmutzige Straße in den Außenbezirken von São Paulo, in den späten fünfziger Jahren. Die Kamera geht näher heran, wackelt fürchterlich, wie das nun einmal bei Amateurfilmen vorkommt, und dann geraten drei Männer und ein Lastwagen ins Bild. Auf der Ladefläche liegt eine Drehbank, ein einfaches Gerät zum Schneiden von Metall. Nach dem ehrfürchtigen Gesichtsausdruck des hageren, sonnengebräunten Mannes zur Linken zu schließen, müßte dieses Werkzeug eigentlich aus Gold sein.

Die kleine Szene verrät, was es heißt, sich selbständig zu machen. Für meinen Vater, jenen hageren Mann im Film, hat es im Leben nur selten so erfreuliche Momente gegeben wie damals, als die erste Maschine an sein neues Werk geliefert wurde.

Antonio Curt Semler wurde 1912 in Wien geboren, am kläglichen Ende eines ruhmreichen Kaiserreiches. Nach dem Willen seines Vaters, eines erfolgreichen Zahnarztes, sollte Antonio Arzt werden. Aber er wollte unbedingt Ingenieur werden und studierte statt dessen an der Wiener Technischen Hochschule. Da ihm klar war, daß es mit den beruflichen Aussichten in Österreich zwischen den beiden Weltkriegen nicht weit her war, sah er sich nach einer interessanten Aufgabe in Übersee um. 1937 antwortete Curt auf eine Stellenanzeige von DuPont, und bald darauf nahm er eine Stellung als Betriebsingenieur in den Chemie- und Textilwerken des Konzerns in Argentinien an, überstand die politischen Unruhen zur Zeit des Peronismus und wurde schließlich Werksleiter.

1952 besuchte Curt Brasilien und war fasziniert von den Möglichkeiten, die dieses riesige, unentwickelte Land bot. Damals arbeitete er gerade an einem Patent für eine Zentrifuge, mit der man Schmieröl aus Pflanzen gewinnen konnte, und er hoffte, daß er mit Hilfe dieses Geräts seine eigene Firma gründen würde. Zunächst schien ihm Rio de Janeiro der geeignete Standort dafür zu sein. Aber als er von einem Hügel aus einen großartigen Blick auf die Stadt São Paulo hatte, änderte er seine Meinung. Das war genau der richtige Ort für einen Unternehmer. An diesem Ort lernte der 42jährige Junggeselle auch eine andere österreichische Emigrantin kennen: Renee Weinmann – er heiratete sie und gründete mit ihr eine Familie. Mein Großvater mütterlicherseits war zunächst mit seiner Familie nach China gegangen und hatte ein ertragreiches Exportgeschäft für Textilien und Porzellan in Shanghai gegründet. Die Weinmanns lebten ein behütetes Leben, zusammen mit Tausenden anderer Europäer, für die die englischen und französischen Viertel von Shanghai Inseln in einem Ozean des Elends darstellten. Aber als es mit der Armut der Chinesen immer schlimmer wurde, verschärfte sich die Feindseligkeit gegenüber den Ausländern. Mein Großvater starb kurz vor der Machtübernahme durch die Kommunisten, und meine Großmutter und ihr einziges Kind wurden praktisch von Mao Tse-tung vertrieben und verließen China auf einem Frachter. Nach einer einmonatigen Fahrt übers Meer landeten sie im Hafen von Santos, im Süden von Brasilien. Schon bald gab meine Mutter wohlhabenden Bürgern von São Paulo Englischunterricht, und einer von ihnen machte sie mit meinem Vater bekannt.

Auf dem Eßtisch in ihrer kleinen Dreizimmerwohnung in der Stadtmitte entwarf mein Vater seine Pläne für Semco – das war der Name für die künftige Firma Semler & Company. Er arbeitete unermüdlich an diesen strategischen Plänen und überließ meiner Mutter den Tisch nur, damit sie daran essen konnten. Anschließend arbeitete er wieder bis in die Nacht hinein.

Curt wollte unbedingt Kinder haben, denn er machte sich bereits Gedanken über seinen künftigen Nachfolger. Meine Mutter hatte drei Fehlgeburten, ehe meine Schwester Susan geboren wurde. Aber mein Vater konnte sich kaum vorstellen, daß eine Frau einen so harten und chaotischen Betrieb wie Semco leiten sollte. Elf Monate später kam ich zur Welt, als ahnungsloser Erbe eines Unternehmens, das kaum älter war als ich.

Die Firma Semco und ihr Inhaber waren schon recht obskur – genauso wie die Ölabscheidemaschine, für die mein Vater nun das Patent bekommen hatte. Aber Brasilien war ein Land der unbegrenzten Möglichkeiten und begierig auf alle nur denkbaren neuen Produkte. Es dauerte nicht lange, da war die Semco-Zentrifuge marktführend, und drei brasilianische Partner waren dem Unternehmen beigetreten, die dringend benötigtes Kapital mitbrachten und das Land kannten. Mein Vater schuftete sich weiterhin ab, und in den fünfziger und sechziger Jahren kam dann der Aufschwung der Firma. Das war die Zeit des brasilianischen Wirtschaftswunders, als es ein unglaubliches Wachstum von sieben Prozent jährlich gab. Semco, vor ein paar Jahren noch nichts weiter als eine Hinterhofwerkstatt, mauserte sich zu einer etablierten Herstellungsfirma, die etwa 110 Leute beschäftigte und zwei Millionen Dollar im Jahr einnahm.

Die brasilianischen Militärdiktatoren waren zwar ausgesprochene Kapitalisten, aber irgendwie müssen sie von Stalin angetan gewesen sein: Sie liebten Fünfjahrespläne. In den späten sechziger Jahren beschlossen sie, daß das Land eine Schiffsbauindustrie brauchte, und auf einmal gab es einen Nationalen Fünfjahres-Schiffsbauplan. Mein Vater witterte seine Chance, tat sich mit zwei englischen Pumpenherstellern zusammen, und Semco wurde ein Hauptlieferant von Schiffspumpen in Brasilien – eine Produktlinie, für die wir noch heute bekannt sind.

Es ist das erklärte Ziel von Unternehmern auf der ganzen Welt, daß sie das Unternehmen eines Tages an die nächste Generation übergeben – obwohl einem das irgendwie nicht einleuchtet, wenn man darüber nachdenkt. Haben Sie schon mal was von Einsteins Sohn gehört? Oder von Churchills Tochter? Gehen Sie davon aus, daß eines Tages Ulrich Wickerts Sohn die »Tagesthemen« moderieren wird? Warum hält man normalerweise den Nachwuchs von Industriellen für natürlich begabte Unternehmer? Zuweilen kann der Sohn oder die Tochter eines Unternehmers ja durchaus ein hervorragender Manager oder eine glänzende Geschäftsführerin sein, wie sich bei Thomas Watson jr. von IBM in den sechziger und siebziger Jahren gezeigt hat. Aber wer entschiedet darüber? Doch ausnahmlos der Vater. Und seien wir doch ehrlich: So ganz unvoreingenommen ist er ja auch nicht.

»Ich will, daß die Firma im Schoße der Familie bleibt«, erklären die Industriemagnaten. Soundso »ist der einzige, dem ich vertrauen kann«. Aber ist es denn besser, wenn das Unternehmen in vertrauenswürdigen Händen langsam untergeht, als wenn es dank der Bemühungen von Außenstehenden gedeiht?

Ich jedenfalls war alles andere als vertrauenerweckend. Als Kind konnte ich mich auf so viele Dinge gleichzeitig konzentrieren, daß ich es für ganz normal gehalten habe, meine Mathematikhausaufgaben zu machen, während im Fernsehen Comicfilme liefen. Meine Mutter kann es noch heute nicht fassen, daß sie mich mit so vielen Vieren und Fünfen haben studieren lassen – ganz zu schweigen davon, daß mein Vater und sie so häufig in die Sprechstunden meiner Lehrer gebeten wurden, weil die unter anderem wissen wollten, warum ich unbedingt der Ansicht sei, daß Sandwiches mit Erdnußbutter und Marmelade normalerweise an der Decke der Schulcafeteria kleben müßten.

Als ich älter wurde, habe ich mich dann doch wegen meines unstillbaren Drangs, ständig im Mittelpunkt zu stehen, fürchterlich geschämt. Aber irgendeine unwiderstehliche Macht hat mich auch weiterhin in jede Situation hineingesogen, die mir die Möglichkeit bot, die allgemeine Aufmerksamkeit auf mich zu lenken und die Führung zu übernehmen. Auf der Schule habe ich mich um viele Positionen bemüht und sie auch bekommen: Klassensprecher, Kapitän des Leichtathletikteams, Bildredakteur des Jahrbuchs. Ich habe sogar den Pausenimbißstand geführt, für den die Unterstufe die Konzession hatte, um Geld für den Klassenausflug im kommenden Jahr zu sammeln. Hier zeigte sich zum erstenmal meine geschäftliche Ader. Ich hörte damit auf, wie meine Vorgänger am Imbißstand Gratisrunden zu schmeißen, verlängerte die Öffnungszeiten und spielte Lieferanten wie Coke, Pepsi, Kellogg und Fritolay gegeneinander aus, um bessere Preise für unser Geschäft zu erzielen. Ich würde nicht gerade sagen, daß sie sich um den Auftrag für unseren Imbißstand gerissen haben, aber immerhin schnellten unsere Einnahmen in die Höhe. Dann habe ich den Gewinn an der Börse investiert, und im darauffolgenden Jahr hatte ich genug verdient, damit die ganze Klasse in die Ferien fliegen konnte. »Auf der Schule dachte er nur ans Geschäft«, schrieben meine Klassenkameraden über mich ins Jahrbuch.

Aber dieser Instinkt des angehenden Kapitalisten bedeutete mir nichts neben meinem sehnlichsten Wunsch, perfekt Gitarre spielen zu können, insbesondere eine Gibson Les Paul. Ich war ganz verrückt nach Rock 'n' Roll – den Stones, Led Zeppelin, Pink Floyd, Uriah Heep. Damals hieß Diversifikation für mich nichts anderes, als daß ich auch noch Baß und Schlagzeug spielen lernen wollte. All dies beunruhigte meinen Vater natürlich, der inständig darauf wartete, daß diese vermeintliche »Phase« zu Ende ginge, um mit mir allmählich über meinen Einstieg ins Unternehmen sprechen zu können.

Als ich 16 war, jobbte ich in den Sommerferien in der Einkaufsabteilung von Semco, wo ich mich mit den Spezifikationen von halbzölligen Stahlplatten für Meerwasserpumpen befassen mußte. Spaß machte mir das Ganze nur, als mir ein Lkw-Fahrer das Fahren beibrachte. Ich war der einzige Junge in unserem Block, der hinter das Lenkrad eines Mercedes rutschen durfte – auch wenn es nicht ein 560 SEL Kabrio war, sondern ein Zehntonner.

Nach diesem Sommer hockte ich mich wieder zu meiner Gitarre, und mein verzweifelter Vater überlegte schon, ob er später nicht die Firma verkaufen müßte. Allerdings merkte ich bald, daß meine musikalischen Fähigkeiten doch deprimierend begrenzt waren. Da sich mein Vater nun mal unbedingt einen Nachfolger wünschte und ich mich als knauseriger Imbißstandmogul nicht schlecht geschlagen hatte, schien es mir eigentlich ganz vernünftig, ins Geschäft einzusteigen.

Es gab da allerdings ein kleines Problem: In Brasilien müssen alle gesunden jungen Männer für mindestens ein Jahr ihren Militärdienst leisten, wenn sie 18 werden.

Da ich die Geduld meines Vaters auf eine so harte Probe gestellt hatte, meinte er, daß mir das nur guttun würde. Da würde man mich auf Vordermann bringen; und wenn ich vielleicht auch nicht gerade zum begeisterten Frühaufsteher werden würde, so würde ich doch zumindest vorübergehend die Erfahrung machen, daß Morgenstund Gold im Mund hat. Ich bin nie dahintergekommen, ob er es mir nur schwermachen wollte oder ob er es wirklich so meinte. Für alle Fälle begann ich mich bei meiner Mutter lieb Kind zu machen. Ich hielt mich streng an die Mahlzeiten, meine Noten wurden besser, und regelmäßig war mein Bett auf eine wundersame Weise gemacht. Die Wochenenden fingen fortan damit an, daß ich frühmorgens aufstand, mit Hilfe zweier Wecker, die ich beide am anderen Ende meines Zimmers aufgestellt hatte.

Väter durchschauen ein derartiges Verhalten, und meiner sah mich immer so an, als wollte er sagen: Mich kannst du nicht austricksen, mein Sohn. Doch bei Müttern ist das gottlob etwas anderes.

»Curt«, sagte sie immer wieder, »Dickie kann doch nicht ein Jahr seines Lebens beim Militär vergeuden.«

Hinter dem Rücken meines Vaters nickte ich heftig.

»Da wird endlich mal ein Mann aus ihm«, gab mein Vater dann zurück. »Schließlich war ich auch beim Militär, wie du weißt.« Meine Mutter und ich lehnten uns zurück und hörten uns (zum wiederholten Male) die alten Geschichten über Märsche im Schnee, kalte Duschen und das Polieren von Stiefeln und Gürtelschnallen an.

Bald danach wurde ich zur Musterung in das örtliche Einberufungsamt befohlen, und so brach ich mitten in der Nacht auf und saß dann in einer Reihe mit all den anderen Jungen. Sie unterhielten sich über alle wichtigen körperlichen oder geistigen Gebrechen, und ich sah zu, wie mehrere von ihnen übten, Plattfüße, Nervenzusammenbrüche und verschiedene andere Defekte zu simulieren. Dazu fehlte mir allerdings der Mut. Die Einberufungsoffiziere mochten meine Größe, waren von meinem Gewicht beeindruckt und stellten ganz allgemein fest, daß ich durchaus ihren strengen Qualifikationsmaßstäben entsprach, also zum Beispiel zwei Beine und zwei Arme hatte.

Zwei Wochen später sollte ich meinen militärisch für gut befundenen Körper in einer anderen Dienststelle zu einer gründlicheren medizinischen Untersuchung präsentieren. Meine Freunde hatten mir Horrorgeschichten darüber erzählt. Traditionsgemäß würden alle, die freigestellt wurden, aufgefordert (und zwar von einem Soldaten, um dessen Körper ihn Sylvester Stallone beneiden würde), Blut für das Militärkrankenhaus zu spenden. Ein Sanitäter würde einem eine riesige Nadel in den Unterarm rammen, eine Zwei-Liter-Flasche in die Hand drücken und sich dann das nächste Opfer vornehmen. Da ich fast jedesmal umgefallen war, wenn ich nur das kleinste bißchen Blut gesehen hatte, konnte ich mir das lebhaft ausmalen: wie es mir langsam vor den Augen schwarz wurde, mein Körper nach vorn sackte, wie ich gerade noch das Klirren von zerbrechendem Glas hörte und dann nur noch die Sandstrände am Südpazifik vor mir sah – und wie sich schließlich ein schwerer Kopf und viele Soldaten stirnrunzelnd von ganz oben über mich beugten.

Na schön, wenn das der Preis der Freiheit war...

Wieder brach ich vor dem Morgengrauen auf, und nach der üblichen fünfstündigen Wartezeit stand ich in einer Reihe mit Hunderten von nackten jungen Männern und beantwortete Fragen über Kinderkrankheiten, Jugendkrankheiten und speziell über Geschlechtskrankheiten. Ein Bursche zog eine Riesenshow ab, als ob er seine Zunge verschluckt hätte, und kam sofort in die Arrestzelle. Wieder bestand ich die Musterung. Aber wenigstens brauchte ich kein Blut zu spenden, sagte ich mir.

Einen Monat später mußte ich zur schriftlichen Prüfung. Diesmal stand ich mühelos um vier Uhr morgens auf, da ich sowieso nicht schlafen konnte. Der Test war lang und kompliziert. Ich tat mein Bestes, möglichst schlecht abzuschneiden, und ging nach Hause, high und down zugleich. Drei Tage später erfuhr ich dann, daß ich schon wieder bestanden hatte.

Ich steckte bereits in Uniform, samt Mütze und Stiefeln, als ich in das Büro des diensthabenden Offiziers gerufen wurde. Nachdem ich zweieinhalb Stunden gewartet und dann dargelegt hatte, warum ich es für unsinnig hielte, in der Armee eines Landes zu dienen, das noch nie einen Krieg ausgetragen und auch nicht die geringste Chance hatte, diesen Rekord zu brechen, wurde ich endlich aus der Armee entlassen.

Statt Betriebswirtschaft zu studieren, schrieb ich mich an der juristischen Fakultät von São Paulo ein, an der angesehensten Universität des Landes, die schon viele brasilianische Präsidenten hervorgebracht hat. Ich war überzeugt, daß mir diese humanistischere Geisteshaltung mehr zusagen würde. Aber ich wurstelte mich dann doch mehr schlecht als recht durch; und das lag teilweise daran, daß ich wieder bei Semco zu arbeiten begonnen hatte, kurz nachdem ich mich eingeschrieben hatte.

Kapitel 3
Dr. Dickie

Meine ersten Erlebnisse auf der Chefetage waren ziemlich deprimierend. Alle waren sie hier so steif wie ihre Hemden. Dabei habe ich mich wirklich bemüht, mich anzupassen. Ich ging sogar in eine modische Herrenboutique und erstand ein komplettes Unternehmer-Outfit: marineblauer Anzug mit weißen Nadelstreifen, weißes Hemd mit Umschlagmanschetten, schwarze Schuhe. Ich habe den Anzug nicht getragen – der Anzug trug mich.

Ich hatte kaum angefangen, da ließ mich mein Vater in sein Büro kommen und erklärte mir, ich solle mich nicht von jedem bei meinem Kosenamen Dickie anreden lassen. Dann hätte man keinen Respekt vor mir, sagte er streng. Ich sollte für die anderen nur Dr. Ricardo sein, ein Titel, den College-Absolventen wie ich in Brasilien automatisch bekommen. Ihm war es völlig egal, daß ich längst alle gebeten hatte, mich Dickie zu nennen. Das Ergebnis war, daß viele Mitarbeiter im Unternehmen so durcheinanderkamen, daß ich heute noch immer Memos bekomme, die an Dr. Dickie gerichtet sind.

Wie die meisten Selfmademen war mein Vater erzkonservativ. Er behandelte seine Angestellten wie ein Patriarch und hielt Streiks und Arbeitskämpfe für Attacken gegen ihn persönlich. Er konnte nie vergessen, daß er Semco an einem Eßtisch gegründet hatte.

Jeden Morgen stand er präzise um 6.30 Uhr auf und absolvierte einen Tagesablauf, der so starr war wie ein Doppel-T-Träger. Am Dienstag, Mittwoch und Donnerstag spielte er eine frühmorgendliche Runde Golf, bevor er ins Werk ging; das Mittagessen nahm er zu Hause ein, wonach er sich eine Viertelstunde aufs Ohr legte, ehe er wieder ins Büro ging. Zum Abendessen erschien er präzise um 19.45 Uhr. Am Freitag verzichtete er aufs Golfspielen und nahm am Lunch im Rotary Club teil.

Seine Sekretärin Fernande, eine gedrungene, stämmige und humorlose Frau, war bereits seit 15 Jahren bei ihm, als ich in die Firma kam, obwohl ich das nie verstanden habe, da sie sich ständig übereinander beklagten. Wenn Fernande sechs Minuten zu spät kam, raunzte mein Vater sie unweigerlich an. Und wenn er einen Fehler in einem Brief mit dem Füller statt mit dem Bleistift korrigierte, fauchte sie ihn an.

Fernande stürmte oft aus dem Büro meines Vaters und knallte die Tür hinter sich zu, was ich nur zu gut verstehen konnte. Er war ein eleganter Mann mit einem imponierenden Habitus – er hatte früher einmal zur österreichischen Olympia-Skimannschaft gehört und gab sich noch immer wie ein Sportler, mit herausgedrückter Brust und straffen Schultern; er verlangte von allen Respekt und hatte nicht selten etwas Furchterweckendes. Der strenge Blick war sein besonderes Kennzeichen. In meiner Kindheit verabschiedeten sich meine Freunde schon an der Haustür von mir, weil sie eine Begegnung mit dem alten Herrn lieber nicht riskieren wollten. Im Büro ließen seine Angestellten eine Münze darüber entscheiden, wer ihm seine Papiere vorlegen und sich womöglich seinen Zorn zuziehen sollte, denn er ließ seinen Frust oft an jedem aus, der zufällig bei ihm war.

Als mein Büro unmittelbar neben seinem eingerichtet wurde, mußte unbedingt eine Schiebetür zwischen uns eingebaut werden. Und immer dann, wenn ich mich mitten im Gespräch mit einem Kunden befand, ging – rrrums! – diese Tür auf, und er platzte einfach herein.

Meine Angewohnheit, die Füße auf den Schreibtisch zu legen, paßte meinem Vater natürlich ganz und gar nicht. Er mochte es auch nicht, daß ich lieber zu Hause arbeiten wollte. Und er ärgerte sich darüber, daß ich mich bemühte, Beruf und Privatleben zu trennen. Wenn ich etwas für meinen Eigenbedarf fotokopierte, habe ich stets dafür bezahlt. Wenn ich ein Telex an ein Hotel schicken mußte, in dem ich meinen Urlaub verbringen wollte, bezahlte ich auch das. Für meinen Vater waren dagegen Geschäft und Familie untrennbar miteinander verbunden.

Uns trennten fast 50 Jahre, und so sehr wir uns auch bemühten, diesen Abstand zu überbrücken, ließen sich unser jeweiliger Lebensstil und unsere Ideen immer weniger miteinander vereinbaren. Mir war klar, daß der Übergang vom Vater auf den Sohn nicht glatt vonstatten gehen würde. Und allmählich wurde auch ihm das klar.

Die Spannungen zwischen meinem Vater und mir verschärften sich, als die Wirtschaft in die Rezession geriet. Trotz des Fünfjahresplans der Generäle gehörte die brasilianische Schiffbauindustrie zu den am härtesten betroffenen Branchen. Das wirkte sich für Semco verheerend aus, denn 1980 beruhte unser Geschäft zu 90 Prozent auf Schiffszubehör wie Pumpen, Teilen für Schiffsschrauben und Wasser-Öl-Abscheidern für Schiffsmotoren. Die einzigen Gewinne erzielte Semco aus Kapitalanlagen von Geldreserven, die rapide dahinschwanden.

Semco war seit über einem Jahrzehnt von einer Gruppe von Managern geleitet worden, die beste Kontakte zur Seefahrtindustrie hatten.

Als sich nun die Wirtschaftskrise verschärfte, war ich überzeugt, daß Semco nur eine einzige Überlebenchance hatte: die Produktpalette zu erweitern und vom Geschäft mit der Seefahrt unabhängiger zu werden. Es war Zeit, wie Monty Python und seine Leute zu sagen pflegten, daß sich etwas grundlegend änderte. Aber sobald ich das Thema Diversifikation aufs Tapet brachte, kamen unsere Manager damit, daß Semco ein hochspezialisiertes Unternehmen sei; und wenn wir unsere speziellen Fähigkeiten aufgäben, würden wir alles verlieren. Die alte Garde wurde nicht müde, meinem Vater einzureden, daß Semco diese Talsohle durchstehen könne, daß es demnächst einen neuen Schiffbauplan geben würde und daß wir dann wieder stark im Kommen wären.

Semco war gerade dabei, einen Finanzierungskredit über eine Million Dollar aufzunehmen, um ein neues Werk mit computergesteuerten Maschinen für den Zusammenbau von Schiffspumpengehäusen und Schiffsschrauben zu errichten. Früher wäre ich über eine so moderne Fabrik begeistert gewesen, aber als es mit der Wirtschaft bergab ging, machte ich mir Sorgen über eine derart hohe Investition. Wenn wir schon mehr Schulden machen müßten, dann doch wenigstens für den Einstieg in einen gesunden Industriezweig. Aber ich war erst 20, und trotz meines Nachnamens und des aufgeblasenen Titels auf meiner Visitenkarte – Vorstandsassistent – hatte ich nicht viel zu sagen. Immer wenn eine wichtige Entscheidung anstand, wurde ich auf einen sinnlosen Trip zu einem weit entfernt angesiedelten Kunden geschickt und auf diese Weise vom Büro ferngehalten, bis sie herausgefunden hatten, was zu tun war.

Ich war sicher, daß ich Geschäftsmann werden wollte – die Les-Paul-Gitarre hatte ich weit weggeräumt –, aber ich fragte mich, ob es unbedingt Semco sein mußte, wo ich meine unternehmerischen Ambitionen befriedigte. Auf mein Drängen hin hatten die von der Firma Price Waterhouse bestellten Buchprüfer von Semco ein paar Unternehmen aufgetan, an deren Kauf wir ihrer Meinung nach interessiert sein könnten. Aber nur eines davon fiel mir ins Auge – bei den anderen versprach ich mir nur geringe Synergieeffekte für Semco. Profaner hätte dieses Unternehmen kaum sein können: Es stellte Leitern her, alle möglichen Arten von Leitern. Es war von einem Schreiner gegründet worden, hatte sich rasch zum größten Leiterhersteller in Brasilien entwickelt und beschäftigte mehr Leute als Semco. Der Gründer hatte seine Buchführung längst nicht mehr im Griff, weil er seine privaten Finanzen und die des Unternehmens nicht auseinanderhielt. Sein Haus, seine Farm und sein Privatauto liefen über die Firma, und was er an Geld brauchte, holte er sich aus der Geschäftskasse. Die Buchführung war derart chaotisch, daß man sich bei Price Waterhouse weigerte, für die Zahlen bei der vorläufigen Bewertung des Unternehmens zu garantieren.

Ich ließ mich dadurch aber nicht entmutigen und begann mir darüber Gedanken zu machen, ob ich Semco nicht verlassen und ins Leitergeschäft einsteigen sollte. Ich suchte den Leiterhersteller fast jeden Tag auf, lernte das Unternehmen kennen und handelte den Preis herunter, den der Inhaber verlangte und der anfangs bei weit über einer Million Dollar lag, obwohl das Unternehmen fast pleite war.

Aber es dauerte nicht lange, und dann ging er mit dem Preis herunter, und ich versuchte meinen Vater dazu zu bewegen, mir das Geld zu leihen.

»Ich werd's mir überlegen«, sagte er. »Zeig mir die Bilanz.« Das tat ich, aber er warf keinen Blick darauf. Er mauerte. Das hatte natürlich nichts mit den Leitern zu tun. Er wollte einfach nicht, daß ich ging.

Ich verbrachte fast ein Jahr damit, das Leiterunternehmen zu studieren, und das erwies sich als eine weitaus bessere wirtschaftliche Ausbildung, als ich sie in irgendeiner Schule erhalten hätte. Ich sprach mit den Gläubigern der Firma. Ich unterhielt mich mit ihren Lieferanten. Ich holte aus Price Waterhouse alle strategischen Überlegungen heraus, die ich bekommen konnte.

Dann hatte ich einen genialen Einfall. Ich gab eine Anzeige in der Zeitung auf, in Englisch, in der ich nach einem Geschäftsführer für mein künftiges Unternehmen suchte, und schrieb darin, es solle jemand sein, der bereits eine brasilianische Tochtergesellschaft eines multinationalen Konzerns geleitet habe.

Ich wurde mit Angeboten überschwemmt, vielleicht weil ich durchblicken ließ, daß ich bereit wäre, mich von einigen Anteilen am Unternehmen zu trennen. Dann traf ich mich mit etwa 30 der interessantesten Kandidaten. Ich ging mit ihnen die Zahlen durch und forderte sie dann auf, mir zu sagen, wie sie das Unternehmen wieder auf Vordermann bringen würden. Als ich diese Vorstellungsgespräche hinter mir hatte, hatte ich nicht nur einen Geschäftsführer gefunden – einen Bolivianer, der Präsident von Black and Decker Brasilien war –, sondern war auch ein ganzes Stück schlauer geworden.

Die Leiterverkäufe befanden sich inzwischen noch mehr auf dem absteigenden Ast, und der Preis für das Unternehmen war schließlich bei einem Betrag angelangt, den ich mir leisten konnte: einen Dollar. Der Firmengründer wollte eigentlich nur noch jemanden haben, der seine Schulden übernahm. Seine Lieferanten waren bereit, mir einen zusätzlichen Kredit einzuräumen – nicht jedoch ihm. Ich war zwar jung, hatte aber etwas mit einem bekannten Unternehmen zu tun. Vielleicht glaubten sie, daß Semco hinter diesem Deal steckte, und irgendwie kam ich nicht dazu, ihnen diese Vermutung auszureden.

Wir setzten einen äußerst komplizierten Vertrag auf, womit mir meine Anwälte signalisieren wollten, daß sie das Ganze für ein höchst riskantes Unterfangen hielten. Aber ich sagte mir, wenn ich schon pleite ginge, dann doch lieber mit Mitte Zwanzig als mit Vierzig, wenn ich vielleicht auch noch für meine eigenen Sprößlinge verantwortlich wäre. Und dank all jener Vorstellungsgespräche hatte ich auch schon einen Plan. Ich wollte nämlich fast die Hälfte der Produkte des Unternehmens einstellen, während mir die neuen Lieferantenkredite genug Zeit lassen würden, die Firma durch die Konzentration auf die noch immer gewinnträchtigen Posten umzustrukturieren.

Und genau an dem Tag, als wir endlich soweit waren, den Vertrag abzuschließen, ließ mich mein Vater in sein Büro kommen. »Ich will noch mal mit dir über diese Angelegenheit reden«, sagte er.

»Zu spät«, erwiderte ich. »Ich bin an der Sache schon seit einem Jahr dran.«

Ich wußte, was in ihm vorging, und versuchte, seine Bedenken zu zerstreuen. Ich erklärte, daß ich dem Vorstand von Semco beitreten würde und ins Büro käme, wann immer er wolle. »Aber es hat keinen Sinn, daß ich hierbleibe«, fügte ich hinzu. »Wir werden uns ja doch nur streiten. Wir haben verschiedene Ansichten darüber, wie dieses Unternehmen geführt werden soll, und du hast ja noch all diese Leute hier, denen du vertraust. Es hat mal eine Zeit gegeben, da dachte ich, du würdest mir mehr Macht abgeben, aber inzwischen weiß ich, daß du dazu nicht bereit bist.«

Und da sagte mein Vater endlich, er wolle mit mir über eine Neuregelung der Besitzverhältnisse reden, bei der ich die Aktienmehrheit bei Semco bekäme und damit auch die Vollmacht, all die Veränderungen herbeizuführen, die meines Erachtens erforderlich wären, wenn das Unternehmen überleben wolle. Er war auch bereit, die 30000 Dollar zu zahlen, die im Vertrag mit dem Leiterunternehmen festgelegt waren, falls ich aus ihm wieder aussteigen wollte. (Das Unternehmen konnte sich noch eine Zeitlang halten, zweifellos weil der Inhaber einige Produkte eliminiert hatte, die auch ich abgeschafft hätte. Aber am Ende ging das Unternehmen dann doch in Konkurs. Und was meinen künftigen Geschäftsführer betraf: Er wurde Direktor der brasilianischen Tochtergesellschaft von DuPont.)

»Und wer soll Semco leiten?« fragte ich meinen Vater. Ich wollte es einfach von ihm selbst hören.

Ich schwieg. Er schwieg.

Schließlich sagte er: »Mach deine Fehler lieber, solange ich noch am Leben bin.«

Tatsächlich machte ich dann auch alle möglichen Fehler genau vor seiner Nase. So ist das eben mit Fehlern – man bemerkt sie erst, wenn man sie gemacht hat. Und es gab eine Entscheidung, die zwar kein Fehler war, aber fürchterlich riskant. Entweder versuchte ich weiterhin die alteingesessenen Manager davon zu überzeugen, daß sich bei Semco einiges ändern mußte, wobei sie mich weiterhin behindern würden – oder ich mußte diese Veränderungen ohne sie durchziehen. Diese Manager glaubten noch immer, daß es einen neuen Fünfjahresplan für den Schiffbau geben würde, und warteten in aller Ruhe darauf, während sie die ganze Zeit ihre angenehmen Gehälter einstrichen. Also mußte ich den zweiten Weg einschlagen.

»Ich verreise für zwei, drei Wochen«, sagte mein Vater am Ende unserer schwierigen Unterredung. »Welche Veränderungen auch immer du in der Firma vorhast – führe sie jetzt durch.«

Ich zog in das Büro um, in dem mein Vater bislang gesessen hatte, und studierte den gelben Notizblock, der vor mir lag. Darauf hatte ich die Namen aller leitenden Angestellten geschrieben: insgesamt etwa 15 Namen. Es war ein Freitag, und ich hatte mit jedem einen persönlichen Termin – zuerst mit Waldemar Margonni, einem stattlichen Mann mit durchdringendem Blick. Er begrüßte mich eisig, und seine Augen durchbohrten meinen jungen Schädel. Ich kam mir wie ein Student vor, der eine Semesterarbeit drei Tage zu spät abgab.

»Hallo, Waldemar«, stammelte ich.

»Dickie, was kann ich für dich tun?« sagte Waldemar von oben herab.

Los, Dickie. Sag's ihm. Sag's ihm!

»Ja..., weißt du, Waldemar, ich meine, wir sollten hier einiges verändern.«

Keine Reaktion.

»Du weißt, ich will schon seit einiger Zeit, daß wir bei Semco diversifizieren.«

Noch immer keine Reaktion.

»Und ich glaube«, fuhr ich fort, »daß wir auch im Management einiges ändern müssen, damit dieser Diversifikationsprozeß funktionieren kann.«

Schweigen. Ich beschloß, ihm die bisherige Entwicklung noch einmal vor Augen zu führen. Mit Sicherheit würde er mir am Ende beipflichten, und wir könnten in gutem Einvernehmen auseinandergehen, wenn auch vielleicht nicht als gute Freunde. Also begann ich mit Schwung einen historischen Überblick, kam auf die Anfänge von Semco zu sprechen und rühmte die Verdienste, die sich Waldemar in den 15 Jahren, die er hier war, erworben hatte. Nach einer Weile merkte ich, daß ich lauter gute Gründe für eine Beförderung vorbrachte – aber nicht für eine Entlassung. Abrupt änderte ich die Richtung, machte einen Sprung in die letzten paar Jahre und konzentrierte mich auf die düsteren Aussichten von Semco und die Notwendigkeit, neue Produkte auf den Markt zu bringen.

»Dem kann ich nur zustimmen«, sagte Waldemar schließlich. *Aha, wir kamen voran. Aber nein, er hat doch nicht vor,* mir *zuzustimmen.*

»Wir haben bereits damit begonnen, uns mit dem Thema Diversifikation zu befassen«, fuhr Waldemar fort. »Ich selbst werde im nächsten Monat in Deutschland und England sein, um mit ein paar Unternehmen zu sprechen.«

»Aber Waldemar, das hast du doch schon so oft gesagt – und nichts ist bis jetzt passiert.«

»Diesmal wird das anders sein.«

Es hatte keinen Sinn. Es waren bereits anderthalb Stunden vergangen. Mir blieben nur noch drei Stunden am Nachmittag, in denen ich eine ganze Reihe von Managern feuern mußte.

»Machen wir's kurz, Waldemar. Ich will diese Diversifikation selbst durchziehen und kann mir nicht vorstellen, daß wir das unter einer doppelt besetzten Führung tun können.«

Na also. Geschafft.

»Kein Problem«, erwiderte Waldemar zu meinem Verdruß. »Wir werden ein großartiges Team sein.«

Ich spürte, wie ich in Panik geriet, wie ich verkrampfte und dann frustriert war. Würden etwa alle Gespräche so verlaufen? Und was würde passieren, wenn ich die Liste an diesem Nachmittag nicht schaffen würde? Die übrigen würden sich mit Sicherheit übers Wochenende zusammentun.

»Waldemar, laß es mich ohne Umschweife sagen: Ich muß das ganz allein machen.«

Das Schweigen lastete schwer auf uns – wie eine dicke Wolldecke an einem heißen Sommertag. Wir saßen da, während die Klimaanlage im Hintergrund summte, und starrten einander an. »Willst du damit sagen, daß ich entlassen bin?« sagte Waldemar endlich.

Ich räusperte mich und sagte gefaßt: »Ja, Waldemar, genau das will ich sagen. Es ist die einzige Möglichkeit.«

Wieder herrschte Schweigen. Dann kam die unvermeidliche Frage: »Weiß dein Vater davon?«

»Ja... ja. Gewissermaßen. Ja. Er weiß es. *Ja.*«

»Ich verstehe«, sagte Waldemar. Endlich eine körperliche Reaktion: Er wurde blaß, dann weiß wie die Wand. Ich fragte mich, wie ich aussah. Vermutlich noch schlimmer.

Waldemar erhob sich. »Schön, ich werde am Montag morgen wieder in meinem Büro sein. Im Laufe der nächsten Woche können wir uns dann über die Übergabe unterhalten.«

»Ach, Moment mal, Waldemar«, warf ich schnell dazwischen und stand ebenfalls auf. »Weißt du, ich denke eigentlich an eine schnelle Übergabe.«

»Und was wäre das? Sechs Monate?«

»Äh, nein... nein«, stotterte ich.

»Also drei Monate?« Waldemar stand schon an der Tür.

»Tja, nein, weniger... ich... ich...«

»Du meinst doch nicht etwa, daß du mich innerhalb eines Monats los werden willst?« Seine Augen verengten sich, als sie in meine starrten.

»Nun, eigentlich ja.«

»Und wann soll ich deiner Ansicht nach das Unternehmen verlassen?«

Nur Mut.

»Waldemar, ich möchte, daß du deine Sachen schon heute mit nach Hause nimmst. Sollte ich am Montag etwas von dir brauchen, werde ich dich anrufen.«

Waldemar ging hinaus, wandte sich noch einmal um, machte dann auf dem Absatz kehrt und warf die Tür zu. Ich sank aufs Sofa.

Die übrigen Gespräche waren im Nu vorbei. Um 18 Uhr hatte ich 60 Prozent der Top-Manager von Semco gefeuert. Ich hatte noch nie jemanden eingestellt, geschweige denn so viele Existenzen in einer einzigen, mafiaähnlichen Säuberungsaktion zerstört. Aber sie hatten meine Vorschläge zur Diversifizierung des Unternehmens ignoriert.

Semco hatte keine Zeit für einen langsamen, natürlichen Genesungsprozeß – hier war ein sofortiger Aderlaß unerläßlich.

Mit gemischten Gefühlen, erleichtert und besorgt zugleich, ging ich zu meinem Wagen, verließ das Firmengelände und fuhr nach Hause ins Wochenende.

Ich hatte das Ganze auf einen Freitag gelegt, weil ich gehofft hatte, die Unruhe im Unternehmen würde sich über das Wochenende wieder legen. Bis zum Montag mußte noch eine Menge geregelt werden. Ich hatte zwar keine Erfahrung als Manager, aber dafür hatte ich bereits jemanden bereitstehen, der sie hatte. Meine neue rechte Hand hieß Ernesto Gabriele. Ernesto war ein ausgesprochen hagerer Mann in den Vierzigern und besaß genug Energie für einen ganzen Vorstand (und das sollte zunächst auch seine Rolle sein). Er war als Sohn italienischer Einwanderer in Sorocaba, einer Kleinstadt im Landesinnern des Staates São Paulo, geboren und hatte in seiner Jugend ständig davon geträumt, eines Tages in Amerika zu studieren. Er sprach zwar kein Wort Englisch und hatte nicht einmal das Geld für ein Flugticket, geschweige denn die nötige schulische Vorbildung. Aber er war fest entschlossen, und das genügte.

In der Nähe seiner Heimatstadt befand sich das brasilianische Tochterunternehmen des Reifenmultis Firestone, und in einer Schule in Sorocaba fand Ernesto Bewerbungsunterlagen für die Universität von Akron, wo die Zentrale des Gummigiganten lag. Ernesto hatte sein Schulabschlußzeugnis, füllte ein Formular aus, in dem er sich um ein Stipendium bewarb, und versprach, Englisch zu lernen. An der Hochschule war gerade ein Platz für einen ausländischen Studenten frei, und Ernesto wurde zugelassen. Er sammelte bei seinen Nachbarn und Mitbürgern Spenden für das Flugticket, büffelte lange genug Englisch, um sich seine Vermutung zu bestätigen, er könne fremde Sprachen quasi über Nacht aufschnappen, und im Juli flog er bereits nach Ohio.

Vier Jahre später hatte er sein Studium an der Universität von Akron abgeschlossen und nebenan einen Ausbildungsplatz bei Firestone bekommen. Er stieg rasch auf und kehrte bald als junger Manager nach Brasilien zurück. Aber das war noch nicht alles: Mit 29 wurde er der jüngste Vizepräsident bei Firestone.

Ernesto war ein As in der Verwaltung, auf dem Finanzsektor – und beim Stellenwechsel. Er war sehr moralisch, aber ungeduldig, und so war er leicht beleidigt oder legte sich mit Kollegen an, was stets damit endete, daß er kündigte. Er wurde Vizepräsident von J. I. Case, einem Traktorenhersteller, und ging dann zur Tochtergesellschaft eines deutschen Multis, wo er Deutsch lernte. Sein nächstes Gastspiel gab er bei einem französischen Unternehmen, wo er Französisch lernte. Dann wurde er Assistent des Präsidenten im japanischen Elektronikkonzern Sharp, nahm aber auch dort seinen Hut, nachdem er bei einer Konferenz auf japanisch »Alles nur Blabla!« gebrüllt hatte. Anschließend arbeitete er in Rio als Vizepräsident der Verwaltung von Xerox; aber nachdem er in einem Jahr elfmal in die USA fliegen mußte, beschloß er, ein weniger hektisches Leben zu führen. Als er eines Sonntags in seiner Wohnung in Rio in der Zeitung blätterte, fiel ihm eine Anzeige auf englisch ins Auge. Gesucht wurde ein Geschäftsführer für ein Leiterunternehmen in São Paulo.

Ernestos Lebenslauf machte mich neugierig – kein Wunder, denn er hatte sämtliche Unternehmen aufgelistet, für die er bisher gearbeitet hatte, einschließlich derjenigen Firmen, bei denen er nur ein paar Monate gewesen war, dazu hatte er noch die Zeugnisse von all diesen Unternehmen beigelegt. Ich war beeindruckt: von seiner Offenheit über diesen ständigen Wechsel genauso wie von den Empfehlungen seiner früheren Arbeitgeber. Er war früh steil aufgestiegen, hatte aber bislang nicht das gefunden, was er suchte. Er war offenkundig ganz hervorragend, ein leidenschaftlicher Organisator – er hatte jedoch auch einen starken Charakter und hielt es nirgendwo lange aus. Einen solchen Mann konnte ich beim Leiterunternehmen nicht brauchen, wohl aber bei Semco. Wir wollten in unbekannte Gewässer vorstoßen, und mir war von vornherein klar, daß wir noch oft den Kurs wechseln mußten. Ein herkömmlicher Manager würde vor dieser Aufgabe zurückschrecken oder sich als unflexibel erweisen.

Ich hatte mich mit Ernesto mehrmals vor der Großen Säuberung getroffen und stellte ihn am Samstag danach ein. Nun hatte ich also ein Alter ego, genauso dickköpfig und verrückt wie ich – aber er wußte wenigstens, wie man ein Unternehmen führt.

Am Montag wurde mir erst so richtig klar, was ich mit meiner Aktion ausgelöst hatte. Da riefen Kunden an und fragten nach einer bestimmten Person, und wir mußten ihnen erklären, der Betreffende wäre nicht mehr bei uns. Sie fragten nach jemand anderem, und dann mußten wir ihnen sagen, daß auch der nicht mehr da sei. Nach dem vierten oder fünften Anlauf schnappten sie hörbar nach Luft.

Unsere ehemaligen Manager, soviel war mir klar, hatten sich zu Hütern von vielen unserer Geschäftsgeheimnisse gemacht, zweifellos um sich ihre Anstellung zu sichern. Sie hatten nicht damit gerechnet, daß jemand wie ich ihnen so spontan einen Strich durch die Rechnung machen würde – aber ich hatte nicht damit gerechnet, daß ich von so vielen Geheimnisträgern umgeben war. Wir mußten ihre Schreibtischschubladen und Aktenschränke systematisch durchkämmen, um all die heimlichen Deals und Absprachen aufzudekken, die sie mit unseren Kunden getroffen hatten.

Natürlich versuchten einige dieser Kunden uns dazu zu bewegen, diese Manager wieder einzustellen. Ein deutsches Unternehmen, das uns die Lizenz zur Herstellung mehrerer Arten von Schiffspumpen erteilt hatte, schickte sogar zwei Repräsentanten bis nach Brasilien herüber, die mich persönlich dringend darum bitten wollten, meinen Platz zu räumen und den alten Managern wieder das Ruder zu überlassen. Sie suchten mir unmißverständlich klarzumachen, daß wir ihrer Ansicht nach ohne sie nicht weiterexistieren könnten.

Ich war mir da auch nicht so sicher. Aber wir wollten es wenigstens versuchen.

Kapitel 4
Fehlstart

Wir verbrachten den Rest des Jahres 1980 damit, von Bank zu Bank zu japsen und Geld zusammenzukratzen. Wir überlegten uns sogar, ob wir nicht den Immobilienbesitz des Unternehmens verkaufen sollten. Es war durchaus nicht lustig, Lieferantenrechnungen im voraus bezahlen oder unsere Produkte auf einem Markt verkaufen zu müssen, wo die wildesten Gerüchte über Semco kursierten. Aber schon bald ließ Ernesto seinen ganzen multinationalen Zauber spielen, und unsere Kunden merkten, daß wir nicht pleite gehen würden, zumindest noch nicht gleich.

Ernesto führte Dutzende neuer Maßnahmen und Verfahren ein, und fast täglich fiel ihm ein neues Formular ein. Unser Hexenmeister im Management brachte unsere Verkäufer dazu, Berichte über Kundenbesuche zu schreiben und Statistiken zu führen, mit deren Hilfe man die Zahl der tatsächlichen Aufträge mit der Zahl der Kostenvoranschläge vergleichen konnte. Im ganzen Unternehmen wurden völlig neue Ablagesysteme eingeführt. Die Taschen und Autos unserer Mitarbeiter wurden nach einem Zufallssystem durchsucht. Jeder bekam einen Mitarbeiterausweis aus Plastik und wurde verpflichtet, ihn bei sich zu tragen. Produktionspläne wurden an Tafeln in unserer neuen Planungs- und Controlling-Abteilung ausgehängt. Die Mitarbeiter unserer neuen Zeitplan- und Arbeitsmethoden-Abteilung sollten Möglichkeiten ausfindig machen, wie man unsere Arbeiter zu noch schnellerer Arbeit bewegen konnte.

Wie genial. Wie kapitalistisch. Was Xerox konnte, konnte Semco schon lange. Okay – die Xerox-Leute verkauften tatsächlich ihre Produkte, und wir hatten nur den statistischen Beweis dafür, daß sich unsere noch immer im Lager befanden. Ein unwichtiges Detail, meinten wir, das sich jeden Tag korrigieren ließ.

Wir beförderten viele alte Hasen bei Semco, und einige sind noch immer bei uns. Aber was uns wirklich fehlte, war ein aggressiver Leiter unserer Verkaufsabteilung. Um die Wahrheit zu sagen: In unserer Verkaufsabteilung fehlte es an allen Ecken und Enden. Die brasilianischen Fünfjahrespläne mit ihren langatmigen Abwicklungen hatten uns sorglos gemacht. Wir hatten es offenbar nicht nötig gehabt, überhaupt etwas zu verkaufen – wir brauchten bloß Aufträge entgegenzunehmen, das war alles. Darum haben wir 1980 Pumpen ausgeliefert, die wir bereits 1975 verkauft hatten.

Also setzte ich eine Anzeige in die Zeitung und suchte einen Verkaufsleiter. (Kommt Ihnen bekannt vor, nicht wahr?) Und so lernte ich Harro Heyde kennen.

Harro war ein verrücktes Huhn. Er war sehr groß, hatte schütteres Haar und trug eine Brille, deren Gläser so dick waren wie der Boden einer Cola-Flasche. Er besaß keinen einzigen Anzug, und seine Kleidung schien er willkürlich aus den Tiefen eines dunklen, feuchten Schranks geklaubt zu haben. Bei unserem ersten Gespräch erzählte er mir, er sei ein passionierter Koch (seine Spezialität war *coq au vin*) und lebe mit seiner Frau, die, nebenbei bemerkt, Ausbilderin für Fallschirmspringer war, und seinen beiden kleinen Kinder in einem Landhaus im bayerischen Stil in einem Nobelvorort, wo sie Brot buken und (na, was wohl?) Hühner hielten.

Harro war der Beste seines Semesters am Institut für Luftfahrttechnik gewesen, dem M.I.T. von Brasilien. Er sprach Englisch, Französisch und Deutsch, und er hatte schon eine ganze Reihe von Jobs gehabt – unter anderem war er Wartungschef bei einem großen Bergbauunternehmen im Amazonasgebiet und Bauleiter für die französische Firma Fichet in Algerien gewesen. Seine Referenzen schienen verrückt genug für den Mann, der mir vorschwebte: jemand, der unsere Verkaufsabteilung wieder auf Zack bringen sollte.

Harro war einverstanden. Wie Ernesto mußte auch er seine Nische erst noch finden.

Harro hat an seinem ersten Tag bei Semco mit dem Verkaufen begonnen und seither nicht wieder aufgehört. Wenn er am Schreibtisch eines Verkäufers vorbeikam, fragte er ihn nach dem aktuellen Stand eines bestimmten Angebots. Der Verkäufer erklärte ihm dann, daß der Kunde es prüfe. Harro schlug ihm einen Besuch vor, und der Verkäufer sagte, er würde versuchen, einen Termin in der nächsten Woche zu bekommen. Darauf Harro: Nicht nächste Woche, jetzt gleich. Der Verkäufer begann sich zu winden: Unmöglich. Doch Harro packte ihn am Arm, schnappte sich einen Packen Zeitschriften aus unserem Empfangsraum und begab sich mit dem Verkäufer schnurstracks zum Büro des betreffenden Kunden. Er ließ sich anmelden, und dann warteten sie eine, zwei, sogar drei Stunden – so lange jedenfalls, bis sie empfangen wurden. In der Zwischenzeit unterhielt sich Harro mit der Empfangsdame über das Unternehmen, quetschte seinen Verkäufer über dessen andere Kunden aus oder las die Zeitschriften, die er mitgebracht hatte.

Ich habe jedenfalls mein Bestes getan, damit er immer mit genügend Lesefutter versorgt war. Ein paar Tage, nachdem Harro bei Semco eingetreten war, unterschrieben wir einen Lizenzvertrag mit einer norwegischen Firma über die Herstellung einer neuen Art von Pumpen. Wir wußten zwar kaum etwas über die technischen Einzelheiten dieser Pumpen, sollten aber trotzdem bereits in ein paar Tagen zu einer größeren Präsentation der Pumpen bei Petrobras antreten, der staatlichen Erdölgesellschaft, die zu den größten Erdölunternehmen der Welt gehört. Ich schaute in Harros Büro vorbei und fragte ihn, ob er sich das Material mal ansehen wollte. Kein Problem, meinte er. Bevor er es sich anders überlegen konnte, übergab ich ihm ein äußerst unterhaltsames, 600 Seiten starkes Handbuch über Hydraulik. Nebenbei sagte ich ihm, er möchte doch vor den Petrobras-Ingenieuren einen Vortrag halten. Harro grinste mich bloß an, als wollte er sagen: Überlaß das ruhig mir, mein Junge.

Er beschäftigte sich tage- und nächtelang mit dem Zeug, sprach öfter mit den Norwegern, veranstaltete dann eine Präsentation bei den Petrobras-Leuten und kam mit einem stattlichen Auftrag wieder.

Und dann zogen Harro und ich los. In zwei Jahren waren wir in 16 Ländern unterwegs und nahmen mit über 60 Unternehmen Kontakt auf, um Aufträge zu akquirieren. Jeden Monat waren wir in einem, manchmal sogar in zwei Dutzend Städten. Damit wir nicht zusammenklappten, lautete unsere Regel: ein Flug pro Tag. Wir haben sie oft gebrochen. Auf einem dieser unvergeßlich neurotischen Trips schlangen wir zum Abendessen marinierten Lachs in Oslo hinunter, in einem Gartenlokal, wo sich die Mitternachtssonne im Tafelsilber spiegelte; dann nahmen wir den ersten Flieger nach New York, wo wir zum Lunch mit Managern vom Crane-Konzern zusammensaßen; dann ging's zum Dinner in Cincinnati weiter, mit Vertretern der Day Mixing Company; und schließlich übernachteten wir (diesmal im Dunkeln) in San Francisco, wo wir am nächsten Morgen mit Leuten von Pacific Pumps, Inc. verabredet waren.

In dieser Zeit habe ich Harros deftige Scherze zu schätzen und seinen Appetit zu bewundern gelernt. Einmal fuhren wir nach Linz in Österreich, um ein Pumpenunternehmen namens Ochsner aufzusuchen. Herr Ochsner wollte uns persönlich empfangen, aber irgendwas ging schief, und wir waren erst kurz vor Mitternacht im Hotel – mit sechs Stunden Verspätung. Harro begab sich sogleich ins Restaurant, wo er unbedingt sein österreichisches Lieblingsessen haben wollte: Knödel. Der Ober bedauerte, ihm nicht mehr damit dienen zu können, aber wir mußten Österreich am nächsten Morgen schon wieder verlassen – und so leicht ließ sich Harro etwas nicht ausreden. Er lief in die Küche und brachte den Küchenchef nicht nur dazu, daß er ihm versprach, seinen Wunsch zu erfüllen, sondern daß er ihm auch bei der Zubereitung zuschauen durfte.

Auf diesen Reisen hofften wir genügend Unternehmen dazu bewegen zu können, uns die Lizenz zur Herstellung ihrer Pumpen und Mischgeräte für Brasilien zu überlassen, wobei wir unseren jämmerlichen Cash-Flow vermehren und Zeit gewinnen wollten. Aber die Verhandlungen erwiesen sich als schwierig – die vertrackte Wirtschaftslage in Brasilien und die restriktiven staatlichen Vorschriften waren schon schlimm genug, und die Tatsache, daß Semco ein relativ unbekanntes Unternehmen war, machte uns unsere Aufgabe auch nicht gerade leichter. Bei unserem Tanz am Rande des Abgrunds gerieten wir ganz schön ins Schleudern, aber irgendwer da droben hielt die Hand über uns, denn immerhin gelang es uns, sieben Lizenzvereinbarungen zu ergattern, zur Herstellung von Suppenmixern, Ölfiltern, Flüssigkeitsrührwerken für Mineralöltanks, Kompressoren und anderen Geräten für die Industrie und zur Nahrungsmittelherstellung. Danach machten die Schiffsgeräte nur noch 60 Prozent unserer Produktion aus. Und wir hatten immer noch Luft zum Atmen.

Anfang 1981 verkündete der Alcoa-Konzern, man plane, ein neues Aluminiumwerk in Nordbrasilien zu errichten. Es war eines der wenigen großen Bauprojekte, mit dem wir während der Rezession rechnen konnten. Semco gab ein Angebot für die bei diesem Projekt benötigten 200 hydraulischen Pumpen ab, einen Auftrag über drei Millionen Dollar. Ein Auftrag in dieser Größenordnung konnte unserem Unternehmen neue Hoffnung geben, denn normalerweise hatten wir ein Auftragspolster von zehn Monaten gehabt, das inzwischen auf zweieinhalb Monate geschrumpft war. Wir hatten Alcoa schon früher beliefert und glaubten gute Chancen zu haben, den Auftrag zu bekommen. Aber an einem Freitag erfuhren wir am späten Nachmittag, daß uns ein australischer Konkurrent, Warman Pumps, unterboten hatte.

Als wir uns (soweit das möglich war) von unserer Enttäuschung erholt hatten, setzten wir unsere letzte Hoffnung auf einen Auftrag für Schiffspumpen, und zwar für zwei einheimische Werften – Caneco und Emaq –, die gerade drei Tanker für Petrobras bauten. Beide Werften gaben uns zu verstehen, sie würden lieber bei Semco kaufen, wie bisher auch schon. Das Problem war nur, daß einer unserer Konkurrenten, Sulzer Brothers, von seiner Schweizer Mutter die Anweisung bekommen hatte, den Auftrag um jeden Preis zu akquirieren, und einen Rabatt von 18 Prozent geboten hatte. Auch sie befanden sich in einer verzweifelten Lage.

Wir standen mit dem Rücken zur Wand – und boten 20 Prozent. Bei diesem Auftrag würde kein großer Gewinn herausspringen, aber das Geld würde uns über Wasser halten, bis wir wieder wußten, was wir als nächstes tun sollten. Ich weiß noch, wie zufrieden ich von Rio heimflog.

Am Ende der Woche teilte uns die Werft mit, unsere Konkurrenz habe 35 Prozent Rabatt geboten – inklusive kostenloser Wartungen, Versicherung und Lieferung. Kennen Sie den medizinischen Ausdruck »Nullinie«? Er paßte genau auf uns. Hätte es in unserem Konferenzraum ein Elektrokardiogrammgerät gegeben, dann hätte es keinen einzigen Herzschlag mehr registriert.

Wir nahmen natürlich das nächste Flugzeug nach Rio, um mit dem Angebot gleichzuziehen. Es blieb uns gar keine andere Wahl. Das war mit Sicherheit der letzte Auftrag in diesem Jahr, und dabei war es erst März. Der Preis war Nebensache – wir mußten so lange über die Runden kommen, bis wir Semco im Griff hatten. Auch wir boten 35 Prozent Rabatt, und die Werften gaben uns ihr Wort, daß der Auftrag uns gehörte. Unser Herz begann wieder zu schlagen.

Ein paar Tage später hatten wir eine Konferenz. Ich weiß nicht mehr, worum es ging, aber ich erinnere mich noch genau daran, wie nervös wir waren. Ein abergläubischer Mitarbeiter entdeckte, daß 13 Leute um den Tisch saßen. Und genau in diesem Augenblick kam ein dringender Anruf für mich. Ich nahm den Hörer ab und erfuhr, daß der Caneco-Werft von unserem Konkurrenten weitere sieben Prozent Rabatt angeboten worden waren und daß die Werft dieses Angebot angenommen hatte. Emaq würde mitziehen, da Petrobras wünschte, daß alle sechs Schiffe gleich ausgestattet sein sollten.

Wir waren am Boden zerstört. Nur Harro nicht. Er hatte wieder dieses Funkeln in seinen Augen. Auf sein Drängen hin hatten wir beschlossen, unseren Überlebenskampf an einer anderen Front zu führen. Wir würden den Alcoa-Auftrag doch noch an Land ziehen.

Alcoa hatte bereits mit fast allen Zulieferfirmen Verträge für den Bau des neuen Werks abgeschlossen. Als einziges stand noch der Auftrag über die riesigen Rührwerke aus, die sich langsam am Boden der Tanks drehen, damit das Aluminium dort nicht aushärtet. Wir wußten nur wenig über diese Maschinen, außer daß die Arme fünf Meter lang waren und die Antriebswellen drei Stockwerke hoch. Wir fragten bei Alcoa an, ob man auch ein Angebot von Semco in Erwägung ziehen würde. Das sollten wir lieber vergessen, erklärte man uns, da der Auftrag schon in 10 Tagen vergeben würde.

Am nächsten Tag flogen Harro und ich nachmittags nach King of Prussia in Pennsylvania, dem Sitz des größten Rührwerkeherstellers der Welt, der Philadelphia Gear Corporation. Wir brauchten ihre Sachkenntnis, um den Auftrag an Land ziehen zu können, und sie brauchten Semco, denn nach unserem Handelsrecht mußten diese Maschinen in Brasilien hergestellt werden. Wir wurden ins Büro des Präsidenten geleitet, der uns unverblümt seine Meinung über Brasilien an den Kopf warf. Philadelphia Gear hatte einmal ein brasilianisches Unternehmen erwerben wollen, war aber völlig frustriert von dem entsetzlichen amtlichen Papierkrieg. Seitdem wollte er nichts mehr mit Brasilien oder Brasilianern zu tun haben.

Als ich auf Alcoa zu sprechen kam, besänftigte sich sein Zorn. Philadelphia Gear machte zwar Geschäfte mit den größten Aluminiumherstellern, aber nicht mit Alcoa. Für ihn eröffnete sich plötzlich die Chance, durch eine Hintertür in Südamerika in geschäftliche Beziehungen mit dem Aluminiumgiganten treten zu können. Auf einmal konnte er sogar lächeln, aber dann wurde er gleich wieder blaß, als wir ihm klarmachten, daß die erforderlichen Rührwerke größer wären als alle, die sein Unternehmen bislang hergestellt habe. Und als wir ihm auch noch erklärten, daß wir nur ein paar Tage Zeit hätten, die technischen Vorbereitungen abzuschließen, den Vertrag auszuhandeln und die Lizenzvereinbarung zu unterzeichnen, kehrte sein finsterer Gesichtsausdruck zurück. Aber nachdem er sich mit seinem Vorstand beraten hatte, entschied er, daß wir das Ganze durchziehen sollten.

Als wir wieder in Brasilien waren, richtete Harro sich im Empfangsbereich des imposanten Alcoa-Verwaltungsgebäudes häuslich ein. Der Beschaffungsmanager Victor Barruzzi war ein harter Brokken, der am Austausch von Höflichkeiten nicht interessiert war. Da er auch noch ein Frühaufsteher war, machte Harro es sich zur Gewohnheit, vor seinem Büro schon um sechs Uhr morgens aufzukreuzen. Barruzzi ging an ihm vorbei und hatte kaum ein Nicken für ihn übrig. Harro ließ sich etwa jede Stunde bei ihm anmelden und saß einfach da und las die Jahresberichte von Alcoa und irgendwelche Bergbauzeitschriften. Schließlich gab Barruzzi nach und empfing ihn – aber nur um ihm zu sagen, daß Semco keine Chance hätte, den Auftrag an Land zu ziehen. Irgendwie gelang es Harro, einen zweiten Termin bei Barruzzi zu bekommen, für uns beide, und nachdem wir zwei Stunden gewartet hatten, wurden wir empfangen. Wir bearbeiteten Barruzzi so lange, bis er weich wurde und unser Angebot entgegennahm. Und so kam es schließlich, daß das neue Alcoa-Werk in Brasilien stolzer Besitzer von 26 Semco-Philadelphia-Rührwerken wurde, darunter auch vier, die zu den größten Maschinen dieser Art auf der Welt gehören.

In dieser Gewinnsträhne beschlossen wir, auch das Petrobras-Problem zu packen. Ein einziger Mann, der Präsident Shigeaki Ueki, traf letztlich die wichtigen Entscheidungen in dieser Erdölgesellschaft.

Nach zahllosen Anläufen bekamen wir schließlich einen Termin bei ihm, an einem Freitagnachmittag. Wir erklärten ihm, wir seien überzeugt, daß unser Konkurrent ein Dumpingangebot abgegeben habe und seine Pumpen mit Verlust verkaufen würde, um sich auf den brasilianischen Markt zu drängeln. Wenn wir das beweisen könnten, sagte er, bekämen wir den Auftrag. Aber wir hätten nicht mehr viel Zeit, warnte er uns noch.

Das Elektrokardiogramm zeigte wieder Ausschläge. Dann fiel uns siedendheiß ein, daß es schon fast Dienstschluß war und wir uns noch eine Kopie der Bilanz unseres Konkurrenten von der Verwaltungsregistratur besorgen mußten. Die Beamtin, die uns empfing, wollte offensichtlich nicht die letzte halbe Stunde ihrer Arbeitswoche damit verbringen, in modrigen Akten herumzuwühlen, aber irgendwie schien sie die kindliche Verzweiflung in meinem Gesicht zu rühren. Sie suchte die Bilanz heraus, und ich ging sie beklommen durch. Und wenn nun ein kreativer Buchhalter die Verluste verschleiert hatte? Er könnte ja beim Inventar manipulieren, oder mit künftigen Erträgen. Wie konnte ich das wissen? Meine Finger fuhren die Zahlenkolonnen entlang. Erträge, Erträge – wo waren bloß die verdammten Erträge? Aha, da waren sie. Hübsche, dicke Zahlen, in Klammern. Mein Verdacht bestätigte sich: ein Verlust von drei Millionen Dollar.

Am Ende spielte Dr. Ueki Salomon und verteilte den Pumpenauftrag auf zwei Firmen. Semco würde einen Vertrag für drei von den Schiffen bekommen.

Als ob wir endlich kapieren sollten, daß die Welt sich zwar immer weiter dreht, am Ende aber dort anlangt, wo sie begann, wurde dieser Auftrag, den wir für lebensnotwendig hielten, mehrere Male verschoben. Dann ging die Werft pleite, ehe sie uns auszahlen konnte.

Aber das war viel später. Im Augenblick hatte sich die Schlinge ein wenig gelockert.

1981 kam und ging. Auch 1982. Dank der Lizenzverträge, die Harro und ich akquiriert hatten, befand sich Semco in der ungewohnten Lage, Geld zu verdienen. Eine Menge Geld. Na schön, jedenfalls für uns. Wir hatten sogar noch etwas Kleingeld übrig, nachdem wir unsere Schulden abbezahlt hatten. Da Ernestos neue Unternehmenssteuerungsmaßnahmen funktionierten und unsere Produktpalette erheblich erweitert war, schwammen wir auf einer Erfolgswelle, während es mit Brasilien immer weiter bergab ging.

Ich hätte mit der neuen, verbesserten, diversifizierten Firma Semco nicht zufriedener sein können. Alles schien so professionell zu sein. Niemand konnte unser Werk ohne einen Ausweis betreten oder verlassen. Selbst ich wurde von den Wachmannschaften aufgehalten. Bei uns gab es spezielle Formulare für Überstunden, Telefonrechnungen, Kopiererquittungen – einfach alles.

Unser ganzer Stolz war unser neues Budget-System. Am fünften Arbeitstag jedes Monats lagen die Zahlen vor, in farbig gekennzeichneten Mappen. Wie groß war der Kaffeeverbrauch der Arbeiter in einer Unterabteilung der Leichtbauproduktion III? Hier steht es, in Tabelle Nr. 112, Seite 67. Ernesto verpaßte uns das Image von Firestone, Xerox und Sharp.

Wenn ich mit Managern in anderen Unternehmen über unser System sprach, erzählte ich ihnen gern die Geschichte, wie der Präsident von Allis-Chalmers aus den USA zu Besuch kam. Er wollte wissen, ob wir das Pumpenwerk seines Unternehmens in Brasilien übernehmen würden. Der Vertrag kam zwar nicht zustande, aber wir zeigten ihm dennoch unsere Fabrik. Er blätterte in einigen unserer Budget-Mappen und bekam so leuchtende Augen wie ein Kind bei seinem ersten Zirkusbesuch. Er hätte nicht gedacht, daß ein lateinamerikanisches Unternehmen derart effizient – meinte er zwangsneurotisch? – arbeiten würde. Und dann erklärte er uns, daß er seine brasilianische Tochtergesellschaft (die um ein Vielfaches größer war als Semco) anweisen würde, sofort ein ähnliches System einzurichten. Wir liefen wochenlang mit stolzgeschwellter Brust herum.

Nicht lange danach begann Allis Chalmers Marktanteile zu verlieren und dann auch noch Geld. Inzwischen ist der Konzern aufgelöst und Stück für Stück verkauft worden.

Eines Tages sollten wir selbst daraus auch unsere Lehren ziehen. Aber vorerst waren wir bemüht, die Welt an den Segnungen unserer neuen Managementkultur teilnehmen zu lassen. Es war an der Zeit, daß Semco auszog und einige Unternehmen aufkaufte.

Kapitel 5

Was kostet die Welt?

Ich hatte den dringenden Verdacht, daß man uns nicht ernst nahm, als Ray Krinker, Seniorpartner von Price Waterhouse in Brasilien, mich über den Tisch hinweg angrinste. »Ein Tante-Emma-Laden in der Nähe meines Hauses«, sagte er dann. »Das wäre das Beste, was Sie in Ihrer Preislage kaufen könnten.«

Wir schrieben das Jahr 1983. In unserer typischen großkotzigen Art hatten wir Krinker zu uns gebeten, einen Spezialisten für Unternehmensfusionen und -aufkäufe, und ihm erklärt, wir würden gern eine halbe Million Dollar anlegen. Wir wollten ein Unternehmen kaufen. An einen Tante-Emma-Laden hatte ich dabei eigentlich nicht gedacht.

Ich erinnerte mich an eine gewisse Leiterfirma, die ich für einen Dollar hätte kaufen können, und beschwor Krinker und seine Leute, weiterzusuchen. Das taten sie dann auch, und während der nächsten paar Monate sichtete ich ganze Stapel von Unterlagen über Zweigstellen und Tochtergesellschaften, die unter den Hammer kommen sollten. Wir stellten drei Bedingungen: Das Unternehmen mußte auf seinem Markt die Nummer 1 oder die Nummer 2 sein, etwas mit unserem eigenen Geschäft zu tun haben und technisch auf dem neuesten Stand sein. Es mußte auch gute Gründe geben, die für seinen Verkauf sprachen – es gab entweder keinen Nachfolger für den Unternehmensgründer, das gegenwärtige Management taugte nichts, oder das Mutterunternehmen hatte kein Interesse mehr an der Tochter. Auf keinen Fall suchten wir nach Firmen, die Produkte von zweifelhafter Qualität herstellten oder große Kapitalspritzen benötigten, die wir natürlich nicht bieten konnten.

Krinker, ein freimütiger Mann, dessen Augen abwechselnd blitzten und starrten, war bei unserer Suche von unschätzbarem Wert.

Und er konnte uns auf den Boden der Tatsachen zurückholen. »Auch ein kleines Loch genügt«, erklärte er mir gern, »damit ein großes Schiff sinkt.«

Wir waren nun wirklich nicht gerade ein großes Schiff, aber wir suchten wie der Teufel nach vielen kleinen Löchern. Die Unternehmen, die damals zum Verkauf anstanden – wir befanden uns ja noch immer in einer Rezession –, waren nicht sehr gesund. Den meisten fehlte entweder Kapital oder ein Markt. Und manche hatten beides nicht. Ray sorgte dafür, daß wir uns damit gar nicht abgaben. Aber es blieben noch genügend Kandidaten übrig. Wir verbrachten ganze Nachmittage damit, uns durch hohe Stapel von Jahresberichten durchzuarbeiten. Wir zogen einen heraus, lasen die Angaben über die Produktpalette, sahen uns die Zahlen an und entschieden dann darüber, ob er auf den kleinen Haufen von interessanten Vorschlägen gehörte oder auf den viel größeren Stapel der abzulehnenden Projekte.

Kein Unternehmen, das eine halbe Million Dollar flüssig hatte, dürfte sich mächtiger vorgekommen sein als wir. Hier harrten Firmen mit jährlichen Umsätzen in Höhe von fünf Millionen, zehn Millionen, ja zwanzig Millionen Dollar auf unsere Entscheidung. Wir bekamen sogar Unterlagen von einem Unternehmen mit einem Jahresumsatz von 150 Millionen Dollar und von einem anderen mit 4500 Mitarbeitern.

Natürlich dachten wir nicht im Traum daran, an derart Große heranzutreten. Aber selbst dann hatten wir keinen blassen Schimmer, wie anmaßend wir waren zu glauben, wir würden über die nötige Erfahrung verfügen, um noch andere Unternehmen neben unserem eigenen zu leiten. Wir waren in unseren Augen längst legendär. Wer würde es schon wagen, das Schicksal daran zu hindern, uns zu einem multinationalen Konzern zu machen?

An diese Zeit sollte ich Jahre später noch zurückdenken, als ich über die jungen Finanzgenies in der Wall Street las, die das gleiche Spiel spielten: Unternehmen kauften, verkauften und miteinander fusionierten und sich dabei einen Dreck um die reichhaltige, komplexe Geschichte dieser Firmen kümmerten. Diese Yuppies in ihren Armani-Outfits und BMWs wußten alles besser, sie zertrümmerten um kurzfristiger Profite willen ganze Unternehmen und brachen dabei die Herzen jener Männer, deren Träume einst in diesen Unternehmen Wirklichkeit geworden waren. Aber in ihrer Welt gab es keinen Platz für Sentimentalitäten oder Tradition oder Mitarbeitermotivation. »Was bleibt unterm Strich?« kläfften sie in ihre Autotelefone. Und auch ich war in dieser Denkweise befangen und bildete mir törichterweise ein, die Macht zu haben, über Leben und Tod jener Unternehmen entscheiden zu können, deren lebenswichtige Statistiken sich in den Mappen auf unserem Konferenztisch befanden. Ray Krinker hatte recht gehabt. Wir hätten es langsamer angehen sollen. Wir hätten vorsichtiger weitermachen müssen. Aber da wir ungeduldig waren, taten wir genau das nicht.

Wir wählten 15 Unternehmen aus, die wir aufsuchen wollten, verhandelten mit sechs und entschieden uns dann für ein einziges: die Tochtergesellschaft einer schwedischen Klimaanlagen-Firma, die man heute unter dem Namen Asea Brown Boveri-Gruppe kennt. Flakt, ihr brasilianischer Ableger, verkaufte Kühlanlagen für Schiffe und Offshore-Bohrplattformen sowie Entlüftungssysteme für Schiffsmaschinenräume.

Die Verhandlungen gingen zügig voran. Der Vertrag sah vor, daß wir den brasilianischen Schiffahrtsbereich übernahmen und in Semco eingliederten. Der Preis betrug rund 300 000 Dollar, und das konnten wir locker aufbringen. (Okay, viel mehr hatten wir eigentlich nicht.) Die Unterzeichnung sollte in Stockholm erfolgen.

Ich düste los und besichtigte unterwegs andere Flakt-Betriebe. Da ich Angst hatte und unter Jet-Lag litt, war es wohl nicht weiter überraschend, daß ich auf dieser Reise zum erstenmal Bekanntschaft mit dem staatlichen Gesundheitswesen machte. Seit Monaten war mein Hals beim Erwachen so stark entzündet, daß ich bis zum späten Vormittag nicht einmal Flüssigkeiten hinunterschlucken konnte. Außerdem hatte ich fürchterliche Kopfschmerzen und Gastritis. Und um das klägliche Bild abzurunden, hatte ich noch 50 Pfund Übergewicht. Seit über fünf Jahren hatte ich keinen Sport mehr getrieben, wenn man davon absieht, daß ich die drei Treppen zu meinem Büro hochkeuchte.

Am Abend vor der Konferenz, die am nächsten Morgen um acht Uhr angesetzt war, traf ich in Göteborg ein. Mein Gesprächspartner rief an und sagte, mein Hotel sei nur sechs Minuten zu Fuß von seinem Büro entfernt, also würde er mich sechs Minuten vor acht in der Halle erwarten. Ich nahm ein leichtes Abendessen auf dem Zimmer zu mir und reihte die Tabletten (zwei blaue, drei rotweiße und eine weiße) vor mir auf, die mir die Ärzte verschrieben hatten. Ich schluckte sie – natürlich tat mir der Hals dabei weh –, stellte den Wecker *und* beauftragte die Rezeption, mich um sieben Uhr zu wekken, für alle Fälle. Dann ging ich schlafen.

Mitten in einem Traum vernahm ich das ferne Läuten eines Telefons. Ich nahm in meinem Traum den Hörer ab, aber es läutete weiter. Im nächsten Augenblick wurde mir entsetzlicherweise klar, daß es bereits sechs Minuten vor acht war und das Telefon neben meinem Bett noch immer läutete. Ich angelte nach dem Hörer.

»Guten Morgen, Mr. Semler«, hörte ich jemanden frisch und munter sagen. »Ich bin in der Halle.«

»Ja... äh... richtig«, stotterte ich. *Eine Ausrede. Ich brauchte eine Ausrede.* Ich glaubte, clever zu sein, und behauptete, ich käme erst etwas später, weil ich noch einen überaus wichtigen geschäftlichen Anruf aus Brasilien erwartete. Ich ging ins Bad und schüttete mir etwas kaltes, schwedisches Wasser ins Gesicht – und dann wurde mir klar, daß es in Südamerika erst drei Uhr morgens war.

An diesem Tag besichtigte ich eine Fabrik von Asea Brown Boveri. Während ich durch das Werk ging, fühlte ich mich zunehmend schlechter. Und dann wurde mir plötzlich schwarz vor den Augen. Ich war ohnmächtig geworden. Man brachte mich auf die Krankenstation, und nach einer Stunde oder so ging es mir wieder einigermaßen gut, so daß wir die Besichtigung fortsetzen konnten. Am nächsten Abend war ich wohlauf, als ich an einem Essen in der Stockholmer Zentrale teilnahm und unseren Vertrag unterzeichnete.

Wir übernahmen sofort das dreistöckige Fabrikgebäude von Flakt am Rande von Rio de Janeiro sowie die Hälfte des Personals von 60 Mitarbeitern. Aber wir verstanden von diesem Geschäft viel weniger, als wir gedacht hatten, und verloren im Laufe der nächsten vier Jahre über eine Million Dollar, bevor dieser Zweig Gewinne machte.

Damals allerdings hielten wir uns für scharf. Und so naiv selbstgefällig, wie wir nun einmal waren, gingen wir weiter auf die Jagd nach neuen Unternehmen.

Wir pirschten uns an einen weiteren Betrieb auf dem gleichen Gebiet wie Flakt heran: Baltimore Aircoil (BAC), eine Tochtergesellschaft von Merck, Sharp & Dohme, dem riesigen Pharmakonzern, erfuhren aber, daß wir zu spät kämen. Der Vertrag sei schon fast fertig – das Unternehmen sollte an den größten Klimaanlagenhersteller in Brasilien gehen.

Wir schätzten die Merck-Tochter auf zwei bis drei Millionen Dollar, hatten aber nur 200 000. Doch Reden kostet ja nicht viel, und so schickten wir ein Telex an Merck und schlugen ein Gespräch mit ihren Leuten vor. Sie waren einverstanden.

Merck teilte uns mit, daß das vorliegende Angebot den Vorstellungen des Konzerns schon sehr nahekomme, und fragte uns, ob wir es überbieten wollten. Da wir nicht sehr liquide waren, boten wir Merck eine Art Vorauszahlung an – das Geld in der Kasse ihrer eigenen Tochtergesellschaft – und schlugen vor, den restlichen Kaufpreis in fünf Jahresraten abzuzahlen, und zwar jeweils einen fixen Betrag plus 25 Prozent des Gewinns, den das Unternehmen machte. Ein Merck-Manager – ein großer, drahtiger Bursche mit den kalten, harten Augen eines Finanzchefs – gab ein kurzes, zynisches Lachen von sich. Aber dann fiel mir auf, daß ein anderer Merck-Mann nachdenklich vor sich hin sah. Ich bildete mir sogar ein zu sehen, wie sich ein kleines Lächeln um seine Mundwinkel kräuselte. Wie sich herausstellte, waren einige Leute bei Merck längst zu dem Schluß gekommen, daß sie mit diesen dreisten jungen Senkrechtstartern bei Semco besser dran wären.

Nach ausgiebigen Verhandlungen wurde schließlich ein komplizierter Vertrag aufgesetzt, der in der Kanzlei der Merck-Anwälte im Geschäftsviertel von São Paulo unterzeichnet wurde. Während wir noch auf die letzte Fassung der Dokumente warteten, drang ein unglaublicher Lärm von der Straße herauf. Vom Fenster aus sahen wir, wie eine riesige Menschenmenge gegen die Wirtschaftspolitik der Regierung demonstrierte. Plötzlich trafen mehrere Hundertschaften der Polizei ein und begannen mit Tränengaspatronen um sich zu schießen. Die Demonstranten liefen wild durcheinander, als sich der ätzende Nebel ausbreitete. Die Amerikaner sahen einander an. »Wieso dauert das mit diesen Papieren so lange?« rief der eine aufgeregt.

Am darauffolgenden Tag übernahmen wir das BAC-Werk in der Nachbarstadt Diadema. Es war eine große, blitzblanke Fabrik, über deren Eingangstor Fahnen flatterten. Von den 90 Menschen, die dort beschäftigt waren, würden wir mehr als 60 weiterbeschäftigen.

Da das Unternehmen gutging, ließen wir das alte Management weitermachen und setzten nur einen Rechnungsprüfer ein. Der Mann, den wir für diesen Job einstellten, Antonio Carlos Iotti, war ein rundlicher kleiner Mann mit einer dicken Brille, die er, wie er mir sagte, sogar unter der Dusche trug. Bei seinem letzten Arbeitgeber, einer großen Nähmaschinenfirma, hatte Iotti von einem Vorgesetzten den Auftrag bekommen, eine Bestandsliste nochmals zu überarbeiten. Er weigerte sich. Als er ein ärgerliches Memo bekam, mit dem sein Boss die neuen Zahlen von ihm verlangte, antwortete er mit einer noch giftigeren Aktennotiz. Der Boss suchte Iotti sogleich auf und war auf eine lautstarke Auseinandersetzung eingestellt. Er war mindestens dreißig Zentimeter größer als sein unverschämter Untergebener, aber als er von oben auf ihn hinunterstarrte, sah er, wie der kleine Iotti die Hände in die Hüften stemmte, zurückstarrte und es offenbar darauf ankommen lassen wollte. Iotti war genau der richtige Mann für uns, dachte ich.

Kapitel 6
Drei Dämpfer

Mit zwei Deals hatten wir unseren gesamten 500 000-Dollar-Notgroschen ausgegeben, unser Personal fast verdoppelt und die Zahl der Fabriken verdreifacht. Aber dank unseres neuen Finanzcontrolling bildeten wir uns ein, daß unsere Manager alles schaffen würden. Semco ging es so gut, daß ich es eigentlich hätte wissen müssen: Wir würden noch einen Dämpfer bekommen. Genaugenommen waren es drei Dämpfer. Der erste hatte etwas mit Ernesto zu tun.

Vor Jahren hatte mein Vater zwei ausländischen Unternehmen angeboten, sich an Semco zu beteiligen, jedes mit 24,5 Prozent. (Er behielt die Mehrheit und damit das Sagen.) Semco hatte das Recht, ihre Produkte herzustellen, und die beiden Unternehmen hatten Vertreter in unserem Vorstand sitzen.

Mit dem einen dieser Unternehmen kam mein Vater gut zurecht, mit dem anderen hatte er nichts als Ärger. Dort warf man ihm – völlig zu Unrecht – beispielsweise vor, er würde private Ausgaben dem Unternehmen anlasten und sich selbst ein viel zu üppiges Gehalt bewilligen, damit er nicht so hohe Dividenden zahlen müsse.

Während Ernesto das Unternehmen professionell organisierte, bemühte er sich um jeden Preis, absolut unparteiisch zu sein. Das hieß unter anderem, daß er den Minderheitsaktionären von Semco – also auch den unliebsamen – genauso viele Informationen zukommen ließ wie meiner Familie. Nach unserer zweiten Akquisition beschloß Ernesto, allen einen Brief zu schicken, in dem er seine Ansicht über unsere finanzielle Gesamtsituation kundtat. Ausführlich erörterte er unsere Investitions- und Produktionspläne. Dabei handelte es sich zwar um keine besonders heiklen Informationen, aber er hatte vorher nicht mit meinem Vater darüber gesprochen, und der fühlte sich so hintergangen, daß er fortan kein Wort mehr mit Ernesto sprach.

Ich ergriff die Partei meines Vaters, obwohl ich bald dahinterkommen sollte, daß meine familiäre Loyalität nichts weiter als meine berufliche Unreife verriet. Ich denke, daß Semco damals noch ein ausgesprochenes Familienunternehmen war.

Ich ließ Ernesto zu mir kommen und sagte ihm die Meinung. In seiner hitzköpfigen Art erwiderte er, daß es für ihn keine andere Möglichkeit gäbe, als sofort zu gehen. Er stürmte hinaus, holte seine Sachen aus seinem Büro und raste die Treppen hinunter. Ich stand am Fenster und sah, wie er durchs Werkstor ging – er nahm nicht mal seinen Dienstwagen, um damit heimzufahren. Ich rannte zum Parkplatz, sprang in meinen Wagen und fuhr ihm nach. Als ich Ernesto eingeholt hatte, sah ich, daß er weinte. Ich öffnete die Beifahrertür, und er stieg ein. Wir schwiegen beide, als ich ihn heimfuhr. Das war einer der traurigsten Augenblicke in meinem Leben – und dabei war es nur das Vorspiel zu einer wahren Tragödie, denn wenig später kam Ernesto bei einem Motorradunfall ums Leben.

Ernestos Nachfolger war ein kleiner, schmächtiger junger Mann namens Fernando Lotamorro. Auch Fernando war ein Selfmademan. Er hatte als Vertreter angefangen und sich, ehe er dreißig war, zum Spitzenmanager in einer großen brasilianischen Firma emporgearbeitet.

Er war dafür bekannt, daß er als erster kam und als letzter ging. Er führte ein exaktes Finanzcontrolling ein und war damit der ideale Mann, Ernestos gute Arbeit fortzusetzen und auszubauen. Zumindest dachten wir damals, daß es eine gute Arbeit gewesen war.

Der zweite Dämpfer betraf Harro. Er mochte zwar die Geschäftigkeit von São Paulo, aber er liebte das Landleben über alles. Er wollte nur an einem Ort leben, wo er auch Hühner halten konnte, und das hieß, daß er jeden Tag zweimal eineinhalb Stunden durch den dichtesten Verkehr zum Werk pendeln mußte.

Als sich seine großartigen Leistungen herumzusprechen begannen, bekam Harro Angebote von anderen Unternehmen. Er nahm sie nicht weiter ernst, bis er eines Tages einen Anruf von einem französisch-brasilianischen Elektrogerätehersteller erhielt, von Merlin-Gerin, die ihn als Leiter ihres Werks im ländlichen Staat Santa Catarina haben wollten. Er würde in einer kleinen Stadt leben und arbeiten können, wo sich ein Verkehrsstau nur dann bildete, wenn die Kühe gerade über die Straße liefen, und wo er genug Platz für alle Hühner dieser Welt hätte und 5000 Rosen in seinem Garten.

Harro fragte mich, was ich davon hielte. Ich mußte zugeben, daß Angebot war so gut, daß er es sich nicht entgehen lassen sollte. Er blieb noch ein paar Monate länger bei Semco, ehe er in den Süden zog. (PS: Wir blieben in Verbindung, und zehn Jahre später kam Harro gewissermaßen zu uns zurück – er übernahm 25 Prozent der Anteile einer neuen Ersatzteil- und Wartungsfirma, die wir gemeinsam gründeten, und arbeitet seitdem wieder in unserer Zentrale, wo auch dieser Unternehmenszweig seinen Sitz hat.)

Niemand konnte Harro ersetzen – aber manchmal gibt es so etwas wie einen gerechten Ausgleich. Etwa um die Zeit, da Harro ging, kam ein neuer Mann zu uns, der sich bald als eine treibende Kraft hinter den erstaunlichen Veränderungen bei Semco erweisen sollte.

Mir war klargeworden, daß unser neues, mit aller Härte auf Effizienz bedachtes und auf allen möglichen Statistiken basierendes unternehmerisches Konzept, zusammen mit unseren Akquisitionen und all den neuen Mitarbeitern, jede Menge Streß mit sich brachte. Normalerweise wäre es für ein Unternehmen unserer Größenordnung völlig idiotisch, einen Personalchef zu haben, aber ich war überzeugt, wir brauchten einen. Also beauftragte ich einen »Kopfjäger«, sah mir Dutzende von Lebensläufen an und unterhielt mich mit den zehn aussichtsreichsten Kandidaten. Sie kamen alle aus viel größeren Unternehmen – und keiner schien mir der Richtige zu sein.

Und dann kam ein Seiteneinsteiger: Clovis Bojikian. Der Sohn armenischer Einwanderer war ein Idealist, der als Lehrer im Schuldienst begonnen hatte. Als Anhänger der fortschrittlichen Erziehungsmethoden à la Summerhill wurde er dann Berater an einer Lehrerausbildungsschule für Junglehrer, die gerade die Universität von São Paulo absolviert hatten, und schließlich ihr Direktor. Seine Amtszeit war von seiner unermüdlichen Innovationslust geprägt: Er brachte seinen Studenten bei, zu denken, statt nur auswendig zu lernen; er ermutigte sie, alles in Frage zu stellen; sie durften ihre Arbeitszeit selbst bestimmen, sich kleiden, wie sie wollten, und ihren eigenen Lehrplan aufstellen.

Aber Brasilien wurde noch immer von den Generälen regiert, und die hielten die Arbeit von Clovis für subversiv. Bei ihm herrschte nicht nur ein verdächtiger Mangel an Disziplin, sondern er brachte auch den Kindern bei, den Geschichtsbüchern zu mißtrauen, die die Heldentaten eben dieser Militärdiktatoren verherrlichten. 1984 beriefen die Generäle ein Sondertribunal an der Universität ein, und Clovis wurde 46 Stunden lang durch die Mangel gedreht. Dann wurde er fristlos entlassen.

Die Studenten besetzten sofort die Schule und forderten die Wiedereinstellung von Clovis. Sie waren mit Besenstilen und einigen Molotowcocktails bewaffnet, ernährten sich von Büchsennahrung und standen über eine Woche auf den Barrikaden und in den Schlagzeilen. Die Generäle schäumten und ließen schließlich die Armee das Schulgebäude stürmen. Die Demonstranten wurden um Mitternacht von Soldaten mit vorgehaltener Maschinenpistole zusammengetrieben und sangen die Nationalhymne, während sie hinausmarschierten.

Clovis ging zur Ford Motor Company in São Paulo, wo er in der Personalabteilung und als Ausbilder arbeitete. Nach 18 Berufsjahren hatte er es bis zum Leiter der Personalabteilung bei den brasilianischen Ford-Werken gebracht, aber letzten Endes bot ein derartiger Megakonzern nicht genug Möglichkeiten für Innovationen. Clovis wechselte in gleicher Position zu KSB-Pumpen, einer Firma, die hydraulische Wasserpumpen herstellt und einer von Semcos Konkurrenten ist. Auch hier konnte er sich nicht richtig entfalten.

Und nun beginnt die Geschichte fast ein wenig übersinnlich zu werden. Einer der Spitzenmanager aus der alten Garde meines Vaters war zu KSB gegangen und mochte dort Clovis von Anfang an nicht. So hatte dieser frühere Semco-Manager die Headhunterfirma, die ihm seinen eigenen Job verschafft hatte, beauftragt, jetzt für Clovis woanders eine neue Position zu finden. Und genau dieser Firma hatte ich den Auftrag erteilt, für Semco einen Leiter der Personalabteilung zu suchen.

Ich verabredete mich mit Clovis in meinem Büro. Headhunter haben es gern, wenn ihre Kandidaten blaue Anzüge, weiße Hemden und elegante Krawatten tragen und ordentlich rasiert sind. Aber ich stand einem entsetzlich dürren Mann Ende Vierzig gegenüber, der einen häßlichen braunen Anzug, ein beigefarbenes Hemd und einen weißen Schnurrbart trug, der wie bei Kaiser Wilhelm nach oben gezwirbelt war. (Immerhin hatte er eine Krawatte um.)

Ich mochte ihn auf den ersten Blick.

Clovis hat mir später gestanden, daß er mich anfangs kaum beachtete. Schließlich war er zu einem Bewerbungsgespräch mit dem Präsidenten von Semco erschienen, und ich war genauso alt wie sein jüngster Sohn. Und selbst als ich mich setzte und mich mit ihm zu unterhalten begann, dachte er, ich würde ihm nur Gesellschaft leisten, bis der richtige Präsident aufkreuzte.

Wir sprachen beinahe drei Stunden miteinander und verstanden uns von Anfang an großartig. Und wir waren uns auf der Stelle einig, daß Clovis am nächsten Montag bereits seine Stelle als unser neuer Personalchef antrat. Es dauerte etwa eine Woche, bis wir beide dahinterkamen, daß wir noch gar nicht über sein Gehalt gesprochen hatten.

Und der dritte Dämpfer? Etwa ein Jahr nachdem Clovis zu uns gekommen war, wurde ihm die Position des Vizepräsidenten eines der größten brasilianischen Finanzunternehmen angeboten, wo er Hunderte von Mitarbeitern haben und fast dreimal soviel wie bei uns verdienen würde. Wie es bei Harro der Fall gewesen war, sprachen wir miteinander über dieses Angebot. Es war verlockend, und das sagte ich Clovis auch. Ich sagte auch zu ihm, daß er gern wieder zu uns zurückkommen könnte, wenn ihm der Job nicht gefiele.

Ich suchte fast ein Jahr lang nach einem Nachfolger für ihn, aber ohne Erfolg. Dann hörte ich auf, mich weiter umzuschauen, und wartete einfach. Und nicht lange danach war Clovis wieder bei Semco – für sein altes Gehalt.

Heute bekommt er dauernd neue Angebote, und das ist nicht weiter überraschend, wenn man bedenkt, was wir alles erreicht haben. Aber Gott sei Dank läßt er sich nicht rumkriegen.

Kapitel 7

Noch eine Eroberung

1984 waren wir wieder einmal bereit – Sie haben es wohl schon erraten –, ein weiteres Unternehmen zu kaufen. Damals hatten wir uns mehr oder weniger von unseren ersten, fürchterlichen Jahren erholt, und unsere Diversifikation funktionierte. Wir standen bei der Bank nicht mehr in der Kreide, hatten sogar noch etwas Geld in der Kasse (es reichte auf jeden Fall als Betriebskapital) und waren sogar schon dabei, ein wenig zu expandieren. Finanziell gesehen, waren wir ein solides Unternehmen.

Wir hatten erfahren, daß Booz Allen & Hamilton, die internationale Unternehmensberatungsfirma, beauftragt worden war, Hobart Brazil zu verkaufen, einen Zulieferer des amerikanischen Konzerns Dart & Kraft, der Geschirrspülmaschinen, Fleischschneidemaschinen und andere Geräte zur Verarbeitung von Lebensmitteln herstellte. Dieses brasilianische Unternehmen, das über eine 7000 Quadratmeter große Fabrik und 150 Mitarbeiter verfügte, war für uns eine Nummer zu groß. Gleichwohl forderten wir die Akquisitionsunterlagen an, und man sagte uns, wir sollten uns beeilen. Das schien so üblich zu sein.

Als wir das Informationsmaterial durchgingen, stießen wir auch auf den Jahresbericht von Dart & Kraft. Ich bin noch immer überzeugt, daß wir die einzigen potentiellen Bieter waren, die ihn gelesen hatten. Denn zwischen all den bunten Bildern der Produkte des Konzerns – Duracell-Batterien, Tupperware-Behälter und zig Sorten Käse – fanden sich auch Andeutungen, denen wir entnehmen konnten, daß der geschäftliche Erfolg von Hobart auf der Marketingsynergie seiner Geschirrspülmaschinen, Friteusen, Waagen, Schneidemaschinen und ähnlicher Geräte beruhte. Es war leichter, die ganze Produktlinie zu verkaufen, als einzelne Produkte vertreiben zu wollen –

das ging schon damit los, daß die Firma mit ihrer gesamten Produktpalette bei den Händlern mehr Platz in den Regalen bekommen würde. Die anderen Mitbieter wollten allerdings nur Teile des gesamten Unternehmens erwerben: die einen die Geschirrspülmaschinen, andere die Waagen. Semco war der einzige Bieter, der alles kaufen und damit die Synergie aufrechterhalten wollte.

Die Summe der anderen Gebote entsprach etwa dem Preis, den Dart & Kraft gefordert hatte. Unser Vorschlag belief sich auf etwas mehr als die Hälfte dieses Betrags, und weil wir nicht liquide genug waren, wollten wir ihn über sechs Jahre hin abstottern. Aber wie sich herausstellte, war man bei Dart & Kraft mehr an der Wahrung des Images von Hobart interessiert, denn dieser Name würde ja weiterhin auf den Geräten stehen, die der Konzern in anderen Ländern weiterhin verkaufen wollte. Wenn das brasilianische Unternehmen auf diese Weise intakt blieb, statt in seine einzelnen Produktbereiche zerlegt zu werden, hatte das durchaus etwas für sich.

Wir saßen bei unseren Vertragsverhandlungen an einem langen Konferenztisch im brasilianischen Büro von Price Waterhouse. Es galt noch eine Reihe von Fragen zu klären, etwa den Preis der einzelnen Aktiva, die Zahl der Raten und die Zinssätze. Wir erklärten, das einzige, was wir gern vergrößern würden, sei der zeitliche Abstand zwischen unseren Zahlungen. (Ha, ha, ha.)

Der Geschäftsführer von Dart & Kraft hörte uns aufmerksam zu. Als wir unsere Präsentation beendet hatten, herrschte zunächst Schweigen. Alle schauten den Big Boss erwartungsvoll an. Er dachte noch eine Zeitlang nach, dann erklärte er: »Ich mag zwar dick sein und rosige Backen haben, aber ich habe keinen roten Mantel an, und es ist leider auch nicht Weihnachten.«

Nachdem das Lachen sich wieder gelegt hatte, verbrachten wir die nächsten sieben Stunden damit, zu verhandeln – mit dem Ergebnis, daß die Zahlungszeiträume verkürzt und die einzelnen Raten, die wir zu zahlen hatten, erhöht wurden. Dann besiegelten wir den Deal per Handschlag.

Die brasilianischen Hobart-Werke in Ipiranga bei São Paulo hinterließen ein umfangreiches, aber alles andere als glorreiches Erbe, das von einer müden Schar von Mitarbeitern getragen wurde, die zum

Teil über 45 Jahre ihres Lebens darin investiert hatten. Das Werk hatte eine lange – zu lange? – Geschichte, so daß die Veränderungen, die wir schließlich noch erleben sollten, um so überraschender waren.

Es war eine jener schauerlich düsteren, in den dreißiger Jahren erbauten Fabriken mit hohen Decken und winzigen Fenstern, wie man ihnen normalerweise im englischen Sheffield oder in Pittsburgh, Pennsylvania, begegnete. Ich weiß nicht, welches Unternehmen sie einst errichtet hatte – 1939 jedenfalls gehörte sie den Gebrüdern Hobart, die eine erfolgreiche Firma für Restaurantausstattungen in Ohio besaßen. Damals waren die mechanischen Waagen, die in dieser Fabrik gefertigt wurden, die beliebtesten Waagen in Brasilien, trotz einer beachtlichen Konkurrenz von 30 heimischen Waagenherstellern. Aber im Laufe der Jahre wurden so viele unterschiedliche Manager von Ohio hierhergeschickt, von denen nur ganz wenige mit dem hiesigen Markt vertraut waren, daß der Erfolg bald schwand. Die leitenden Mitarbeiter von Hobart galten als öffentlichkeitsscheue Eigenbrötler, die nicht daran interessiert waren, mit den Händlern überall in unserem riesigen Land zum Essen zu gehen. Sie kamen einfach aus Ohio nicht heraus und konnten selbst unbedeutende Entscheidungen nur von der Zentrale aus treffen, was sie in ihrer Reaktionsschnelligkeit beeinträchtigte und weniger flexibel machte, als sie hätten sein sollen.

Am meisten profitierte von diesen Schwächen Hobarts schärfster Konkurrent Filizola, eine Firma, die zwar von italienischen Einwanderern gegründet worden war, aber beste Kontakte mit Händlern in ganz Brasilien unterhielt. Filizola machte immer größere Umsätze, und in den siebziger Jahren wirkte sich das auf die Bilanz von Hobart aus. Die Bosse in Ohio hatten zwei Möglichkeiten: entweder eine Menge Geld in die brasilianische Filiale zu stecken und sie nach dem neuesten Stand auszustatten, damit schließlich die Kosten und Preise gesenkt werden konnten, oder den Konkurrenzkampf mit den vorhandenen Mitteln auszufechten und zu hoffen, daß es irgendwie gutgehen werde. Hobart entschloß sich für die billigere Strategie – und Filizolas Marktanteil vergrößerte sich weiterhin.

Ende der siebziger Jahre wurde Keith Rae, ein einheimischer Hobart-Manager, zum Generaldirektor befördert. Rae gehörte dem Unternehmen seit über zwanzig Jahren an, wobei er sich die meiste Zeit als Verkäufer in den abenteuerlichsten Gegenden von Brasilien herumgetrieben hatte. Er war ein grundehrlicher Mann mit einem unbezwinglichen Sinn für Humor, und irgendwie gelang es ihm, das Unternehmen über Wasser zu halten. Er flog ständig nach Ohio, um seinen Bossen Bericht zu erstatten, und verbrachte jedes Jahr zwei Monate damit, ein Budget aufzustellen und durchzuboxen. Das kostete ihn genau die Zeit, die er eigentlich brauchte, um neue Kunden zu gewinnen und die Produkte zu verbessern.

Das brasilianische Abenteuer von Hobart ging schließlich zu Ende, als die elektronische Waage auf den Markt kam. Ende der siebziger Jahre ließen sich in den USA kaum noch mechanische Waagen verkaufen. Dennoch glaubte man in der Hobart-Zentrale, in den Entwicklungsländern gäbe es noch einen Markt für die primitiveren Modelle, so daß man keinen Grund sah, das brasilianische Werk umzurüsten. Am Ende gelang es Rae dann doch, das Management davon zu überzeugen, daß man selbst in Südamerika nicht an der elektronischen Waage vorbeikam. Stolz kündigte Hobart Brasilien das neue Produkt an – aber dann wurde es nicht rechtzeitig ausgeliefert. Inzwischen hatte Filizola seine eigene elektronische Waage auf den Markt gebracht, behauptete seinen technischen Vorsprung und beherrschte praktisch den Markt.

Um diese Zeit etwa entschloß sich die Familie Hobart dazu, an Dart & Kraft zu verkaufen. Das bedeutete, daß sich das brasilianische Tochterunternehmen nicht mehr auf Familienmitglieder verlassen konnte, die eine lange Firmengeschichte mit Südamerika verband. Nun würde das Geschäft von kalten, unpersönlichen Parametern beherrscht werden. Dart & Kraft hatten genügend Kapital, würden es aber nur dann investieren, wenn sich das von den Produkten und vom Markt her rentierte. Das schien bei Hobart Brasilien freilich nicht der Fall zu sein – das Unternehmen war in seinem Marktsektor auf die fünfte Stelle abgerutscht.

Bei Dart & Kraft beschloß man, die neun Büros und Fabriken von Hobart Brasilien bis auf zwei zu schließen. Das Werk bei Ipiranga durfte weiter produzieren, aber der klassische Teufelskreis – weniger Verkäufe, geringere Investitionen und damit noch weniger Verkäufe – war nicht mehr aufzuhalten.

Außer Waagen produzierte das Werk noch die meisten anderen Hobart-Produkte – Fleischwölfe und -schneidemaschinen, die sich anständig, aber keineswegs überragend verkauften – sowie Geschirrspülmaschinen, die in Hotels, Restaurants und Cafeterias noch immer marktführend waren. Aber als das verschlankte Unternehmen Hobart Brasilien nach ein paar Jahren auch nicht erfolgreicher war als zuvor, bot Dart & Kraft es zum Verkauf an. Keith Rae und seine Leute waren bestürzt und erleichtert zugleich. Ein neuer Inhaber würde sie vielleicht nicht mehr haben wollen – aber möglicherweise würde er auch das so dringend benötigte Kapital investieren und den Schleier des Versagens zerreißen, der nun über der Firma hing.

Am Montag nach dem Vertragsabschluß waren Fernando, Clovis und ich in unserem neuen Werk für Systemgastronomiegeräte. Die gedrückte Stimmung der Belegschaft war einer besorgten Neugier gewichen. Jeder wollte wissen, wie die neuen Bosse waren.

Als erstes erklärten wir ihnen unsere Unternehmensphilosophie, die wir uns bei unseren ersten Akquisitionen zu eigen gemacht hatten: nichts zu ändern, was wir nicht verstanden, und den Leuten vor Ort eine Chance zu geben, bevor wir sie durch Leute von außen ersetzten. Es ist so leicht, es den Managern anzulasten, wenn ein Geschäft schlecht läuft, aber oft hat ihnen die nötige Entscheidungsfreiheit gefehlt oder die Motivation, so zu handeln, als ob es ihr Unternehmen wäre.

Keith Rae, der bereits über sechzig war, wurde zum Vizepräsidenten ernannt. (Leider starb er bereits ein Jahr nach unserer Übernahme von Hobart.) Wir setzten auch hohe Erwartungen in Joao Vendramin, einen Ingenieur bei Hobart, der von Haus aus Betriebswirt war. Wir glaubten, daß dieser zurückhaltende und nachdenkliche Mann einen hervorragenden Werksleiter abgeben würde. Joao Martins, ein weiterer alter Hase, war während seiner 42 Jahre bei Hobart Brasilien Chefingenieur, Werksleiter und Marketingleiter gewesen, aber die Bosse in Ohio waren der Meinung, er wäre zu alt, um noch irgend etwas zu leiten, und hatten ihm einen niedrigeren Job in der Ausbildung gegeben. Wir holten ihn wieder in eine leitende Position zurück.

Aber als nach ein paar Monaten sich noch immer nicht viel im

Werk rührte, begann Fernando die Geduld zu verlieren. Bei Hobart seien drastische Maßnahmen fällig, ereiferte er sich. Schon bald führte er sich wie ein Deutscher Schäferhund auf, der keine zehn Meter von einer läufigen Colliehündin entfernt an der Kette liegt.

»Immer mit der Ruhe«, beschwor ich ihn. »Gib ihnen noch etwas Zeit.«

Aber er schob mir einfach ständig Packen von handschriftlichen Berechnungen zu, die seiner Meinung nach zeigten, daß es mit dem Werk bergab ging. Er beharrte darauf, daß er auch als Semcos Verwaltungs- und Finanzchef noch immer genügend Zeit habe, bei Ipiranga das Ruder herumzuwerfen.

Clovis und ich diskutierten immer wieder darüber, und am Ende gaben wir Fernando recht. Sein rauher Umgangston und sein Mangel an Erfahrung als Generaldirektor bereiteten uns zwar Kopfzerbrechen, aber Fernando besaß den aggressiven Biß, der damals unserer Meinung nach zur erfolgreichen Führung eines Unternehmens gehörte, besonders wenn es sich in einer schweren Krise befand.

An einem sonnigen Nachmittag zeigten wir ihm, wo es nach Ipiranga ging, ließen ihn von der Leine und sahen zu, wie er kläffend losjagte.

Kapitel 8

So kann es nicht weitergehen

Fernando war überzeugt, dem Hobart-Werk fehle nichts weiter als eine gute Organisation, der Ehrgeiz und eine straffe Führung, und er schickte sich an, dies alles ganz allein aufzubieten. Er kam jeden Tag um halb acht – und war dann allein im Büro, bis gegen neun schließlich seine Leute allmählich einzutrudeln begannen und erst einmal in aller Ruhe ihren Kaffee tranken und Zeitung lasen, bevor sie sich an die Arbeit begaben. Und abends um halb sechs fuhren sie wieder nach Hause und ließen Fernando noch bis neun, zehn, ja manchmal sogar bis elf Uhr schuften. Das gefiel ihm ganz und gar nicht, und bald bekam jeder das auch mit.

Ich war zwar nicht ganz so umtriebig wie Fernando, aber ihm in gewisser Weise ähnlich. Wir kamen oft um acht Uhr abends zusammen und verließen das Büro erst nach Mitternacht. Im Unterschied zu ihm allerdings erwartete ich nicht von allen anderen, auch so lange dazubleiben. Ich mag vielleicht ein wenig gereizt gewesen sein, wenn ich um 18 Uhr erfuhr, daß jemand, den ich dringend sprechen mußte, gerade gegangen sei, aber ich war genauso überrascht, wenn ich einen Kollegen abends um acht noch antraf. Fernando aber verlangte das geradezu.

Iotti, Clovis und viele andere Mitarbeiter bei Semco arbeiteten ebenfalls recht lange, und ihre Familien begannen schon bald, sich zu beklagen. Iotti wohnte etwa eine Stunde vom Werk entfernt und kam fast jede Nacht erst dann nach Hause, wenn seine Leute längst schliefen. Am nächsten Morgen brach er bereits auf, als sie noch nicht wach waren. Wenn ich auf diese Zeit zurückblicke, muß ich immer wieder darüber staunen, daß keine Ehe in die Brüche ging. Ich vermute, das lag hauptsächlich daran, daß wir alle überzeugt waren, diese Überstunden seien nur etwas Vorübergehendes und alles würde normal laufen, sobald wir unsere Akquisitionen verkraftet hätten und bei Semco mit der jährlichen Wachstumsrate von 100 Prozent zurechtgekommen wären. Wir brauchten fast ein Jahrzehnt, um dahinterzukommen, daß wir unseren Streß selbst produziert hatten – er beruhte auf einer unreifen Unternehmensstruktur und infantilen Zielen.

In den ersten paar Monaten krempelte Fernando im Hobart-Werk alles um. Handelsvertreter und andere Mitarbeiter wurden gefeuert, weil es ihnen an der nötigen Motivation oder Kompetenz fehlte, Produkte wurden überholt, Preise geändert. Einige Maschinen in der Produktion wurden ausrangiert, andere dafür angeschafft. Das alte Hobart-Werk war ständig in Bewegung. Aber ich sollte mich schon bald fragen müssen, ob es sich auch in der richtigen Richtung bewegte.

In Ipiranga wie in dem gesamten neuen, verbesserten und riesengroßen Unternehmen Semco konnten wir praktisch jeden Aspekt unserer Organisation mit großartiger Präzision verfolgen – von den Verkaufszahlen bis zu den Wartungsdaten unserer zahllosen Schweißgeräte. Wir konnten fast im Handumdrehen alle möglichen neuen Berichte erstellen, zusammen mit eindrucksvollen Diagrammen und Grafiken. Wir waren von unseren statistischen Möglichkeiten so geblendet, daß wir eine ganze Weile brauchten, um dahinterzukommen, daß uns dieses ganze Zahlenwerk nicht sehr guttat. Wir waren doch besser organisiert, professioneller, disziplinierter, effizienter als andere Unternehmen – aber wie kam es dann, fragten wir uns mit einem gewissen Unbehagen, daß wir ständig mit Verspätung auslieferten?

Die meisten unserer Manager waren wie Fernando: Befürworter der klassischen autoritären Methoden, strenger Kontrollen und einer langen, strapaziösen Arbeitszeit. Aber ein paar von uns begannen allmählich an der Effektivität dieser Einstellung zu zweifeln. Ich war besonders bekümmert über das schlechte Betriebsklima, das in unseren Fabriken – in der alten wie in den neuen – herrschte. Die Arbeiter hatten einfach keine Lust mehr.

Als ich so darüber nachdachte, kam ich dahinter, daß die harten Burschen die Macht übernommen hatten. Und während ich anfangs ganz begeistert von der Vorstellung gewesen war, daß ein diszipliniertes, hart arbeitendes Unternehmen von aggressiven Managern auf der Grundlage zahlloser Statistiken geführt wurde, begann ich die Dinge auf einmal in einem anderen Licht zu sehen. Arbeite hart oder du wirst gefeuert. Das war die Devise der neuen Semco. Die Leute wurden angetrieben. Dabei ist es doch viel besser, Mitarbeiter zu haben, die sich selbst antreiben.

In jener Zeit mußte ich oft an eine Parabel denken, die ich einmal gehört hatte. Drei Steinmetzen wurden gefragt, was für eine Arbeit sie verrichteten. Der erste sagte, er werde dafür bezahlt, Steine zu behauen. Der zweite erwiderte, er gestalte mit Hilfe einer besonderen Technik Steine auf eine ungewöhnliche Weise, und dann begann er seine handwerklichen Fähigkeiten vorzuführen. Der dritte Steinmetz lächelte nur und meinte: »Ich baue Kathedralen.«

Als ich mich bei Semco so umsah, hatte ich das Gefühl, daß wir viel mehr Steinhauer als Kunsthandwerker hatten. Was mir natürlich vorschwebte, war ein Unternehmen voller Kathedralenbaumeister, und davon hatten wir kaum einen.

In den folgenden paar Monaten vertiefte sich allerdings die Kluft zwischen den harten Burschen und den verständnisvolleren Seelen. Aber ich machte mir deswegen keine Gedanken. Ich war sicher, wir würden schon eine Kompromißlösung finden und Semco würde endlich in Gang kommen und durchstarten.

Dann ging mir nach einem Vorfall während unserer Jahresversammlung ein Licht auf. Jedes Jahr flog ich mit unseren wichtigsten 45 leitenden Angestellten und ihren Ehefrauen in ein sündteures Seebad, wo wir uns vier Tage lang Zeit nahmen, uns wieder »aufzuladen« und es uns gutgehen zu lassen. An den letzten beiden Tagen von einer dieser Lustbarkeiten passierte es dann. Als die Manager nach dem Mittagessen in den Konferenzraum strömten, erblickten sie die Karikatur auf dem Ständer für die Flip-Charts. Sie zeigte einen Schnitter Tod, der eine Sense trug und der Scharen von kleinen Menschen, die sich in den Ecken drängten, bluten ließ. Es war unverkennbar, wen er darstellte. War Fernando wirklich so dominant und tyrannisch? Machte er mit seinen selbstherrlichen Methoden das Leben im Unternehmen so blutleer?

»Dick, kann ich dich mal sprechen?« fragte mich Renato Bernhoeft, unser Berater für Unternehmenskultur, der die Jahresversammlung organisierte.

»Das hört sich ja ganz so an, als gäbe es Ärger, Renato«, sagte ich, nachdem wir uns in eine abgelegene Ecke in der Halle zurückgezogen hatten.

»Darauf kannst du Gift nehmen«, erwiderte Renato und paffte an seiner Pfeife. »Aber vielleicht ist das die Gelegenheit für dich, Farbe zu bekennen.«

»Ich kapier' das nicht. An den ersten beiden Tagen dieser Konferenz lief es doch so gut – keine offenen Meinungsverschiedenheiten, keine Feindseligkeit.«

»Offen ist genau das Stichwort. Du hast zwei Cliquen hier, Dick, und die bleiben unter sich. Sie haben einfach nichts miteinander zu tun.« Renato nahm erneut einen tiefen Zug. »Aber machen wir uns doch nichts vor. Diese Burschen bekämpfen sich bis aufs Blut. Die Falken gegen die Tauben. Die Rechten gegen die Linken.« Renato hielt inne und nuckelte an seiner Pfeife, wie Pfeifenraucher das gern tun, wenn sie einem Argument besonderes Gewicht verleihen wollen. »Es wird Zeit, daß du auf diesen Konflikt eingehst. Semco muß seine eigene Kultur bekommen. Eine einzige Kultur. Und zwar sofort, denn so kann es nicht weitergehen.«

»Was soll ich denn tun?«

»Hast du schon mal eine Gruppentherapiesitzung erlebt?«

»Mit einer Gruppe von 45 wild gewordenen Managern? Ausgeschlossen.«

»Ich meine, dir bleibt keine andere Wahl.« Und dann sagte mir Renato, was er vorhatte.

Was dann kam, kann man nur als schieren Terror bezeichnen. Ich ging in den Konferenzraum zurück, wo die Manager ganz versteinert und stumm dasaßen. Einige rauchten in der Nichtraucher-Ecke – ein ausgesprochen feindseliger Akt. Ich ging zum Podium und versuchte mich verzweifelt an entsprechende Passagen aus den psychologischen Handbüchern von Jung und Laing zu erinnern, selbst als ich merkte, daß ich hier mit Reich weiterkommen würde. Schließlich war der ja einer der Väter der Körpertherapie; und das beste schien zu sein, daß wir uns mit allen möglichen Dingen gegenseitig bewarfen.

»Könnten Sie alle bitte Ihre Stühle nehmen und näher zu mir heranrücken?«

»Wieso?« schossen sofort zwei oder drei Manager zurück.

»Bitte tun Sie es einfach«, sagte ich mit möglichst fester Stimme. »Stellen Sie Ihre Stühle im Halbkreis vor mir auf.«

Ich wollte, daß meine Zuhörer näher an mich heran und zueinander rückten. Allerdings bemerkte ich, wie sorgsam sie sich bewegten und wie sie ihre Stühle zu Leuten hinstellten, zu denen sie hielten.

Als das Stühlerücken beendet war, erklärte ich ihnen, es sei Zeit, daß wir uns einmal ganz offen über unsere wahren Probleme unterhielten. Ich sprach eine Weile davon, wie eng wir alle miteinander zusammenarbeiten müßten, und zwar auf eine möglichst harmonische Weise – all die üblichen Phrasen also. Wenigstens Renato nickte.

»Moment mal«, bellte Fernando. »Das ist doch nur billiges Gerede. Natürlich wollen wir alle miteinander klarkommen. Aber zuallererst geht es doch darum, Respekt voreinander zu haben.«

»Klar, da sind wir uns doch alle einig«, wagte ich ihm im beruhigenden Tonfall eines Psychiaters zu erwidern, der einen rabiaten Patienten auffordert, sich ruhig zurückzulegen und alles zu sagen, was ihm gerade einfällt.

»Ich will damit sagen, jemand soll sich erst für das hier entschuldigen« – und damit wies Fernando auf die Karikatur –, »bevor wir uns über irgendwas anderes unterhalten.«

Allgemeines Schweigen.

»Fernando, du siehst doch sicher auch ein, daß es nicht sehr produktiv wäre, in dieser Richtung weiterzumachen«, beschwor ich ihn.

»Noch schlimmer wäre es, dieses Machwerk als Diskussionsgrundlage zu akzeptieren.«

»Laß uns doch einfach diese Zeichnung vergessen, Fernando. Hier will doch wohl jemand auf seine Art seine Gefühle ausdrücken.«

»Ach ja? Und wenn ich nun meine Gefühl dadurch ausdrücken würde, daß ich demjenigen, der das gemacht hat, eins in die Fresse haue?«

Renato hörte auf zu nicken.

»Das würdest du doch nie tun, Fernando, nicht wahr?« säuselte ich wie eine erfahrene Kindergärtnerin.

»Er hat nichts anderes verdient.«

Und genau in diesem Augenblick stand Oswaldo, unser Chefingenieur, auf. Alle wußten, daß die Karikatur von ihm stammte. Er war berühmt für seine Karikaturen; allerdings waren sie normalerweise lustig, nicht so bitter wie diese hier. Aber er hatte sie gezeichnet, weil er der Ansicht war, daß Fernando mit viel zu harter Hand regierte, und es war klar, daß auch andere in diesem Raum seiner Meinung waren.

Bevor er sich zu seinem Kunstwerk bekennen konnte, winkte ich ihm zu, sich wieder zu setzen, und sagte, es spiele überhaupt keine Rolle, von wem diese Zeichnung stamme. Das Problem war auf dem Tisch, und es wurde Zeit, daß wir uns damit auseinandersetzten.

Vier Stunden später war alles gesagt. Aber noch immer gab es einen tiefen Graben zwischen denen, die in erster Linie an die Allmacht von Gesetz, Ordnung und Organisation glaubten, und denen, die meinten, daß Menschen, die durch das Gefühl des Einbezogenseins motiviert waren, jede Hürde schaffen würden. Es war eine Frage der »Weltanschauung«, wie die Deutschen das nennen. Die Autokraten bei Semco waren überzeugt, daß nichts passieren würde, wenn sie es nicht selbst machten oder ihre Untergebenen antrieben, es zu tun. Die Aufgaben in einem Unternehmen waren für sie so etwas wie für Eltern die Hausaufgaben ihrer Sprößlinge: lästig, aber unumgänglich. Die »Tauben« hingegen vertrauten darauf, daß es einen besseren Weg gebe – sie müßten nur auf ihre Macht verzichten. Hier stand also Waterloo gegen Woodstock, und mir war nicht klar, wie man unsere Napoleons und unsere Timothy Learys jemals miteinander versöhnen könnte.

Als die Versammlung auseinanderging und wir uns anschickten, wieder heimzufliegen, wußte ich, daß ich handeln mußte. Das »Alle-Mann-in-einem-Boot«-Gefühl der Gabriele-Harro-Jahre gab es längst nicht mehr, und die langen Arbeitstage, die uns damals so fröhlich und ekstatisch erschienen waren, kamen uns nun langweilig vor. Semco war so sehr in zwei Lager aufgespalten, daß nichts mehr richtig lief. Selbst kleine Probleme ließen sich nur mit Mühe lösen – große erwiesen sich als unüberwindliche Hürden.

Als ich mich mit klassischen Wirtschaftstheorien beschäftigte, erfuhr ich, daß wir gerade die »Bürokratiephase« oder die »Jugendphase« durchmachten, je nachdem, bei welchem Autor ich nachschlug. Das ist eine Zeit, in der ein Unternehmen, das expandiert hat, Wachstumsschmerzen bekommt. Fernando hatte darauf reagiert, indem er das Unbehagen durch die Einführung bewährter Techniken der Disziplinierung und Kontrolle radikal zu beseitigen versuchte. Sein Ziel war es, seinen Mitarbeitern ein Gefühl für Organisation zu vermitteln und zu wissen, was um ihn herum vor sich ging – oder zumindest sich einbilden zu können, er wisse es. Die leitenden Angestellten, die sich geschlossen hinter ihn stellten, interessierten sich nicht dafür, ob unsere Mitarbeiter ihre Arbeit ängstlich oder voller Sorgen verrichteten, solange sie taten, was ihnen befohlen wurde.

Das führte unter anderem dazu, daß einige von uns, die die Dinge anders sahen, alle Hände voll zu tun hatten, immer neue Wellen von Unzufriedenheit und Problemen im Personal zu bewältigen. Was konnte ich nur tun, damit das ein für allemal aufhörte?

Während sich mein Geist noch mit diesem Konflikt abmühte, machte mir mein Körper unmißverständlich klar, daß sich etwas ändern mußte.

Ich besichtigte gerade eine Pumpenfabrik in Baldwinsville im Staate New York, als mir plötzlich schwindlig wurde und ich wieder einmal ohnmächtig auf den Boden einer Werkshalle sank. Ich wurde zu einem Arzt in der Stadt gebracht und ruhte mich in seiner Praxis für ein paar Minuten aus. Er war ein altmodischer Hausarzt – ein Doktor, der gern mit seinen Patienten spricht. Er machte sich große Sorgen um mich und riet mir, erst eine Reihe von Untersuchungen vornehmen zu lassen, bevor ich meine Reise fortsetzte. Er schlug mir vor, die Mayo-Klinik in Rochester, Minnesota, oder die Lahey-Klinik in Boston aufzusuchen. Da ich sowieso nach Boston mußte, entschied ich mich für die Lahey-Klinik.

Ich rief im voraus dort an und vereinbarte mit einem Internisten meine Untersuchungstermine.

»Nun, was fehlt Ihnen denn?« fragte mich der grauhaarige Arzt, als ich ihn drei Tage später aufsuchte.

»Ich habe eine chronische Halsentzündung, die auch durch Antibiotika nicht mehr wegzubringen ist«, begann ich. »Deshalb kann ich feste Nahrung nicht vor dem Mittagessen zu mir nehmen, und darum leide ich auch unter chronischer Blutarmut. Außerdem habe ich hin und wieder Ohnmachtsanfälle, wie Sie inzwischen wissen. Ich nehme Pillen gegen Bluthochdruck und gegen Migräne. Ich habe Gastritis und trinke wegen meines Sodbrennens mehrmals am Tag Milch. Ach ja, und dann bekomme ich noch Ausschlag am Rücken, wenn ich angespannt bin.«

Ich sah, wie er alles aufschrieb.

»Treiben Sie Sport? Jogging? Spaziergänge?«

»Nur ein paar Treppen zu meinem Büro hoch, und dann muß ich mich für ein paar Minuten an die Wand lehnen.«

Ich sah, wie sich ein Lächeln um seine Mundwinkel kräuselte, während er schrieb.

»Wie viele Stunden arbeiten Sie täglich?«

»Zehn. Oder zwölf.«

»Gelegentlich mehr?«

»Na ja. Manchmal komme ich schon um halb acht und gehe erst nach Mitternacht heim.«

»Das sind aber mehr als zehn oder zwölf Stunden.«

»Ja, aber das kommt nicht jeden Tag vor. Meist gehe ich gegen neun oder zehn nach Hause.«

»Arbeiten Sie auch am Wochenende?«

»Ein paar Stunden am Samstag und noch ein paar am Sonntag.« Ich mußte an die verzweifelten Blicke meiner Freunde denken, wenn ich vor einer Fahrt ans Meer erst einen Koffer voll Telexe, Memoranden und Wirtschaftszeitschriften im Auto verstaute.

»Was essen Sie?«

»Ich kann nicht frühstücken, wegen meines Halses, also trinke ich nur Orangensaft. Zum Lunch ein Sandwich am Schreibtisch. Am Abend esse ich das, was sich gerade im Kühlschrank befindet – dann bin ich meistens schon so müde, daß ich nicht mehr viel Appetit habe.«

Der Arzt hatte sich alles aufgeschrieben und bat mich nun, mich in einen Raum nebenan zu begeben, mich auszuziehen und mich auf den Untersuchungstisch zu setzen. Ein schwacher Äthergeruch drang durch die Tür, und ich fühlte mich ein wenig benommen.

»Sie sind ja ganz blaß, Ricardo«, sagte der Arzt, als er sein Stethoskop auf mein Herz setzte.

Als mich das kalte Metall berührte, passierte es. Ich hatte das Gefühl, als würde ich in Zeitlupe über ein Bergdorf fliegen. All diese winzig kleinen Häuser – wie Spielzeuge. »Tief atmen, tief atmen«, hörte ich den Arzt sagen, als er langsam wieder aus dem Nebel auftauchte.

Die Korridore dieses Krankenhauses wurden mir sehr vertraut in diesen drei Tagen, während ich hier war und dabei die Kosten für alle Maschinen amortisierte, die der Arzt hatte. Ich kippte auch wieder um, als er mir ein Kontrastmittel in die Vene spritzte, um alle meine inneren Organe zu röntgen, die ich hier nicht im einzelnen aufzählen will. Jedenfalls wurde ich auf mehr als nur auf Herz und Nieren untersucht.

Schließlich kam der Tag der Abrechnung. Der freundliche Arzt hatte einen Stapel gelber Umschläge vor sich, die meine Befunde enthielten. Nachdem ich jahrelang allen möglichen Ärzten mein Leid geklagt hatte, ohne daß sie etwas bei mir fanden, glaubte ich nun endlich zu erfahren, was mir fehlte. Ich war nervös, aber auch erleichtert. Ich war sicher, er würde mir verordnen, ein paar Tage – oder vielleicht ein, zwei Wochen – in der Klinik zu bleiben, wo ich alle möglichen Spritzen und Medikamente bekäme. Jedenfalls rechnete ich fest damit und würde kurz bei meinen Eltern und in der Firma anrufen, damit sie wußten, daß ich für eine Weile nicht da wäre. Ich würde mir ein paar Krimis kaufen und mich entspannen. Wenn ich den ersten Urlaub, den ich seit Jahren hatte, in einem weißen Gewand verbringen sollte – meinetwegen. Ich sah zu, wie der Arzt die letzte Röntgenaufnahme in den Umschlag steckte, und dann schaute er mich an.

»Ihnen fehlt überhaupt nichts, Ricardo.«

Wie bitte? dachte ich und starrte ihn an. Hatte er vielleicht meine Befunde mit denen von jemand anderem verwechselt?

»Sind Sie sicher?« brachte ich schließlich hervor.

»Ganz sicher«, sagte er. »Ihre Befunde sind alle negativ. Aber Sie leiden unter einem ganz schön fortgeschrittenen Stadium von Streß. So etwas ist mir bisher bei einem Fünfundzwanzigjährigen noch nie vorgekommen.«

»Und was geschieht nun?«

»Sie haben zwei Möglichkeiten: Entweder machen Sie so weiter wie bisher, dann werden wir uns bald wiedersehen. Oder Sie ändern sich.«

»Ändern? Aber wie denn?«

»Das kann ich Ihnen nicht sagen. Ich kann Ihnen nur sagen, daß Sie Ihr Leben völlig ändern müssen. Ich empfehle Ihnen, achtmal täglich zwei Aspirin zu nehmen. Diese sechzehn Tabletten werden zwar kaum etwas bewirken – außer daß sie Sie regelmäßig daran erinnern werden, daß Sie ein gewaltiges Problem haben und es lösen müssen.«

Dann zeigte er mir, wo es zur Kasse ging.

TEIL ZWEI

Wir bei Semco glauben einfach nicht, daß unsere Mitarbeiter ein Interesse daran haben, zu spät zu kommen, zu früh zu gehen und so wenig wie möglich für so viel Geld zu tun, wie ihre Gewerkschaft bei uns herausholen kann. Schließlich ziehen diese Menschen ja auch Kinder auf, gehen in den Elternbeirat, wählen Bürgermeister, Gouverneure, Senatoren und Präsidenten. Es sind erwachsene Menschen. Bei Semco behandeln wir sie deshalb auch wie Erwachsene. Wir vertrauen ihnen. Wir verlangen nicht von unseren Mitarbeitern, daß sie um Erlaubnis bitten, wenn sie mal austreten wollen, und wir lassen sie auch nicht vom Sicherheitsdienst durchsuchen, bevor sie heimgehen. Wir stehen ihnen nicht im Weg, und wir lassen sie ihre Arbeit tun.

Kapitel 9

Die Kehrtwende

Ich nahm die 16 Aspirin nur einen Tag lang. Dann begann ich mit den Veränderungen. Und eines war mir klar: Ehe ich mich mit dem Dilemma von Semco befassen konnte, mußte ich erst meine eigene körperliche und geistige Krise bewältigen. Bevor ich also das Unternehmen umorganisieren konnte, mußte ich mich selbst neu organisieren.

Ich nahm mir fest vor, abends stets um 19 Uhr das Büro zu verlassen, egal was gerade anstand. Ich würde dann ins Kino gehen, ein Buch lesen (aber keine Wirtschaftsbücher) – kurz, alles mögliche tun, nur nicht arbeiten. Auch Wochenendarbeit war in Zukunft tabu. Und nach jeder Geschäftsreise würde ich eine Woche lang nur zum eigenen Vergnügen verreisen.

Ich würde wie ein Verrückter zu delegieren beginnen, meinen ganzen Mut zusammennehmen und alle möglichen Papiere wegwerfen, damit sie meinen Schreibtisch oder mein Denken nicht mehr blockieren konnten. Ich würde mehr meiner Intuition nachgeben und weniger auf Experten hören.

Ja, ich wollte mein Problem direkt angehen. Und dabei ging es im Grunde gar nicht so sehr um die Organisation eines Unternehmens, sondern um die Organisation von Zeit. Denn das gemeinsame Grundproblem aller Manager ist, daß 24 Stunden pro Tag einfach nicht ausreichen, alles zu erledigen, was getan werden müßte, und trotzdem noch etwas eigene Zeit übrig zu behalten. In den Wochen nach meinem Aufenthalt in der Lahey-Klinik dachte ich ausgiebig und intensiv über die Zeit nach. Ich kam darauf, daß ich zuerst die Ursachen für meine »Zeit-Krankheit« herausfinden mußte, bevor ich sie ein für allemal heilen konnte.

Ursache Nr. 1: Der Glaube, daß harte Arbeit und das Ergebnis direkt proportional zueinander sind.

»Ordnung und Fortschritt« steht auf der brasilianischen Flagge geschrieben. »Ordnung *oder* Fortschritt« müßte es richtiger heißen, denn normalerweise trifft beides nicht zusammen. Im Geschäftsleben werden Arbeitsanstrengungen und Leistung zu oft mit dem Ergebnis verwechselt. Der Verkaufsleiter, der im Gespräch mit seinen Kunden vor Charme nur so sprüht und der nach einem Verkaufsabschluß den Rest des Tages frei nimmt und feiert, gilt als glücklicher Faulpelz, aber nicht als begabter Vertriebsangestellter.

Wenn man Unternehmer nach der Ursache für ihren Erfolg fragt, erklären sie gern: »Eine Menge harter Arbeit.« Klingt doch gut, nicht wahr? Es macht sich auch gut zu Hause, in der Familie, die man jahrelang vernachlässigt hat. Aber wenn bedeutende Unternehmer eine ehrliche Antwort auf diese Frage gäben, würden die meisten vermutlich Faktoren anführen wie: ein Gefühl für den richtigen Zeitpunkt, die Fähigkeit, eine Chance zu erkennen, Freunde an den richtigen Stellen, ein gelegentliches kleines Vergehen oder einfach Glück. Der Romanschriftsteller Horatio Alger, der mit seinen Erzählungen vom großen Erfolg Millionen strebsamer Bürger Mut machte, möge mir vergeben, aber Fleiß und Arbeit allein reichen nicht aus. Wenn es möglich wäre, ein Unternehmen erfolgreich zu führen, indem man einfach früh kommt und spät geht, dann könnte ja jeder Briefträger ein Howard Hughes werden. Hartnäckig hält sich die Überzeugung, daß Erfolg nun einmal mit Schweißvergießen verbunden sei und daß ein Manager mit jedem weiteren Tropfen dem Himmel der Finanzwelt ein wenig näherkommt. Ich mußte mich von dieser Maxime frei machen. Sie ist nicht gesund. Ja, sie ist nicht einmal wahr.

Ursache Nummer 2: Die Doktrin, bei der Arbeit sei die Quantität wichtiger als die Qualität.

Das ist eine Variation des gleichen Themas. Zu Beginn dieses Jahrhunderts hatte Max Weber erkannt, daß das von der protestantischen Ethik aufgestellte Prinzip der harten Arbeit die Geschäftswelt völlig durchdrungen hatte. Heutzutage ist es sogar ein noch entscheidenderer Faktor geworden. Manager glauben sich von ihren Chefs unter Druck gesetzt, mehr zu arbeiten als ihre Kollegen und damit ihr

Image und ihre Karriere aufzubauen. Nach dieser Logik erweist sich als wahrer Held, wer wegen seiner Arbeit einen Herzinfarkt bekommt oder gar im Büro zusammenklappt – ein Zeichen, wie ein Calvinist vielleicht sagen würde, daß man zu den Erwählten gehört.

Wer mit seiner Zeit auskommt, macht sich oft verdächtig. Und wenn er gern ins Theater geht, keine vollen Aktentaschen nach Hause schleppt, das Wochenende mit der Familie verbringt und gelegentlich sogar die Kinder von der Schule zum Mittagessen abholt, dann ist er bereits auf ein fortgeschrittenes Stadium der Faulheit abgesunken.

Der Manager, der seine Leistung nach Stunden bemißt, wird sich irgendwann einmal so oder ähnlich beklagen: »Jeder weiß doch, wie unfair es war, daß sie mich nicht befördert haben. Jeder weiß doch, daß ich hier schon um acht Uhr morgens sitze und um acht Uhr abends immer noch da bin.« Oder: »Meine Tochter muß mit mir einen Termin vereinbaren, wenn sie mich sprechen will.«

Ursache Nummer 3: »Im Büro geht es im Augenblick ein wenig drunter und drüber. Ich muß einfach ein bißchen länger arbeiten, bis sich das wieder gelegt hat.«

Es gibt kaum eine überzeugendere Ausrede, als zu sagen: »Wir machen gerade eine... durch.« Man setze ein: Veränderung an der Spitze, Umstrukturierung, Kurzarbeitsphase, Expansion. Fast jede Veränderung kann als Ausrede dafür herhalten, daß man mit seiner Zeit nicht klarkommt. Wer zuläßt, daß derartige Dinge den Arbeitstag bestimmen, muß sich nicht wundern, wenn er hilflos wie ein Korken auf dem Meer herumtreibt.

Ursache Nummer 4: Die Angst vor dem Delegieren – und ihre Cousine: die Angst, ersetzbar zu sein.

Damit haben wir einen Nerv getroffen. Die Angst vor dem Delegieren beruht auf dem Glauben, daß kein anderer ein Problem so kompetent lösen könne wie man selbst. Diese Denkweise (die zuweilen sogar gerechtfertigt sein mag) geht gewöhnlich auf die Annahme zurück, daß irgendwelche Aufgaben unweigerlich schlampig ausgeführt werden, wenn sie nicht fähigen Händen anvertraut werden – den eigenen natürlich. Aber wie oft wird damit eigentlich nichts weiter als die Angst verschleiert, daß auch andere etwas fertigbringen, wozu man einst nur selbst imstande zu sein glaubte?

Und das wiederum führt zur Angst, ersetzbar und austauschbar zu sein. Darum verschiebt man seinen Urlaub oder nimmt ihn zwar, hinterläßt aber alle möglichen Telefonnummern, unter denen man morgens, mittags und nachts zu erreichen sei – nur um dann enttäuscht zu sein, daß niemand einen gebraucht hat, während man weg war.

Ich habe noch mehr über die Zeit-Krankheit und über die Möglichkeiten, sie zu heilen, nachgedacht. Mehr darüber später, in Anhang B. Inzwischen habe ich mich jedenfalls von meiner Zeit-Kranheit so gründlich erholt, daß ich nicht einmal mehr eine Armbanduhr trage. Das habe ich kurz nach einem Konzert von Magdalena Tagliaferro, der berühmtesten Pianistin Brasiliens, aufgegeben. Als ich ihr lauschte, wie sie Sibelius spielte, mußte ich daran denken, daß sie zur Welt gekommen war, als Brasilien noch eine Monarchie war, daß sie die Erfindung des Automobils und des Flugzeugs sowie zwei Weltkriege erlebt hatte und noch immer auftrat. Mir kam der Gedanke, daß man die Zeit nach Jahren und Jahrzehnten messen sollte, nicht nach Minuten und Stunden. Man kann unmöglich begreifen, wie das Leben in all seiner Größe und Komplexität vergeht, wenn man ständig auf einen Minutenzähler schaut.

Das war ein Ding der Unmöglichkeit. Also mußte Fernando gehen – daran führte kein Weg vorbei. Ich bewunderte zwar seine Aggressivität, seine Energie und sein Engagement, aber er brauchte das rüde Klima der Einschüchterung, damit seine Magie funktionierte. Wenn es überhaupt Magie war. Nach meinem Aufenthalt in der Lahey-Klinik war ich mir da nicht mehr so sicher.

Sobald wir uns von Fernando getrennt hatten, kamen wir dahinter, daß das Buchhaltungssystem, das er und Ernesto eingerichtet hatten, uns im Grunde nur schadete. Wir hatten inzwischen zum Beispiel eine Buchhaltung voller Leute, die pausenlos Zahlen ausspuckten und diese Tätigkeit nur dann unterbrachen, wenn sie mal eben ihren Gehaltsscheck abholten. Und wir hatten so verdammt viele Zahlen, in so verdammt vielen Mappen, daß fast niemand mehr sich diese

Zahlen ansah. Aber keiner wollte es zugeben. Jeder bluffte einfach bei den Konferenzen und tat so, als ob er mit dem kleinsten Detail vertraut sei. Wenn wir heute zurückblicken, wissen wir, daß wir gerade damals am schlechtesten über das informiert waren, was bei Semco wirklich vorging. Es war das klassische Phänomen: Wir sahen den Wald vor lauter Bäume nicht.

Also vereinfachten wir unser Budget-System, verringerten die Zahl der »Kostenstellen« radikal von 400 auf 50 und verzichteten auf Hunderte von Buchhaltungspositionen und Dutzende von Budget-Abteilungen. Wir reduzierten auch die Anzahl der Dokumente, die in Umlauf gingen, sowie die Zahl der Unterschriften, die darunter gesetzt werden mußten. Unser neues System war einfacher und wies zwar weniger, aber dafür nur wichtige Daten auf.

Was unsere tatsächliche Finanzplanung betraf, so entwickelten wir schließlich zwei Budgets: einen Fünfjahresplan und einen Halbjahresbericht. Ja, ja, ich kenne das klassische Argument, das gegen Fünfjahrespläne vorgebracht wird: Stalin hat sie angewendet – und man weiß ja, was dabei herausgekommen ist. Und selbst in fünf Jahren ändern sich die grundlegenden Kriterien eines Unternehmens eigentlich nicht. Doch wenn wir fünf Jahre vorausschauen, können wir uns immerhin fragen, ob wir auf einem bestimmten Markt vertreten sein wollen, ob wir ein Produkt aufgeben sollten oder ob wir eine neue Fabrik brauchen – und ähnliches mehr. Darum ist ein derartiger Ausblick auf die kommenden fünf Jahre ganz wichtig.

Im Gegensatz dazu halten wir an einer betriebswirtschaftlichen Ergebniskontrolle nach sechs Monaten fest; denn wir haben festgestellt, daß man bei einem konventionellen Einjahresplan unweigerlich glaubt, die Bedingungen würden sich im Laufe des Jahres gerade so weit zum Besseren wenden, daß die Probleme, die in der ersten Jahreshälfte unweigerlich auftauchen, noch abgefangen werden können. Oder umgekehrt.

Bei beiden Plänen versuchen wir praktisch, gedanklich »bei Null« anzufangen. Eigentlich sollten Budgets immer auf einem derartigen gedanklichen Neuansatz des Unternehmens beruhen – meist allerdings stellen sie nicht viel mehr dar als eine Hochrechnung der Zahlen des letzten Jahres, und damit sind sie etwa genauso gut wie aufgewärmter Kaffee um zwei Uhr morgens.

In unserem Unternehmen können sich alle immer wieder darüber amüsieren, daß ich ständig darauf bestehe, nur die großen Zahlen sehen zu wollen. Die Finanzfachleute erklären mir dann geduldig, sie kommen sowieso nur auf die großen Zahlen, wenn sie all die kleinen zusammenzählen. Also, argumentieren sie weiter, macht ein Budget, das nur die »großen Zahlen« enthält, tatsächlich mehr Arbeit als eines, das jedes kleine Detail enthält. Das ist natürlich ein kostspieliger Trugschluß, den man aber nur schwer ausmerzen kann.

Noch ein Wort über Budgets. Es genügt nicht einfach, nüchterne Zahlen zur Kenntnis zu nehmen, auch wenn sie ganz aktuell und korrekt sind. Man muß nämlich die Zahlen, die wir jeden Monat bekommen, nicht nur mit dem Budget vergleichen, sondern vor allem mit den Erwartungen des Betreffenden, der davon Gebrauch machen will. Bei Semco haben wir deshalb ein Programm eingeführt, demzufolge jeder Abteilungsleiter am Monatsende jeweils eine fundierte Schätzung der Einnahmen, Kosten und Gewinne seiner Abteilung abgeben muß. Ein paar Tage später wird der offizielle Bericht verteilt. Der Vergleich zwischen Schätzung und Bericht vermittelt jedem ein Gefühl dafür, wie gut ein Manager seinen Bereich tatsächlich kennt.

Natürlich hat die Vereinfachung des Finanzwesens nicht all unsere Probleme gelöst. Aber zumindest hat sie uns geholfen, die Probleme klarer zu erkennen.

Bei der Auslieferung gab es noch immer Verzögerungen. Genehmigungen liefen noch tagelang zwischen verschiedenen Leuten hin und her – sie hatten einfach Angst, ihren Namen unter irgend etwas zu setzen, weil sie dann vielleicht beim nächsten Buchhaltungsbericht auffallen würden. Am schlimmsten aber war der Umstand, daß Semco eine Ansammlung quasi-feudaler Lehensbereiche war: Jede Abteilung verteidigte das eigene Territorium um jeden Preis. Die Leute vom Verkauf glaubten, die Marketingleute würden auf dem Mond leben. Die Marketingfritzen meinten, die Verkaufsmenschen würden nichts weiter als Nabelschau betreiben. Die Finanzleute dachten, die Werksleiter würden die Lager am liebsten bis zur Decke mit Inventar füllen. Im Einkauf war man überzeugt, daß die Leute in der Verwaltung keinen blassen Schimmer davon hätten, wie unwirsch Zulieferer werden können, wenn sie erst auf sieben Unterschriften warten müssen, bevor sie ihren Scheck bekommen. Und bei der Produktion unterstellte man den Leuten im Verkauf, sie würden sich wohl einbilden, in Japan zu leben, wo man von heute auf morgen ausliefern könne.

Meine Kollegen und ich probierten verschiedene Möglichkeiten aus, wie man auf die Schnelle unserer dahindümpelnden Organisation auf die Sprünge helfen könnte – von Kästen für Verbesserungsvorschläge über Führungsseminare bis zu Qualitätszirkeln im japanischen Stil, in denen sich eine Reihe von Leuten aus dem gleichen Unternehmensbereich, vom Hausmeister bis zum Manager, zusammensetzten, um gemeinsam nach Lösungen für ganz gewöhnliche Probleme zu suchen. Ich versuchte es mit allen vorgefertigten Ideen, die ich auftreiben konnte, wobei ich all diese Wirtschaftsbücher durchkämmte, deren Titel entweder mit »Wie…« begann oder die Begriffe »System« und »Methode« enthielt. Ich las Alfred Sloans Buch *Meine Jahre bei General Motors* ebenso wie Tom Peters' *Auf der Suche nach Spitzenleistungen.* Ich studierte die Bücher von so populären Wirtschaftsautoren wie John Naisbitt, Peter Drucker, Alvin Toffler und Robert Townsend sowie von Wissenschaftlern wie Kenichi Ohmae und Henry Mintzberg. Ich hatte zwei Bücherregale, die vom Boden bis zur Decke voller Wirtschaftsbücher waren. Ich zog auch Kollegen in anderen Unternehmen zu Rate, die ich beim Mittagessen über Management-Methoden ausquetschte. Ich sammelte jede Menge Ideen und Techniken, aber es gelang mir einfach nicht, sie erfolgreich in unseren Büros und Fabriken umzusetzen. Unsere Leute waren eine Zeitlang motiviert, fielen dann aber wieder in den alten Trott zurück. Mir kam der Verdacht, daß die Probleme von Semco tiefer reichten, als ich ahnte.

Als ich zum allerersten Mal bei Semco arbeitete, war ich schokkiert, wieviel Unterdrückung ich hier antraf. Da ich in meiner Jugend nicht viel mehr getan hatte, als Rock 'n' Roll zu spielen, war ich von diesen ganzen Vorschriften und Verfahrensweisen bei Semco ganz benommen. Dennoch bemühte ich mich, das Musterbeispiel eines traditionellen Managers zu werden – und ich dachte, das wäre mir auch gelungen. Ich trug die richtigen Anzüge. Ich hatte die richtigen Gedanken. Ich war so stolz, als ich ein Säumnisabzugsprogramm einführte, bei dem jedem Mitarbeiter das Gehalt gekürzt wurde, wenn er ein paar Minuten zu spät kam. Ich war ein harter Bursche.

Jetzt aber hatte ich eine andere Theorie. Bei Semco gab es allem Anschein nach eine hochentwickelte Organisation, hier herrschte auch durchaus Disziplin – und dennoch konnten wir unsere Leute nicht zu den gewünschten Leistungen bewegen oder dafür sorgen, daß ihnen ihre Arbeit Spaß machte. Es gab einfach nicht genug Kathedralenbaumeister. Wenn ich diese Struktur doch nur ein wenig aufbrechen könnte, dachte ich, dann würde ich vielleicht erkennen, was so viele unserer Leute entfremdete. Ständig ging mir der Gedanke im Kopf herum, daß Semco auch ganz anders geführt werden könnte – ohne daß wir alles in Zahlen umsetzten, ohne jedem alles vorzuschreiben, ohne darüber Buch zu führen, ob die Leute auch pünktlich kamen, ohne all diese Zahlen und Vorschriften. Und wenn wir all diesen künstlichen Unsinn sein ließen, diesen ganzen Management-Hokuspokus? Wenn wir das Unternehmen auf einfachere, natürlichere Weise führten? Genau das war es, was ich wollte: ein natürliches Unternehmen.

Je länger ich darüber nachdachte, desto mehr war ich davon überzeugt, daß sich das gesamte Unternehmen ändern mußte. Dabei hatte ich gar keinen großartigen Plan. Es gab keine blitzartige Erleuchtung – ich hatte nur so ein Gefühl, daß Semco seltsam leblos war, daß es hier an Begeisterung fehlte und ein allgemeines Unbehagen vorherrschte und daß ich das grundlegend ändern mußte. Die Leute waren mit ihrer Arbeit nicht zufrieden und schienen sich von ihr oft unterdrückt zu fühlen. Die herkömmliche Einstellung gegenüber Arbeitern bestand darin, daß man ihnen nicht trauen konnte. Daß man Systeme brauchte, mit denen man sie kontrollieren konnte. Doch unser System entmutigte und demotivierte sie. Also mußten wir zunächst einmal einige der sichtbarsten Symbole unternehmerischer Unterdrückung beseitigen.

Ich hatte mir schon immer so meine Gedanken über die Sicherheitskontrolle gemacht, der sich unsere Leute beim Verlassen des Werksgeländes unterziehen mußten. Es ärgerte mich, daß wir sogar altgediente Arbeiter so behandelten. Als ich noch nicht lange im Unternehmen war, sprach ich mit einem leitenden Angestellten darüber.

»Das macht doch jeder«, belehrte er mich von oben herab. »Die klauen doch wie die Raben, und darum müssen wir sie alle kontrollieren, jeden Tag. Da können wir einfach keine Ausnahme machen.«

Ich kam mir vor ihm so naiv vor, weil ich der Meinung war, ein Unternehmen könne auf einer Vertrauensbasis geführt werden, daß ich ihn gar nicht erst nach den Stechuhren zu fragen wagte oder nach den stämmigen Wächtern, die sich vor ihnen drohend aufgebaut hatten und darauf achteten, daß die Arbeiter am Einlaß nicht mogelten und auch noch die Karte eines anderen abstempelten.

Fast jedes größere Unternehmen hat sein FBI – manche haben sogar ihren eigenen J. Edgar Hoover. Und doch versuchen diese Unternehmen ihren Mitarbeitern zugleich weiszumachen, sie seine ja alle Angehörige einer einzigen großen, glücklichen Familie. Wie können sie bloß derart heuchlerische Sentimentalitäten mit der Tatsache vereinbaren, daß sie ihre Arbeiter vor dem Verlassen der Fabrik filzen? Oder daß sie ihnen Urlaubstage abziehen, wenn jemand zehn Minuten zu spät kommt? Oder daß sie die Portokasse von jemandem überprüfen, der bereits seit zwanzig Jahren im Unternehmen ist? Daß sie Vorhängeschlösser an die Lagertore hängen, um »Unberechtigten« den Zutritt zu verwehren? In welcher Familie werden die Angehörigen nach silbernen Löffeln durchsucht, wenn sie vom Eßtisch aufstehen?

Arbeiter sind erwachsene Menschen; aber sobald sie das Werkstor passiert haben, verwandelt das Unternehmen sie in kleine Kinder, zwingt sie, Namensschilder zu tragen, sich in einer Reihe zum Essen anzustellen, den Vorarbeiter um Erlaubnis zu bitten, wenn sie mal austreten müssen, ein ärztliches Attest vorzulegen, wenn sie krank waren, und blindlings allen Anweisungen zu gehorchen, ohne irgendwelche Fragen zu stellen.

Also beschloß ich, die Durchsuchungen bei Semco einzustellen. Das war gar nicht so schwer: Ich ließ einfach eine Tafel am Tor anbringen, auf der stand: »Bitte überzeugen Sie sich vor dem Verlassen des Firmengeländes davon, daß Sie nicht versehentlich etwas mitgenommen haben, was Ihnen nicht gehört.«

Ich wußte, einige Manager würden entsetzt sein. Allerdings hatte ich nicht vorausgesehen, daß sich die Vertrauensleute bei mir beklagten. Einige Arbeiter, erklärten sie, fürchteten, man würde ihnen die Schuld geben, wenn irgendein Werkzeug verschwinden würde, was schließlich immer wieder vorkäme. »Unsere Leute wollen diese Durchsuchungen«, beschworen mich die Gewerkschafter. »Jeder soll wissen, daß sie keine Werkzeuge mitgehen lassen.« Und als tatsächlich einmal zwei Handbohrmaschinen aus dem Hobart-Werk verschwunden waren, verlangten so viele Arbeiter, die Durchsuchung wieder einzuführen, daß wir eine Betriebsversammlung abhalten mußten, um alle wieder zu beruhigen.

Man stelle sich das nur vor – Arbeiter wollen, daß man sie durchsucht, um ihre Unschuld zu beweisen. Wir versuchten ihnen klarzumachen, daß sie auf ihr Recht auf Glaubwürdigkeit verzichten wollten. Unschuldigen passiere doch nichts, solange ihnen nichts nachgewiesen werden könne. Nur wegen einzelner Diebstähle sollten sie auf dieses Recht doch nicht verzichten.

Ich machte mir durchaus keine Illusionen: Die Abschaffung der Durchsuchungen war nicht gleichbedeutend mit einer Abschaffung der Diebstähle. Ich bin überzeugt, daß durchschnittlich zwei oder drei Prozent der Belegschaft das Vertrauen des Arbeitgebers ausnutzen. Aber ist das ein triftiger Grund, die anderen 97 Prozent einem täglichen Ritual der Erniedrigung auszusetzen? Ja, natürlich wird es hier und da Diebstähle und Unterschlagungen geben, aber das geschieht auch in jedem Unternehmen mit umfangreichen Sicherheits- und Überwachungsabteilungen. Das gehört nun einmal zu den laufenden Kosten eines Unternehmens. Mir ist es lieber, wenn hin und wieder ein Diebstahl vorkommt, als daß ich alle einem System unterwerfe, das auf Mißtrauen basiert.

Und da ich schon einmal dabei war, ließ ich auch die große Stechuhr am Werkstor entfernen und überall im Werk und in den Büros kleine Stechuhren anbringen. Dann gaben wir allen zu verstehen, daß es nicht gern gesehen würde, wenn sie für ihre Kollegen an der Stechuhr mitstempeln würden, und beließen es dabei. Heute sind die Stechuhren nur noch dazu da, damit unsere Mitarbeiter wissen, wie viele Stunden sie gearbeitet haben.

Haben Diebstähle und Betrugsmanöver mit der Stechkarte bei uns zu- oder abgenommen? Ich weiß es nicht, und ich will es auch gar nicht wissen. Es bringt mir nichts, ein Unternehmen zu haben, in dem man den Leuten nicht traut, mit denen man zusammenarbeitet.

Nichts kommt mir so mittelalterlich vor wie eine Kleiderordnung. Das Büropersonal soll in Anzug und Krawatte oder in Kleid oder Kostüm herumlaufen; aber wer weiß eigentlich noch, warum? Das kommt daher, weil... es ist eben nun mal so.

Die Empfangsdame ist die Visitenkarte des Unternehmens – ist das nicht idiotisch? Welcher Kunde, Zulieferer oder Banker würde denn einen Vertrag stornieren, wenn er eine leger gekleidete Empfangsdame erblickte? Welcher Einkäufer verzichtet darauf, mit einem Unternehmen Geschäfte zu machen, nur weil der Vertreter nicht nach der neuesten Mode gekleidet ist?

Kleiderordnungen sind nichts weiter als Formen der Anpassung. Die Menschen möchten sich sicher fühlen, und eine Möglichkeit, dies zu erreichen, besteht darin, sich wie alle anderen anzuziehen. Wenn bei IBM jeder blaue Anzüge und weiße Hemden trägt, dann wird sich selbst ein Lehrling als Teil des Unternehmens fühlen, wenn er sich genauso kleidet. Aber wie alles hat auch dies zwei Seiten: Diese Menschen werden auch noch von anderen Formen verordneter Einheitlichkeit abhängig sein – von einer uniformen Sprache, einem uniformen Verhalten und vielleicht sogar von einem uniformen Denken. Im schlimmsten Fall verwandelt sich das Unternehmen in einen Apparat à la Orwell, und jede Kreativität und Freiheit wird durch die Disziplin und den Druck gemeinsamer Erwartungshaltungen zugedeckt. Natürlich lassen es nur wenige Unternehmen so weit kommen, aber selbst in Firmen, in denen es relativ zwanglos zugeht, gibt es ungeschriebene Verhaltenskodizes. Je ausgeklügelter sie sind, desto schlechter ist es um die Flexibilität und letztlich auch um die Gewinne bestellt.

Natürlich gibt es Leute, die sagen, daß sie Anzüge und Kleider mögen. Clovis beispielsweise kommt immer mit Anzug und Krawatte zur Arbeit. Harro hingegen war einfach zum Schreien komisch, wenn er aus den unergründlichen Tiefen seines Kleiderschranks einen Anzug herausholte und ihn für eine Besprechung mit einem wichtigen Kunden anzog. Wenn es überhaupt noch eines Beweises dafür bedurfte, wie lächerlich jede Kleiderordnung war, dann brauchte ich nur daran zu denken, wie unser alter Freund Ernesto Gabriele eines Tages seine alten Krawatten von zu Hause mitbrachte und sie den Buchhaltern schenkte, die selber keine besaßen. Das war ein weiteres Beispiel dafür, wie Ernesto um jeden Preis versuchte, für ein Erscheinungsbild zu sorgen, das eines multinationalen Konzerns würdig gewesen wäre – aber bei den Buchhaltern saß der Knoten nicht richtig, und das Hemd hing ihnen aus der Hose, so daß sie aussahen, als wollten sie auf eine Karnevalsparty gehen.

Woran liegt es eigentlich, daß sich die Menschen immer ganz leger kleiden, wenn sie am Wochenende ins Büro gehen? Weil sie sich wohler fühlen. Ja, aber warum sollten sie sich dann eigentlich nicht jeden Tag wohler fühlen? Also sagten wir unseren Büroangestellten und Managern, sie könnten sich so anziehen, wie sie wollten. Einfach so. Und die meisten tragen statt Anzügen und Krawatten oder Kleidern lieber Jeans oder an heißen Tagen Shorts. Natürlich gibt es Anlässe, bei denen eine förmlichere Kleidung angemessen ist, etwa Vorstandssitzungen und Präsentationen vor wichtigen Kunden. Aber jeder selbständige Mensch weiß schließlich, wie er sich bei diesen Gelegenheiten korrekt anzuziehen hat. Mit dieser neuen Unternehmenskultur hatten wir eigentlich nur wenig Probleme – so wurde einmal einer von unseren Klimaanlagen-Wartungsleuten nicht in das Gebäude der Citibank in São Paulo eingelassen, weil er zu leger gekleidet war. Um eine Klimaanlage zu reparieren! Er ging heim, zog sich um und kam wieder. Das war's denn schon.

Wir hofften, wenn wir die Kleiderordnung abschafften, würden wir dafür sorgen, daß in unserem Unternehmen die Bürotüren kaum verschlossen wären und daß es für unsere Leute ganz normal wäre, hineinzugehen, sich auf den Schreibtisch eines Kollegen zu setzen und bei einer Konferenz zuzuhören, die nichts mit ihnen zu tun hatte. Heute bin ich ein begeisterter Anhänger des »MDH« – des Management durch Herumwandern. Bekannt geworden ist es durch Hewlett Packard, und es bedeutet nichts anderes, als daß man sich einmal in der Woche die Zeit nimmt, einfach so im Unternehmen herumzuwandern, ohne sein Ziel zu kennen, wie es Bob Dylan einmal formuliert hat. Dabei kann man sich ansehen, wie neue Projekte laufen, irgendein Problem in der Fabrik oder in der Verwaltung lösen oder einfach mit jemandem in der Halle plaudern, den man lange nicht gesehen hat.

Manchmal allerdings kann man Mauern nur überwinden, wenn man sie buchstäblich niederreißt. Also bat ich eines Tages jeden einzelnen im dritten Stock zu mir und fragte ihn, ob er bereit sei, auf sein eigenes Büro zu verzichten und in einem großen, durch Pflanzen und Blumen untergliederten Gemeinschaftsraum zu arbeiten. Wir bildeten ein Komitee, und bald tauchten die Bauarbeiter auf. Ich stellte mir vor, daß jeder seinen Schreibtisch dort hinstellen konnte, wo er wollte, was die ganze Angelegenheit natürlich ziemlich kompliziert machte. Aber da alle mit anpackten, waren wir in einem Monat fertig.

Mein eigener Arbeitsbereich wurde übrigens viel kleiner. Und noch immer kann ich mein Sofa nicht finden, das ich früher einmal hatte.

Noch komplizierter aber als die Kleiderordnung im Büro war die der Arbeiter in den Fabrikhallen. Ich erinnere mich noch an eine Konferenz mit Topmanagern, auf der mehrere größere Investitionen in ein paar Minuten abgehakt worden waren. Dann kamen wir darauf zu sprechen, welche Arbeitskleidung wir an Stelle der himmelblauen Anzüge unserer Fabrikarbeiter einführen sollten. Wir verbrachten über eine Stunde damit, über die unterschiedlichen Vorzüge verschiedener Farben zu diskutieren (welche war gedeckter, welche anregender, auf welcher war Schmutz weniger zu erkennen?), ohne zu einem Ergebnis zu kommen. Jeder hatte Gelegenheit, seine Meinung über die Arbeitskleidung zum Ausdruck zu bringen, dachte ich – außer den Leuten, auf deren Meinung es eigentlich am meisten ankommen sollte: die Arbeiter, die sie tragen würden.

Clovis erriet wie immer meine Gedanken. »Wie wäre es denn, wenn wir eine Umfrage unter den Arbeitern machten, um herauszufinden, welche Farbe sie bevorzugen würden?« schlug er vor.

»Um Himmels willen!« bekam er von allen Seiten zu hören. »Sie wollen bestimmt Gelb, Orange, Weiß haben – der reinste Alptraum.«

Was könne man schon von Arbeitern erwarten, argumentierten die Manager also. Doch wohl nicht, daß Arbeiter begriffen, wie Farben Motivation und Produktivität beeinflussen können. Wer könne denn überdies erwarten, daß solche Leute praktisch denken?

Ich glaubte meinen Ohren nicht zu trauen. Wir sprachen doch eigentlich über nichts anderes als über die Farbe von Arbeitskleidung. Im Sinne unseres neuen Denkens – zumindest Clovis' und meines neuen Denkens – ließen wir über die Idee mit der Umfrage abstimmen, und schließlich waren die Neinsager am Tisch widerstrebend damit einverstanden – zweifellos waren sie überzeugt, daß die Arbeiter unpraktische Farben haben wollten, und dann würden sie dem Boß wieder einmal sagen können, das hätten sie ja gleich gewußt.

Wir befragten die Arbeiter in drei von unseren vier Fabriken, wobei sie die Auswahl zwischen allen Farben des Regenbogens und ein paar typischen Kunststoffarben hatten. Die Umfrage endete unentschieden – es gab gleich viele Stimmen für Hellblau und ein sogenanntes petrolfarbenes Blaugrau. Wir mußten also eine zweite Umfrage veranstalten – und mit dem Spott unserer besserwisserischen Direktoren leben, die es sich kaum verkneifen konnten zu sagen: Inzwischen hätten wir alles längst eingekauft und verteilt.

Diesmal entschied sich die überwältigende Mehrheit für Petrolblau. Selbst unsere Kritiker mußten zugeben, daß es praktischer war als unser altes Himmelblau, weil Fettflecke darauf nicht so leicht zu sehen waren. Wir sagten uns, daß sich die Stunden gelohnt hatten, die wir auf die zweimalige Ausgabe und das Auswerten der Umfragebögen verwendet hatten.

Das machte mir Mut, als nächstes ein wirklich ernstes Problem anzupacken. Großes Kopfzerbrechen bereitete uns bei Semco nämlich das Parkproblem. Wir hatten nicht im entferntesten genug Parkraum in unserer Zentrale in São Paulo. Nach langen Diskussionen mit unseren Managern lösten wir das Problem auf demokratische Weise: Wir schafften die reservierten Plätze für die »großen Tiere« ab und teilten jeder Abteilung eine Anzahl von Parkplätzen zu, die ihrer Größe entsprach. Am Ende bekamen die Direktoren und Manager 8 Plätze, die Verwaltung hatte 10, die Buchhalter und andere Büroangestellten 10, Maschinisten 15 und so weiter. Innerhalb jeder Abteilung konnten alle Plätze nach dem Prinzip »Wer zuerst kommt, mahlt zuerst« belegt werden. Erst nachdem ein paar leitende Angestellte gezwungen waren, ihre Autos außerhalb des Werksgeländes zu parken, und zu ihrem Erstaunen feststellten, daß ihre Anweisungen auch weiterhin von den Arbeitern befolgt wurden, die ihre Autos auf dem Gelände geparkt hatten, kamen sie dahinter, daß Respekt nicht von der Entfernung zwischen Autotür und Werkstor abhängig ist.

In den nächsten paar Monaten schafften wir bei Semco schicke und teure geprägte Visitenkarten ab und ersetzten sie durch preiswerte Standardkarten; außerdem baten wir die Manager, sich ein Sekretariat zu teilen (darüber später mehr), beseitigten exklusive Kasinos und gestatteten es Managern auf der gleichen Ebene, unterschiedliche Ausführungen von Schreibtischen und Stühlen und verschieden große Büros zu haben. Man würde also den Status eines Mitarbeiters nicht mehr an der Qualität und Maserung seiner Büromöbel oder an seinen flauschigen Teppichen ablesen können.

Demokratie macht eine Menge Arbeit, sagte ich mir immer wieder und allen, die mir zuhörten. Man muß sie mit Überzeugung betreiben und ohne alle Tricks und Ausnahmen. Und sie beginnt bei so kleinen Dingen wie Krawatten, Stechuhren, Parkplätzen und petrolfarbener Arbeitskleidung.

Kapitel 10

Ein demokratisches Unternehmen

Kurz nachdem Fernando zu Semco gekommen war, hätte ich eigentlich durch einen Vorfall gewarnt sein sollen, daß es eines Tages zwischen uns Ärger geben mußte. Ich hatte ihn dazu überredet, mich zu einer Verhandlung in der Zentrale der Metallarbeitergewerkschaft von São Paulo zu begleiten. Das war ein ungewöhnlicher Besuch, denn in Brasilien lassen Unternehmen die Gewerkschaften stets zu sich kommen.

Das Gebäude der Gewerkschaft war nicht zu übersehen. Dutzende von großen, stämmigen Arbeitern in Overalls und Blue Jeans standen auf beiden Seiten des Ganges herum. Wie sollten wir an all diesen zornig dreinblickenden Männern vorbeikommen?

Fernando ging nicht langsamer, und ich auch nicht. Als wir näher kamen, sahen die Arbeiter noch bedrohlicher aus. Einige stießen sich von der Wand ab, an die sie sich gelehnt hatten, und stellten sich breitbeinig hin. Wir konnten uns nicht einfach diskret an ihnen vorbeischleichen. Fernando und ich waren nicht nur über einen Meter achtzig groß, sondern wir trugen auch beide einen grauen Flanellanzug mit dezent gestreifter Krawatte.

Die Arbeiter begannen miteinander leise zu reden. »Das sind sie«, zischte einer von ihnen.

Wir gingen weiter und sahen uns plötzlich von ihnen umringt. »Das sind sie, die Bosse«, sagte ein anderer.

Alle sahen uns drohend an. Gewalt lag in der Luft. Doch gerade als ich ihnen erklären wollte, wer wir seien und was wir wollten, tauchte der Gewerkschaftsführer auf.

»Immer mit der Ruhe, Jungs«, sagte er. »Die beiden hier sind nicht von Taurus.«

Die Rüstungsfabrik Taurus hatte gerade ihre Arbeiter entlassen, weil sie gestreikt hatten. Die Gewerkschaftsmitglieder erwarteten eine Abordnung vom Management und nahmen an, wir seien das. Darum diese Begrüßung.

Fernando und ich atmeten tief durch, und die Arbeiter benahmen sich nun etwas freundlicher. Einige grinsten sogar. Ich grinste fröhlich zurück. Aber Fernando ging einfach weiter und hatte die Hände noch immer zu Fäusten geballt.

Die Gewerkschaftsführer waren es nicht gewöhnt, jemanden wie uns zu empfangen, und erklärten, sie fühlten sich durch unseren Besuch geehrt. Walter Schiavon, der Gewerkschaftsleiter für unsere Region, erklärte uns sogar, daß die meisten Unternehmen alles täten, um die Gewerkschaftsführer zu demütigen und einzuschüchtern, was schon damit beginne, daß man sie zunächst einmal warten lasse, wenn sie zu einer Verhandlung erschienen.

»Sie vermitteln uns das Gefühl, unwichtig zu sein; als ob die Manager so beschäftigt wären, daß sie kaum eine Minute Zeit für uns haben«, erzählte uns Walter. »So werden wir ungeduldig und sind gereizt und nicht mehr so aufmerksam, wenn die Verhandlungen beginnen.«

»Ach«, sagte Fernando und sah mich an, »das müssen wir uns merken, Dickie.«

Ich rutschte ein wenig unbehaglich auf meinem Stuhl herum. Fernando hatte das natürlich halb im Scherz gesagt – aber mich beunruhigte die andere Hälfte. Ich hatte mir überlegt, unseren harten Kurs gegenüber der Gewerkschaft ein wenig zu entschärfen. Fernando war ganz offensichtlich nicht meiner Meinung.

»Aber das ist noch lange nicht alles«, fuhr Walter fort. »Sie lassen uns direkt gegenüber dem Fenster Platz nehmen, so daß uns das Licht ins Gesicht fällt. Sie sitzen dagegen im Schatten, so daß man ihre Reaktionen nicht so leicht erkennt.«

»Und manchmal ist an unseren Stühlen ein Bein etwas kürzer als die anderen, so daß wir uns nicht sicher fühlen«, ergänzte ein anderer Gewerkschafter. »Und unsere Stühle sind niedriger als ihre, so daß wir zu ihnen aufschauen müssen«, fügte Walter hinzu.

Ich sah Fernando an. Er lächelte still in sich hinein.

Einst waren alle Dinge von Hand gemacht und teuer. Dann errichtete Henry Ford seine Fließbänder. Die Industrie begann die neu sich bildende Mittelschicht zu versorgen, wobei sie den Ausstoß erhöhte, die Kosten senkte und die Massen mit Waren versorgte. Aber während die Handwerker des 18. und 19. Jahrhunderts ihre höchst kunstvollen Arbeiten fast oder ganz ohne Aufsicht ausführten, mußten Fords Fabrikarbeiter, die praktisch nichts gelernt hatten, von Vorarbeitern beaufsichtigt werden. Und diese Vorarbeiter waren nichts weiter als etwas gehobenere Arbeiter, die ihrerseits beaufsichtigt werden mußten. Und deren Vorgesetzte brauchten Abteilungsleiter, und die Abteilungsleiter brauchten Vizepräsidenten. Auf diese Weise brachte die Massenproduktion eine riesige Bürokratie hervor.

Den Industriellen und ihren Aktionären hätte nichts Besseres einfallen können. Undenkbar, daß ein DuPont unter einer Brücke leben würde oder daß einem ein Henry Ford III leid tun mußte, auch wenn Lee Iacocca etwas anderes sagt. Nach und nach allerdings begannen sich die Arbeiter Gedanken darüber zu machen, daß sie das schlechtere Los gezogen hatten. Fabrikarbeiter, besonders in den USA und in Europa, stellten auf einmal die Frage, ob es sich lohne, physisch und psychisch vor die Hunde zu gehen, während sie sich in einer ungesunden Umwelt abschufteten. Im Unterschied zu den Handwerkern hatten sie praktisch nichts zu sagen und damit keinen Einfluß auf die Bedingungen, unter denen sie arbeiteten. Selbst in den größten Unternehmen entscheiden selten mehr als ein halbes Dutzend Menschen über die Strategie des Unternehmens und das Los ihrer Mitarbeiter. Angesichts einer derart brutalen Machtkonzentration kommen sich Arbeiter klein und unbedeutend vor.

Als sie lange genug von Hitze, Rauch und endloser Monotonie ihrer Arbeit müde und ausgebrannt waren, dazu noch von Minderwertigkeitsgefühlen deprimiert, bildeten die Arbeiter Gewerkschaften; und diese sorgten schon bald dafür, daß die Löhne erhöht wurden. Schließlich legten sie den Unternehmen eine Zwangsjacke von Vorschriften an, wodurch ihre Mitglieder ein bißchen mehr Kontrolle über ihr eigenes Leben erhalten sollten. Es kam zu Auseinandersetzungen – mit dem Ergebnis, daß alles zunehmend ineffizienter wurde.

Seit ein paar Jahren haben einige Unternehmen einen Ausweg aus diesem Dilemma gefunden – meist sind es jüngere Firmen, die noch nicht in einer traditionellen Denkweise befangen sind. Sie wenden neue Rezepte an, wie sie mit ihren Mitarbeitern in Frieden leben und sie stärker in das Unternehmen und seine Zielsetzungen einbeziehen können. Und genau ein solches Unternehmen wollte ich aus Semco machen. Aber mir war klar, daß wir die Feindseligkeit und das Mißtrauen, die sich im Laufe der Jahre gebildet hatten, erst dann abbauen konnten, wenn wir die Kommunikation mit der Basis im Werk verbesserten. Jede Information wurde nämlich durch die Bürokratie gefiltert und damit eingeschränkt und entstellt.

Ich hielt die Zeit für eine grundlegende Veränderung für gekommen, als wir so weit gegangen waren, Spezialisten für Zeitnahme und Arbeitsabläufe damit zu beauftragen, die Arbeitsweise unserer Arbeiter zu analysieren. Wir glaubten im Ernst, mit Hilfe dieser Experten könnten wir die Produktivität unserer Arbeiter steigern. Später haben diese uns dann gestanden, sie seien schnell dahintergekommen, wie sie die Stoppuhren der Analytiker manipulieren konnten, so daß sich die ganze Studie als Reinfall erwies.

Wir brauchten einfach einen neuen Denkansatz. Fernandos Skepsis zum Trotz machte ich einen Anfang, indem ich die Mitarbeiter in unseren vier Unternehmenseinheiten aufforderte, Komitees zu bilden, die aus Vertretern aller Betriebsbereiche bestanden – außer dem Management. Maschinisten, Mechaniker, Büroangestellte, Serviceleute, Lagerarbeiter, technische Zeichner – jede Gruppe sollte einen Delegierten in diese Komitees entsenden, die regelmäßig mit den Topmanagern in jedem Werk zusammenkommen würden.

Nur eine Handvoll Unternehmen in Brasilien hatte solche Werkskomitees, die sich normalerweise aus den aufmüpfigsten, unkooperativsten Arbeitern zusammensetzten. Fast alle diese Gruppen waren dem Management von den Gewerkschaften aufgezwungen worden – als Gegenleistung für die Beendigung eines Streiks. Ein Werkskomitee hatte in einer Fabrik von General Motors sogar einmal einen zweiwöchigen Streik angezettelt, bei dem man das Haupttor mit Lastwagen verbarrikadierte, Manager als Geiseln in einem Bürogebäude festhielt, teilweise fertiggestellte Autos auf dem Fließband verbrannte und die Polizei mit Molotowcocktails bewarf.

Wir hofften inständig, daß unsere Komitees mit uns freundlicher umgehen würden. Aber wir verliehen ihnen ein umfassendes Mandat und sagten ihnen, sie müßten sich um die Interessen der Arbeiter kümmern. Die Mitglieder dieser Komitees würden sogar bezahlte arbeitsfreie Zeit bekommen, damit sie sich ihrer neuen Aufgabe widmen konnten, wobei wir durchaus erwarteten, daß das zu Forderungen nach kürzerer Arbeitszeit, höheren Löhnen, verbesserten Arbeitsbedingungen und vielleicht sogar nach besserem Essen in unseren Kantinen führen würde.

Da wir nicht wollten, daß die Gewerkschaften glaubten, diese Komitees sollten sie ersetzen, handelten wir ihre Satzungen mit den Gewerkschaftsführern aus und gaben ihnen in jedem Komitee auch einen Sitz.

Eigentlich hätten wir ja damit rechnen müssen: Die brasilianische Wirtschaft reagierte feindselig auf die Gründung unserer Komitees. Besonders verärgert war der Industrieverband, in dem die Industriellenaristokratie der Nation vertreten war. Auch die Wirtschaftspresse zog über uns her und gab den entsprechenden Beiträgen Überschriften wie »Diese Kerle leiten die Fabrik ihres Bosses«.

All diesen Unkenrufen zum Trotz stellten unsere Werkskomitees kaum eine Bedrohung dar. Zunächst einmal existierten sie ja noch gar nicht richtig. Altgediente Arbeiter wollten dabei nicht mitmachen, weil es ihnen unangenehm war, sich an etwas zu beteiligen, was sie für die Rolle des Bosses hielten. Sie hatten unter dem traditionellen System seit einem, zwei oder sogar drei Jahrzehnten gearbeitet, und immer war ihnen gesagt worden, was, wie und wann sie etwas zu tun hätten, und so sollte es auch bleiben. Aber auch einige jüngere Arbeiter interessierten sich nicht für die Komitees. Vielleicht trauten sie uns nicht über den Weg. Oder die Aussicht, bei stärkerer Beteiligung mehr Verantwortung übernehmen zu müssen, schreckte sie ab. Möglicherweise wollten sie einfach nicht mit unseren Topmanagern an einem Tisch sitzen.

»Ich habe die Bosse immer gehaßt«, erzählte mir Demerval Mattos später einmal; er war Dreher in der Schiffspumpenabteilung unseres Werks in Santo Amaro. »Die Unternehmer waren meine Todfeinde. Ich hatte keine Lust, mich mit ihnen zusammenzusetzen und mit ihnen zu reden.«

Dennoch trat Demerval einem Werkskomitee bei. Ebenso Joao Soares, ein Schweißer in der Geschirrspülerabteilung des Hobart-Werks. Bei der ersten, verkrampften Konferenz brachten Joao und seine Kollegen keinen Ton heraus. »Drei oder vier Minuten lang sagte überhaupt niemand etwas, und keiner wußte, wie er anfangen sollte«, sagte mir Soares später. »Jeder war nervös. Einige waren so verängstigt, daß sie nie den Mund auftaten, obwohl die Konferenz sich über mehrere Stunden hinzog.«

Zu seinem Verdruß wurde Soares zum Sprecher seines Komitees gewählt, was ihn nicht gerade begeisterte. Am Ende aber fanden sie, daß die Arbeit in diesen Komitees eine der lohnendsten Erfahrungen in ihrem Arbeitsleben gewesen war. »Da saß ich mit den Topmanagern an einem Tisch, und sie hörten sich an, was wir zu sagen hatten, und waren bereit, etwas dafür zu tun«, berichtete Soares. »Ich kapierte, daß dies eine Gelegenheit war, wo die Mitarbeiter sich weiterentwickeln konnten und auch das Unternehmen davon profitieren konnte.«

Typisch zum Beispiel die Entwicklung von Oseas da Silva, einem anderen Schweißer in der Schiffspumpenabteilung. »Ich war ein sehr gewalttätiger Mensch«, sagt er, »ein ganz Radikaler. Aber als ich beim Komitee war, bin ich draufgekommen, daß man mit Reden seine Ziele erreichen kann.«

Als Semco 1989 einen Nationalpreis für die vorbildlichen Beziehungen zwischen Arbeitgebern und Arbeitnehmern bekam, beschloß ich – da die Ehre eigentlich den Werkskomitees gebührte –, daß ein Komiteemitglied ihn entgegennehmen sollte, auch wenn das vielleicht gegen das offizielle Protokoll verstieß. So kam es, daß der ehemalige Radikale Oseas da Silva auf dem Podium neben dem Staatspräsidenten saß.

Aber das war erst viel später. Als sie ihre Sprache gefunden hatten, konzentrierten sich die Komiteemitglieder zunächst einmal auf drei Themen: Geld, Geld und nochmals Geld. Allerdings waren die meisten in dieser Hinsicht ganz vernünftig. Sie forderten uns auf, uns in anderen Unternehmen umzuhören und herauszufinden, was deren Arbeiter bekamen, und als sich herausstelle, daß Semco unter dem Durchschnittslohn in der Industrie lag, ließen uns die Komitees Zeit, die Löhne entsprechend anzupassen.

Ein anderer wichtiger Punkt war die Sicherung der Arbeitsplätze. Die Komiteemitglieder hatten keine Lust, ihren Bossen an einem Tisch gegenüberzusitzen und frei zu sprechen, wenn sie entlassen werden konnten, weil sie eine Lippe riskiert hatten. Das war ein vernünftiges Argument, also garantierten wir ihnen, daß sie in der Zeit, in der sie im Komitee saßen, sowie ein Jahr lang danach nicht rausgeschmissen würden.

Und damit kamen die Dinge in Bewegung. Schon bald wurden wir mit Vorschlägen und Forderungen überschüttet. Ein Komitee stellte eine Liste mit 23 Punkten zusammen – unter anderem wollten sie mit Bussen zur Arbeit geholt und wieder nach Hause gebracht werden sowie eine erstklassige Krankenversicherung. (Letztere bekamen sie schließlich auch, ersteres nicht.) Die Komitees waren auch scharf auf die Vergünstigungen der Bosse. »Sie hatten alle Autos«, sagte Soares, »sie waren alle in Clubs, sie führten alle ein angenehmes Leben.«

Auch unsere Jahresversammlung erregte ihre Neugier, besonders als ich einmal eine Besprechung mit einem Werkskomitee absagen mußte, weil sie mit einem unserer Ausflüge zusammenfiel. »Gut, daß Sie das erwähnen«, sagte ein Arbeitervertreter. »Was wird denn dieser Ausflug kosten?«

Wir sagten ihnen die Wahrheit – diese Treffen verschlangen stets einen fünfstelligen Betrag.

»Was für eine Verschwendung«, murrte der Arbeiter. Er wollte wissen, warum wir in einem so kostspieligen Hotel zusammenkommen, warum unsere Frauen dabeisein mußten und was wir dort überhaupt taten. Inzwischen haben wir viel preiswertere Jahresversammlungen, bei denen weniger Manager dabei sind und wir viel weniger Spaß haben.

In den zurückliegenden Jahren, die durch üppiges Wachstum, schmerzhafte Einsparungen und unvorhersehbare Umstrukturierungen geprägt waren, ebenso wie bei Akquisitionen und Initiativen übernahmen diese Komitees, die anfangs so bedrohlich schienen, unglaublich viel unternehmerische Verantwortung und trugen so erheblich zum Erfolg von Semco bei.

Sie begannen ganz konservativ, gründeten Unterkomitees zur Modernisierung von Umkleide- und Waschräumen, kauften ihre Arbeitsmaterialien selbst ein und schickten uns die Rechnung. Einige Komitees wählten eine Art Bürgermeister für die Fabriken, der sich um Gemeinschaftsbereiche wie Gärten und Empfangsräume kümmern, die Beleuchtung warten und sogar neue Möbel besorgen sollte. Werkskomitees organisierten Teams, die Büros und Maschinen neu anstrichen und »Baumpatenschaften« einführten, um unsere Werkstätten zu begrünen. In Santo Amaro bat das Komitee Tomie Ohtake, eine der bekanntesten brasilianischen Malerinnen, ein neues Dekor für das Innere des Werks zu entwerfen, und die Arbeiter wollen ihre lebhaften geometrischen Muster ausführen, wenn das Geschäft die zusätzlichen Ausgaben für die Farbe abwirft.

Schließlich beteiligten sich die Komitees an allem möglichen und mischten sich sogar in unser Geschäft ein – die Leitung ebendieses Geschäfts. Sie wiesen uns auf Manager hin, die überflüssig waren, wobei sie vor allem Leute mit Titeln wie Strategischer Planungsmanager, Datenverarbeitunsmanager, ja sogar Marketingmanager auf dem Kieker hatten. Ständig stellten sie Ausgaben in Frage, die leitende Angestellte für vernünftig hielten, vom Landschaftsgärtner (der in einer Woche mehr verdiente als ein Pförtner in einem ganzen Monat) bis zur Miete für unsere Fabrikgebäude. Sie übernahmen die Werkskantinen, legten Produktionsziele fest und schlugen wichtige Änderungen bei den Produkten vor.

Ich weiß noch, wie ich eine Lunch-Sitzung mit dem Komitee in Santo Amaro einberief, um mit ihnen über die Aussichten beim Verkauf und bei den Einnahmen zu reden. Ohne mir etwas davon zu sagen, hatten sie am Morgen dieses Tages eine Delegation in unsere Verkaufs- und Einkaufsabteilungen geschickt, um sich sachkundig zu machen. Als die Sitzung begann, wußten sie mehr über den aktuellen Stand der Dinge als ich.

Wenn bestimmte Werke schwere Zeiten durchmachten, übernahmen ihre Werkskomitees die Initiative und senkten die Löhne oder verlängerten die Arbeitszeit, womit sie Geld sparten und ihre Arbeitsplätze sicherten. Waren Kurzarbeit und Entlassungen unvermeidlich, beteiligten sich die Komitees an der heiklen und undankbaren Aufgabe zu entscheiden, wer gehen mußte. Zusammen versuchten wir das Ganze so sozial gerecht wie möglich abzuwickeln, indem wir Faktoren einbezogen wie die Jahre, die ein Arbeiter im

Unternehmen schon verbracht hatte, Loyalität, die Möglichkeit, einen neuen Job zu finden, und die Familienverhältnisse. Ein Arbeiter beispielsweise, der sieben Kinder hatte oder dessen Frau gerade im Krankenhaus lag, wurde jemandem vorgezogen, der gerade die Schule absolviert und keine Verpflichtungen hatte. Unabhängig davon mußte die Entlassung eines Semco-Mitarbeiters, der bei uns länger als drei Jahre gewesen oder über 50 war, von einer ganzen Reihe von Leuten eigens gebilligt werden.

Aber es kam auch vor, daß die Komiteemitglieder sich darüber beklagten, wir würden in unserem Bemühen, gerecht zu sein, den Vorgang hinziehen, zuviel reden, uns zu lange den Kopf zerbrechen und das Ganze damit nur noch schmerzhafter machen. Nun, vielleicht ist das ein unvermeidlicher Preis.

Kapitel 11

Eine Veränderung kommt selten allein

Fernando, unser letzter Attila, war der erste Topmanager, den das neue Unternehmen Semco in die Wüste schickte. Er war ein überaus cleverer und fähiger Mann, aber eben auch unerträglich autokratisch. Nachdem er Hobart verlassen hatte, wollten wir es nicht riskieren, für diesen Unternehmensbereich, der bereits einen zu starken »Kulturschock« erlebt hatte, einen neuen Leiter einzustellen. Ich wollte unbedingt demonstrieren, daß Leistungssteigerung und ein einfühlsamer Führungsstil einander nicht ausschlossen. Dafür war dies jedenfalls eine gute Gelegenheit.

Ich ließ Fernandos Büro neu streichen, ersetzte seine düsteren Ölgemälde durch moderne Poster – eines zeigte zum Beispiel eine Neonleiter, die an einer der Wände zu lehnen schien –, und an einem Montag zog ich frühmorgens ein. Aber der neue Generaldirektor hielt sich hier nicht lange auf. Ich begann nämlich sofort herumzuwandern.

Als erstes machte ich in der Verkaufsabteilung halt. Ich wollte mit Mara Mantovani sprechen, unserer Marketingleiterin. Diese schlanke, hübsche Frau galt als schwierig. Sie hatte sich ständig mit Fernando angelegt und äußerte sich angeblich abfällig über die Werksleitung.

Sie sah überrascht hinter ihrem Schreibtisch zu mir auf. »Ich wollte gerade zu Ihnen kommen«, sagte sie.

»Wir können uns ja gleich hier unterhalten«, erwiderte ich und setzte mich.

Sie sah sich besorgt um, als ob es ihr leid täte, daß sie nicht aufgeräumt hatte, bevor ich zu ihr gekommen war.

»Erzählen Sie mir doch einfach mal, was Sie am meisten bei Semco ärgert.«

»Ach, eine Menge«, sagte sie und rutschte auf ihrem Stuhl herum.

»Nennen Sie mir doch die drei oder vier schlimmsten Dinge.«

»Na schön, ich darf zum Beispiel nicht eigenverantwortlich Prospekte drucken lassen, Messen organisieren, Mailing-Aktionen machen. Ich mußte Fernando bei allem um Erlaubnis bitten. Und das hat lang gedauert.«

»Ab heute, Mara, werden wir jeden Montag um neun eine Besprechung für alle leitenden Mitarbeiter haben. Dort tragen Sie einfach Ihre Vorschläge vor und versuchen die anderen davon zu überzeugen. Wenn wir uns nicht einigen können, stimmen wir ab.« Ich hielt einen Moment inne, damit sie sich mit dieser Idee anfreunden konnte. »Und was haben Sie sonst noch für Probleme?«

»Oh, eine Menge. Manchmal muß ich einem Vertreter klarmachen, welche Spesen er bei uns abrechnen darf, und auch das darf ich nicht selbständig entscheiden.«

»Das ist doch die gleiche Art von Problemen wie die eben genannten, nicht wahr?«

»Ja, vielleicht. Etwas für die wöchentliche Besprechung, stimmt's?«

»Genau.«

»Wie steht's mit Personal? Ich brauche noch eine Assistentin, aber ich bekomme keine.« Mara zog die Augenbrauen hoch, als hoffte sie, ich würde ihr sofort eine bewilligen.

»Die wöchentliche Besprechung«, wiederholte ich. »Dort werden wir das Budget zusammenstellen. Was noch?«

»Ich vermute, alles, was mir noch einfällt, wird bei dieser Besprechung entschieden, nicht wahr?«

»Sie haben es erfaßt. Sie müssen sich schon als Lobbyistin in eigener Sache betätigen, Mara. Und da ich nur eine Stimme habe, werde ich eine Menge für meine eigene Lobby tun.« Ich lächelte sie strahlend an, als ich aufstand, um zu gehen. »Wir sehen uns im Kongreß.«

Ich verbrachte den Vormittag damit, die gleiche Unterhaltung mit den anderen Spitzenmanagern im Systemgastronomie-Werk zu führen (so nannten wir das Hobart-Werk jetzt firmenintern). Dann kehrte ich in mein Büro zurück, das ich zum Besprechungszimmer des Werks erklärte, das allen zur Verfügung stehe. (Und schon bald mußte ich mich daran gewöhnen, daß ich ins Büro kam und bereits jemand auf meinem Stuhl saß, telefonierte oder eine Besprechung mit jemand anderem hatte. Ich setzte mich einfach neben den Besucher und wartete so lange, bis sie fertig waren.)

Diese wöchentlichen Sitzungen, die gleich am ersten Tag begannen, veränderten rasch die Unternehmenskultur des Werks. Statt mit dem Boß irgendwelche Guerillakriege wegen einer Gehaltsaufbesserung, einer neuen Assistentin oder einer selbständigen Entscheidung zu führen, legten sich die Manager nun ihre Argumente für die Besprechung zurecht. Zuerst waren die Tagesordnungen für diese Sitzungen endlos lang, aber im Laufe der Zeit schrumpften sie zusammen, da jeder mehr Entscheidungen selbst zu treffen begann. Die Leute trugen nur noch Punkte vor, über die sie sich wirklich nicht sicher waren. Und selbst diese Probleme wurden von der Gruppe letzten Endes oft wieder an den zurückgegeben, der sie vorgetragen hatte. Mara zum Beispiel bekam zu hören, sie solle ihre Prospekte doch in allen Farben drucken lassen, die sie haben wollte, mit welchem Layout auch immer, und so viele Hilfskräfte einstellen, wie es das Budget erlaubte.

»Aber was ist, wenn ich eine Mailing-Aktion mache, die den Vertretern nicht gefällt?« fragte sie.

»Es liegt ganz bei Ihnen, ob Sie die Vertreter fragen, bevor Sie loslegen«, erklärte ich ihr. »Wenn Sie sich sicher sind, dann machen Sie die Aktion. Wenn sie den Vertretern nicht gefällt, werden Sie das schon in Ihrer Bewertung als Marketingleiterin spüren; und beim nächstenmal werden Sie sie sicher zu Rate ziehen. Wir haben hier nichts gegen Fehler. Wenn Sie nicht irgendwelche Fehler machen, dann riskieren Sie vermutlich auch nicht viel.«

»Aber was ist, wenn ihnen meine Arbeit nicht gefällt?« beharrte Mara.

»Da gibt es zwei Möglichkeiten: Wenn die Verkäufe anziehen, werden sie daraus lernen, sich auf Ihr Urteil zu verlassen.« Ich hielt inne, um dieses Argument wirken zu lassen. »Wenn sie nachlassen, wird das nicht der Fall sein.«

»Und dann?« bohrte Mara weiter.

»Nun, diese Gruppe stellt das Budget zusammen, und Sie gehören nur dann dazu, wenn die anderen der Meinung sind, daß Sie eine gute Investition darstellen.«

Wenn ich so zurückblicke, fällt mir keine einzige Entscheidung ein, die ich in dieser Zeit getroffen habe. Und das war auch gut so, denn ich bin am besten, wenn ich nichts tue.

Ich muß immer lächeln, wenn ich höre, wie Manager damit angeben, wie »partizipativ« sie seien. »Ich möchte, daß sich jeder einbezogen fühlt«, heißt es dann immer. »Also lasse ich alle zu mir kommen, höre mir in aller Ruhe an, was sie vorhaben, und entscheide erst dann.«

Dieses »partizipative Management« ist gewöhnlich nichts weiter als ein »konsultatives« Management. Und das ist nichts Neues. Manager haben ihre Mitarbeiter doch schon seit Ewigkeiten um Rat gefragt. Wie fortschrittlich muß man denn schon sein, um jemanden nach seiner Meinung zu fragen? Auf diese Meinung auch zu hören – damit fängt es doch erst an. Aber nur wenn die Bosse aufhören, Entscheidungen ganz allein zu treffen, und ihre Mitarbeiter selbständig entscheiden lassen, besteht doch die Möglichkeit, daß ein Unternehmen von Arbeitern und Managern gemeinsam geführt wird. Und das ist dann wirklich partizipatives Management und nicht bloß ein Lippenbekenntnis.

Alle paar Wochen sprachen die Manager des Hobart-Werks in einer Mittagspause mit den Arbeitern, die sich in der Kantine versammelten, 200 Mann hoch, und dann redete man über alles, was man auf dem Herzen hatte. Da war kein Thema tabu: Gehälter, Gewinne, neue Produkte, Einstellungen und Entlassungen – alles konnte aufs Tapet gebracht werden. Bei diesen Sitzungen versuchten wir sie davon zu überzeugen, daß jeder in der Systemgastronomie-Einheit mehrere Entscheidungen treffen und sich mehr im Unternehmen engagieren sollte. Jeder von ihnen könne ein Kathedralenbaumeister sein.

Schon bald ging es rund, und es dauerte nicht lange, da war das alte Hobart-Werk nicht mehr wiederzuerkennen. Nicht so sehr äußerlich natürlich, aber organisatorisch und, wenn ich das mal so sagen darf, auch geistig. Arbeiter, die seit Jahren oder gar seit Jahrzehnten ins Werk zur Arbeit kamen und sofort innerlich abschalteten, wurden mündige Bürger eines Industrieunternehmens, trafen Entscheidungen, die nicht nur ihren Job betrafen, sondern auch die Produkte, die sie herstellten, ja sogar ihr Unternehmen.

Aber zunächst fing es ganz bescheiden an. Eine Gruppe von Frauen beschloß, etwas mit den Umkleideräumen der Männer anzustellen, die stets in einem furchtbaren Zustand waren. Wenn den Männern beigebracht werden könnte, sich mehr um ihren eigenen Bereich zu kümmern, dachten die Frauen, dann wären sie vielleicht auch sonst im Werk weniger schlampig. Eines Freitagabends, nachdem die Männer alle gegangen waren, schlichen sich die Frauen in den Umkleideraum und mußten feststellen, daß es hier sogar noch schlimmer war, als sie es sich vorgestellt hatten. Überall lagen Handtücher, Unterwäsche und Klopapier herum. Schmutzige Kleidungsstücke quollen aus den Spinden. Mit Filzschreibern versahen die Eindringlinge auf Zettelchen die verstreuten Sachen mit Bemerkungen wie: *»Ich bin hier fehl am Platz«, »Ich will in meinen Spind zurück«, »Wann darf ich endlich baden?«*

Sehr witzig, was? Aber als die Männer am Montag kamen, kapierten sie das schnell. Und seitdem war das ganze Werk viel sauberer. Bald wurden neue Duschen und Spinde eingebaut. Dann strichen einige Männer einen unbenutzten Produktionsbereich neu und machten daraus einen Spieleraum, in dem es nach dem Mittagessen und nach der Arbeit hoch herging. Sie machten sämtliche Umbauarbeiten selbst und luden die Manager zur Eröffnungsparty ein.

Bald sprossen auch alle möglichen exotischen Pflanzen zwischen den Maschinen in den Werkshallen, so wie das Grünzeug bereits zuvor in unseren Büros aufgetaucht war. Dann beschlossen einige Fließbandarbeiter, die Fabrik anzumalen. Jeder suchte sich eine Farbe für die nächste Säule aus, während die Wände hinter jeder Gruppe von fünf oder sechs Arbeitern in einem von allen ausgewählten Farbton gehalten wurden. Ein altgedienter Manager machte sich in einem Buch über Farbpsychologie kundig und wies uns darauf hin, daß manche Farbtöne, die die Arbeiter bevorzugten, das Werk düster und damit deprimierend und vielleicht sogar gefährlich machen würden. Wir sollten doch die Auswahl begrenzen, empfahl er. Besser noch: die Farben für sie aussuchen.

Ich mußte wieder an das Getue wegen der Arbeitskleidung denken und sagte ihm, nach unserer Philosophie sollten wir derartige Entscheidungen doch lieber denen überlassen, die mit den Folgen zu leben hätten. Als eine Gruppe von Arbeitern sich für Waldgrün entschied, zuckte unser Hausfarbenpsychologe entsetzt zusammen. Eine andere Gruppe wollte Braun. Wir hielten den Mund. Das Werk wurde für einen Nachmittag geschlossen, als die Arbeiter mit Pinseln und Rollen anrückten und es in ein Kunstwerk aus vielen Farben verwandelten – und dann waren auch in der Industrie kaum vertretene Farben wie Pink und Magentarot dabei. Das mag vielleicht chaotisch aussehen, ist aber tatsächlich ein Symbol unseres Bestrebens, unsere Arbeiter ihr Schicksal selbst in die Hand nehmen zu lassen.

Die Büroangestellten verfolgten all diese Aktivitäten eifersüchtig. Warum sollten sie eigentlich nicht selbst über ihre eigenen Wände bestimmen dürfen? Bitte sehr! Also kamen sie an einem Freitag alle in Jeans und Overalls, und nach dem Mittagessen wurden Dutzende von Farbeimern auf dem Boden verteilt. Es gab natürlich auch Kofferradios, und es wurde gesungen, während Manager und Angestellte einträchtig die Wände mit doppelt soviel Farbe vollkleisterten, als es nach Meinung unseres Experten nötig gewesen wäre. Jeder, der die Büros betrat, hätte diese Malerarbeiten kaum für das Werk von Amateuren gehalten – und jeder, der sich an die frischgestrichenen Wände lehnte, bekam prompt einen Rüffel.

Vielleicht war das Essen in der Werkskantine wirklich so schlecht wie sonst nur im Gefängnis. Jedenfalls bildeten die Mitarbeiter ein Kantinenkomitee, das zuständig war für die Auswahl des Lieferanten, die Qualitätskontrolle und die Festlegung der Preise. Jair Pinto, ein Buchhalter, der schon seit 25 Jahren bei uns war, wurde zum Vorsitzenden gewählt. Jair war für seine Hartnäckigkeit bekannt. Er ließ bei Kunden, die mit der Bezahlung ihrer Rechnungen im Rückstand waren, nicht mehr locker – so wie sich ein Deutscher Schäferhund um Mitternacht in einen ungebetenen Besucher verbeißt. Aber dennoch meinten einige Arbeiter, daß er sich beim Essen noch ein wenig mehr ins Zeug legen könnte. Als er eines Tages die Kantine betrat, kam ein unzufriedenes Murren an den langen Eßtischen auf. Es galt dem Nachtisch, einer Masse, die man kaum als Pudding bezeichnen konnte. Zweifellos fragte sich Jair, was hier los war, als er zu essen begann. Ein Arbeiter an seinem Tisch stand auf, kippte lässig seinen Pudding auf Jairs Tablett und ging wortlos hinaus. Wenige Augenblicke später folgte ein anderer Arbeiter seinem Beispiel. Dann noch einer. Innerhalb von zehn Minuten türmte sich auf Jairs Tablett ein Berg aus Pudding.

Am nächsten Tag begann Jair die Steaks nachzuwiegen – er wollte sichergehen, daß sie auch wirklich dem vertraglich vereinbarten Gewicht von 125 Gramm entsprachen. Dann knöpfte er sich das Küchenpersonal vor. Und bald war an der Qualität des Essens nichts mehr auszusetzen.

Allerdings gab es noch immer Probleme mit der Kantine. Bei Semco gab es einen Essenszuschuß von 70 Prozent. Aber nachdem sie sich mit Clovis und ein paar anderen Managern beraten hatten, initiierten die Fabrikarbeiter einen »Robin-Hood-Essensplan«, nach dem die Mitarbeiter je nach Höhe ihres Einkommens unterschiedlich viel für das Essen bezahlten. Manager und Ingenieure beispielsweise sollten 95 Prozent der Kosten ihres Essens selbst tragen, das Reinigungspersonal hingegen nur fünf Prozent.

Ein paar Vorarbeiter fühlten sich ungerecht behandelt und brachten aus Trotz ihr Mittagessen von zu Hause mit. Die übrigen Mitarbeiter beschlossen, nichts dagegen zu unternehmen, weil sie hofften, die Vorarbeiter würden schon noch dahinterkommen, daß es billiger war, 95 statt 100 Prozent zu bezahlen, was sie denn auch nach vier Wochen taten. Inzwischen stehen jene Vorarbeiter voll hinter dem »Robin-Hood-Plan«. Sie haben eingesehen, was er für ihre Kollegen bringt, die weniger als sie verdienen.

Es kam, wie wir es uns gedacht hatten: Kleine Veränderungen führten letzten Endes zu größeren. Nachdem sie sich um Topfpflanzen und Wandfarbe, schmutzige Spinde und Essenszuschüsse gekümmert hatten, gingen die Arbeiter dazu über, sich für wesentlichere Probleme im Zusammenhang mit ihrer Arbeit und ihrem Werk zu interessieren. Im Werkskomitee bildeten sich Gruppen, die die Firmenprodukte und ihre Herstellung untersuchten und dabei nach Möglichkeiten Ausschau hielten, wie man Zeit sparen und beides verbessern konnte. Diese Teams waren nicht vom Semco-Management geschaffen worden, sondern hatten sich spontan gebildet, als der frische Wind der Demokratie durch die Systemgastronomie-Einheit fegte, und sie setzten sich oft nach Feierabend oder während der Mittagspause zusammen.

Eine Gruppe organisierte die Herstellung von Geschirrspülmaschinen neu, indem sie die herkömmliche Fließbandfertigung durch ein Gruppenfertigungskonzept ersetzte, bei dem jeweils zwei oder drei Geschirrspülmaschinen von Arbeitsteams zusammengebaut werden, die verschiedene Aufgaben ausführen und in der Zeit zwischen den einzelnen Fertigungsschüben die Komponenten vorfertigen, die sie anschließend benötigen. Sie erfanden auch ein System, nach dem alle Einzelteile für die Geschirrspüler in offenen Regalen zentral in der Fabrik gelagert wurden. An jedem Regal hingen Blechschilder, die auf der einen Seite grün und auf der anderen rot waren und die von den Arbeitern auf die rote Seite gedreht wurden, wenn sie sahen, daß die entsprechenden Teile nachbestellt werden mußten, so daß für einen ständigen Nachschub gesorgt war. Das stellte eine gewaltige Verbesserung der herkömmlichen Fließbandarbeit dar, bei der die zu Robotern degradierten Arbeiter keine Rolle bei Entscheidungen spielen, die den Produktionsablauf betreffen. Sie verrichten nur ihre präzise choreographierten Handgriffe, und wenn es keine Bolzen mehr gibt, hören sie einfach auf zu arbeiten (was sie gern tun). Bei unserem System waren die Arbeiter in den Produktionsprozeß aktiv einbezogen und sorgten schon rechtzeitig genug für Nachschub, wenn irgendein Teil auszugehen drohte. So wurde die Produktion nicht unterbrochen, es sei denn, es gab ein Problem mit einem Zulieferer.

Ein anderes Mitarbeiterteam ersetzte das Stahlgehäuse unseres Fleischwolfs durch Glasfaser, so daß es einfacher zu reinigen war, moderner aussah und billiger in der Herstellung war. Eine weitere Gruppe dachte sich eine neuartige Methode aus, wie die Grundplatte unserer Waage vorgeschweißt werden konnte und damit 27 Dollar pro Einheit gespart wurden. Und wieder eine andere Gruppe nahm sich die Schneidemaschinen für Fleisch und Wurstaufschnitt vor. Bei Hobart wurden diese Schneidemaschinen seit Jahren hergestellt, nach einer uralten Konstruktion, und inzwischen waren sie so wenig begehrt, daß nur noch ein paar Dutzend Geräte im Monat verkauft wurden.

Die Arbeiter kamen darauf, daß die Schneidemaschinen sowohl attraktiver wie auch hygienischer wären, wenn man statt Gußstahl nichtrostenden Stahl verwendete. Aber auf nichtrostendem Stahl sieht man jeden Fingerabdruck, und man konnte es den Kunden nicht zumuten, ihre Maschinen alle paar Stunden zu polieren. Eine mattierte Oberflächenschicht wäre die Lösung gewesen, aber ein Wirtschaftsingenieur im Team rechnete aus, daß dafür sechs Arbeitsgänge und fünf Arbeitsstunden zusätzlich erforderlich gewesen wären. Damit würde die Schneidemaschine entschieden zu teuer werden.

Die Gruppe ärgerte sich über dieses Problem und ging zusammen zum Essen. Aber ein Arbeiter hatte eine Idee – er schloß sich den anderen nicht an und trug auf eine Schneidemaschine eine mattierte Oberflächenschicht in nur vier Arbeitsgängen auf. Als seine Kollegen zurückkamen, erfuhren sie zu ihrem Erstaunen, daß die neue Methode weniger als eine zusätzliche Arbeitsstunde bei der Fertigung erforderte. Damit hatten wir eine neue Schneidemaschine bekommen, und die Verkäufe kletterten auf mehrere hundert Stück pro Monat.

Die Stärke dieser Gruppen beruhte darauf, daß sie aus den verschiedensten Mitarbeitern bestand: Fabrikarbeitern, Ingenieuren, Büroangestellten, Vertretern und Managern. Sie hatten keinen offiziellen Leiter – wer die größten Führungsqualitäten aufwies, bekam den Job, rief die anderen zu Besprechungen zusammen und moderierte die Diskussionen. Es gab nicht nur eine Gruppe, in der ein einfacher Arbeiter Fachleute auf diese Weise führte. Diese Gruppen wurden also nicht durch irgendein hierarchisches System oder Kästchen in einem Organigramm, das Macht verlieh, zusammengehalten, sondern schlicht durch eine ganz natürliche Achtung vor den Kollegen.

Dieses System ähnelt durchaus in gewisser Hinsicht der Art und Weise, wie Japaner Herstellungsbetriebe organisieren, aber es gibt auch wesentliche Unterschiede. In unseren Gruppen gehorchen die jüngeren Mitglieder nicht automatisch den älteren. Und wenn ein Team eine Sache beschlossen hatte, dann blieb es auch dabei – da mußte nicht irgendeine Genehmigung für eine Veränderung eingeholt werden. Außerdem gab es keine besonderen Belohnungen für neue Ideen. Es war ein spontaner Prozeß – die Leute nahmen daran nur teil, wenn sie es auch wirklich wollten.

Schon bald hingen in jeder Abteilung des Hobart-Werks riesige Planungstafeln in den Werkshallen, auf denen der aktuelle Produktionsstand im Vergleich zum monatlichen Soll dargestellt wurde, das sich die Arbeiter selbst gesetzt hatten. Nicht die Manager hatten diese Tafeln aufgehängt, sondern die Arbeiter. Sie hatten sogar eine Master-Tafel in der Kantine hängen, auf der der tägliche Output aller Produkte des gesamten Werks ausgewiesen wurde.

Zunächst fühlten sich einige Arbeiter nicht wohl dabei, als Sollziele aufgestellt wurden und die Produktion überwacht wurde – sie waren daran gewöhnt, das Nichterreichen der vom Management aufgestellten Quoten damit zu erklären, daß die Manager eben nicht korrekt geplant hatten. Nun konnten die Arbeiter sich nicht mehr gedankenlos über die Führung der Fabrik beklagen, da sie sie selbst mit führten.

Auch hier ging das Schneidemaschinen-Team mit gutem Beispiel voran. Seine Mitglieder beschlossen, daß sie künftig 210 Schneidemaschinen pro Monat zusammenbauen würden. Keine 200 und keine 220. Sie setzten in ihre Kalkulation die Faktoren Arbeitszeit, Leistung und Materialbeschaffung ein und kamen zu dem Ergebnis, daß 210 genau die richtige Anzahl war.

Im ersten Monat sahen wir uns das natürlich genau an, denn wir wollten doch wissen, wie sie damit zurechtkamen. Sie begannen mächtig loszulegen und kamen auf einen Tagesschnitt von acht Schneidemaschinen – sie lagen also genau im Soll. Aber eine Lieferung von Trennscheiben verspätete sich, und im Werk gab es keinen Vorrat mehr. Zwei Mitglieder der Gruppe suchten den Zulieferer auf (und umgingen damit ihre Kollegen im Einkauf) und besprachen das Problem mit einigen Fabrikarbeitern der Zulieferfirma (die damit ihre Kollegen im Verkauf umgingen).

Zwei Tage vor Monatsende trafen die Scheiben ein. Allerdings waren um diese Zeit die Motoren ausgegangen, die von einer 500 Kilometer entfernten Firma kamen. Die Auslieferung wurde zwar täglich zugesagt, aber diese Zusagen wurden genausowenig eingehalten. Teammitglieder nervten den Zulieferer ständig, und schließlich wurden ihre Beschwerden von einem mitfühlenden Manager erhört. Die Motoren trafen am letzten Tag des Monats ein.

Es blieben ihnen nur noch ein paar Stunden, und das reichte bei weitem nicht, um die Motoren einzubauen. Aber dann traf das Schneidemaschinen-Team eine kollektive Entscheidung: Jeder von ihnen stempelte am Ende der Arbeitszeit seine Stechkarte ab, kehrte dann in die Fertigungshalle zurück – in seiner Freizeit! – und arbeitete bis 4.50 Uhr. Und dann hatte das Team 210 Schneidemaschinen fertiggestellt. Kein Stück mehr, keins weniger.

Kapitel 12

Der Ärger mit den Vorschriften

Bei aller Debattiererei auf Vorstandsebene wie in den Umkleideräumen waren die meisten Veränderungen, die wir bis dahin herbeigeführt hatten, nichts weiter als symbolische Handlungen. Aber Ende 1985 hatte die Angst, die im mittleren Management von Semco umging, ein gefährliches Ausmaß erreicht. Fernando war zwar nicht mehr da, aber seine Falken-Philosophie war noch immer gegenwärtig, wenn auch in Frage gestellt.

»Sie haben mir meine Macht genommen«, beklagten sich die Abteilungsleiter, wenn ich ihnen in den Werkshallen über den Weg lief. »Ich weiß nicht mal mehr, ob meine Leute rechtzeitig kommen.« Oder: »Wie soll ich denn das Vertriebsziel dieses Monats erreichen, wenn ich nichts mehr unter Kontrolle habe?«

Sie sagten mir, daß sie nichts mehr begriffen. Ich sollte ihnen die Politik von Semco erklären. Und ich blieb dabei: Das war genau das, was falsch war – es gab zuviel Politik bei Semco, und es wurde zu wenig gedacht, selbständig geurteilt und zuwenig Gebrauch gemacht vom gesunden Menschenverstand. Aber ich verstand, warum unsere Manager Angst hatten.

Wenn es eine Gruppe gab, die für unseren neuen Plan ein Problem darstellte, dann waren es diese Manager auf der mittleren Ebene. Ich wurde nicht müde, ihnen immer wieder zu erklären, daß sie mehr als ich oder meine Kollegen im Topmanagement die größten Befürworter – oder die größten Verhinderer – unserer Bemühungen sein könnten, aus Semco ein demokratischeres und freieres Unternehmen zu machen.

Moderne Unternehmen sind normalerweise pyramidenförmig strukturiert: An der Spitze befinden sich die höchstrangigen leitenden Angestellten, und je weiter man sich in der Hierarchie nach unten bewegt, desto größer werden die Gruppen von Managern. Einige dieser Pyramiden sind ganz steil, wie eine Bordeauxflasche. Andere – die effizienteren – sind flacher, wie ein fränkischer Bocksbeutel oder eine portugiesische Roséweinflasche. Immer aber gibt es dabei eine Gruppe von Aufsehern, Abteilungsleitern und anderen Managern auf der mittleren Ebene, die keine Arbeiter mehr sind, aber noch keine Miteigentümer oder Aktionäre. Und es ist durchaus nicht ungewöhnlich, daß diese mittleren Manager sich viel mehr an Autorität klammern (und dabei mit dem Geld des Unternehmens geizen) als die Manager an der Spitze.

Wir erkannten, daß unser mittleres Management jede Menge Streicheleinheiten brauchte, wenn wir Erfolg haben wollten bei dem, was ich für ein großartiges Experiment zu halten begann. Sie waren wie die Cäsaren in einem römischen Amphitheater: Daumen rauf, und schon würden wir mit unseren Bemühungen um eine größere Beteiligung der Semco-Arbeiter durchkommen. Daumen runter, und wir würden den Löwen zum Fraß vorgeworfen.

Unsere mittleren Manager hatten in Studium und Ausbildung noch die traditionelle organisatorische Disziplin gelernt und damit die zentrale Bedeutung von Strukturen und Überwachungen. Sie waren im Konkurrenzdenken groß geworden und darauf ausgerichtet, Symbole der Macht auf sich zu vereinen, wie Parkplätze in der Nähe des Tors und geprägte Visitenkarten. Sie liebten Sprüche wie: »Siehst du diesen viertürigen Wagen dort drüben, den mit der graphitgrauen Metalliclackierung? Das ist mein Dienstwagen.« Aber Demokratie läßt sich nun einmal nicht mit teuren und überflüssigen Ikonen in Einklang bringen, zumal nicht mit solchen mit Gürtelreifen. Aber der Verlust von Macht und Privilegien war nicht der einzige Horror für unsere Aufseher – sie waren auch über das Wachstum von Semco beunruhigt. Mit den Firmenaufkäufen mußten auch Dutzende von neuen Managern und Hunderte von neuen Arbeitern in unsere Organisation integriert werden. Diese Leute arbeiteten nicht in unserem alten Stil, geschweige denn in unserem neuen.

Ich beschloß, eine große Versammlung abzuhalten, auf der unsere mittleren Manager ihre Sorgen und Nöte loswerden konnten. Sie begann an einem Freitagnachmittag um vier Uhr. Etwa 40 Manager waren erschienen. Wir fingen damit an, daß wir sie aufforderten, die

Themen zu nennen, über die sie reden wollten, und bevor wir uns versahen, gab es vierzig Wortmeldungen. Bei vielen ging es um die Autorität – sie wollten sie wieder zurück haben: Arbeiter beispielsweise fürs Zuspätkommen und bei unentschuldigter Abwesenheit bestrafen oder selbst bestimmen zu können, welche Untergebenen eine Beförderung oder einen Bonus verdienten.

»Sie müssen selbst entscheiden, was Sie lieber wollen«, meinte ein Produktionsleiter bei der Systemgastronomie-Einheit. »Wenn die Verkaufszahlen und die Bilanzen stimmen sollen, dann müssen Sie uns unsere Leute kontrollieren lassen. Sie fangen nämlich an zu glauben, daß sie uns nicht mehr folgen müssen, weil sie kommen und gehen können, wie sie wollen, und weil sie wissen, daß wir sie deshalb nicht rausschmeißen können.«

»Sie meinen, Ihre Macht, jemanden feuern zu können, weil er oft zu spät kommt, hat entscheidenden Einfluß auf den monatlichen Ausstoß Ihrer Abteilung?« fragte Clovis.

»Darauf können Sie Gift nehmen«, schoß der Produktionsleiter zurück. »Ihr Problem, Clovis, ist es, daß Sie mit diesen Burschen da unten nichts zu tun haben müssen. Geben Sie ihnen einen kleinen Finger, und dann nehmen sie nicht bloß Ihren Arm, sondern wollen Sie mit Haut und Haar!«

Die versammelten Manager nickten eifrig. Das ist der Fehler von den Bossen, dachte ich bei mir. Viele von ihnen sind eher darauf aus, bei anderen Fehler zu suchen und sie zu kritisieren, statt sich mit ihnen gemeinsam um eine Sache zu bemühen. Der Boß zu sein – das ist es, was für die meisten Bosse zählt. Sie verwechseln Autorität mit autoritärem Verhalten. Sie haben kein Vertrauen zu ihren Untergebenen.

»Ihr Burschen seid doch nicht imstande, euch an das Budget zu halten, das ihr selbst aufgestellt habt, und nun bringt ihr das als Ausrede vor«, sagte Paulo Pereira, ein großer, schlacksiger junger Mann, der mit Clovis zu Semco gekommen war und der bei ihm als unser Personalleiter arbeitete. Im Unterschied zu seinem sanftmütigen Mentor stand er in dem Ruf, unverblümt seine Meinung zu äußern.

»Quatsch!« schrie ein Produktionsplanungsmanager von der harten Sorte. »All dieses Gelaber ist doch Quatsch.«

»Genau!« brüllte ein Verkaufsleiter. »Und wo kommt all dieser

Quatsch her? Aus unserer Personalabteilung, die das Geld ausgibt, für das wir uns so abschuften.«

Und so ging es endlos weiter, wobei viele nur mit den Zähnen knirschten und unverständliches Zeug vor sich hin brabbelten. Die Manager wollten einfach die Spielregeln kennen. Und wir sagten immer wieder: »Gut, sprechen wir darüber. Wir wollen uns untereinander abstimmen.« Aber ich sah, daß sie das nur noch besorgter machte.

Wir hatten zwar die Kleiderordnung abgeschafft, aber bei dieser Versammlung waren fast alle in Anzug und Krawatte erschienen. (Frauen waren nicht dabei.) Das war schon ein konservativer Haufen – sie klammerten sich sogar dann noch an eine starre Hierarchie, als sie ihrem Herzen Luft machten. Als erstes durften die Ranghöchsten sprechen, dann kamen die direkt unter ihnen Stehenden, die unweigerlich ihren Vorgesetzten recht gaben.

Ich gebe zu, daß ich mehr als nur ein bißchen an diesem »Jasager-Syndrom« schuld war. Das Unternehmen Semco war dafür bekannt gewesen, daß es seine Manager hart 'rannahm und ohne lange zu fackeln diejenigen feuerte, die ihre vorgegebenen Ziele nicht erreichten. Ich selbst hatte ja die ganze Chefetage an einem einzigen Nachmittag entlassen – das hatte niemand vergessen. Also konnte ihnen keiner einen Vorwurf machen, daß sie jetzt zornig, verwirrt und ängstlich waren.

Ich vermutete, daß vielleicht nur 20 Prozent der mittleren Manager tatsächlich meine Bemühungen guthießen, unsere Fabriken und Verwaltungsbüros demokratischer zu gestalten. Ich hatte den Verdacht, daß weitere 20 Prozent nur Hohn und Spott dafür übrig hatten, weil sie mich für einen Rebellen im gemachten Nest hielten, der sich solche Mätzchen ja leisten konnte. Es kam also ganz auf die restlichen 60 Prozent an, ob ich damit Erfolg haben würde.

Wir beschlossen, in der darauffolgenden Woche eine weitere Versammlung für die mittleren Manager abzuhalten. Und noch eine die Woche danach. Dann wurde sie zu einer allwöchentlichen Einrichtung. Die Tagesordnung war einfach: Wir sprachen nur über die Politik und Philosophie des Unternehmens. Von innerbetrieblichen Problemen war nicht mehr die Rede. Die Hardliner, die diese Sitzungen für unnütz hielten, sprachen bald vom »Wolkenkuckucksheim«. Aber mir gefiel diese Formulierung, und von da an verwendete ich sie auch offiziell.

Nachdem das eine Zeitlang so weitergegangen war, wurde klar, daß wir zwei Möglichkeiten hatten: Entweder konnten wir ein vollständig neues Handbuch schreiben, das unsere ganze neue Politik enthielt und die dahinterstehende Philosophie artikulierte. Oder wir konnten das alte Handbuch einfach ersatzlos abschaffen. Auf diese Weise würden wir die Leute zwingen, Entscheidungen nach dem gesunden Menschenverstand zu treffen. Raten Sie mal, was wir taten.

Falsch.

Wir versuchten neue Vorschriften und Regeln festzuschreiben. Wir haben es wirklich gemacht. Aber jedesmal verzettelten wir uns mit Kleinigkeiten. Nehmen wir zum Beispiel unseren Wagenpark. Um die Kosten zu senken, richteten wir eine Zentralwerkstatt ein, die sich um die Reparaturen kümmerte, den Kilometerstand verfolgte und den Leuten ein Memo schickte, wenn es Zeit für einen Reifenwechsel war oder wenn die Zulassung erneuert werden mußte. Aber schon bald geriet diese neue Abteilung in die Bredouille. Wenn die Dienstwagen nicht mehr funktionierten, riefen die Leute in der Werkstatt an, um sich zu beschweren. Oder es kam jemand in die Garage, der seinen Wagen dringend brauchte, und stellte fest, daß keine anderen Fahrzeuge zur Verfügung standen. Abteilungsleiter erhielten Servicerechnungen für ihre Wagen, entdeckten, daß sie diese Kosten in ihrem Budget nicht entsprechend berücksichtigt hatten, und dann verbreiteten sie überall, daß die Fuhrparkabteilung ineffizient wäre, oder sie ließen sich sogar von habgierigen ortsansässigen Mechanikern bestechen, die die Reparaturen ausführten.

Daraus zogen wir rasch den Schluß, daß es besser gewesen wäre, gewisse Abteilungen lieber nicht einzurichten und bestimmte Vorschriften nicht zu erlassen. Am besten wäre eben doch mit Abstand der gesunde Menschenverstand. Aber wir waren vorsichtig. Wir wollten eine Mannschaft, die ohnehin schon nervös war, nicht noch mehr durcheinanderbringen. Also hängten wir unsere Entscheidung nicht an die große Glocke. Im Laufe der nächsten drei, vier Monate sammelten wir einfach alle Betriebshandbücher ein. (Viele Monate später taten wir das gleiche mit unserem Organigramm, von dem wir allerdings kaum Gebrauch gemacht hatten.) Von Zeit zu Zeit fragten uns Leute, wann denn die neuen Handbücher fertig wären. Schließlich kam einigen der Verdacht, daß eine Neufassung gar nicht erscheinen würde, und sie fragten uns nach dem Grund. Erst dann gaben wir offen zu, was wir uns ausgedacht hatten – daß wir künftig auf fixierte Vorschriften zugunsten des gesunden Menschenverstands verzichten wollten.

Und das ist das System, das wir heute haben und das eigentlich kaum ein System ist. Wenn Sie bei Semco einen Dienstwagen bekommen, können Sie damit machen, was Sie wollen. Wenn Sie einen Freund haben, der Mechaniker ist, dann soll er sich darum kümmern. Wir möchten, daß unsere Mitarbeiter mit den Autos von Semco genauso umgehen wie mit ihren Privatautos. Wir fahren ganz gut damit, daß sie auf unser Auto genauso achten wie auf ihr eigenes.

Aber einige unserer Leute hatten am Anfang schrecklichen Bammel davor. Wir mußten sie erst ganz behutsam dazu bringen. Angestellte in unserer Finanzabteilung beispielsweise fühlten sich gar nicht wohl bei dem Gedanken, darüber entscheiden zu müssen, wie hoch der Mindestsaldo auf den Kostenstellen bei Semco sein sollte. »Tun Sie einfach so, als wäre es Ihr eigenes Konto«, sagte ich.

»Aber Semco hat so viele Kostenstellen«, erwiderten sie. »Was passiert, wenn wir in einer unerwarteten Situation dringend Bargeld brauchen?«

Und dann holte ich tief Luft und flehte sie an, einfach ihren gesunden Menschenverstand zu gebrauchen.

Woher kamen eigentlich überhaupt all diese Vorschriften? Ich vermute, sie waren das unglückliche Nebenprodukt bei der Expansion eines Unternehmens. Wie agiert ein Industriegigant, wenn er wächst? Zunächst kommt das Management zu dem Schluß, daß ein Unternehmen nicht von einzelnen Menschen abhängig sein kann. Schließlich haben sie eine bestimmte Persönlichkeit und eine begrenzte Lebenserwartung. Ein Unternehmen sollte doch unpersönlich sein und ewig existieren.

Als nächstes, wie wir alle wissen, spucken Ausschüsse und Sondergremien und Arbeitsgruppen Verfahrensweisen und Vorschriften aus und tilgen jede Individualität und Spontaneität.

Auf der Suche nach Gesetz, Ordnung, Stabilität und Vorhersehbarkeit stellen Unternehmen Regeln für jeden nur denkbaren Fall auf. Betriebshandbücher beruhen auf der Vorstellung, daß ein Unternehmen rationaler und objektiver ist, wenn es alles schriftlich festhält. Die Normierung von Methoden und ihrer Durchführung bietet neuen Mitarbeitern einen verläßlichen Leitfaden und sorgt dafür, daß das gesamte Unternehmen ein einziges geschlossenes Image hat. Und so kam es, daß große Unternehmen ohne Hunderte oder Tausende oder Zehntausende von Regeln und Vorschriften nicht mehr funktionieren konnten.

Klingt doch vernünftig, nicht wahr? Und bei einer Armee oder einem Gefängnis funktioniert das ja auch ganz gut. Aber nicht, wie ich meine, in einem Unternehmen. Und erst recht nicht in einem Unternehmen, das von seinen Leuten erwartet, daß sie denken, innovativ sind und möglichst wie menschliche Wesen handeln. All diese Vorschriften jedoch führen nur dazu, Mitarbeiter vergessen zu lassen, daß ein Unternehmen kreativ und anpassungsfähig sein muß, wenn es überleben will. Vorschriften halten es nur auf.

Bei Semco gab es besonders komplizierte Vorschriften bei den Reisespesen. Unsere Buchprüfer konnten sich oft stundenlang darüber ergehen, ob jemand nach einer Geschäftsreise das Geld für Kinokarten zurückerstatten sollte. Na schön, aber was ist mit Theaterkarten? Was würden wir tun, wenn ein Angestellter in ein Konzert für 45 Dollar gehen würde? Oder 100 Dollar? Und was ist mit den Anrufen zu Hause? Wie oft sollte das Unternehmen dafür aufkommen? Hielt sich ein Fünf-Minuten-Gespräch noch im Rahmen? Was ist, wenn ein Mitarbeiter, sagen wir, vier Kinder hat? Genügen 75 Sekunden pro Kind?

Sehen Sie, was ich meine?

Ohne Vorschriften weiß der gesunde Menschenverstand auf all diese Fragen eine Antwort. Nein, ich kann nicht definieren, was ich unter gesundem Menschenverstand verstehe, aber ich weiß es, wenn ich diese Antworten höre. Einige von unseren Leuten steigen in Vier-Sterne-Hotels ab, andere, die zuweilen viel mehr verdienen, begnügen sich mit bescheideneren Herbergen. Einige Leute geben 200 Dollar pro Tag fürs Essen aus, andere kommen mit weniger als der Hälfte aus. Um es auf den Punkt zu bringen: Wenn wir uns nicht darauf verlassen können, daß ein Manager in solchen Dingen vernünftig entscheidet, dann sollten wir ihn in drei Teufels Namen auch nicht los schicken, damit er in unserem Namen Geschäfte macht.

Ein Unternehmen produziert, verkauft, stellt Rechnungen aus und nimmt ein, so Gott will. Es muß nicht wissen, ob die Taxirechnung, die ein Manager einreicht, sich auf eine Dienstfahrt bezog. Oder ob ein anderer Manager nicht auch in einem Hotel mit drei statt mit vier Sternen hätte absteigen können. Von wenigen Ausnahmen abgesehen, bewirken Regeln und Vorschriften nur folgendes:

1. *Sie lenken von den Unternehmenszielen ab.*
2. *Sie bieten leitenden Angestellten nur ein falsches Sicherheitsgefühl.*
3. *Sie sind Arbeitsbeschaffungsmaßnahmen für Erbsenzähler.*
4. *Sie bringen Menschen bei, wie man Dinosaurier mit Steinen erlegt und Feuer mit Stöckchen anzündet.*

Die Sehnsucht nach Vorschriften und das Bedürfnis nach Innovation sind meiner Ansicht nach unvereinbar. (Sie erinnern sich: Ordnung *oder* Fortschritt.) Vorschriften frieren Unternehmen in einem Gletscher ein – Innovation läßt sie darauf Schlitten fahren.

Wir haben herausgefunden, daß wir nahezu auf jede Vorschrift verzichten können, die diese Hauptfeldwebel erlassen, die man Controller nennt. Das bedeutet nicht, daß nicht irgendwelche Anweisungen von wem auch immer ergehen, der meint, darauf nicht verzichten zu können – aber unsere Leute haben keine Angst, Richtlinien zu ignorieren, die im jeweiligen Fall nicht anzuwenden oder unvernünftig sind. Bei Semco gibt es keine absoluten Wahrheiten, noch sind wir darauf aus, daß jeder auf die gleiche Weise wie andere verfährt.

Die Abschaffung von Regelwerken macht sich noch auf eine andere, wenn auch nicht so offenkundige Weise bezahlt: Die Leute treffen mehr Entscheidungen selbständig, und zwar Entscheidungen, für die sie gewöhnlich besser qualifiziert sind als ihre Vorgesetzten.

Wie steht es denn mit wirtschaftlichen Erwägungen? werde ich oft gefragt. Wenn wir bei Semco beispielsweise die Reifen für unseren gesamten Wagenpark auf einmal kaufen würden, dann würden wir doch einen besseren Preis bekommen, als wenn jeder Angestellte die Reifen für sich selbst kauft. Vermutlich schon. Aber wenn dann unsere Wagenabteilung gewissenhaft und blindlings die allzu konservativen Empfehlungen des Herstellers hinsichtlich des Reifenaustauschs befolgen würde, so würden wir zweifellos sehr viel mehr Reifen kaufen als jetzt, da wir die Entscheidung unseren Mitarbeitern überlassen, wann sie einen Reifenwechsel benötigen. Und ich möchte wetten, daß dies auch für viele andere Dinge gilt, die wir zuvor als Unternehmen eingekauft haben und die nun individuell erworben werden.

Natürlich weiß ich das nicht mit absoluter Sicherheit, da wir diese Einkäufe in unserem nicht mehr so zwangsneurotischen Budgetsystem nicht im einzelnen verfolgen. Aber wenn ich Ihnen einen guten Rat geben darf, dann holen Sie tief Luft, nehmen Sie Ihren ganzen Mut zusammen und stecken Sie Ihr Betriebshandbuch Blatt für Blatt in den Reißwolf. Unternehmen sollten sich von Lebensklugheit leiten lassen, die von Fabrik zu Fabrik, von Arbeiter zu Arbeiter anders sein kann. Andernfalls wird jenen hartgesottenen Controllern nur das angenehme Gefühl vermittelt, daß das Unternehmen organisiert ist, und Dutzenden von gestörten Seelen Arbeit verschafft, die besser für irgendeinen sinnvollen Zweck umgeschult werden sollten.

Anfangs war es hart für uns. Aber dank einer gehörigen Portion von Mitgefühl und Beratung ließ der Schock der Gesetzlosigkeit nach, und unsere mittleren Manager begannen ihren Panzer abzulegen.

Ich erzählte ihnen gern, daß eine Schildkröte Hunderte von Jahren leben könne, weil sie durch ihren Panzer so gut geschützt sei – aber sie bewege sich nur vorwärts, wenn sie ihren Kopf herausstrecke.

Kapitel 13

Als die Bananen die Affen fraßen

Sie waren schon seit Stunden hier, an diesem trägen, feuchtwarmen Nachmittag in Brasilien. An einer Seite des langen Holztischs in der Kantine befanden sich zwei Gewerkschaftsführer und drei Werksarbeiter. Ihnen gegenüber saßen drei leitende Angestellte von Semco. Sie versuchten alle, einen wochenlangen Streik beizulegen, bei dem es – wie bei den meisten Arbeitsauseinandersetzungen – um nichts anderes als Geld ging. Aber wie es sich nun einmal für ein Unternehmen gehört, in dem traditionelle unternehmerische Grundsätze über Bord geworfen werden und die Unberechenbarkeit den Lebensstil bestimmt: Zu diesem Ausstand war es gekommen, als wir bei Semco freiwillig ein Programm verabschiedet hatten, unseren Arbeitern eine Lohnerhöhung zu bewilligen, die sie weder verlangt hatten noch erwarteten.

In den drei Jahren, seit uns die Hobart-Werke gehörten, hatten wir voller Stolz festgestellt, wie die Arbeiter sich immer mehr mit der Rolle identifizierten, darüber zu entscheiden, wie die Firma geführt werden sollte. Sie legten ihre eigenen Produktionsquoten fest und überarbeiteten die Konstruktion der Schneide-, Schäl- und Knetmaschinen, die sie herstellten. Nun schwebte die Angespanntheit über dem Verhandlungsort wie ein Geier, der darauf wartete, daß der Löwe seine Mahlzeit beendet. Das lastende Schweigen am Tisch ließ erkennen, daß beide Seiten noch weit auseinander waren.

Dieser Streik war der achte bei uns in sieben Jahren, aber alle waren so kurz gewesen, daß wir darüber kaum zu Experten geworden waren, wenn es darum ging, sie beizulegen. Clovis war unser Hauptrepräsentant am Verhandlungstisch, und seine dreißigjährige Erfahrung als Manager sagte ihm, was in den Köpfen der Männer auf der anderen Seite des Tisches vorging. Die Arbeiter waren praktisch damit aufgewachsen, jedem zu mißtrauen, der Geld repräsentierte – selbst jemandem wie Clovis, der damit Karriere gemacht hatte, daß er versuchte, derartige Gefühle auszuräumen. Wir waren damit in Ipiranga sehr weit gekommen, aber in Zeiten voller Streß brechen jene frühen, bitteren Gefühle offenbar einfach wieder durch. Clovis lehnte sich zurück, strich sich über den Schnurrbart und sah seine Gesprächspartner auf der anderen Seite des Tisches an. Was braucht es denn noch, dachte er, um Vertrauen herzustellen, wenn alles, was wir hier geschaffen hatten, das nicht bewirken konnte? Und welche Ironie des Schicksals, daß der Streik sich ausgerechnet an unseren Bemühungen entzündet hatte, sicherzustellen, daß wir gerechte Löhne zahlten.

Clovis' Hauptgegner war der Leiter des Werkskomitees, Joao Soares. Joao war sich seines Charismas zwar durchaus bewußt, aber noch immer teilte er die Vertreter der Arbeiterschaft in erbitterte Gegner des Kapitalismus und leidenschaftliche Führernaturen ein. Er selbst fühlte sich keinem von beidem zugehörig. Er hatte schon eine ganze Reihe harter Fabrikjobs hinter sich und einiges durchgemacht, aber nach ein paar Jahren bei Semco hatte er allmählich geglaubt, ein Unternehmen gefunden zu haben, das ihm seine Würde und sogar seine Hoffnungen beließ. Als er nun Clovis gegenübersaß, war sich Joao da nicht mehr so sicher.

Angesichts der heftigen Inflationsschübe der brasilianischen Wirtschaft waren wir uns nicht mehr im klaren, ob unsere Löhne noch über dem Durchschnitt lagen, wo wir sie halten wollten, damit unsere Belegschaft stabil blieb. Also begannen wir mit einem Programm zur Neueinstufung der Löhne und Gehälter, und zwar auf allen Ebenen bei Semco. Indem wir uns eine Geschäftseinheit nach der anderen vornahmen, glaubten wir, das gesamte Unternehmen in zwei Jahren an das neue Niveau angepaßt zu haben.

Die meisten brasilianischen Unternehmen legten ihre Löhne und Gehälter nach orthodoxen Lohnmodellen fest, wie sie in den USA und in Europa entwickelt worden waren. Bestenfalls wurden diese unpersönlichen Statistiken von Pseudoexperten angewandt, die selbst bei ihren gelegentlichen Besuchen in den Unternehmen nur selten auf die Mitarbeiter hörten. Aber sogar der komplizierteste Plan war weit davon entfernt, unser Mitbestimmungsmodell oder unsere besondere Unternehmenskultur in Betracht zu ziehen. Doch wir mochten diese Tarifpläne aus einem viel simpleren Grund nicht: Sie waren einseitig. Wir wollten unsere Leute in den Entscheidungsprozeß einbeziehen. Schließlich war es ja ihre Gehaltsanweisung.

Also wandten wir uns an Paulo Pereira, unseren hauseigenen Lohnexperten, und der wartete, wie nicht anders zu erwarten, mit einer radikalen Schlußfolgerung auf. Die einzig wirklich korrekte Bezahlung, behauptete er, sei der Mittelwert zwischen dem, was ein Arbeiter seiner Meinung nach bekommen müßte, und dem, was ein Unternehmen sich leisten konnte zu bezahlen. Er wußte selbst, daß man sich so etwas nur an einer Wirtschaftshochschule ausdenken, aber nicht in einer Fabrik realisieren konnte. Aber Paulo, ein unerschütterlicher Idealist, machte sich daran, diesen Wert zu ermitteln.

Im typischen Semco-Stil bat er als erstes etwa 30 Fabrikarbeiter und Büroangestellte, andere Herstellungsfirmen aufzusuchen, die etwa genauso groß wie Semco waren. Dort sollten sie ihre entsprechenden Kollegen befragen und dabei die jeweiligen Fähigkeiten, Verantwortlichkeiten und Löhne miteinander vergleichen. Es hört sich doch eigentlich völlig vernünftig an, Arbeiter zu bitten, dies zu tun, aber es ist eben leichter gesagt als getan. Zunächst nämlich hatten wir Mühe, einige Unternehmen dazu zu bewegen, unsere Arbeiter überhaupt zu empfangen. Aber schließlich hatten unsere Leute dann doch noch vergleichbare Daten über jeden Job bei Semco zusammenbekommen, vom Generaldirektor bis zum Hausmeister. Und tatsächlich lagen wir hinter den anderen, zweifellos weil es bei uns eine so geringe Fluktuation gab.

Das Schiffsgerätewerk in Santo Amaro sollte als erstes angepaßt werden, weil es unserer Meinung nach am weitesten hinterherhinkte. Gleich danach wäre die Systemgastronomie-Einheit an der Reihe.

An jedem Monatsende gab es in Ipiranga für alle Mitarbeiter ein Grillfest. Der Zufall wollte es, daß ein Arbeiter aus Santo Amaro an diesem Grillnachmittag teilnahm, wo er seinen neuen Kollegen stolz verkündete, er hätte gerade eine vierzigprozentige Lohnerhöhung erhalten. Fast jeder in Santo Amaro hat eine bekommen, sagte er.

Als er so seine Runde drehte, machte sich Entrüstung breit. Und als die Party vorbei war, blieben kleine Gruppen zorniger Arbeiter zurück, die über diesen Skandal miteinander debattierten. Wie konnten Arbeiter in Santo Amaro eine vierzigprozentige Lohnerhöhung empfangen haben, und die in Ipiranga bekamen nichts?

Ja, wieso eigentlich?

Am nächsten Tag, einem Samstag, war Ultimo. Dutzende von Arbeitern waren im Ipiranga-Werk, um ihre Produktionsquoten zu erfüllen. Es wäre gewaltig untertrieben zu sagen, daß ihre gewöhnliche Begeisterung durch den neuen Wohlstand in Santo Amaro einen Dämpfer erlitten hätte. Da die Arbeiter keine Aufsicht brauchten, war niemand vom Management da, der ihnen die ganze Geschichte von dieser Lohnanpassung hätte erzählen können.

Nachdem er sich das Murren angehört hatte, pinnte Soares eine Notiz an das zentrale Weiße Brett. »Wir sind gelinkt worden«, stand darauf. »In Santo Amaro haben sie vierzig Prozent mehr Lohn bekommen, aber wir nicht. Wir müssen sofort in den Streik treten, bis wir gerecht behandelt werden.«

Als die Manager am Montag eintrafen, war der Streik in vollem Gange. Es spielte keine Rolle, daß die Fakten durcheinandergeraten waren – daß nämlich die durchschnittliche Lohnerhöhung in Santo Amaro nur acht Prozent statt vierzig Prozent betrug und daß jede Erhöhung über 15 Prozent nur schrittweise erfolgen sollte. Genausowenig war es von Belang, daß die Systemgastronomie-Einheit bei dieser Lohnanpassung als nächste an der Reihe war.

Soares sprach mit dem regionalen Gewerkschaftsführer Geraldo Mello, der sich zufällig an diesem Morgen im Werk befand, und Mello war darüber noch mehr entrüstet als Joao. »Sie können doch nicht einfach ihre anderen Arbeiter bevorzugen und die Leute bei Hobart übergehen«, erklärte er Joao. »Denen werden wir es zeigen.«

Als einige von den leitenden Angestellten im Werk davon hörten, gab es die klassische Reaktion: Sie wollten den Streikenden das Leben so schwer wie möglich machen. Sie schlugen vor, wir sollten die Löhne so belassen, wie sie in der Zeit vor dem Streik waren, und die Tore schließen, so daß die Arbeiter nicht einfach im Werk herumsitzen konnten, wie sie es gerade alle taten. Sie wollten sogar, daß wir die Krankenversicherungszuschüsse aussetzten. Aber kühlere Köpfe waren der Meinung, wir sollten den gewohnten Semco-Stil beibehalten, ganz gleich, wie man uns provozieren würde, und zu meiner Erleichterung konnten sie sich durchsetzen.

Ich war längst zu der Ansicht gelangt, daß Gewerkschaften mehr als ein notwendiges Übel waren, nämlich eine der wenigen legitimen Institutionen, die für Veränderungen am Arbeitsplatz sorgten. Es sind durchaus nicht alle Gewerkschaftsführer vernünftig, noch ist jede Position der Gewerkschaften akzeptabel. Aber so zu tun, als ob es keine Gewerkschaft gäbe, oder ihr bei jeder Gelegenheit, mit allen Mitteln und um jeden Preis eins auswischen zu wollen, ist schwerlich als Strategie zu bezeichnen. Manager in den USA, die angesichts der rapiden Zunahme von gewerkschaftlich nicht organisierten Betrieben Befriedigung empfinden, sind kurzsichtig. Wer klug ist, fährt alle Antennen aus. Der Strauß, der seinen Kopf in den Sand steckt, hat ein größeres Problem als nur ein beschränktes Gesichtsfeld: Sein Hinterteil ist ein hervorragendes Ziel.

Wir alle kennen die üblichen Methoden, einen Streik zu bekämpfen:

1. Seinen Standpunkt vertreten. Flagge zeigen. Nicht klein beigeben.
2. Garantieren, daß jeder, der will, auch arbeiten kann – selbst wenn das bedeutet, daß man die Polizei holen muß.
3. Das Eigentum des Unternehmens schützen, notfalls mit Gewalt.
4. Es den Arbeitern schwermachen, indem man das Werk schließt und Vergünstigungen aussetzt.
5. Die Streikenden zu entzweien und herumzukriegen suchen.
6. Wenn alles vorbei ist, die Rädelsführer und wen man sonst noch loswerden will, entlassen und so die anderen einschüchtern.

Doch diese Empfehlungen sind kurzsichtig und kostspielig. Unruhestifter werden wie Unkraut immer wieder nachwachsen, weil das Management durch seine Methoden gründlich dafür sorgt.

Wenn wir ein Unternehmen übernehmen oder eine neue Fabrik eröffnen, laden wir als erstes die örtlichen Gewerkschaftsführer ein, uns zu besuchen. Das alte Hobart-Werk hatte dem Himmel gedankt, daß es nicht von den Gewerkschaften entdeckt worden war, aber wir baten die Metallarbeitergewerkschaft, die den Ruf genießt, besonders kämpferisch zu sein, das Werk zu organisieren und dem Werkskomitee beizutreten.

Die Existenz von Gewerkschaften zu akzeptieren heißt noch lange nicht, daß man automatisch mit ihnen einig sein muß. Wir haben Gewerkschaftskomitees höflich empfangen – nur um dann auf ihre 19 Forderungen 18mal nein zu sagen. Aber wir wissen um die Erneuerungskraft der Gewerkschaften und darum, wie wichtig es ist, keine Vogel-Strauß-Politik zu betreiben. Wer die Gewerkschaft aus seiner Firma draußen haben will, muß sich bald warm anziehen.

Während eines Streiks halten wir uns an folgende Regeln:

1. Behandle alle wie erwachsene Menschen.
2. Erkläre den Streikenden, daß niemand bestraft wird, wenn sie die Arbeit wiederaufnehmen. Dann bestrafe auch niemanden.
3. Halte nicht fest, wer zur Arbeit kam und wer die Rädelsführer waren.
4. Hole nie die Polizei und versuche auch nie, eine Streikpostenkette zu durchbrechen.
5. Behalte alle Vergünstigungen bei.
6. Verwehre den Arbeitern nicht den Zugang zur Fabrik oder den Gewerkschaftsvertretern den Zugang zu den Arbeitern. Bestehe aber darauf, daß Gewerkschaftsführer die Entscheidung jener respektieren, die arbeiten wollen, genauso wie das Unternehmen die Entscheidung jener respektiert, die nicht arbeiten wollen.
7. Feuere niemanden während oder nach einem Streik, aber mach jedem klar, daß ein Streik eine aggressive Handlung darstellt.

Nein, ich bin durchaus kein Absolvent des Patrice-Lumumba-Instituts in Moskau, und um Ihnen das zu beweisen, sage ich Ihnen bloß, daß Semco zur Zeit des Ipiranga-Streiks nur eine bedingungslose Rückkehr zur Arbeit akzeptiert hat. Wir hielten zwar so viel vom Dialog wie kein anderes Unternehmen, aber wir haben während eines Streiks *niemals* mit uns handeln lassen.

Unsere Philosophie war es stets: Fast alle Unternehmen, die sich nach den zuerst genannten Hardliner-Spielregeln richten, müssen am Ende unter Druck verhandeln und Konzessionen machen, die sie später bereuen. Mit anderen Worten: Sie fangen an wie Arnold Schwarzenegger und sind am Ende wie Woody Allen. Bei unserem Verfahren konnte ein Streik nur auf eine bestimmte Art und Weise beendet werden: Jeder kehrte an die Arbeit zurück, ohne einen Pfennig für ausgefallene Stunden zu bekommen und ohne daß während des Ausstands irgendwelche Zugeständnisse gemacht wurden. Erst wenn die Arbeiter wieder zurückkommen, nehmen wir die Verhandlungen auf.

Also erlaubten wir den streikenden Mitarbeitern, das Werk zu betreten und die Kantine für Versammlungen zu benützen. Frühstück und Mittagessen wurden wie üblich serviert und ebenfalls wie üblich bezuschußt. Gesundheitsfürsorge und andere Zuwendungen gab es auch weiterhin. Aber wir ließen nicht mit uns handeln.

Während sich der Streik hinzog, verwickelten Manager Arbeiter in der Kantine in inoffizielle Gespräche und versuchten, sie auf ihre Seite zu ziehen. Jeder, der sich ins Werk hineingetraut hätte, wäre der Meinung gewesen, daß uns nur die Rohstoffe ausgegangen wären. Die Leute saßen herum, spielten Karten und unterhielten sich. Es gab keine Anzeichen von Feindseligkeit. Einige Arbeiter wollten ihre Arbeit wiederaufnehmen und glaubten uns, als wir ihnen sagten, wir hätten vor, ihre Löhne bald anzuheben. Die meisten wollten weiterstreiken.

Dann hielt Mello, der regionale Gewerkschaftsboß, die Zeit für reif, mehr Druck zu machen. Ohne Soares oder die anderen Mitglieder des Werkskomitees zu fragen, verklagte er uns wegen Diskriminierung. Er war überzeugt, irgendein Richter würde Semco zwingen, irgendeiner Lohnerhöhung zuzustimmen, und damit würden die Arbeiter und die Gewerkschaft einen Sieg erringen.

Bevor sich die Angelegenheit herumgesprochen hatte, war bereits ein Gerichtstermin anberaumt worden. Soares schämte sich. Der Streik war doch bisher so professionell und sogar höflich abgelaufen, und daß die Gerichte angerufen worden waren, wurde als eine viel zu extreme Taktik empfunden. Ja, vor Gericht kann schließlich alles passieren. Oder, wie wir in Brasilien sagen: Niemand kann wissen, was aus dem Hintern eines Babys oder aus dem Kopf eines Richters herauskommt.

»Laß uns doch einen Deal machen, Clovis«, schlug der Gewerkschaftsführer Mello vor, als er wieder vom Gericht ins Werk zurückkehrte.

»Das Unternehmen wird sich jeder Entscheidung fügen, die das Gericht trifft«, erwiderte Clovis kurz angebunden. Seine Erfahrung und sein Wissen um das, was im Werk vorging, sagten ihm, daß viele Arbeiter inzwischen bereit waren, eine fünfprozentige Erhöhung zu akzeptieren – von den 40 Prozent, die sie ursprünglich gefordert hatten, waren sie längst abgekommen. Immerhin riskierten wir, daß das Gericht eine größere Lohnerhöhung als fünf Prozent anordnen würde, aber wir wollten es darauf ankommen lassen.

Also sahen wir uns alle vor Gericht wieder. Nach dreistündiger Beratung entschied es, daß der Streik illegal war. Aber auch wenn die Gewerkschaft nun verloren hatte, hieß das noch lange nicht, daß wir gewonnen hatten – die Arbeiter dachten gar nicht daran, wieder zu arbeiten.

Am nächsten Tag herrschte im Werk eine ziemlich trübe Stimmung. Am späten Nachmittag suchten mehrere Arbeiter Joao auf und baten ihn, mit dem Management über eine Bezahlung für die Tage zu sprechen, in denen nicht gearbeitet worden war. Das lehnten wir zwar ab, gaben aber den Streikenden die Chance, die verlorene Zeit durch Überstunden wieder einzuarbeiten, so daß ihre nächste Lohnauszahlung nicht geringer als sonst ausfallen würde. Das akzeptierten sie, und damit war der Streik vorbei.

Gegen Ende der Woche schlug Clovis vor, daß sich die Manager und die Streikführer zusammensetzten, um den Ausstand zu analysieren. Diese Sitzung, die vier Stunden dauerte, hieß später die Versammlung, bei der »die Bananen die Affen fraßen«. Wir erklärten, daß wir unsere starre Haltung bedauerten. Zum Beweis dafür gaben wir unsere Politik auf, während eines Streiks nicht zu verhandeln. Joao und seine Leute räumten ein, daß die Notiz am Weißen Brett ein Fehler gewesen war, weil den Arbeitern gar nichts anderes übriggeblieben war, als zu streiken. Hätte ein Fremder den Raum betreten, er hätte glauben müssen, daß die Manager Overalls trügen und die Arbeiter Anzüge und Krawatten.

Aus diesem Streik lernten beide Seiten eine ganze Menge. Wir merkten, daß es nicht genügte, partizipativ zu sein. Wir würden lernen müssen, besser zu kommunizieren, denn durch nichts werden Streiks so leicht ausgelöst wie durch das, was die Leute wahrnehmen. Die Arbeiter wiederum erkannten, daß Streiks kaum eine effektive Methode zur Lösung von Problemen darstellen, und seitdem kommen sie bei Semco auch nur noch selten vor.

Ein paar Monate nach dem Streik wurde übrigens das neue Lohn- und Gehaltsschema bei der Systemgastronomie-Einheit eingeführt. Die durchschnittliche Erhöhung betrug 18 Prozent. Kein Wunder, daß die Arbeiter ganz aus dem Häuschen waren.

TEIL DREI

Fast alle Unternehmen glauben, daß ihre Mitarbeiter engagiert und an der Firma interessiert und somit ihr größter Aktivposten seien.

Fast alle Mitarbeiter glauben, daß man ihnen zu wenig Aufmerksamkeit und Achtung erweise und daß sie nicht sagen könnten, was sie wirklich denken.

Wie kann man diese beiden Positionen miteinander in Einklang bringen?

Die traurige Wahrheit: Mitarbeiter in modernen Unternehmen haben nur wenig Ursache, mit ihrem Job zufrieden zu sein, geschweige denn, darin Erfüllung zu finden. Die Unternehmen haben weder Zeit noch Interesse, ihnen zuzuhören, und überdies fehlen Mittel oder Programme, die Mitarbeiter so auszubilden, daß sie beruflich weiterkommen. Die Unternehmen stellen eine ganze Reihe von Anforderungen, für die sie die Mitarbeiter mit Gehältern entschädigen, die oft als unangemessen empfunden werden. Darüber hinaus neigen Unternehmen dazu, Arbeiter unerbittlich zu entlassen, wenn diese älter werden oder in ihrer Leistungsfähigkeit vorübergehend nachlassen; und sie schicken Leute früher in den Ruhestand, als diese selbst wollen. Dann bleibt bei den Betroffenen das Gefühl, sie hätten noch viel mehr leisten können, wenn man sie nur gelassen hätte.

Das Zeitalter, in dem man Menschen als Produktionswerkzeuge benutzt hat, geht seinem Ende entgegen. Echte Teilhabe der Mitarbeiter ist in der Praxis unendlich viel komplizierter als die konventionelle unternehmerische Einseitigkeit, genauso wie die Demokratie viel mühseliger ist als die Diktatur. Aber in Zukunft wird es nur noch wenige Unternehmen geben, die es sich leisten können, beides zu ignorieren: Partizipation und Demokratie.

Kapitel 14

Was nützt es uns, daß wir so groß sind

»Ein großes Unternehmen«, hat Henry Ford einmal gesagt, »ist eigentlich zu groß, um noch menschlich zu sein.«

Da staunen Sie, was? Old Henry war doch so stolz auf Ford-Fabriken wie River Rouge, in denen das Fließband anscheinend überhaupt kein Ende nehmen wollte. Heute sind solche Giganten gefährdet, wenn nicht längst schon obsolet geworden. Riesige Unternehmen »fahren zurück«, so schnell sie können. Sie sind dahintergekommen, daß die Wirtschaftlichkeit der Größe, die ihr Wachstum unterstützt hat, nicht ewig besteht. Wenn Sie zu groß werden, erleben Sie ganz schnell die Unwirtschaftlichkeit der Größe.

Große, zentral gesteuerte Unternehmen fördern die Entfremdung, so wie sich in stillstehenden Gewässern Algen bilden. In riesigen Konzernen kennt ein Mitarbeiter nur wenige seiner Kollegen. Jeder ist Teil einer gigantischen, unpersönlichen Maschinerie, und man kann sich unmöglich motiviert fühlen, wenn man den Eindruck hat, nur ein Rädchen in einem großen Getriebe zu sein. Der Mensch braucht nun einmal Anerkennung. Ohne sie ist für ihn alles sinnlos, und dann wird er unzufrieden, unruhig und unproduktiv. Stalin hat das gewußt. Die Gefangenen in seinen Gulags mußten gewaltige Löcher in den Schnee graben und sie dann wieder auffüllen. Das hat sie zerbrochen.

Als Semco wuchs, litten wir bereits unter einigen Symptomen des Gigantismus, auch wenn wir das damals nicht erkannten. Unsere Vertreter beispielsweise mußten unbedingt jedesmal, wenn sie einen Auftrag erhielten, komplizierte Formulare ausfüllen, wobei sie genau vereinbaren mußten, was der Kunde wollte, statt einfach den Auftrag und seine Besonderheiten unseren Ingenieuren, Einkäufern und Herstellern zu erläutern. Das war im Grunde nicht falsch, außer daß es einen gewaltigen Papierkrieg auslöste. Aber die Leute im Vertrieb bildeten sich nun einmal ein, ihre Abteilung wäre besser abgesichert, wenn man schriftlich nachweisen könne, daß der Kunde nicht genau das bekommen hatte, was er wollte. Dann beschloß unser Konstruktionsbüro, sich die Beschwerden der Werksarbeiter nur noch an Dienstagen und Donnerstagen zwischen 14 und 16 Uhr anzuhören, statt einfach mit den Arbeitern zu reden, wann immer sie einem über den Weg liefen. Das Teamwork, das im Systemgastronomie-Werk so gut funktionierte, wollte anderswo im Unternehmen einfach nicht klappen. Tatsächlich bildeten sich unter den Managern gewisse Cliquen, und die meiste Zeit ging es bei Semco erschreckenderweise wie in einer staatlichen Behörde zu. Wir ließen sogar Gäste an Fabriktoren und in Empfangshallen warten.

Wir reagierten darauf, indem wir genau das taten, was die klassische Betriebswirtschaft in solchen Fällen vorschreibt.

Die Struktur von Semco war ein Funktionssystem, wie Professoren an Wirtschaftsakademien das nennen. Somit waren die Produktionsleiter in unseren Fabriken dem Produktionsdirektor in unserer Zentrale unterstellt, die Vertriebsleute dem Marketingdirektor, die Verwaltungsangestellten dem Finanzdirektor und so weiter. Das hört sich doch eigentlich ganz ordentlich an, aber jeder, der schon einmal in einem diversifizierten Unternehmen mit vielen Fabriken gearbeitet hat, weiß, daß die Entscheidungen, die in derart umständlichen Organisationsstrukturen getroffen werden, zu einem hohen Prozentsatz schlicht und einfach falsch sind und außerdem zu viel Zeit brauchen. Es ist ein feudales System, das die Technik vom Verkauf und den Verkauf von der Finanzabteilung trennt und das Lösungen und Strategien hervorbringt, die nur einer Abteilung auf Kosten einer anderen etwas nutzen.

Zweifellos aus diesem Grund bevorzugen europäische Unternehmen offenbar eine Organisationsstruktur, die auf einem Matrixsystem beruht. Weil man erkannt hat, daß ein Computerprogammierer in einem anderswo gelegenen Werk seine Anweisungen, soll er effizient arbeiten, nicht nur aus dem Büro des Verwaltungsdirektors in der Zentrale erhalten kann, muß der Glückliche zwei Herren dienen, das heißt, er ist auch seinem Werksleiter vor Ort unterstellt. Das Matrixsystem bietet einem Manager zwei Informationsquellen, zweierlei Sachverstand, zwei Ansichten zu einem bestimmten Problem oder Ziel. So wird ein vollständiges Bild ermöglicht. Aber was ist, wenn die Zentrale etwas verlangt, was der Werksleiter vor Ort für überflüssig hält? Man multipliziere diesen Konflikt mit Hunderten oder Tausenden von Mitarbeitern, und schon wird klar, warum die Leute in Matrixorganisationen zwar gewiefte Diplomaten sind, aber nicht unbedingt auch große Unternehmer. Sie haben gelernt, sich in einem Milieu zu behaupten, das den Vereinten Nationen ähnelt, indem sie sich ständig extrem vorsichtig verhalten. Natürlich kann man keine neuen Ideen ausprobieren, ohne ein Risiko einzugehen oder Fehler zu machen – Leute in Unternehmen, die nach dem Matrixsystem organisiert sind, tun das im allgemeinen nicht.

Ich weiß das aus eigener leidvoller Erfahrung. Nachdem wir mit dem Matrixsystem geliebäugelt hatten, versuchten wir es 1986 bei Semco mit einem weiteren Organisationsschema: autonomen Unternehmenseinheiten. Wir teilten das Unternehmen in getrennte Divisionen auf, und jede bekam einen eigenen Generaldirektor. Theoretisch würden all diese Einheiten unabhängig sein. Das würde unvermeidlich zu Konkurrenzverhalten zwischen ihnen führen, aber wir glaubten, es würde eine gesunde Konkurrenz sein, die nichts mit einem Krieg zwischen den einzelnen Abteilungen zu tun hatte.

In der Praxis allerdings warf uns dieses autonome System wieder auf eine funktionale Organisation zurück. Die autonomen Unternehmenseinheiten brauchten nämlich irgendeine Form der internen Koordination, und sie entschieden sich für eine Art von Funktionssystem im kleinen, bei dem die Manager innerhalb jeder Unternehmenseinheit dem Generaldirektor unterstellt waren.

Und was passierte dann? Es dauerte nicht lange, da beschäftigten sich unsere Manager mit Matrixsystemen, um die Spannungen abzubauen.

Wir drehten uns im Kreis, und niemand wußte, wo das enden würde.

Doch halt – schließlich hatte ja das Computer-Zeitalter begonnen. Vielleicht konnte uns das Mikrochip-Management helfen.

Bereits im Jahre 1980 hatte Semco erstmals mit Computern geliebäugelt, als Harro und ich nach New York flogen und einen IBM-PC bestellten. Wir mußten drei Monate warten, bis er geliefert wurde, und dann die Befehle auf Basic lernen, damit er lief. Und dennoch waren wir bald zu dem Schluß gekommen, daß uns keine andere Wahl blieb, als das Ganze auf Computer umzustellen, und zwar schnellstens.

Das Problem war nur, daß uns unsere Computerspezialisten überzeugt hatten, wir müßten unbedingt leistungsfähige Maschinen kaufen, die miteinander kommunizieren konnten – und wir müßten auch hoch bezahlte, schwer zu bekommende und noch schwerer zu haltende Datenverarbeitungsmanager einstellen, die sie bedienten. Wir spielten sogar mit dem Gedanken, einen System-Vizepräsidenten zu engagieren, der diese Datengurus koordinieren sollte – den Papst der Prozessoren. Wir liefen doch tatsächlich einem Burschen namens Osiris nach und versuchten ihn verzweifelt mit allen möglichen Versprechungen bei einem französischen Unternehmen abzuwerben. Als wir unsere Verhandlungen abgeschlossen hatten, sollte er ein Gehalt bekommen, das meinem verflixt nahe kam, und auch sonst wäre er geradezu auf Rosen gebettet gewesen. Gott sei Dank nahm er unser Angebot nicht an. Wir kauften, leasten, mieteten und stahlen fast alles, was uns die Vertreter von IBM, Bull, Fujitsu und Hewlett Packard vorführten. Aber damals machten wir einfach alles, was im Trend lag. Wir hatten sogar einen Japaner als Strategieplanungsmanager.

Ein Hunderte von Seiten umfassender Masterplan wurde aufgestellt, der die Hardware und Software aufführte, die wir brauchten. Kein Zweifel, unsere Datenverarbeitungsabteilung würde das Gehirn des Unternehmens sein. Wir stellten Analytiker, Organisatoren und Programmierer ein. Wir kauften die tollsten Workstations ein, die wir auftreiben konnten, und klinkten sie in ein zentrales Datenverarbeitungsnetz ein, das alle unsere Werke miteinander verbinden sollte. Leute, die bis dahin Lagerkarteikarten mit dem Bleistift auf den neuesten Stand gebracht hatten, wenn neue Lieferungen kamen, würden nun irgendwelche Codes in Computerterminals eingeben. Oder vielleicht doch nicht? Um sicherzugehen, veranstalteten wir Gehirnwäschekurse, die aus unseren Buchhaltern Apparatschiks des 21. Jahrhunderts machen sollten.

Im Nullkommanichts waren unsere alten Systeme außer Betrieb. Das Dumme war nur, daß unsere neuen elektronischen Systeme noch nicht in Betrieb waren. Wir warteten einen Monat, zwei Monate, ein Jahr. Immer gab es irgendwelche Ausreden: Das Ausbildungsprogramm war noch nicht abgeschlossen, die Hardware hatte Fehlschaltungen, die Software Viren. Wir brauchten einfach zu lange, bis wir merkten, daß wir uns auf dem Holzweg befanden.

Ich weiß noch, wie ich die Datenverarbeitungsanlage im Ipiranga-Werk besichtigen wollte, als ich dort zu tun hatte.

»Wir sind kurz davor, loszulegen«, erklärte mir unser dortiger Computer-Jockey Wilmar Fagundes stolz. »Sie wissen ja, daß wir erst letzten Monat Verstärkung bekommen haben. Wir haben vier Programmierer, drei Systemanalytiker und zwei Organisatoren gebraucht – aber einer fehlte uns noch. Um das MRPS zum Laufen zu bringen. Das Manufacturing Resources and Planning System.«

Ich nickte bloß.

»Aber nun hängen wir an einem IBM 3090, und zwölf Terminals müssen noch installiert werden«, fuhr Wilmar fort. »Hier sind die Production Planning Trees.«

Ich sah ihn verständnislos an.

»Schauen Sie, hier«, sagte er und breitete einen Haufen gewaltiger weißer Papierbögen aus, die mit Hunderten winziger Kästchen bedeckt waren. Wilmar arbeitete noch immer an dem System, so daß der Plan erst von Hand angelegt werden mußte, bevor er in die Maschine eingegeben werden konnte. »Jeder Posten in der Produktion zerfällt in Teilmengen. Hier ist ein einfaches Beispiel: ein Geschirrspüler. Wir haben 15 Größen von Geschirrspülern, und von jeder gibt es 11 Varianten. Jede besteht aus etwa 300 Komponenten.«

»Und das ist ein einfaches Beispiel?« wagte ich einzuwerfen.

»Aber ja. Im Werk von Santo Amaro, wo wir das System demnächst installieren werden, gibt es Produkte wie zum Beispiel die Keksbackanlage. Sie besteht aus 12000 Komponenten, bei 80 Varianten von 25 verschiedenen Größen. Okay, nehmen wir also zum Beispiel einen AM-12-Geschirrspüler. Hier ist er« – Wilmar zeigte auf die Liste –, »und hier sind sämtliche Teilmengen. Wie Äste an einem Baum, klar? Jeder Ast hat wieder eigene Äste, die Komponenten. Und die Komponenten unterteilen sich in einzelne Zweige.

Hier ist zum Beispiel ein Sprüharm. Sie wissen schon – das drehbare Metallrohr, welches das heiße Wasser aufs Geschirr sprüht. Wir haben dieses Rohr in verschiedenen Arten von Metall. Sehen Sie, dieser Zweig ist das Edelstahlrohr.« Ich folgte seinem Finger, wie er über den Plan fuhr. »Dieser Edelstahlarm hat einen Code. Er sagt uns, ob dieser Arm hier hergestellt oder von einem Zulieferer gekauft wird, oder ob er teilweise hier hergestellt und teilweise von einem Zulieferer gekauft wird. Dieser Arm gehört übrigens zur dritten Kategorie. Schauen wir uns doch mal den Produktionsablauf an, den er durchläuft – gleich hier auf Bogen Nummer 257. Äh ... 256, 258. Wo ist denn 257?«

Wilmar unterdrückte einen Fluch, als der wohlgeordnete Stapel weißer Bögen auf dem Tisch durcheinandergeriet.

Ich hielt mich dreieinhalb Stunden bei Wilmar auf. Ich sah, wie der Edelstahlarm per Computer bestellt wurde, wie unbearbeitete Materialien beiseite gelegt wurden – wenn sie vorhanden waren – oder nachbestellt wurden. Wie für das Bestellverfahren drei verschiedene Kostenvoranschläge erforderlich waren. Wie das günstigste Angebot durch den Vergleich statistischer Daten hinsichtlich der Lieferung, des Preis-Leistungs-Verhältnisses und der Zahlungsbedingungen ermittelt wurde. Wie Lagerbestandsposten in verschiedene Kategorien eingeteilt wurden, je nach Gewicht, Kosten und Lagerraum, den sie beanspruchten. Wie die Muttern und Unterlegscheiben, mit denen der Arm zusammengehalten wurde, aus Stahlplatten hergestellt wurden, die zunächst auf dem Lagerplatz zusammengetragen und dann per Computer durch sieben verschiedene Bereiche der Fabrik und drei Produktionsverfahren bewegt wurden: Schneiden, Lochen und Schmieden.

Was für eine mühsame Art, Geld zu verdienen!

Ich bin überzeugt, daß die Leute, die dieses System ausgetüftelt hatten, sich eine automatische, maschinenbetriebene Fabrik vorstellten, in der Stahlplatten anmutig durch die Hintertür hereinschwebten und elegant verpackte Geschirrspüler zum Vorderausgang hinausrollten. Nur geht das leider niemals so einfach. Ich habe noch nie eine Fabrik gesehen, in der es nicht zu viele Muttern für zu wenig Schrauben gibt oder in der keine Regale voller Einzelteile für ein Produkt herumstehen, das gar nicht mehr hergestellt wird. Selbst in Fabriken, die leidlich gut funktionieren, werden die Arbeiter zu Sklaven des Produktionsdrachen, der mit Tonnen von Einzelteilen gefüttert wird und fertige Produkte ausspuckt. Dieser Drache lächelt nur, wenn man ihn nicht stört oder um Himmels willen nur ja nicht versucht, neue Verfahren auszuprobieren. Das könnte von Henry Ford aus dem Jahre 1908 stammen, nicht wahr?

Als die Computer auftauchten, wurden sie zunächst meist für Aufgaben herangezogen, bei denen riesige Datenmengen bewältigt werden mußten wie bei der Durchführung einer Volkszählung, beim Verfolgen militärischer Bewegungen oder bei der ordentlichen Abwicklung großer staatlicher Fürsorgeprogramme. Inzwischen ist die Entwicklung auf diesem Gebiet so weit vorangeschritten, daß eine Maschine, die früher ein ganzes Zimmer einnahm, heute auf einen Schoß oder gar in die Tasche paßt, und diese Maschinchen haben praktisch in jedem Wirtschaftsbereich Eingang gefunden. Die Menschen können schon gar nicht mehr denken, ohne die Finger auf einem Keyboard oder einen Bildschirm vor der Nase zu haben. Aber da ist etwas Merkwürdiges passiert: Von Computern geschaffene Daten, die eigentlich Mittel zu einem Zweck sein sollten, sind zum Selbstzweck geworden. Statt daß sie uns dabei helfen, Daten zu organisieren, ertränken uns die Computer darin.

Die Explosion der computererzeugten Daten setzte zu einer Zeit ein, als die Unternehmen noch von Managern geleitet wurden, die nicht dem Computerzeitalter entstammten und die darum von Computerprofis um den Finger gewickelt werden konnten, die ihr Spezialwissen zu einer Art von Priesterweihe aufmotzten, indem sie sich Zauberworte und heilige Gesänge ausdachten; die mit Hardware und Software Leute bombardierten, die sich bei Tupperware wohler fühlten; und die dafür sorgten, daß sich die meisten von uns wie Blödmänner vorkamen. Ältere Manager, die besonders eingeschüchtert waren, dachten bei sich: »Ich werde dieses Zeug aufhalten, solange ich kann, und wenn das nicht mehr geht, dann tu ich so, als ob ich alles kapiere, was sie sagen, und kaufe so viel davon ein, wie ich kann.«

Das Ergebnis war der absolut überzogene Einsatz dieser außergewöhnlichen Maschinen. Berichte werden mit Tabellen und Graphiken und Tausenden von Zahlen aufgebläht, wobei das meiste davon unnötig ist und nicht zur Kenntnis genommen wird. Alles ist übertrieben kompliziert und verwirrend geworden – und genau das sollten Computer uns doch eigentlich ersparen. Ich schäme mich durchaus nicht zu sagen, daß Semco auf der Elektronikwelle mitschwamm und innerhalb von ein paar Jahren von der Steinzeit ins Raumfahrtzeitalter gelangte. Aber je mehr ich über das Mikrochip-Management mitbekam, desto mehr begann ich mich davor zu fürchten.

Einmal habe ich eine unserer kleinen Unternehmenseinheiten drei Tage vor Monatsende aufgesucht.

»Wie wird das Ergebnis für diesen Monat Ihrer Meinung nach ausfallen?« fragte ich ganz unschuldig den dortigen Computerfritzen.

»Das wissen wir bereits. Wir haben die Zahl hier, im Terminal.«

»Wie das denn? Der Monat hat doch noch drei Tage.«

»Nicht für uns – wir hören mit dem Fakturieren vier Arbeitstage vor Monatsende auf.«

Ich war schockiert. Das hieß, daß die Lagerbestände länger zurückgehalten wurden, als es nötig war, wodurch sich die Zinskosten erhöhten; auch würden bestellte Maschinen tagelang herumstehen, bevor sie das Werk verließen, wodurch die Frustration bei den Kunden zunahm. Man stelle sich nur einmal vor, Federal Express würde ein paar Tage im Monat nichts weiter tun, als die Computer zu füttern.

»Nun, wir müssen doch erst das Rechnungsformular ausfüllen, es an die Zentralbuchhaltung schicken, das Batch-Processing am Zentralcomputer abwarten...«

»Stop!« unterbrach ich ihn. »Warum können Sie nicht einfach die Rechnungen an Ihrem eigenen Terminal bearbeiten?«

»Weil sie dann nicht automatisch im Zentralprogramm der Buchhaltung aufgezeichnet würden, in dem alle ausstehenden Rechnungen mit Querverweisen versehen werden.«

»Ich verstehe«, sagte ich, obwohl es nicht stimmte. »Fahren Sie fort.«

»Nachdem sämtliche Rechnungen von allen unseren Einheiten gesammelt worden sind – wir führen sie aus steuerlichen Gründen in numerischer Reihenfolge –, werden sie batch-proc... äh, schubweise verarbeitet, und dann kriegen wir unsere Rechnungen wieder zurück. Und erst dann können wir unsere Produkte ausliefern.«

»Und wie haben Sie das alles früher gemacht?«

»Ach, das war sehr primitiv. Wir haben bis zur letzten Minute gewartet und dann die Rechnung ausgeschrieben. Manchmal waren wir noch spätabends hier und bearbeiteten Rechnungen, damit die monatlichen Verkaufszahlen höher waren.«

»Wie viele Rechnungen haben Sie damals ausgestellt?«

»Etwa 150.«

»Und jetzt?«

»Etwa 120.«

Zwei Tage später lief die Einheit nicht mehr über den Computer und war zum primitiven manuellen System zurückgekehrt. Und schon bald verzeichnete das Rechnungswesen einen Zuwachs um 15 Prozent, da die Mitarbeiter wieder in letzter Minute auslieferten und sich mit ganzer Kraft dafür einsetzten, daß fertige Produkte das Werk noch verließen. Innerhalb eines Monats waren alle anderen Computerterminals in unseren Unternehmenseinheiten wieder an die Zentrale zurückgegangen, und unser Hauptcomputer dort wurde abgeschaltet. All diese Programmierer oder Keyboardjongleure gibt es bei uns nicht mehr – wir haben unsere EDV-Abteilung aufgelöst und unseren Systems Master Plan weggeworfen. Wir haben all unseren Technikfreaks eine Chance gegeben, sich ihren ehrlichen Lebensunterhalt anderswo zu verdienen, und dann haben wir uns aufseufzend zurückgelehnt und uns entspannt. Typischer Semco-Stil: Wer meint, daß er einen Computer braucht, legt sich einen zu. Alles, was jemand für nötig hält, bekommt er bei uns auch. Es gibt nur einen Haken dabei: Er muß lernen, selbst damit umzugehen. Wir machen uns längst keine Gedanken mehr darüber, ob ein Computer mit einem anderen kompatibel ist. Jeder Mikroprozessor genügt sich selbst – zum Teufel mit diesen wirtschaftlichen Großbestellungen.

Soviel war uns jetzt klar: Entweder übernahm man raffinierte, komplexe Systeme, um mit den Komplikationen fertig zu werden, oder man vereinfachte alles.

Am Ende entschieden wir uns für letzteres.

Und dafür hatten wir den richtigen Mann: Joao Vendramin, unseren kahlköpfigen, bebrillten Betriebswirt und Tausendsassa – was für ein unglaubliches Glück, daß wir ihn von den alten Hobart-Werken geerbt hatten. Joao war trotz seiner gelegentlichen Ausbrüche gewöhnlich ein zurückhaltender und grüblerischer Mensch. Auf jeden Fall *wirkte* er entspannt, nachdem er sich von seinen Anzügen und Krawatten getrennt hatte. Ich kann mich noch gut daran erinnern, wie alles kicherte, als Joao sich an unseren Konferenztisch setzte und die Füße auf die polierte Mahagoniplatte legte. Da er einen Heidenrespekt vor teuren Möbeln hatte, zog er vorher immer die Schuhe aus. Joao lehnte sich gewöhnlich schweigend zurück. Aber plötzlich mischte er sich ein, zitierte Aristoteles oder Machiavelli oder gab seine eigene unkonventionelle Meinung zum besten. Das ging so weit, daß die Leute die Stimmung auf unseren Konferenzen entkrampften, indem sie Sprüche losließen wie: »Wie Joao über unsere Produktionspläne sagen würde – du kannst nicht mit dem Fahrrad in den Wolken fliegen.« Und er lächelte nur dazu.

Es gab keinen Besseren als Joao, den man in der Welt herumschikken konnte – nur er konnte Unternehmen aufsuchen, welche die etablierten Regeln brachen oder sie abschafften und sich auf sich selbst verließen. Denn genau das waren die Unternehmen, die uns unserer Meinung nach helfen konnten, unsere organisatorischen Probleme zu lösen.

Also flog Joao nach Schweden, wo er Fließbandarbeitern bei Volvo zusah, die nicht nur eine einzige Aufgabe hatten, sondern in kleinen Teams arbeiteten und einen ganzen Wagen zusammenbauten. (Jahre später wurde dieses System fallengelassen, aber hauptsächlich wegen der Probleme zwischen Gewerkschaften und Management, nicht weil Teamarbeit nicht mehr gefragt war.) In Delaware besichtigte er W.L. Gore, ein Unternehmen, das die konventionellen Organigramme abgeschafft und eine sogenannte »Gitterorganisation« eingeführt hatte, bei der es zwischen den einzelnen Arbeitsbereichen keine hierarchischen Beziehungen mehr gab. Gore hatte die Titel von den Visitenkarten der Manager entfernt und ein System aufgestellt, bei dem das Einkommen der monatlichen Leistung entsprach und von Mitarbeitergruppen festgelegt wurde, die die Möglichkeit hatten, die Bezahlung eines einzelnen Mitarbeiters bis auf Null zu reduzieren (was laut Bill Gore, der kürzlich verstarb, dazu führte, daß der Betreffende für diese Gruppe dann gar nicht mehr arbeitete). Bei Samsung in Südkorea wie bei Toyota, Kyocera, Sharp und TDK in Japan begegnete Joao anderen Formen der Verbindung von modernen

Produktionsmethoden und der Einbeziehung von Arbeitern, auch wenn diese Systeme auf kulturell bedingten Eigenheiten wie Gehorsam und Ehrfurcht vor dem Unternehmen beruhten.

»Mitarbeiter kann man nur dann wie verantwortliche und anständige Erwachsene behandeln, wenn man zuläßt, daß sie wissen, was um sie herum vorgeht, und daß sie Einfluß darauf nehmen«, erklärte uns Vendramin, als er von seiner Weltreise zurückgekehrt war. »Und sie beteiligen sich nur dann an den Entscheidungen, die sie selbst betreffen, wenn es in dem Werk, in dem sie arbeiten, nicht zu viele Leute gibt.

Natürlich gibt es gewisse Methoden, wie man den Leuten weismachen kann, daß es auf sie ankommt, aber sie funktionieren nicht lange. Irgendwann kommen die Arbeiter darauf, daß sie bei den wirklich wichtigen Entscheidungen nie zu Rate gezogen werden. Es gibt nur eine Möglichkeit der Veränderung: Man muß jede Unternehmenseinheit so klein halten, daß die Leute verstehen, was läuft, und das Ihre dazu beitragen.«

Nach Vendramins Diagnose litt Semco bereits unter einem akuten Fall von Übergröße, der durch unsere Akquisitionen und unseren Erfolg ausgelöst worden war. Die Heilmethode war logisch, wenn auch altmodisch in einem Zeitalter, in dem Firmenaufkäufe und Konglomerationen an der Tagesordnung waren. Fabriken, die einfach zu groß geworden waren, sollten in so kleine Einheiten aufgebrochen werden, daß die Leute, die darin arbeiteten, sich wirklich wieder als Menschen fühlen konnten. In einer kleinen Fabrik ist es möglich, sich mit jedem Kollegen zu duzen, mit den anderen über Pläne und Strategien zu diskutieren, sich einbezogen zu fühlen. *Dazuzugehören.*

Vendramins Vorschlag sah vor, daß Semco sich selbst wie eine Amöbe durch Teilung kopieren sollte. Also waren wir bereit, uns zu teilen.

Kapitel 15
Teile und gedeihe

»Larifari«, meinte Henrique Pinto naserümpfend. Der dunkelhaarige, schnurrbärtige Generaldirektor unseres Werks in Santo Amaro war einer von rund einem Dutzend Managern, die sich in einem Konferenzraum in der dritten Etage versammelt hatten.

Ich sah ihn erstaunt an. »Larifari?«

»Die Vorteile, die Sie auf der Tafel aufgeführt haben, sind nicht meßbar, aber die Nachteile sind ganz konkret. Und kostspielig. Das nenne ich Larifari.«

»Er hat recht«, meinte Clovis. »Was die Verdoppelung von Wachpersonal, Empfangsdamen, Sekretärinnen und so weiter kosten wird, läßt sich leicht ausrechnen. Motivation und das Gefühl, dazuzugehören, kann man nicht quantifizieren.« Er hielt inne. »Aber das heißt noch lange nicht, daß der mit den leicht meßbaren Dingen verbundene Geldwert höher ist.«

»Wie sollen wir dann wissen, ob wir die richtigen Entscheidungen treffen?« wandte Henrique ein.

»Überhaupt nicht«, erklärte ich. »Es ist wirklich ein Sprung ins Ungewisse.«

»Wir haben schon früher solche Sprünge getan und sind auf die Schnauze gefallen«, warf Henrique ein. »Nehmen wir nur die Investition bei Flakt. Vor drei Jahren haben wir sie gekauft, und wir brauchen noch mindestens fünf Jahre, bis wir einen Gewinn sehen werden.«

»Schon recht, Henrique«, sagte Vendramin, der am Konferenztisch saß, seine unbeschuhten Füße daraufgelegt hatte (wie immer) und aus dem Fenster sah (wie immer). »Aber die gleiche Entscheidung haben wir bei den Keksbackanlagen gemacht. Wir haben Hunderttausende von Dollars ausgegeben, ehe sie einen Ertrag abwarfen. Aber dann haben wir alles in einem einzigen Jahr hereingeholt.«

»Also was nun?« beharrte Henrique. »Werden wir nun einfach alle Werke teilen, ohne Rücksicht auf die Kosten? Wie haben Sie das genannt, Joao?«

»Die Amöben-Methode«, sagte Vendramin lächelnd.

Wir hatten über die Amöben-Methode wochenlang diskutiert, ohne einen Schritt weiterzukommen. Die Ingenieure und andere technokratische Seelen wie Pinto waren skeptisch, ob wir dabei etwas gewinnen würden, selbst wenn durch die Verkleinerung unserer Betriebe unsere Arbeiter irgendwie produktiver würden.

Aber unsere Probleme – die Konferenzen, die zu lange dauerten, die Machtkämpfe zwischen einzelnen Gruppen von Managern, die Unmöglichkeit, jedem in einem Werk das Gefühl zu vermitteln, er sei Teil eines Ganzen, die Entfremdung, die ich noch überall bei Semco bemerkte, das Fehlen von Kathedralenbaumeistern – würden sich nicht von selbst lösen. Sie waren, wie ich glaubte, auf unsere Größe zurückzuführen, und dafür gab es eine einfache, wenn auch vielleicht kostspielige Abhilfe. Wir würden uns wie eine Amöbe teilen – und, hoffentlich, gedeihen.

In einigen Fällen würde das bedeuten, daß wir einen Teil der Belegschaft in eine neue Fabrik verlegen müßten. Andere Werke würden einfach mittendurch geteilt werden – wie das Motelzimmer, das Clark Gable und Claudette Colbert in *Es geschah eines Nachts* miteinander teilten. Auf jeden Fall würden die neuen Einheiten genauso wie die, aus denen sie entstanden waren, völlig autonom sein. Manager konnten im Semco-Stil schalten und walten, wie sie wollten. Unsere zentrale Stabsebene würde sie in Bereichen wie Buchhaltung und Personalwesen unterstützen und sie, falls gewünscht, in strategischer Hinsicht beraten. Aber wenn eine Einheit die Leute in der Zentrale nicht brauchte, dann sollte uns das auch recht sein. Wenn ein Werk die Leistung brachte, die wir alle erwarteten, dann könnten durchaus Monate vergehen, bevor es von irgendeinem aus der Zentrale Besuch erhielte. Wir würden sie mit unserer huldvollen Mißachtung eher belohnen.

Die anderen Zahlenfetischisten wurden natürlich nicht müde, uns darauf hinzuweisen, daß Vendramins Amöben-Plan mit gewaltigen Kosten verbunden war. Eine Fabrik, die jetzt noch ungeteilt war, würde künftig alles doppelt haben müssen – vom Hauspersonal bis zur Laderampe und von der EDV-Abteilung bis zum Parkplatz. Die beiden neuen Werke würden auch eine größere Lagerhaltung mit sich bringen – in zwei Lagerhallen. Und dann wären da noch die besonders aufwendigen Posten wie die Kosten für zusätzliche Maschinen und der Kauf oder das Leasen neuer Gebäude.

Manchmal hielt sogar ich diese Idee für verrückt. Und dennoch machten wir uns daran, sie umzusetzen, wobei unsere Entscheidung auf zwei Gefühlen beruhte, auf die Unternehmensmanager normalerweise nicht zu setzen wagen: Intuition und Glaube.

1986 erlebte Brasilien eine drastische wirtschaftliche Wende. Mit einer neuen Wirtschaftspolitik wurden die Preise eingefroren und die Inflation von monatlich 25 Prozent auf Null zurückgefahren. Der Finanzminister, ein hagerer, ernsthafter Idealist namens Dilson Funaro, war fest entschlossen, ein inflationäres Verhalten unter Kontrolle zu bekommen: Jeder hob nämlich die Preise an, um künftige Preissteigerungen vorwegzunehmen – eine endlose Spirale. Funaro war unheilbar krank – er litt an Lymphdrüsenkrebs –, und er wußte das auch. Die Inflationsbekämpfung war seine Chance, Geschichte zu machen, und er war entschlossen, sie zu nutzen, selbst wenn das bedeutete, daß Unternehmen hohe Geldbußen hinnehmen oder schließen mußten und Manager eingesperrt würden, sobald sie auch nur einen Centavo auf ihre Produkte aufschlügen.

Es spielte keine Rolle, daß die monatliche Inflationsrate nach einem Jahr wieder zweistellig war oder daß ein paar Zulieferer Mittel und Wege fanden, die Vorschriften zu umgehen, weil sie entweder Rohmaterialien importierten, deren Preise auf frei gehandelte Dollars lauteten, oder weil sie sich besondere »Frachtkosten« und andere neue Gebühren einfallen ließen oder – noch besser – ein Monopol auf dem Markt hatten. Aber eine Zeitlang funktionierte der Plan, Funaro war ein Held, und die Nachfrage nach Produkten aus diesem euphorischen Land stieg.

Unser Werk in Ipiranga hatte sich auf zwei unterschiedliche Produktlinien verlegt: mechanische und elektronische Produkte. Erstere umfaßte Geschirrspüler, mechanische Waagen, Fleischwölfe, Teigrühr- und -knetmaschinen und Wurstschneidemaschinen; letztere elektronische Waagen und damit verbundene Drucker, wie sie von den Einzelhändlern verwendet wurden. Die elektronischen Produkte stellten uns vor ein Problem. Wir kauften viele Komponenten von Importeuren, so daß unsere Kosten weiter stiegen. Aber da der Preis für unsere Waagen ohnehin schon rekordverdächtig war, würden sich die Kunden sofort beschweren, wenn wir unsere Preise anhöben. Uns waren einfach die Hände gebunden.

Vor dem Wirtschaftsplan hatten wir im Monat bis zu 300 Waagen verkauft und rund drei Millionen Dollar im Jahr eingenommen. Nach der Einführung des Plans kletterten unsere Verkäufe auf 500, 700 und schließlich 1200 Waagen pro Monat, aber da unser Preis im Gegensatz zu dem des Zulieferers fest war, verloren wir bei jedem Verkauf Geld. Und das war noch nicht alles. Das Werk konnte mit der Nachfrage nicht Schritt halten; während sich die Aufträge stapelten, geriet unser Warenbestand durcheinander – Hunderte von Waagen standen im Produktionsbereich herum und warteten auf einen einzigen Mikrochip, der einfach nicht kam, so sehr wir auch unseren Lieferanten anflehten. Und das Schlimmste war, daß auch noch zehn Prozent unserer Waagen ans Werk zurückgeschickt wurden – wegen mangelnder Qualität. Die Kunden schlossen sie in ihren Läden an, die Hunderte oder Tausende Kilometer weit weg waren, und mußten erleben, wie die Waagen den Geist aufgaben.

Ergebnis: Wir verloren rapide die Kontrolle über das Unternehmen. Damit war das Ipiranga-Werk der ideale Kandidat für die Amöben-Kur. Wir beschlossen, den Elektronikbereich auszugliedern, und verlegten ihn in ein neues Werk bei Jabaquara, das etwa 15 Kilometer von Ipiranga entfernt war. Die Leitung der neuen Einheit, die wir DBData nannten, sollte ein Mann namens Jose Joao Fiasco übernehmen. (Lachen Sie nicht – er hieß wirklich so.)

Fiasco war ein schwerer, gut gekleideter Mann mit einem hohen IQ und tadellosen Manieren. Er stammte aus einer Familie der oberen Mittelschicht und hatte sowohl Maschinenbau wie Betriebswirtschaft studiert. Bisher war er ein erfolgreicher Vertriebsmanager in Santo Amaro gewesen, hatte aber weder Erfahrungen in der Führung eines Unternehmens vorzuweisen noch direkten Kontakt mit Arbeitern gehabt. Immerhin war er ein überzeugter Anhänger der Semco-Politik, den Mitarbeitern zu vertrauen.

Sein Statthalter war Rogerio Ottolia. Ich hatte Rogerio vor zwei

Jahren kennengelernt, als er noch ein Werk leitete, das Clovis und ich eventuell kaufen wollten. Rogerio beeindruckte uns damit, daß er unsere hartnäckigen Fragen über Technik, Finanzen und Vertriebsprobleme ebenso engagiert wie gelassen beantwortete. Die Übernahme kam zwar nicht zustande, aber wir stellten Rogerio bei der erstbesten Gelegenheit ein. Er war von seiner Ausbildung her Elektronikingenieur, hatte einen beschwingten Gang und leuchtende, dunkle Augen. Und er war ein Mann, der nie um einen neuen Einfall verlegen war.

Und nun packten sie die Maschinen und das Lager ein und übersiedelten mit 30 anderen Mitarbeitern in ihre neue, 1350 Quadratmeter große Werkshalle. Sobald sie sich dort eingenistet hatten, führte die zum größten Teil noch junge Belegschaft, unter der sich auch einige Elektronikfachleute befanden, eine völlig neue Unternehmenskultur ein. Die Kids, wie man sie bald nannte, stellten das Ersatzteillager auf den Kopf und entdeckten unter anderem teure integrierte Schaltkreise, die drei Jahre für Waagen gereicht hätten, die nicht mehr produziert wurden, mehrere hundert Displays, die nicht zum Gehäuse der Waagen paßten, die sie herstellten, sowie Hunderte von Transistoren, die bei keiner Waage funktionierten, aber aus irgendeinem Grund nie an den Zulieferer zurückgeschickt worden waren. Der Schuldige war unser MRPS-Programm gewesen, das einige Teile doppelt und dreimal soviel wie nötig bestellt hatte. Da die Kids etwas Derartiges nicht mehr erleben wollten, richteten sie ein auf den aktuellen Bedarf zugeschnittenes Lagersystem ein und installierten ein Kanban-System nach brasilianischer Art, das auf jenem japanischen System beruhte, bei dem die Komponenten und Rohmaterialien je nach ihrer Verwendung im Fertigungsprozeß farbig codiert und in der Nähe der Maschinen gelagert werden, so daß die Arbeiter sofort sehen, was ihnen auszugehen droht.

Schon bald waren die Verkäufe bei der neuen Einheit der Fertigungskapazität angepaßt, und die defekten Waagen wurden zurückgerufen und repariert. Nach ein paar Monaten bereits war DBData Semcos Flaggschiff – die Produktivität war doppelt so hoch wie bei der Systemgastronomie-Einheit, die Lagerbestände waren um 40 Prozent reduziert, und die Reklamationen machten weniger als ein Prozent aus.

Wie kam es zu diesem Erfolg? Die Kids hatten alles von Grund auf neu gemacht. Jeder Tag begann mit einer kurzen Versammlung, bei der sich alle Mitarbeiter einfanden, die im japanischen Stil weiße Overalls trugen. Die Finanzdaten wurden regelmäßig am Weißen Brett bekanntgegeben, und offene Büros sorgten dafür, daß jeder zu jedem leicht Zutritt hatte. Meine liebste Neuerung war ein Brett am Werkseingang, auf dem der Name jeden Mitarbeiters stand, neben dem sich ein hölzerner Haken befand. Wer morgens kam, hängte eine von drei Metallmarken an den Haken: Eine grüne Marke stand für »Gute Laune«, eine gelbe für »Vorsichtig!« und eine rote für »Heute nicht – bitte«. Vielleicht war es nur ein Gag, aber die Kids nahmen das ernst, überlegten sich genau, welche Marke sie hinhängten, und beachteten die der anderen.

Normalerweise dominierten übrigens die grünen Marken.

Die übrigen Mitarbeiter in Ipiranga wurden auf zwei Einheiten verteilt: Die einen stellten Geschirrspüler her, die anderen die Schneide- und Schälmaschinen und weitere Geräte zur Verarbeitung von Nahrungsmitteln. Auch dort hob sich die Stimmung, besonders bei der Geschirrspülereinheit, wo die Fließbandarbeiter einen Schritt weiter gingen als das Schneidemaschinen-Team: Sie veränderten das Produktionssystem, indem sie die Komponenten in der Werkshalle lagerten und in Teams arbeiteten, die sich je nach Bedarf an verschiedenen Stellen des Werks aufhielten, statt an ein und demselben Platz zu verharren. Ein Schweißer baute vielleicht an einem Tag Maschinen zusammen, während er am nächsten einen Gabelstapler fuhr. Genauso wanderten Maschinenschlosser von Gerät zu Gerät, je nachdem, wo sie gebraucht wurden.

Die Skeptiker hatten stets behauptet, daß wir viel mehr Leute und Maschinen brauchen würden, wenn die Werke einmal geteilt wären. In der Tat hatte jedes unserer drei neuen Zweigwerke sein eigenes Management, seine Vertriebsleute und seine Finanzabteilung. Aber was die Belegschaft betraf, erlebten wir eine Überraschung. Wir hatten jeden der drei Generaldirektoren aufgefordert, sich die Leute auszusuchen, die sie in ihren Einheiten haben wollten – so wie Kinder Mannschaften für ein Spiel bilden. Iotti, der die Geschirrspülereinheit übernahm, und Wilmar Fagundes, unser Computer-Jockey, der nun die Einheit für die mechanischen Produkte leiten sollte, stellten ihre Wunschlisten auf. Wir zählten beide zusammen, nahmen noch die Leute dazu, die mit Fiasco bei DBData arbeiteten – und stellten erstaunt fest, daß es noch immer rund ein Dutzend Arbeiter gab, die nirgendwo eingeteilt waren. Jeder Manager hatte vor, mehr Subunternehmer von draußen einzusetzen und seinen Mitarbeitern verschiedene Aufgaben zu übertragen, so daß sie effizienter arbeiten würden. (Die überzähligen Leute wurden meist für andere Jobs umgeschult.)

Wie bei DBData verbesserte sich in den beiden Ipiranga-Divisionen die Qualität. Und alle drei Einheiten begannen schließlich ihre Produkte einen Tag nach Auftragseingang auszuliefern, was es weder in der Geschichte der Hobart-Werke noch bei Semco jemals gegeben hatte.

Statt durch die Teilung unserer Werke Ausschuß zu produzieren, bauten wir ihn ab. Ich vermute, als Ipiranga größer und komplexer wurde, hatten sich mehr Nischen und Winkel gebildet, in denen sich unwichtige oder unproduktive Mitarbeiter verstecken konnten. Es wurden auch viel zu viele überflüssige Papierkriege geführt.

Wann ist etwas Großes zu groß? Der englische Autor Anthony Jay hat uns in seinem Buch *The Corporation Man* daran erinnert, daß wir fünf Millionen Jahre lang Jäger und Sammler und fast 300 Generationen lang Ackerbauern und Viehzüchter gewesen waren, während unser Industriezeitalter demgegenüber nur einen Wimpernschlag gewährt hat. Praktisch seit es Menschen gibt, haben wir immer kleinen Gruppen von normalerweise fünf bis fünfzehn Leuten angehört. Wie kann ein Unternehmen nur eine so uralte Erfahrung ignorieren und erwarten, daß sich seine Mitarbeiter an Gruppen von 1000, geschweige denn 10000 Menschen anpassen?

Selbstverständlich sollten Sie 10000 Arbeiter einstellen, wenn Sie die entsprechenden Produkte und Märkte haben. Nur sollten Sie sie in kleinen Unternehmenseinheiten zusammenfassen. Ein Unternehmen kann mit seinen 1000 Mitarbeitern geradezu gigantisch sein, wenn sie alle unter demselben Dach arbeiten. Umgekehrt gibt es kleine Unternehmen mit über 50000 Arbeitern, aber hier arbeiten nicht mehr als ein paar hundert Menschen miteinander. Tatsächlich gibt es bei Semco kein Programm, das nicht auch in einem Unternehmen mit 5000, 10000 oder 100000 Mitarbeitern funktionieren würde – solange es nicht zu Gigantismus kommt, weil man die Belegschaft auf kleine Einheiten verteilt hat.

Wann ist etwas Kleines klein genug? Für manche Unternehmen lautet die magische Zahl 500. Für andere mag das Maximum ein paar Dutzend betragen. Normalerweise allerdings werden Menschen ihr Leistungspotential nur dann ausschöpfen, wenn sie fast jeden in ihrer Umgebung kennen, und das ist im allgemeinen bei nicht mehr als 150 Menschen der Fall. Jedenfalls nach unserer Erfahrung. Auf der anderen Seite hatten wir nicht mehr als 200 Mitarbeiter, ehe wir die Fabrik in Ipiranga aufteilten – aber die Hauspost brauchte zwei Tage, um von einer Abteilung zur anderen zu gelangen, und das bei einer Entfernung von weniger als 300 Metern. Da war er wieder, der Gigantismus.

Gewiß, manche Fabriken sind schwerer zu teilen als andere. Man kann nicht einfach einen Teil eines Autofließbands nehmen und ihn auf die andere Seite der Stadt verlegen. Es kommt ganz darauf an, die richtigen Kriterien für eine Teilung herauszufinden – an Hand der Produkte, der Märkte, der Maschinen, von was auch immer. Und wenn es unmöglich ist, die Anlage zu verlegen, dann teilen Sie eben die bestehende Fabrik in zwei Einheiten, aber sorgen Sie dafür, daß in jeder Einheit andere Leute für Bereiche wie Vertrieb, Marketing, Herstellung, Finanzen, Personalwesen und alles übrige zuständig sind.

In Zeiten eines kräftigen Wirtschaftswachstums haben wir die Erfahrung gemacht, daß unsere geteilten Werke mehr eingebracht haben als in entsprechenden Zeiten zuvor, als sie noch größer waren. Und wir haben auch festgestellt, daß kleinere Fabriken sich in schlechten Zeiten oder in einer Krise viel schneller erholen als größere.

Nach all dem bin ich zu der Überzeugung gelangt, daß das Wirtschaften im großen Maßstab eines der am meisten überschätzten unternehmerischen Konzepte ist. Es besteht natürlich auch weiterhin, aber es führt viel eher zur Mißwirtschaft, als den meisten Menschen klar ist.

Kapitel 16

Die Irren übernehmen die Anstalt

Der nächste Kandidat für eine Teilung war das Werk in Santo Amaro. Wir entschieden, daß die Abteilung für Schiffsprodukte mit ihrem gesunden Auftragspolster über ihren angestammten Platz hinausgewachsen war und sich einen neuen Standort suchen mußte. Wir begannen die Suche auf die übliche Art, indem wir alles dem Generaldirektor des Werks überließen und unsere Pläne geheimhielten, damit keine Unruhe unter den Mitarbeitern aufkam. Der Manager nahm Kontakt zu mehreren Immobilienmaklern auf, und schon bald hatten sie mehrere interessante Gebäude gefunden. Das Dumme war nur, daß sie sich an Orten befanden, bis zu denen viele von unseren Arbeitern – besonders diejenigen, die auf öffentliche Verkehrsmittel angewiesen waren – eine Ewigkeit brauchen würden, so daß wir Gefahr liefen, eine Menge von ihnen zu verlieren.

Dann merkten wir, daß wir diese Suche auf eine Art und Weise durchführten, die im Gegensatz zu unseren neuen Prinzipien stand. Wir handelten nicht partizipativ. Also beriefen wir eine Versammlung aller 120 Mitarbeiter der Einheit ein und legten ihnen sämtliche relevanten Fakten dar: den Grund für die Verlegung, das Budget für den neuen Standort und alles andere, was uns dazu einfiel. Dann wurden Suchkomitees gebildet, und am darauffolgenden Montag warteten die Arbeiter mit Dutzenden von Vorschlägen für einen Standort auf.

Ein paar Wochen später machten wir das Werk für einen Tag dicht und karrten alle mit Bussen an die drei Orte, die am ehesten in Frage kamen. Und nach einer Reihe von Versammlungen suchten sich die Arbeiter ihren nächsten Arbeitsplatz aus: eine leerstehende Fabrik, nicht weit vom Werk von Santo Amaro, an einer Straße, die Nacoes Unidas (Vereinte Nationen) hieß.

Es war in jeder Hinsicht eine ausgezeichnete Wahl – fast in jeder Hinsicht: Die Fabrik befand sich in der Nähe einer Firma, die häufig bestreikt wurde. Niemand im Management wollte bei diesem schrecklichen Krieg zwischen Arbeiter und Managern in der ersten Reihe sitzen, aber wir zogen dennoch um. Wir dachten nie daran, uns über die Entscheidung unserer Arbeiter hinwegzusetzen, denn sonst wäre unsere Glaubwürdigkeit zum Teufel gewesen.

Nachdem sie ihr neues Werk gefunden hatten, gab es für unsere Arbeiter kein Halten mehr. Sie organisierten ihre Arbeit auch neu, und dabei brachten sie uns alle einen riesigen Schritt weiter.

Statt eine Reihe von Drehbänken aufzustellen, dann eine Reihe von Schweißapparaten und so weiter – alles an einem langen Fließband à la Henry Ford –, bildeten die Arbeiter kleine Gruppen mit verschiedenen Maschinen. Dahinter stand die Idee, daß jede dieser Gruppen ein Team darstellte, dessen Angehörige ein Produkt von Anfang bis Ende gestalten und damit auch die Verantwortung für die Produktqualität übernehmen würden und die nicht zuletzt durch die gewaltige Befriedigung belohnt würden, die mit der Bewältigung einer Aufgabe verbunden ist. Mehr noch: Diese Arbeiter würden alle wissen, wie jede Maschine in ihrer Gruppe, nicht nur eine einzelne, zu bedienen war, und sie würden auch alles andere mit erledigen – sogar ihre Materialien mit dem Gabelstapler aus dem Lagerraum holen. Diese Art der Organisation, eine sogenannte Fertigungszelle, war zuerst von den Arbeitern an der Geschirrspül-Fertigungsstraße im Ipiranga-Werk eingeführt worden.

Frederick Winslow Taylor wäre damit ganz und gar nicht einverstanden gewesen. Ehe es einen Henry Ford gab, gab es einen Frederick Winslow Taylor. Ja, ohne einen Frederick Winslow Taylor hätte es keinen Henry Ford gegeben. Er war, mehr als jeder andere, der Pate der modernen Fabrik, in der Tausende namenloser, gesichtsloser Roboter gnadenlos stereotype Aufgaben unter den stets wachsamen Augen von Aufsehern verrichten. Taylor war überzeugt, daß Arbeiter dann am effizientesten waren, wenn ihre Tätigkeit aus einer kleinen Zahl verschiedener Bewegungen bestand, die alle wissenschaftlich ausgetüftelt waren und ihrer Anatomie entsprachen. Taylor zerlegte komplizierte Fertigungsprozesse in zahlreiche solcher Aufgaben, die jeweils einer Gruppe von Arbeitern übertragen wurden. Diese Segmentierung und Spezialisierung der Arbeit, sorgfältig in starren Arbeitsplatzbeschreibungen festgehalten, war, wie Taylor behauptete, der unbestreitbare Schlüssel zu maximaler Produktivität. Und so schaufelte denn ein Arbeiter Kohle aus einem Kasten auf einen Haufen, ein anderer nahm eine Schaufel Kohle vom Haufen, trug sie ein paar Schritte und ließ sie auf einen anderen Haufen fallen, und wieder ein anderer schaufelte die Kohle von diesem zweiten Haufen auf ein Förderband. Und alle drei schufteten sich unter den wachsamen Augen eines Vorarbeiters ab. Man multipliziere diese finstere kleine Szene mit Hunderten oder gar Tausenden von Arbeitern, und schon hat man die heutigen gigantischen Tempel der Massenproduktion vor sich.

Dabei sind die reinen Lehren des Taylorismus keineswegs auf Fabriken beschränkt. Vor ein paar Jahren wurde die unbeweint dahingeschiedene Eastern Airlines an Texas Air verkauft – ein vielfach kleineres Unternehmen. Was hat zu dieser merkwürdigen Umkehrung geführt? Ich meine: Taylor und seine Arbeitsplatzbeschreibungen. Jahrelang beherrschte die Eastern viele der besten Routen an der Ostküste der USA. Die Fluggesellschaft verzeichnete ein stetiges Wachstum, aber nun wollten ihre Piloten, Stewardessen und ihr Bodenpersonal unbedingt genau detaillierte Arbeitsplatzbeschreibungen. Unterstützt von ihren Gewerkschaften, hielten sich die Angestellten der Fluggesellschaft strikt an das, was in diesen Beschreibungen vorgegeben war, und weigerten sich, etwas anderes zu tun. Wenn ein Gepäckmann gerade nichts zu tun hatte, sprang er keineswegs am Flugschalter oder bei der Wartungsmannschaft ein, wenn Not am Mann war. Eastern mußte mehr Mitarbeiter einstellen, während Arbeiter, die bereits auf der Lohnliste standen, nicht ständig beschäftigt waren.

Im Gegensatz dazu stellte Texas Air gewerkschaftlich nicht organisierte Mitarbeiter ein, die bereit waren, alle möglichen Aufgaben zu übernehmen. An seinen freien Tagen konnte ein Pilot durchaus Flugscheine verkaufen; in Stoßzeiten konnte ein Flugbegleiter das Gepäck versorgen. Texas Air überflügelte Eastern und schluckte schließlich den viel größeren Konkurrenten, der ineffizient geworden war und viel zu viele Mitarbeiter hatte. (Ich will damit nicht sagen, daß Texas Air nicht auch Probleme hatte, die meines Erachtens hauptsächlich darauf zurückzuführen waren, daß man den Mitarbeitern zu wenig das Gefühl vermittelte, in das Unternehmen einbezogen zu sein.)

Immer wenn ich mich in einer konventionellen Fabrik befinde, muß ich daran denken, wie wenig Fortschritte wir doch seit Taylor gemacht haben. Noch immer vermag er Studenten an Managementakademien einzuschüchtern. (Ob es an seinem eindrucksvollen Namen liegt? Vielleicht würde man es sich leichter herausnehmen, seine Lehren in Frage zu stellen, wenn man sich daran erinnerte, daß er weder am M.I.T. noch an der Stanford Business School studiert hat.) Ich glaube, Taylors präzise Arbeitsplatzbeschreibungen schränken das Potential der Arbeiter ein, verhindern, daß die Arbeit auch Spaß machen kann, und dämpfen damit die Motivation. Wieviel besser könnten doch Arbeitsplatzbeschreibungen sein, wenn sie nicht einfach nur das enthielten, was Mitarbeiter zu tun haben, sondern auch das, was sie tun wollen.

»Werter Herr«, würde Taylor nun zweifellos fragen, wenn er könnte, »ist Ihre Fabrik nicht auf dem besten Wege, ein ungeheures Chaos zu werden?«

In der Welt, mit der Taylor vertraut war, vermutlich schon. Niemals hätte er ein System geduldet, in dem – je nachdem, was an Arbeit anfällt – ein Arbeiter eine Drehbank oder eine Schleifmaschine bedienen, das fertige Produkt zusammenbauen, die Maschinen warten, einen mit Ersatzteilen beladenen Gabelstapler fahren, den Arbeitsbereich mit aufräumen oder sogar die Wände in seiner Ecke im Werk streichen könnte. Taylor wäre entsetzt, wenn Arbeiter damit begännen, ganz von sich aus erst Ding A zu produzieren und dann Ding B zusammenzuschrauben. Oder wenn sie dahinterkämen, daß es nicht verboten ist, Vorschläge zu machen, Neuerungen einzuführen oder einfach bei der Arbeit zu pfeifen.

In einem solchen System sind Motivation und echtes Interesse statt im voraus festgelegter Routineabläufe und brutaler Vorarbeiter die wahren Triebfedern der Produktivität. Das ist der Unterschied zwischen Taylorismus und Semcos Fertigungszellen. Wir glauben nicht an diese Art von Arbeitsteilung. Unsere Arbeiter sollen wissen, daß sie Teil eines Ganzen sind. Und wir wollen, daß sie selbst herausfinden, wie sie ihre Arbeit am besten tun können. Vermutlich werden sie dabei effizientere Formen entdecken, als es Taylor und seinen Anhängern je möglich gewesen wäre.

Von unserer Systemgastronomie-Einheit und unserer Abteilung für Schiffsprodukte ausgehend, breiteten sich die Fertigungszellen im ganzen Semco-Konzern aus. Ich nehme an, diese Formen sind vom Werkskomitee in Zusammenarbeit mit unserem Konstruktionsbüro entwickelt worden. Aber ich bin mir da nicht sicher. Es ist jedenfalls ein spontaner Prozeß, der in jedem Werk anders abläuft.

Aber während diese Zellen unsere Arbeiter glücklich gemacht haben, riefen sie bei einigen unserer Finanzgenies Sodbrennen hervor. Die Zellen sägten nämlich den Ast ab, auf dem diese Verfechter der Lohnsysteme hockten, und verurteilten sie zu hundert Jahren Einsamkeit. Topmanager ziehen nämlich fast immer die Ruhe traditioneller Methoden dem Risiko offenkundiger Desorganisation vor, das jedes Unternehmen eingeht, welches seine Mitarbeiter langsam von Arbeitsbedingungen befreit, die auf zu schmalspurig definierten Parametern beruhen.

Mit ihrer Mäkelei unterschieden sich unsere Manager durchaus nicht von einigen Gewerkschaftsführern, die nicht lange fackelten und uns daran erinnerten, daß die Arbeiter ja alle Arbeitsplatzbeschreibungen hätten, denen zufolge ihr Lohn genau festgelegt sei. (Ich vermute, damit sind auch sie Tayloristen.) Was würden denn diese »mehrdimensionalen« Arbeiter bei Semco bekommen? Würden sie wie Schweißer oder Gabelstaplerfahrer oder Maschinenschlosser bezahlt werden? Natürlich hätten es die Gewerkschaften am liebsten gehabt, wenn wir sie so bezahlten, als würden sie die ganze Zeit in der lukrativsten Kategorie arbeiten. Also wenn jemand nur dreißig Prozent seiner Arbeitszeit als Maschinenschlosser arbeitete und die übrige Zeit einen Gabelstapler fuhr, dann würde er trotzdem als höher bezahlter Maschinenschlosser gelten.

Damit waren wir natürlich nicht einverstanden. Aber es kam genausowenig in Frage, daß wir Buch darüber führten, was ein Arbeiter in jeder Minute tat. Statt dessen entwickelten wir eine »Arbeitskorb-Methode«: Jedes Jahr stellen unsere Arbeiter fest, welche verschiedenen Arbeiten sie verrichtet und wieviel Zeit sie in etwa darauf verwendet haben. Dann brauchen sie nur eine Lohntabelle zu Rate zu ziehen und sich auszurechnen, was sie zu bekommen haben. Sobald sich ihre Arbeit und ihre Tätigkeiten ändern, ändert sich auch ihre jeweilige Lohnformel.

Einigen Managern bereiteten die Zellen einen ganz besonderen Kummer. Wenn wir unsere Arbeiter ihre Fabriken übernehmen ließen, fürchteten sie, dann würden sie uns niemals irgendwelche Maschinen einführen lassen, die Arbeitsplätze vernichten würden. Aber unsere Arbeiter wußten ganz genau, wie sehr uns arbeitssparende Maschinen konkurrenzfähig machten, und es ist immer wieder vorgekommen, daß ein Werkskomitee tatsächlich eine neue Maschine befürwortete, die wir nach Meinung der Arbeiter brauchten, selbst wenn dabei einige Arbeitsplätze verlorengingen.

Darüber hinaus organisieren die Arbeiter in unseren Zellen immer mehr den Herstellungsprozeß. Sie übernehmen die Qualitätskontrolle. Bislang hatten wir in jeder Einheit eine eigene Abteilung, die unsere Produkte prüfte und beurteilte. Aber im Laufe der Zeit übernahmen unsere Arbeiter diese Aufgabe, so daß wir diese Jobs einsparen konnten. Die Arbeiter kümmern sich auch darum, neue Mitglieder für ihre Teams zu gewinnen oder abzulehnen. Heutzutage muß jeder, der sich bei Semco beispielsweise als Maschinenschlosser bewirbt, ein Vorstellungsgespräch mit einer Gruppe von Maschinenschlossern bestehen – nicht mit einem Manager; das ist so ziemlich das Schlimmste, was ihm passieren kann: Mit einem Manager könnte er ja vielleicht noch klarkommen, aber an Leuten, die ihren Job ganz genau kennen und vielleicht eines Tages seine Kollegen sind, kommt er nicht so leicht vorbei. Wenn die ja sagen, dann bekommt der Betreffende auch seinen Job. Mir ist jedenfalls kein Fall bei uns bekannt, daß die Arbeiter gegen jemanden waren, während sich ein Manager darüber hinweggesetzt und ihn eingestellt hat. Ich kann mir auch nicht vorstellen, daß ein Semco-Manager ein derartiges Risiko eingeht. Umgekehrt ist es auch noch nicht vorgekommen, daß jemand von sämtlichen Arbeitern für gut befunden, aber vom Manager abgelehnt wurde. In unserem System ist es eben einfach nicht möglich, daß eine einzige Person alle andern überstimmt.

Kann ich definitiv sagen, daß unsere Fertigungszellen Semco mehr Profit gebracht haben? In mancher Hinsicht ist es gar nicht so einfach, die Vor- und Nachteile gegeneinander abzuwägen. Tatsächlich haben unsere Fertigungszellen für die sogenannte Wirtschaftlichkeit im großen Maßstab nicht viel übrig. Statt daß wir beispielsweise 20 Maschinengehäuse auf einmal kaufen, kaufen wir davon im allgemeinen nur kleinere Mengen ein, da viele Teile direkt in der Zelle gelagert werden, wo es keinen Platz für Reserven gibt. Das ist natürlich teurer als ein Großeinkauf.

Auf der anderen Seite können große Lagerbestände von Gehäusen Kapital binden. Unsere Lagerkapazitäten sind mit der Einführung der Zellen unglaublich geschrumpft, und jedes Jahr schaffen wir immer mehr Lagerräume ab. In einigen unserer Einheiten werden die Lagerbestände bis zu 17mal im Jahr komplett umgesetzt – gegenüber durchschnittlich knapp über drei solcher Rotationen in den meisten Industriebetrieben.

In einigen Fällen dauert die Herstellung eines Produkts in den Zellen länger als an einem herkömmlichen Fließband. Dafür werden die Lieferzeiten immer kürzer. Und wir können uns all diese Abteilungen für die Qualitätskontrolle sparen.

Vor allem aber haben die Arbeiter in unseren Zellen viel interessantere Jobs als ihre Kollegen anderswo, die den ganzen Tag immer nur die gleichen, simplen Handgriffe wiederholen. Und diese Zellen haben die Menschen einander auch viel näher gebracht, so daß das Betriebsklima in unseren Werken viel besser ist. Und das wirkt sich eben auch in höherer Produktivität aus.

Inzwischen ging es auch in Santo Amaro aufwärts. Henrique Pinto und die Mitarbeiter in seiner Mixereinheit hatten das Werk nun ganz für sich und wurden im Laufe der Zeit immer besser organisiert und produktiver.

Bei den Bestellungen für die Keksbackanlage, die sie herstellten, hatten sie mittlerweile ein Auftragspolster für zwei Jahre. Wir hatten immerhin schon vier Jahre und weit über eine halbe Million Dollar gebraucht, um in diesen Markt hineinzukommen, und nun begann sich diese Investition auszuzahlen – sehr zur Enttäuschung derer, die unseren Einstieg in diesen Unternehmensbereich für einen Fehler gehalten hatten.

Die Einheit brauchte mehr Büroräume, eine bessere Entlüftungsanlage und eine neue Küche. Angesichts der rosigen Cash-Flow-Aussichten schien es nur vernünftig, mehr in dieses Werk zu investieren. Allerdings wären diese Kosten noch viel höher gewesen, wenn unsere Arbeiter nicht einen Großteil der erforderlichen Arbeiten selbst in die Hand genommen hätten. Die Entlüftungsanlage war von den Ingenieuren bei Semco-Flakt konstruiert und eingebaut worden. Die Küche war im großen ganzen von der Hobart-Division geliefert und von einem ihrer Partnerunternehmen installiert worden. Und die meisten Bau- und Malerarbeiten waren von den Arbeitern im Santo-Amaro-Werk ausgeführt worden. Ein weiteres Beispiel dafür, was alles passieren kann, wenn man nichts vom Taylorismus hält.

Kapitel 17

Den Reichtum verteilen

Wir waren bereit, auszusteigen. Oder noch besser: Berater zu werden. Wir glaubten, es verdient zu haben. Wir hatten eine außerordentliche Kraft entfaltet und waren von den Ergebnissen überwältigt. Als man die Preise in ganz Brasilien in den Griff bekam, war 1986 für Semco ein gutes Jahr gewesen. Und 1987 war sogar noch besser. Unsere Werke waren geteilt: autonome Einheiten, die einen kräftigen Aufschwung erlebten; es herrschte Arbeitsfrieden, und unsere Arbeiter engagierten sich mehr in ihren Jobs als je zuvor.

Unsere Systemgastronomie-Einheit lief wie geschmiert, besonders die neue, von den Arbeitern organisierte Fertigungsstraße für Geschirrspüler. Nicht minder beeindruckend waren die Kids bei DBData in ihren weißen Uniformen. Santo Amaro beherrschte 80 Prozent des Marktes für Keksbackmaschinen. Und in all unseren Werken hatten uns die Werkskomitees, die in anderen Unternehmen für ihre Sturheit berüchtigt waren, bei der drastischen Reduzierung der Kosten nachhaltig unterstützt.

Aus all diesen Gründen machte Semco Gewinn: 2,2 Millionen Dollar in 18 Monaten. Mir war klar, daß es höchste Zeit war, alle an dem zusätzlichen Reichtum, den sie erwirtschaftet hatten, teilhaben zu lassen. Es war Zeit für eine Gewinnbeteiligung. Damals gab es bei höchstens einem halben Dutzend Firmen in Brasilien so etwas wie eine Gewinnbeteiligung, und alle hatten nur eine Art von Genußscheinplan eingeführt, bei dem die Ausschüttung einseitig und willkürlich je nach Maßgabe (oder Laune) des Topmanagements erfolgte. Diese Unternehmen wollten zwar ihre Arbeiter motivieren, behielten sich aber zur gleichen Zeit vor, einige Mitarbeiter besser als andere zu behandeln. Das ist genau das richtige Rezept für Ressentiments und eine Spaltung der Belegschaft.

Demgegenüber wollten wir eine neue Art von Gewinnbeteiligungsplan – er sollte für unsere Arbeiter nicht nur absolut verständlich sein, sondern auch von ihnen kontrolliert werden.

Bevor wir unseren neuen Reichtum jedoch mit ihnen teilen konnten, war uns klar, daß wir etwas noch Wertvolleres mit ihnen teilen mußten: Wissen.

Keiner kann erwarten, daß Engagement und Partnerschaft gedeihen, wenn selbst dem bescheidensten Mitarbeiter nicht ein reichliches Maß an Wissen zur Verfügung steht. Ich kenne sämtliche Einwände gegen eine Politik der absoluten Offenheit. Die Mitarbeiter gebrauchen die Zahlen als Argument für Lohnerhöhungen in guten Zeiten, während sie in schlechten Zeiten Angst bekommen, wenn sie die Zahlen kennen. Schlimmer noch: Geschäftsgeheimnisse werden an die Konkurrenz weitergegeben.

Schon möglich. Aber die Vorteile von Offenheit und Aufrichtigkeit überwiegen doch bei weitem die Nachteile. Und ein Unternehmen, das nicht über alles informiert, wenn die Zeiten gut sind, verliert das Recht, in schlechten Zeiten Solidarität und Zugeständnisse zu verlangen.

Die Geheimniskrämerei in Unternehmen kann auf die Unsicherheit von leitenden Mitarbeitern zurückgeführt werden, die zwar das technische Können besitzen, in der Unternehmenspyramide nach oben zu klettern, die aber nicht reif genug sind, mit der Höhe fertig zu werden, wenn sie oben sind. Sie wollen sich deutlich von denen abheben, die es nicht bis zu ihrer Stufe geschafft haben. Indem sie ihre Gehälter geheimhalten, meinen sie, daß sie sich damit von den anderen absondern. Und wenn sie schon ein Geheimnis haben, dann können sie natürlich ganz leicht anderen suggerieren, daß sie noch mehr Geheimnisse haben und somit noch mächtiger sind, da in modernen Unternehmen mit Wissen Macht verbunden ist.

Geheimnisse sind insofern problematisch, weil die Menschen dahinter gewöhnlich Extreme vermuten, egal ob es sich dabei um Gewinne oder Gehälter handelt. Woher ich das weiß? Vor ein paar Jahren haben wir bei Semco eine Umfrage veranstaltet, wobei wir alle Mitarbeiter fragten, welche Gewinne das Unternehmen ihrer Meinung nach machte. Damals gab es viele Neuerungen bei uns noch nicht, und unsere Mitarbeiter waren offenbar der Meinung, wir wären ungeheuer habgierig. Denn wie sonst könnte man die weitverbreitete Ansicht erklären, daß sich unsere Gewinne zwischen 20 und 30 Prozent unserer Einnahmen bewegten? (Die meisten Unternehmen wären froh, wenn sie einen Gewinn von sieben oder acht Prozent hätten.) Nach dieser Umfrage war mir klar, daß es für uns alle besser wäre, wenn unsere Mitarbeiter die ganze Wahrheit erführen.

Als wir unseren Managern erklärten, wir wollten unsere Arbeiter über unsere finanzielle Situation in Kenntnis setzen, waren viele beunruhigt. Sie glaubten, die Mitarbeiter würden als erstes wissen wollen, wieviel sie verdienten. Also hielten wir unsere erste Konferenz ab, auf der wir die monatlichen Betriebsergebnisse mit ein paar Dutzend Delegierten der Werkskomitees besprachen – und welche Frage stellten sie uns als erstes? Wieviel Geld verdient ein Spitzenmanager bei Semco? Wahrheitsgemäß antworteten wir: zwischen 50 000 und 100 000 Dollar pro Jahr, einschließlich Prämien. Sie waren sichtlich schockiert. Schließlich betrug das Mindesteinkommen in diesem Land 1 500 Dollar im Jahr – auch wenn keiner von unseren Leuten weniger als viermal soviel verdiente. Von diesem Tag an jedenfalls galten unsere Manager bei den Fabrikarbeitern als Maharadschas. (Übrigens hat sich seitdem der Abstand zwischen den am schlechtesten und den am höchsten bezahlten Mitarbeitern bei Semco erheblich verringert.)

Die Wahrheit mag unangenehm und nicht leicht zu erklären sein, aber es ist immer besser, wenn sie auf den Tisch kommt. Wir pinnen natürlich keine Gehaltslisten ans Weiße Brett, aber wer danach fragt, bekommt meist eine Auskunft. Ja, mehrere leitende Mitarbeiter bestanden darauf, daß ihre Gehälter vertraulich behandelt wurden, und wir respektierten das, weil uns auch ihre Privatsphäre wichtig ist. Aber das spielte keine Rolle, da genügend Gehälter bekannt waren, so daß jeder eine recht genaue Vorstellung davon hatte, wieviel auf allen Ebenen des Unternehmens gezahlt wurde.

Schon bald war klar, daß sich unsere leitenden Mitarbeiter nur deshalb ihrer Gehälter schämten, weil sie vielleicht das Gefühl hatten, sie würden sie eigentlich nicht verdienen – andernfalls könnten sie ja ohne weiteres ihren Wert nachweisen, sofern er auf speziellen Kenntnissen, Erfahrungen, einer besonderen Ausbildung oder der souveränen Führung einer großen Abteilung mit einem hohen Budget und vielen Mitarbeitern beruhte. Leitende Angestellte sollten stolz darauf sein, daß sie viel verdienen, und ihre Gehälter sollten für jeden einen Anreiz darstellen, aufzusteigen.

Mit der Zeit akzeptierten unsere Arbeiter die Gehälter der leitenden Angestellten bei Semco und versuchten uns nicht dazu zu bewegen, sie zu verringern, wie man uns warnend vorgehalten hatte. Aber sie gaben uns auch ohne Scheu zu verstehen, wenn sie das Gefühl hatten, daß bei uns zu viele hoch bezahlte leitende Angestellte herumschwirrten.

Neben den Gehältern machten wir schon bald auch alle möglichen anderen finanziellen Informationen allgemein zugänglich. Natürlich wurden sie nicht von allen verstanden. Manche Arbeiter wußten nicht, daß es einen Unterschied gibt zwischen Gewinnen und Einnahmen. Also richteten wir mit Hilfe der Gewerkschaft Kurse ein, um ihnen beizubringen, wie man Bilanzen, Cash-flow-Statements und andere Papiere liest. Ich kenne kein anderes Unternehmen, daß derartige Kurse anbietet.

Clovis nahm an der ersten Sitzung teil und erzählte mir brühwarm die erste Frage. »Wir wollen wissen«, habe ein Arbeiter gesagt, »wie das Unternehmen die Bücher frisiert.«

Tief verwurzelt ist das unternehmerische Credo, daß die Gewinne denen gehören, die das Kapital investieren. Das ist ein ungeschriebenes Gesetz selbst in Unternehmen, deren Gründer ursprünglich sehr wenig investiert hat und die weitgehend dank der Energie und der Fähigkeiten der Mitarbeiter groß geworden sind. Unternehmer sind eben nicht dumm.

Aber einige Unternehmen, die nach neuen Möglichkeiten zur Motivierung ihrer Mitarbeiter Ausschau hielten, haben längst damit begonnen, sie an den Gewinnen zu beteiligen. Das ist kaum ein sozialistischer Einfall – es gibt nur wenige Ideen, die so kapitalistisch sind wie die Gewinnbeteiligung, bei der die Mitarbeiter, die zur Erzeugung dieses willkommenen Überschusses beigetragen haben, mit einem Teil der Einkünfte des Unternehmens belohnt werden. Das ist auch nichts Neues – eine Jahresprämie ist schließlich nichts weiter als eine Form der Gewinnbeteiligung.

Bei einigen frühen Gewinnbeteiligungsplänen wurde ein Teil der Einkünfte ausgeschüttet, die aufgrund von Vorschlägen der Mitarbeiter entstanden waren. Von hier aus war es nur ein Katzensprung zu Plänen, die eine Beteiligung am Gesamtgewinn vorsehen. Aus einer guten Idee wurde ein Trend, aus dem Trend eine Masche und aus der Masche eine ganze Bewegung: ein schnell wirkendes Allheilmittel für Unternehmen, die eine desinteressierte Belegschaft motivieren wollten. Aber viele schütteten nur das Geld aus, ohne die Mitarbeiter darüber aufzuklären, wie sich diese Summen zusammensetzten. Damit wurde die Effizienz dieser Modelle konterkariert, und neuere Untersuchungen haben in der Tat herausgefunden, daß die Gewinnbeteiligung in den meisten Fällen nicht funktioniert.

1986 sponserte Semco ein Seminar, bei dem die Führer einiger Unternehmen mit Gewinnbeteiligungsplänen vor 300 leitenden Mitarbeitern, Unternehmensberatern und Arbeiterführern miteinander diskutierten. Ergebnis dieser Podiumsdiskussion: Gewinnbeteiligung ist offenbar nur schwer in den Griff zu bekommen.

Tatsächlich bewirkt die Gewinnbeteiligung nicht ein Engagement der Mitarbeiter, sondern setzt es voraus. Sie funktioniert nur als Krönung eines breitangelegten und umfassenden Programms der Beteiligung. Semco hatte kein Interesse daran, daß ein paar leitende Mitarbeiter darüber entschieden, wer was zu bekommen hätte. Wir wollten, daß diese Entscheidungen von den Begünstigten selbst getroffen wurden.

Aber welche Begünstigten? Inzwischen gab es bei Semco acht autonome Unternehmenseinheiten, die in vier Werken Dutzende von Produkten für drei Bereiche der Wirtschaft herstellten. Die Lieferzeiten für unsere Produkte reichten von einem Tag, für eine Digitalwaage, bis zu zwei Jahren – für eine schlüsselfertige Gebäckfabrik. Wir sind eben ein ziemlich komplexer Laden. Sollte diese spezielle Gewinnausschüttung an unsere Arbeiter also auf dem Gesamtgewinn des gesamten Unternehmens beruhen, auf dem Gewinn jedes einzelnen Werks, jeder unabhängigen Unternehmenseinheit oder gar auf dem Gewinn, den jedes einzelne Arbeiterteam innerhalb dieser Einheiten erwirtschaftete? Wie würde sich ein Mitarbeiter aus einer Einheit fühlen, die keinen Gewinn machte und darum keine Sonderzahlungen ausschüttete, wenn er im selben Werk wie jemand arbeitete, der einen großen Extralohn bekam, weil seine Einheit Erfolg hatte? Sollte bei der Verteilungsformel das Grundeinkommen, die Dauer der Betriebszugehörigkeit oder die Leistung mit berücksichtigt werden? Aber vergrößern Bezahlungen, die vom Grundeinkommen eines Arbeiters abhängig sind, nicht den Abstand zwischen den am niedrigsten und am höchsten bezahlten Mitarbeitern? Ja, stellt die Verteilung von Gewinnen nicht zwar eine riesige Menge Geld für das Unternehmen an sich dar, aber für jeden einzelnen nur ein bescheidenes Sümmchen, sobald dieses Geld unter Tausenden von Arbeitern aufgeteilt wird? Lohnt sich das Ganze überhaupt?

Jedenfalls mußten wir bestimmte Entscheidungen treffen, und besonders ich befürchtete, daß wir durch einen unsachgemäß eingeführten Gewinnbeteiligungsplan längst gewonnenen Boden wieder verlieren würden. Also ignorierten wir auch diesmal, wie es unsere Politik war, geltende Regeln und Modellbeispiele und gingen von unserer Praxis aus – in den folgenden eineinhalb Jahren veranstalteten wir Diskussionen mit den Arbeitern und besprachen uns mit den Werkskomitees und mit Gewerkschaftsführern.

Unser Ausgangspunkt: Wieviel würden wir von unseren Gewinnen an jene zurückgeben, die sie mit erarbeitet hatten? Wir hatten nicht vor, irgendeine Zahl aus der Luft zu greifen oder das unseren Arbeitern zu überlassen. Also verhandelten wir miteinander. Zunächst ermittelten wir die Gesamtgewinne von Semco, also die Erträge minus der Kosten. Dann kamen wir überein, daß davon wiederum 40 Prozent für Steuern abzuziehen wären, 25 Prozent für Dividenden an unsere Aktionäre und weitere 12 Prozent für Reinvestitionen – das war das Minimum, damit das Unternehmen weiterhin florieren konnte. Damit blieben 23 Prozent übrig.

Dann setzten sich die Arbeiter zusammen und diskutierten das Problem der richtigen Verteilung untereinander aus. Ein Buchhalter namens Claudio, der das Werkskomitee von Santo Amaro, damals eines unserer gewinnträchtigsten Werke, vertrat, kam gleich bei einer der ersten Besprechungen auf den entscheidenden Knackpunkt zu sprechen: »Warum sollen wir eigentlich unseren Gewinn mit Fabriken teilen, die nichts verdient haben?« meinte er. »Das ist doch nicht gerecht.«

Nun wurde des langen und breiten darüber diskutiert, was denn gerecht sei. Schließlich entschieden die Mitarbeiter, daß das Semco-Gewinnbeteiligungsprogramm (kurz SemcoPar) folgendermaßen funktionieren sollte: In jedem Quartal wird der Gewinn, den jede selbständige Einheit gemacht hat, errechnet, und von dieser Summe werden 23 Prozent an die Mitarbeiter dieser betreffenden Einheit ausgeschüttet. (Natürlich können wir aufgrund der Wirtschaftsentwicklung in Brasilien nicht immer Gewinne ausschütten, und Trostpreise wollen wir ja auch nicht vergeben.) Was danach mit diesem Geld passiert, ist allein deren Sache. Sie können selbst entscheiden, ob es einfach pro Mann und Nase verteilt wird oder ob dabei die Jahre der Betriebszugehörigkeit, das Grundgehalt oder andere Kriterien eine Rolle spielen. Statt das Geld zu verteilen, können sie es auch für irgendeinen anderen Zweck verwenden, etwa für Darlehen, damit sich die Arbeiter ein Haus kaufen können. Aber wofür auch immer sie sich entscheiden: Es gilt nur für dieses eine Quartal. Drei Monate später müssen sie eine neue Entscheidung treffen.

Das ist freilich graue Theorie. In Wirklichkeit hat jede Semco-Einheit stets beschlossen, das Geld gleichmäßig zu verteilen – jeder bekommt also die gleiche Summe. Nicht den gleichen prozentualen Anteil, sondern die gleiche Summe. Jemand, der 10000 Dollar im Jahr verdient, bekommt also den gleichen Gewinnbeteiligungsscheck wie jemand, der ein Jahresgehalt von 100000 Dollar hat.

Das entspricht natürlich nicht dem üblichen Gewinnbeteiligungsmodell. Viele Unternehmen gehen einfach von einem prozentualen Anteil aus und beziehen ihn auf das jeweilige Einkommen der Mitarbeiter, so daß sich diese Art der Gewinnbeteiligung für die Leute an der Spitze mehr lohnt. Unsere Mitarbeiter haben dieses System umgedreht, und das ist uns auch recht. Jetzt trägt nämlich die Gewinnbeteiligung dazu bei, daß unsere Lohn- und Gehaltsstruktur ausgeglichener wird, und außerdem sind wir in der Lage, jene Mitarbeiter zu würdigen und zu belohnen, die auch ohne irgendwelche großartigen Titel jeden Tag zehn Stunden lang ihr Bestes geben.

Als Hauptaktionär – und Schirmherr – von SemcoPar muß ich allerdings zugeben, daß ich anfangs geglaubt habe, 23 Prozent wären schrecklich viel. In anderen Unternehmen liegt dieser Anteil zwischen acht und zwölf Prozent. Aber dann habe ich mir immer gesagt, daß ich gemeinsam mit einer motivierten Belegschaft mindestens soviel Geld verdiene wie als alleiniger Nutznießer der Ergebnisse weniger inspirierter Arbeiter. Was wollen Sie lieber – den Schwanz eines Elefanten oder eine ganze Ameise?

Kapitel 18

Aktenberge

Wir befanden uns wieder einmal in irgendeiner Besprechung und ackerten eine Tagesordnung von lauter kleinen bürokratischen Angelegenheiten durch – wie Unkraut in einem zugewachsenen Garten –, als wir auf einen Posten von 50 000 Dollar stießen – für den Einkauf von Aktenschränken. Mehrere Abteilungen hatten schon seit Monaten auf diese Schränke gewartet und in ihrer Verzweiflung ihre Anforderungen gebündelt. Ich nehme an, sie glaubten, uns damit mehr von ihrer Notlage überzeugen zu können.

Die Diskussion drehte sich gerade um verschiedene Lieferanten und Preise, als irgend jemand am Tisch meinte: »Was, zum Teufel, steht eigentlich in all diesen Akten?«

Wir baten die anderen um ihre Meinung, und jeder schien seine eigene Erklärung für den unersättlichen Aktenhunger zu haben. »Aber natürlich nimmt man nichts zu den Akten, was nicht in die Akten gehört« – so die Mehrheit. Ich war da nicht so sicher.

An diesem Tag haben wir jedenfalls keinen einzigen neuen Aktenschrank gekauft. Statt dessen beschlossen wir, den Betrieb für einen halben Tag ruhen zu lassen und die erste Semco-Akten-Zweijahresinspektion-und-Säuberung abzuhalten. Nur auf diese Weise konnten wir mit Sicherheit herausbekommen, was all diese Schränke enthielten.

Unsere Anweisungen waren ganz einfach: Jeder sollte in sämtliche Aktenordner hineinschauen und alle unwichtigen Papiere daraus entfernen. Sie mußten sich immer die Frage stellen, für die Alfred Sloan von General Motors berühmt geworden ist: »Was kann schlimmstenfalls passieren, wenn ich das wegwerfe?«

Am vereinbarten Tag erschienen unsere Büroangestellten in Jeans und Overalls, bereit, in unsere stickigen, staubigen Archive einzusteigen. Ich wurde nicht müde, allen ans Herz zu legen, sie sollten sich bloß keine Sorgen darüber machen, was passieren würde, wenn sie ein Dokument zuviel vernichteten. Wenn es wirklich wichtig wäre, dann hätte mit Sicherheit ein Kunde oder ein Lieferant oder sonstwer eine Kopie.

Ich wußte, wie ihnen zumute war. Mir ging es nicht anders. Ich war einer der größten Aktenhorter bei Semco – mir gehörten bereits vier große Aktenschränke, und zwei weitere hatte ich angefordert. Ganz zu schweigen von den zweieinhalb Schränken, die jede meiner drei Sekretärinnen hatte.

Nach unserer Säuberungsaktion hatte ich dieses Arsenal auf einen einzigen Schrank reduziert, und so ähnlich ging es fast allen in der Firma. Die Leute konnten nur lachen, als sie auf sechs Jahre alte Telexe stießen, auf uralte Kataloge, Visitenkarten von Leuten, an die sie sich nicht mehr erinnerten, und von Unternehmen, von denen sie noch nie etwas gehört hatten. Es fielen ihnen auch jede Menge Papiere in die Hände, die sie noch ein paar Monate zuvor verzweifelt gesucht, aber einfach nicht gefunden hatten. Diese Aktion war ein so großer Erfolg, daß Semco am Ende Dutzende überzähliger Aktenschränke versteigern konnte.

Das veranlaßte uns, einmal gründlicher über unseren zwanghaften Sammeleifer nachzudenken. Wir kamen dahinter, daß wir jede Menge Dokumente zu den Akten nahmen, für deren Aufbewahrung es keinen vernünftigen Grund gab, so daß wir uns mehr Arbeit aufhalsten, als ein natürliches Unternehmen erforderte. Und dann fragten wir uns, wieviel von unserer Bürotätigkeit sonst noch unnötig war.

Im Laufe dieser Überlegungen begannen wir uns auf unsere sogenannten Hilfskräfte zu konzentrieren. Ich mußte immer wieder an die Geschichte denken, wie sich einmal eine Hilfskassiererin bei Semco um Arbeit beworben hatte. Beim Bewerbungsgespräch wurde sie gebeten, ihren gegenwärtigen Job zu beschreiben. »Ich stemple die rosa Kopien ab und übergebe sie einem anderen Mädchen«, erklärte sie. Als unser Personalberater nachfaßte, erfuhr er, daß die Frau nichts weiter über ihren Arbeitgeber wußte, als daß er sie dafür bezahlte, die rosa Kopien abzustempeln und sie dem anderen Mädchen zu übergeben.

Kein Wunder, daß Chaplins *Moderne Zeiten* einer meiner Lieblingsfilme ist. So etwas gibt es auch heute noch. Können Menschen tatsächlich befriedigt sein von einer rein mechanischen Bürotätigkeit, die sie ausüben, ohne zu wissen, wofür? Wieviel davon ist wirklich notwendig? Und wenn wir nun all diese Jobs ohne jede Aufstiegschance eliminieren und nur die Positionen beibehalten könnten, die den Menschen die Möglichkeit bieten, Befriedigung zu empfinden? Könnten wir unser Unternehmen ohne Sekretärinnen, Empfangsdamen und persönliche Assistenten weiterbetreiben? Meine Antworten auf diese Fragen können Sie sich ja wohl denken.

Natürlich war ich überzeugt, daß unsere leitenden Angestellten mir nicht glauben würden. Also demonstrierte ich es ihnen an einem Beispiel: Ich schickte einen zehnseitigen Beitrag aus der *Harvard Business Review* an Clovis, dessen Büro sich neben meinem befand. Nichts leichter als das, meinen Sie? Nicht ganz. Als erstes gab ich den Artikel Irene Tubertini, einer meiner Sekretärinnen, und bat sie, ihn zu kopieren, ihn mir wiederzugeben, damit ich einen kurzen Kommentar auf die Kopie schreiben konnte, und diese dann an Clovis weiterzuleiten. Aber da es sich um einen langen Artikel handelte, mußte er zuerst in unsere zentrale Poststelle gebracht werden, damit er von einer Kontoristin kopiert wurde, die sich um umfangreiche Dokumente kümmert. Die Hauspost wird nur zweimal am Tag eingesammelt: zwischen neun und zehn Uhr morgens und zwischen vier und fünf Uhr nachmittags. Da ich mit meinem Test um elf begann, lag der Artikel fast den ganzen ersten Tag in Irenes Ausgangskorb. Bis er in die Poststelle gelangte, war die Kontoristin inzwischen gegangen, so daß er erst am nächsten Morgen kopiert wurde. Dabei kam er nicht mehr in die Morgenpost und blieb somit fast den ganzen Tag in der Poststelle liegen. Verstehen Sie nun, was ich meine? Es war wirklich nicht so einfach: Es dauerte 22 Arbeitsstunden, bis der Artikel von meinem Büro in das drei Meter davon entfernte Büro von Clovis gelangt war.

Meine Idee bestand darin, daß wir bestimmte Bürojobs abschafften, wobei wir die damit verbundenen notwendigen Funktionen an alle anderen delegierten. Als ersten Schritt regten wir an, die Sekretärinnen effizienter einzusetzen: Sie sollten nicht mehr ihre Chefs bedienen, ihnen Kaffee servieren, ihre privaten Rechnungen begleichen und ihre Telefongespräche führen. (Bei letzterem hatten wir noch einen beachtlichen Nebeneffekt im Auge: endlich Schluß zu machen mit diesen neurotischen kleinen Telefonkriegen, bei denen der Anrufer zu beweisen versucht, wie wichtig er ist, indem er das Gespräch so lange nicht übernehmen will, bis der Angerufene drauf und dran ist, aufzulegen.)

Ich weiß noch, wie ich mich mit einer Gruppe von etwa 30 Sekretärinnen zusammensetzte. Ich erklärte ihnen, daß wir ihre Jobs in ein oder zwei Jahren abschaffen wollten, und forderte sie auf, doch einmal darüber nachzudenken, was sie in fünf Jahren bei Semco gern machen würden. Dann versuchten wir sie in der entsprechenden Richtung weiterzubringen, indem wir ihnen freie Stellen anboten und manchmal auch neue Jobs für sie schufen.

So nach und nach stiegen ein paar Empfangsdamen, Pförtner und Sekretärinnen um und übernahmen Jobs im Marketing, im Vertrieb und sogar in der Technik. Ein Botenjunge wurde einer unserer besten technischen Zeichner. Irene Tubertini stellte die Semco-Stiftung mit auf die Beine und arbeitete mit einer anderen ehemaligen Sekretärin aus der Personalabteilung an der Entwicklung möglicher Stiftungsprojekte. (Wir haben uns schließlich dafür entschieden, intelligenten, aber armen brasilianischen Kindern eine angemessene Schulbildung zu ermöglichen.)

Am Ende haben vielleicht 40 Prozent unserer Bürokräfte auf andere, anspruchsvollere Jobs bei Semco umgesattelt. Einige aber waren gern Sekretärinnen oder Empfangsdamen und fanden entsprechende Positionen anderswo. Ein paar erklärten uns, sie wollten keine anspruchsvollere Arbeit haben, weil sie dann zu wenig Zeit für ihre Familie hätten. Für sie haben wir ein Teilzeitprogramm geschaffen, bei dem sich zwei Leute einen einzigen Job teilen und so, wie wir alle hoffen, das Beste aus ihrem Berufs- und Privatleben machen können.

Während die Sekretärinnen und Empfangsdamen auf meinen Plan mit gemischten Gefühlen reagierten, herrschte unter unseren leitenden Angestellten eine einmütige Stimmung. Die Aussicht, ihre Kopien selbst machen, selber telefonieren und nach unten gehen zu müssen, um ihre Besucher am Empfang zu begrüßen, gefiel ihnen gar nicht. Einige dachten, wir wollten bloß die Kosten reduzieren, und erklärten, wir würden damit nur am falschen Ende sparen.

»Das wird Sie verdammt viel mehr kosten, wenn ein so hochbezahlter Bursche wie ich seine eigene Ablage machen soll«, meckerten sie.

Ein Manager suchte mich auf und brachte gleich seinen Taschenrechner mit. »Meine Sekretärin hat mir gesagt, daß sie 30 Prozent ihrer Arbeit für die Ablage aufwendet«, erklärte er und fummelte an der winzigen Tastatur herum. »Sagen wir also mal, daß ich 30 Prozent effizienter als sie bin.« (Er ging darüber hinweg, daß sie immerhin wußte, wie man eine Aktenablage betrieb, und er nicht.) »Das macht aber dann immer noch mindestens 21 Prozent meiner Zeit aus. Im Laufe eines Jahres bedeutet das also, daß dem Unternehmen 12 000 Dollar an zusätzlichen Kosten entstehen. Und ich spreche im Augenblick nur von der Ablage.«

Ich ließ nicht locker. »Laßt es uns doch einfach mal probieren«, beschwor ich sie. Aber am besten war es noch immer, selbst mit gutem Beispiel voranzugehen. Wieder einmal.

Schon bald nachdem ich die Führung des Unternehmens übernommen hatte, hatte ich mir meine zweite und meine dritte Sekretärin zugelegt und es auch mühelos geschafft, sie zu beschäftigen. Aber womit? Natürlich mit der Ablage von Papieren, mit denen ich niemals wieder das geringste anfangen konnte. Also reduzierte ich meinen Arbeitsbereich, von drei auf zwei und dann auf eine Sekretärin, bis ich schließlich gar keine mehr hatte. Ich machte meine eigene Ablage, was nichts anderes bedeutete, als daß ich weniger Papiere ablegte – statt 50 oder 60 Dokumente pro Woche legte ich nun nur noch zwei oder drei pro Monat zu den Akten. Ich merkte, daß man mit seinen eigenen Papieren mehr riskieren kann als jeder andere.

Als ich mich von den Zwängen dieses Papierkrams größtenteils befreit hatte, begann ich, mehr zu Hause zu arbeiten – mit Hilfe eines Anrufbeantworters, eines Personal Computers und später eines Faxgeräts. Ich ermutigte auch andere, zu Hause zu arbeiten. »Ich muß doch hier sein«, protestierten manche. Aber sobald sie es einmal ausprobiert und dabei herausgefunden hatten, wieviel effizienter sie ohne all die Ablenkungen im Büro waren, wurden auch sie Verkünder meines Evangeliums der Heimarbeit.

Wie sich herausstellte, lohnte es sich, in einem Büro ohne Sekretärinnen erst nachzudenken, bevor man etwas in die Ablage tat. Wir machen zwar noch immer zusätzliche Kopien, wenn die Gefahr besteht, daß sich jemand übergangen fühlt. (Wenn wir übrigens ein Memo verteilen, listen wir alle Empfänger in alphabetischer Reihenfolge auf, damit nicht irgendwelche albernen Ratespielchen über Status und Prestige angestellt werden.) Im allgemeinen aber gilt die Regel: Je weniger Kopien, desto besser. Und wir denken dreimal nach, ehe wir irgend etwas ablegen. Lesen, verstehen, ausführen und wegwerfen – das ist inzwischen unser Motto für Memos.

Dabei ist das gar nicht so einfach, wie es klingt. Ich erinnere mich noch gut daran, wie mir ein neuer Manager einen wunderschön eingebundenen Bericht brachte, in dem er beredt und überzeugend den Bau eines neuen Hochdruckkompressors für eine Erdölfabrik als nicht machbar bezeichnete. Ich war von seiner Analyse beeindruckt, und nachdem ich darin geblättert und seine Empfehlung gelesen hatte, sah ich ihn an, um ihm das zu sagen, während ich seinen Bericht lässig in den Papierkorb unter meinem Schreibtisch warf. »Sie haben völlig recht, es lohnt sich nicht«, sagte ich und sah, wie ihm das Blut aus dem Gesicht wich. Er hatte 15 Jahre lang in einem multinationalen Konzern gearbeitet und war es nicht gewöhnt, daß das Ergebnis tagelanger Arbeit schon nach kurzem Überlegen einfach weggeworfen wurde.

Ich fragte ihn, warum er glaubte, sein Bericht sollte zu den Akten genommen werden. Schließlich war ich doch seiner Meinung. Er sah mich ein paar Augenblicke lang verblüfft an, dann gab er mit einem Seufzer zu, daß der Bericht seinen Zweck erfüllt hätte und nur Platz verschwenden würde. Von diesem Tag an beantwortete er Memos nur noch mit knappen handschriftlichen Randbemerkungen.

Ein anderes Mal wurden Dutzende von Kugellagern im Wert von vielen tausend Dollars im Ausland bestellt, aber als sie dann bei uns eintrafen, stellte sich heraus, daß sie viel zu groß waren. Und der Zulieferer wollte sie nicht mehr zurücknehmen. Ein teurer Fehler – aber welche Abteilung war letztlich dafür verantwortlich: der Einkauf, die Herstellung oder das Konstruktionsbüro? Die drei Abteilungsleiter begannen sich mit Aktennotizen zu bombardieren, bis das Ganze eskalierte. Nach ein paar Wochen dieses Guerillapapierkriegs bat ich die drei in mein Büro. Unübersehbar lag auf meinem Schreibtisch die Akte dieses Vorfalls: immerhin schon Dutzende von Seiten, Berichten und Memos, die alle von einer riesigen Büroklammer zusammengehalten wurden. Ich habe diese Klammer noch immer, aber nicht mehr die Berichte, denn die warf ich mit großartiger Geste in den Papierkorb, ehe noch einer meiner Besucher ein Wort sagen konnte.

Damit waren die Papierkriege bei Semco zwar nicht ein für allemal vorbei, aber so leicht kommt es mit Sicherheit nicht mehr dazu. Wer will schon noch eine erbitterte, belastende Aktennotiz schreiben, nachdem er Stunden mit der Lektüre von Akten und mit ausführlichen Befragungen verbracht hat, wenn er weiß, daß sie ja doch nur in den Reißwolf wandert?

Leider war ich mir natürlich im klaren, daß wir diese Aktennotizen nie ganz abschaffen könnten. Aber ich habe eine Möglichkeit gefunden, wie sie lesbarer und effektiver wurden und weniger Zeit verschwendeten.

Eines Tages, nachdem wir bei einer Besprechung endlos lange über das Problem dieses überhand nehmenden Papierkrams debattiert hatten, führte ich mit einer Gruppe von Spitzenmanagern ein Experiment durch. Ich begann damit, daß ich die folgende Liste vorlas:

Schulbus
Bürgermeister
zerbrochenes Glas
Kinder
schlagen

Dann bat ich die Anwesenden, kleine Gruppen zu bilden und einen Zeitungsbericht zu schreiben, der auf diesen Begriffen basierte, einschließlich einer Schlagzeile. Es gab keine Einschränkungen hinsichtlich des Stils oder der Länge.

Dreißig Minuten später trugen alle ihre Artikel vor. Sie waren natürlich völlig unterschiedlich ausgefallen. Das ging schon aus den Schlagzeilen hervor:

»Schulkinder auf der Fahrt zum Bürgermeister verletzt«
»Stau verzögert Ansprache des Bürgermeisters«
»Bürgermeister wirft Kind aus Schulbus«
»Bürgermeister tauft Schulbus mit Champagnerflasche«

Der entscheidende Punkt: Fakten spielen fast keine Rolle. Es kommt in erster Linie darauf an, wie sie dargeboten werden.

Nehmen wir mal an, die Marketingabteilung wird aufgefordert, zu beurteilen, ob ein neues Produkt einen Gewinn abwerfen wird. In einem traditionellen Unternehmen würden die Marketingleute einen hundertseitigen Bericht verfassen – mit Marktuntersuchungen, demographischen Hochrechnungen, ökonomischen Szenarien, Konkurrenzvergleichen, Herstellungsdetails und vielem mehr, und all das wäre im visuellen Zeitalter mit entsprechenden Computer-Software-Angeboten (»Nur was man sieht, kann man verstehen«) reichhaltig mit Graphiken und Tabellen illustriert.

Das Dumme ist nur, daß dieser Bericht noch immer auf so viele verschiedene Weisen gelesen werden kann, wie es Leser gibt – was die Geschichte mit dem Bürgermeister und dem Schulbus beweist.

Wenn Sie wollen, daß jemand die Aussichten eines Projekts wirklich einschätzt, dann gestehen Sie ihm nur eine einzige Seite zu – und lassen Sie ihn eine Schlagzeile schreiben, die das Ganze auf den Punkt bringt, wie in einer Zeitung. Nichts ist so unmißverständlich wie die Schlußfolgerung eines Memos, das mit den Worten beginnt: »Neuer Toaster läßt sich mit 20000 Einheiten verkaufen – Gewinn 2 Millionen Dollar.«

Und damit war das Schlagzeilen-Memo von Semco geboren. Ganz oben auf der Seite steht die wichtigste Information. Wenn man mehr wissen will, liest man ein oder zwei Absätze. Aber es gibt keine zweite Seite. Sämtliche Memos, Protokolle, Briefe, Berichte, selbst Marktuntersuchungen dürfen bei uns nicht länger als eine Seite sein.

Damit haben wir nicht nur unnötigen Papierkram reduziert, sondern das bewahrt uns auch vor Besprechungen, die oft nötig waren, um vieldeutige Memos zu klären. Kürze lohnt die Investition. Je länger die Botschaft, desto größer die Gefahr der Fehlinterpretation.

Natürlich muß man sich an solche Memos von einer Seite erst gewöhnen. Unsere Leute mußten sie manchmal fünf- oder zehnmal schreiben, bevor es ihnen gelang, ihre Gedanken auf den Punkt zu bringen.

Mark Twain hätte das nicht weiter überrascht: Er hat sich einmal dafür entschuldigt, daß er einen langen Brief geschrieben habe, weil er keine Zeit hatte, einen kurzen zu schreiben.

Kapitel 19
Starke Frauen

An dem Tag, als Laura de Barros ihren Job in unserer Personalabteilung antrat, fand gerade eine Versammlung von Arbeitern, Managern und Gewerkschaftsführern auf unserem Fabrikhof in Santo Amaro statt. In den neun Jahren, in denen sich Laura in anderen Firmen mit Sozialleistungen, Ausbildung, Einstellungen und Personalbewertungen befaßt hatte, war sie zu der Ansicht gelangt, Gewerkschaftsfunktionäre seien siebenköpfige Ungeheuer und Arbeiter, die irgend etwas mit ihnen zu tun hatten, müßten sofort gefeuert werden. Aber schließlich hatte sie bislang nur für konventionelle Unternehmen gearbeitet. Und nun arbeitete sie für einen Chef, der Gewerkschaftsführer in seine Fabrik einlud und sich dann mit ihnen zusammensetzte und mit ihnen redete. Ich habe einen guten Job aufgegeben, um weniger Geld bei Semco zu verdienen, muß sie sich damals gedacht haben. Und: Hier arbeite ich für einen Anarchisten und nicht für einen Unternehmer.

Aber schon bald war klar, daß auch Laura etwas von einer Rebellin in sich hatte. Es dauerte gar nicht lange, da arbeitete sie als Managerin unserer Personalabteilung bestens mit Clovis zusammen, trieb Veränderungen voran und unterstützte kühne Initiativen wie zum Beispiel das Programm, das wir »Die Semco-Frau« nannten.

Die Idee stammte von mir. Eines Tages im Jahre 1986, ein Jahr nachdem Laura zu Semco gekommen war, legte ich ihr einen meiner berühmten Zettel auf den Schreibtisch. »Was halten Sie von einem Projekt für Frauen?« stand darauf. »Wir sollten darüber nach meinem Urlaub sprechen.«

Etwaige Vorurteile kann man nicht pauschal den Unternehmen zur Last legen, denn sie werden auch in Familie und Schule, vermutlich sogar überall geprägt – lange, bevor jemand ins Berufsleben eintritt. Trotzdem haben Unternehmen die verantwortungsvolle Aufgabe, Voreingenommenheit zu bekämpfen und zu korrigieren. Wie Schulen und Eltern bilden auch sie junge Menschen aus. Sie kümmern sich um ihr Fortkommen. Und damit haben sie eine Chance, Fehlleistungen der Vergangenheit wiedergutzumachen.

Normalerweise läßt sich unschwer erkennen, wie es um den Gerechtigkeitssinn eines Unternehmens steht. Dazu braucht man weder Dokumentationen noch Statistiken – es genügt oft ein Blick in die Büros: Wenn fast alle Mitarbeiterinnen weiß oder attraktiv sind, können Sie wetten, daß dieses Unternehmen voreingenommen ist.

Unternehmen müssen ständig und unmißverständlich Gerechtigkeit demonstrieren, und ich glaube, daß Ausnahmen teuer zu stehen kommen können. Wenn es auch nur das geringste Anzeichen dafür gibt, daß eine Einstellung oder Beförderung unverdient ist, dann ist die Glaubwürdigkeit der Firma bei den Arbeitern in Gefahr. Selbst wenn nur einer von zehn Mitarbeitern ungerechtfertigterweise eingestellt oder befördert worden ist – über wen werden die Leute Ihrer Meinung nach reden? Gerechtigkeit hat für die Mitarbeiter denselben Stellenwert wie Qualität für die Kunden: Es dauert Jahre, bis sie etabliert ist, aber ein Vorfall genügt, und sie ist beim Teufel.

Ehe ich aus dem Urlaub zurück war, hatte Laura mit ihrer Kollegin Flor Bassanello bereits die Keimzelle zu einem entsprechenden Programm entwickelt und in jeder unserer Unternehmenseinheiten Frauengruppen gebildet. Es war kaum ein Problem, sie dazu zu bringen, ihre Beschwerden zu artikulieren. Sie wollten natürlich mehr Geld – genau so viel, wie Männer in ähnlichen Jobs verdienten. Sie wollten zumindest Anerkennung dafür, daß sie in zwei Schichten arbeiteten, weil sie sich noch um die Familie kümmern mußten, wenn sie von der Arbeit nach Hause kamen. (Ich muß Ihnen ja wohl nichts über lateinamerikanische Machos erzählen.)

Zunächst kamen diese Gruppen in der Mittagspause zusammen. Diskriminierung, fehlende Aufstiegschancen, Beziehungen zu Kollegen, Probleme zu Hause – all das war Wasser auf ihre Mühlen. Schon bald bestanden diese Gruppen aus etwa 75 Teilnehmerinnen: von der analphabetischen Putzfrau bis zur Managerin mit einem stolzen Titel. Hinter den geschlechtsspezifischen Problemen traten diese Unterschiede völlig zurück.

Es gibt einen typisch brasilianischen Ausdruck: daß jemand »Raum hat«, was soviel bedeutet, daß er oder sie sich Achtung verschafft hat, einen Platz im Unternehmen, die Aufmerksamkeit der andern. Laura hoffte, daß die Frauen bei Semco mehr erreichen wollten, als was ihnen traditionell möglich war, wenn sie ihnen »Raum schuf«. Und tatsächlich dauerte es nicht lange, bis die Frauen ihre erste Forderung stellten: Sie wollten, daß die Umkleideräume und die Toiletten bei Semco modernisiert wurden, einschließlich des Einbaus von Bidets. Dieser Punkt, der auch in den Protokollen ihrer Zusammenkünfte stand, die nach typischer Semco-Art an den Weißen Brettern überall im Unternehmen ausgehängt waren, provozierte einige Männer zu schallendem Gelächter. Aber die Frauen kamen weiterhin zusammen, und ihre Zahl nahm zu. Sie meinten es ernst, und es dauerte nicht lange, da wußte das fast jeder.

Die erste Semco-Frauenkonferenz fand im Dezember 1986 statt. Etwa hundert Frauen bestiegen Busse und zogen sich für einen Arbeitstag in ein Hotel bei São Paulo zurück.

Clovis und ich eröffneten die Sitzung. Wir erklärten den Frauen, zuweilen sei es nötig, selbst zu diskriminieren, wenn man Diskriminierung abschaffen wolle. Daher könnten sie damit rechnen, von Semco unterstützt zu werden, zumindest eine Zeitlang. Das Unternehmen würde ihnen auch weiterhin ein vernünftiges Maß an Zeit für ihre Zusammenkünfte einräumen. Aber wenn sie Macht haben wollten, sagten wir, dann müßten sie schon selbst die Initiative ergreifen und selbständig weiteragieren. Dann gingen wir.

Später hat Laura mir erzählt, daß die Frauen zunächst zurückhaltend gewesen seien und sich nicht wohl gefühlt hätten. Das war verständlich. Nur wenige von ihnen waren jemals bei einem Kongreß gewesen, einige noch nie in einem Hotel, und mehrere von ihnen hatten wegen ihrer Teilnahme Ärger mit ihrem Mann, ihrem Verlobten, ihren Eltern oder ihrem Chef gehabt. (Sie lebten schließlich in Brasilien.)

Laura ließ die Frauen eine Reihe tanzähnlicher Übungen ausführen. Das Licht war gedimmt, die Musik sanft und rhythmisch. Die Frauen bewegten sich vor und zurück, sprachen nichts, waren ganz in sich vertieft. Ich weiß, das hört sich furchtbar betulich an. Aber nach und nach konnten sich auch die zurückhaltendsten Teilnehmerinnen dieser Stimmung nicht entziehen, und dann lachten die Frauen, weinten und umarmten einander, alles auf einmal.

Dann improvisierten sie ein Stück über die traditionellen Rollen von Männern und Frauen am Arbeitsplatz. Es ging darum zu zeigen, wie unterwürfig die meisten Frauen sind und wie anmaßend die meisten Männer, besonders die Chefs, die von Frauen mit geschminkten Bärten und Kissenbäuchen gespielt wurden.

Das war alles, was Laura mir über die Konferenz berichtete. Aber den Frauen gelang es ganz offensichtlich, einander zu überzeugen, daß mehr getan werden mußte, denn seitdem kam ihre Bewegung an. Ja, sie fing vielleicht sogar Feuer. Bei ihren Treffen in der Mittagspause gab es nur noch Stehplätze, trotz aller Anstrengungen männlicher Abteilungsleiter, denen zuweilen ausgerechnet dann eine »dringende« Aufgabe für eine Untergebene einfiel, wenn eine Sitzung gerade anfing.

Seinerzeit waren die Toiletten bereits umgebaut worden, nach langwierigen Verhandlungen über die alarmierenden Kosten für diese ganzen neuen Installationen. Die nächste Forderung der Frauen war gewichtiger. Nach brasilianischem Recht stand Müttern ein zusätzliches Pflegegeld für ihre Neugeborenen nur sechs Monate lang zu. Dann waren sie auf sich allein gestellt. Es gab nur wenige Unternehmen in Brasilien, die bereit waren, mehr zu zahlen, aber davon ließen sich unsere Frauen nicht entmutigen – sie erarbeiteten ein Programm und verkauften es uns. Inzwischen kommt Semco für alle Pflegekosten im ersten Lebensjahr des Kindes auf, im zweiten wird etwas weniger gezahlt, noch weniger im dritten und so weiter – bis zum sechsten Lebensjahr, wenn die Kinder ganztags in der Schule sind.

Dieser Plan gefällt uns allen, genauso wie den Leuten in den vielen Unternehmen, die ihn übernommen haben.

Der zweite Frauenkongreß ließ nicht lange auf sich warten – eine zweitägige Veranstaltung, die für manche Ehemänner und Chefs sicher viel schwerer zu akzeptieren war. Aber über hundert Frauen nahmen daran teil, unter anderem auch eine Frau, die der Gewerkschaft beitreten wollte.

Es begann mit einer Übung, die »Die Klagemauer« hieß und bei der die Frauen Graffiti an eine Saalwand kritzelten, die dafür eigens präpariert worden war. Das Ziel war, alles herauszulassen. Weiß der Himmel, was sie da alles hingeschrieben haben – mir hat niemand etwas davon erzählt. Es wurde auch wie im Vorjahr getanzt und gesungen, aber die Stimmung bei diesem Kongreß war geschäftlicher als beim ersten. Um diese Zeit hatte Semco damit begonnen, Bürojobs abzuschaffen, die keinen zusätzlichen Anreiz boten, und darum verbrachten die Frauen einen Teil der Sitzung damit, Ausbildungsprogramme für die Übergangsphase zu entwickeln. Und nach ihrer Rückkehr begannen sie damit, alle Managerposten, die frei wurden, daraufhin zu bewerten, ob Frauen dafür qualifiziert waren. Sie wollten durchaus nicht bevorzugt werden, sondern einfach nur dafür sorgen, daß sie mit berücksichtigt wurden.

Einige Frauen stiegen tatsächlich auf. Eine wurde Planungsingenieurin, die mit schweren Maschinen wie Schiffspumpen und großen Mischsystemen zu tun hatte. Eine andere, ebenfalls eine Ingenieurin, verkaufte Kühltürme. Und mehrere Frauen drangen in die Schiffsindustrie vor, traditionellerweise eine männliche Domäne, und verkauften Ersatzteile im Hafen.

Aber zu meiner Überraschung ließ das Interesse an den Mittagspausentreffen nach. Und etwa zur gleichen Zeit geriet die brasilianische Wirtschaft in eine Flaute, und wir mußten Entlassungen vornehmen, was besonders die Frauen, von denen wir viele zuletzt eingestellt hatten, hart traf. Ich begann zu glauben, daß das Projekt ein Fehlschlag gewesen sei.

Doch Laura war anderer Meinung. Sie meinte, die Bewegung habe weitgehend ihre Anliegen verwirklicht, und es gebe eben nicht mehr so viel, was man mit einer gemeinsamen Anstrengung erreichen könnte. Nun lag es an jeder einzelnen Frau, die Initiative zu ergreifen und weiterzukommen.

»Keine Angst«, sagte Laura, »wenn ein Problem auftaucht, das kollektives Handeln erfordert, dann werden auch die Frauen dazu bereit sein.«

Etwa ein Jahr später kam es zu einer Auseinandersetzung zwischen zwei konkurrierenden Gewerkschaften. Die eine hatte zu einem Generalstreik im ganzen Land aufgerufen, und wenn der erfolgreich verlief, dann wäre das nicht nur für die betroffenen Unternehmen, sondern auch für die Konkurrenzgewerkschaft ein schwerer Schlag. Also beschloß diese, zuerst zu streiken, und schickte Organisatoren von Werk zu Werk, die um Unterstützung werben sollten.

Semco war ein bevorzugtes Zielobjekt. Da wir immer wieder von uns reden machten, würde ein Ausstand in einer unserer Fabriken eine Menge Publicity bedeuten. Die zweite Gewerkschaft schickte einen ihrer besten (schlimmsten?) Männer zu uns: Horatio Pinipa, einen Radikalen, den unsere Arbeiter eher fürchteten als bewunderten. Horatio mochte auch Semco nicht – er fühlte sich von den Verhandlungen unserer Werkskomitees ausgeschlossen. Wenn er uns eins auswischen wollte, dann war dies seine Chance.

Bis heute können sich viele Semco-Mitarbeiter nicht erklären, warum sie sich von Horatio dazu überreden ließen, in den Streik zu treten. (Sie gehörten nicht zu den Arbeitern im Hobart-Werk.) Pinipa stand auf einem Lastwagen, der mit einem dröhnenden Lautsprechersystem versehen war, redete wild drauflos, beschimpfte mich und versuchte die Fabrikarbeiter gegen die Büroangestellten aufzuhetzen, die sich dem Ausstand widersetzten. Dann wurde es einem Ingenieur namens Alberto zu bunt. Er ging zum Lastwagen und wollte das Mikrophon haben. Pinipa hätte ihn fast geschlagen, dann fing er wieder mit seinen Beschimpfungen an – bis er überzog. »Diese Bande von Weibern bei Semco, die machen doch nichts Vernünftiges«, höhnte er. »Die gehen doch nur mit den Managern ins Bett.«

Im Nu schlossen sich etwa 40 Frauen in einem Konferenzraum im ersten Stock zu einem wütenden Gremium zusammen. Dann drängten sie auf den Hof und umringten Pinipa. Sie zeigten mit den Fingern auf ihn und schrien, er solle das sofort zurücknehmen. Pinipa brüllte zurück, er werde einen Scheißdreck zurücknehmen.

Da versuchte Lia Guerra, eine reizbare Chilenin, ihm eine runterzuhauen. Sie wurde zwar von ein paar anderen Frauen zurückgehalten, schrie aber weiterhin auf Pinipa ein, er solle doch von seinem Lastwagen herunterkommen und mit ihr kämpfen.

In diesem Augenblick verlor unsere Telefonistin Iracema wirklich die Beherrschung. Sie ging zu ihrem Wagen und nahm die Pistole heraus, die sie in ihrem Handschuhfach aufbewahrte. (Sie mußte jeden Abend durch die schlimmsten Viertel der Stadt heimfahren, und mit der Pistole fühlte sie sich einfach sicherer.) Glücklicherweise konnte Flor sie dazu bewegen, sie wieder zurückzulegen.

Pinipa, der sich inzwischen in der Fahrerkabine zusammengeduckt hatte, ließ uns wissen, er sei bereit, den Streik zu beenden, und wir garantierten ihm sicheren Zugang zum dritten Stock, damit er den Friedensvertrag unterzeichnen konnte. Als er das getan hatte, sagte Laura, sie solle ihm etwas ausrichten.

»Horatio, einige Ihrer Mitglieder wollen sich jetzt mit Ihnen treffen.«

»Warum?« fragte der schockierte Gewerkschaftsmann.

»Ich glaube, sie wollen sich ein wenig mit Ihnen unterhalten.«

»Sagen Sie ihnen, ich kann nicht. Ich habe noch eine Menge zu tun, wenn ich von hier weggehe.«

Und damit stürzte dieser tapfere, radikale Gewerkschaftsführer die Treppe hinunter, vorbei an den Frauen, die sich am Tor versammelt hatten.

Laura hatte recht: Diese Bewegung wartete nur ab.

Kapitel 20

Flexible Arbeitsplätze

Wir brauchten Jahre, bis wir Marcio Batoni engagieren konnten. Das erste Vorstellungsgespräch fand bereits 1983 statt, als er noch ein junger Produktionsingenieur bei der Nähmaschinenfirma Vigorelli war, eine geniale neue Fräsmaschine entwickelte und dabei viele Komponenten verwendete, die das Unternehmen bereits auf Lager hatte.

Zu unserer Enttäuschung nahm Marcio damals jedoch einen anderen Job an – er wurde Herstellungsleiter bei einem deutschen Unternehmen namens Cyklop, das Verpackungsmaschinen herstellt.

Gleich zu Beginn des darauffolgenden Jahres warfen wir erneut ein Auge auf ihn. Er besuchte uns, kurz bevor er für einen Monat nach Deutschland ging, um dort auf Kosten von Cyklop ausgebildet zu werden. Aus diesem Grund hielt er es für unmoralisch, nach seiner Rückkehr zu kündigen.

Aber hartnäckig, wie wir nun einmal sind, versuchten wir im August des folgenden Jahres erneut, ihn zu uns zu holen (wobei Clovis und ich entschieden hatten, das dies der dritte und letzte Versuch sein würde).

Nach langem Hin und Her beschloß Marcio endlich, zu uns zu kommen. Aber er wollte Cyklop nicht Knall auf Fall verlassen, sondern bat uns, noch vier Monate Geduld zu haben. Das paßte uns zwar gar nicht, aber als wir darüber nachdachten, war uns klar, daß wir es auch gern hätten, wenn er sich uns gegenüber so verhielte, falls er uns verließe.

Als er schließlich da war, ernannten wir ihn sofort zum Werksleiter von Santo Amaro. Kurze Zeit später übernahm er auch die Materialverwaltung und den Materialeinkauf bei Semco. Dann wurde er unser Chefingenieur. 1988 war Batoni Generaldirektor unserer Kühlsystemeinheit, wo er trotz der verheerenden Wirtschaftslage Zuwächse im Verkauf und bei den Gewinnen erzielen konnte. (Als wir diese Einheit von den Amerikanern kauften, machte sie gerade 1,2 Millionen Dollar Jahresumsatz; Batoni erhöhte ihn auf knapp vier Millionen Dollar, mit einer Gewinnmarge von 10 Prozent nach Steuern.)

Doch wir geben uns nie damit zufrieden, wenn etwas gut genug ist. Während Marcio das Werk in Santo Amaro geleitet hatte, konnte er Erfahrungen mit unseren Schiffahrtsprodukten machen, und damit schien er der richtige Mann für das Nacoes-Unidas-Werk zu sein, wo diese Produkte inzwischen hergestellt wurden.

Diese Art von Versetzungspolitik, die manchem als hektisch und verwirrend vorkommen mag, gehört zum Lebensstil bei Semco. Ja, derart »chaotische« Karrieren wie die von Marcio haben wir in einem Arbeitsplatz-Rotationsprogramm geradezu institutionalisiert, bei dem zwischen 20 und 25 Prozent unserer Manager in jedem Jahr einen Wechsel vornehmen. Ich möchte wetten, daß weniger als ein Drittel unserer Leute noch nie rotiert haben.

Der Mensch ist von Natur aus rastlos. Wenn er sich zu lange an einer Stelle aufhält, ist kaum zu vermeiden, daß er sich langweilt, die Motivation verliert und unproduktiv wird. Die Abhilfe bestand meiner Ansicht nach darin, unsere Manager zu ermutigen, ihre Jobs untereinander auszutauschen. Jemand in der Buchhaltung tauscht beispielsweise seinen Job mit jemandem im Verkauf. Beide beginnen damit, daß sie diesen Wechsel etwa ein Jahr im voraus planen, damit jeder Zeit hat, die Aufgaben des andern kennenzulernen, und damit der Übergang reibungslos vollzogen wird. Aber wie bei anderen Semco-Programmen wollen wir, daß unsere Mitarbeiter die Initiative selbst übernehmen. Wir sehen nicht ein, daß wir in der Firmenleitung entscheiden sollen, wer mit wem tauscht.

Nach unserem Gefühl ist ein Minimum von zwei Jahren und ein Maximum von fünf Jahren in einem Job sinnvoll. Wer seinen Job allerdings länger behalten will, kann das durchaus – vorausgesetzt, er findet ständig neue Herausforderungen für sich selbst. Sonst muß er oder sie beim Bäumchen-wechsle-dich-Spiel mitmachen.

Inzwischen haben wir – zum Entsetzen eingefleischter Traditionalisten – mehrere derartige unternehmerische Transplantationen erlebt, und zwar mit Erfolg. Eine unserer bestgeführten Einheiten, die Geschirrspülerdivision, bei der ständig schwierige Entscheidungen beim Marketing und in der Produktion erforderlich sind, wird derzeit von einem Buchhalter geleitet, der über viele Jahre unser Buchprüfer war. Unsere Elektronikeinheit für Hardware und Software, die Waagen herstellt, wird von einem Maschinenbauingenieur geführt. Unser derzeitiger Controller war bis vor kurzem noch Vertriebsleiter. Oder denken Sie an Batoni, dem bislang drei verschiedene Unternehmenseinheiten bei Semco unterstellt waren.

Wir möchten nicht, daß unsere Leute das Gefühl haben, durch ihr Studium oder ihre Berufslaufbahn endgültig festgelegt zu sein. Ebenso lassen wir nicht zu, daß eine mangelhafte Schulbildung jemanden an seiner freien Entfaltung hindert. Wir haben schon mal einen Finanzchef und einen Technischen Direktor gehabt, die beide nur die High School besucht hatten. Ein anderer Technischer Direktor hatte praktisch überhaupt keine Schulbildung, aber das hielt ihn nicht davon ab, ein Team von Ingenieuren zu leiten, die die bedeutendsten Hochschulen Brasiliens absolviert hatten. Wenn ein Waagenbauer Systemanalytiker werden möchte, dann versuchen wir, ihm das zu ermöglichen. Wenn eine Sekretärin Vertriebsingenieurin werden will, dann gewähren wir ihr eine Studienbeihilfe.

Die Arbeitsplatzrotation weist so viele Vorzüge auf, und zwar für Arbeitgeber wie für Arbeitnehmer, daß es mich eigentlich wundert, warum so wenige Unternehmen sich dafür einsetzen. So werden die Menschen dazu gebracht, sich neue Fähigkeiten anzueignen, und das macht ihr Leben interessanter. Auf diese Weise wird auch die Bildung von Machtbereichen und Machtkartellen behindert, denn wenn die Menschen alle paar Jahre ihre Sachen packen und neue Aufgaben übernehmen, können sich keine verkrusteten Machtstrukturen herausbilden. Die Rotation verschafft den Leuten einen weiteren Horizont im Hinblick auf das gesamte Unternehmen: Ein Finanzcontroller, der einem Verkäufer wegen irgendwelcher Zahlungsbedingungen dauernd in den Ohren liegt, wird das bereuen, wenn er seinen Job wechselt und dahinterkommt, wie schwierig es ist, mit einem echten, lebendigen Kunden umzugehen.

Die Rotation zwingt ein Unternehmen, mehr als eine Person für einen Job einzuarbeiten: ein ausgezeichnetes Verfahren für die unternehmerische Disziplin und eine zusätzliche Chance für all jene, die sonst in der Mitte der Pyramide festsäßen. Sie fördert die Verbreitung unterschiedlicher Persönlichkeiten, Ansichten, Hintergründe und Techniken und versorgt das ganze Unternehmen mit neuem Blut und frischen Visionen. Sie macht auch Schluß mit dem Persönlichkeitskult: Kunden und Zulieferer haben eine Beziehung zum Unternehmen, nicht zu Mr. Frankenheim. Und sie verringert die üblichen Traumata, wenn jemand eine Abteilung oder gar das Unternehmen verläßt, besonders, wenn der oder die Betreffende so gearbeitet hat, als sei er oder sie unersetzbar. Dann handelt es sich nämlich um den bewußten Versuch, sicherzustellen, daß man – sei es aufgrund der eigenen Unfähigkeit zu delegieren, sei es wegen anderer Defizite – alles absolut im Griff hat. Niemand will schließlich, wenn er am Rotationssystem teilnimmt, eine schlechte organisierte Abteilung abgeben oder als Diktator beziehungsweise als jemand gelten, der nicht die richtigen Leute einstellen kann.

Natürlich muß man bei der Rotation besonders sorgfältig vorgehen, damit nicht etwa Fachleute dort verlorengehen, wo sie dringend gebraucht werden. Aber heute ist das bei Semco kein so großes Problem mehr wie früher, da uns die Rotation zwingt, in vielen Bereichen mehr als einen Experten heranzubilden.

Und wenn nun jemand mit einem einzigartigen Talent zur falschen Zeit meint, er brauche einen Wechsel? Nun, wenn er diesen Wechsel wirklich will, dann wird er notfalls auch die Firma wechseln, egal was wir tun, und dann steht er uns überhaupt nicht mehr zur Verfügung. So behalten wir ihn lieber, damit er uns weiterhin beraten kann, auch wenn er in einer anderen Abteilung ist. Außerdem haben wir noch nie erlebt, daß jemand mit wertvollen Fähigkeiten in eine andere Position überwechseln wollte, ohne sich verantwortungsbewußt um einen passenden Ersatz zu kümmern, selbst wenn dessen Ausbildung ein paar Jahre dauerte, bis er auf Vordermann war. Normalerweise heißt es: »Schauen Sie, ich habe da einen Burschen, der ist bei mir schon seit drei Jahren, und in zwei Jahren ist er soweit, daß er mich ersetzen kann.«

Und dann warten wir alle einfach ab.

Ob mit oder ohne Rotation: Bei Semco geht es jedenfalls ganz schön rund. Ich bin überzeugt, daß sich unsere Manager weniger sicher fühlen, als sie es etwa in vergleichbarer Position im Zweigunternehmen eines großen Multis wären. Sichern Sie sich in einem großen Konzern einen passenden Job, halten Sie sich an die allgemein bekannten Regeln, und sie werden prächtig schlafen können. Semco-Manager müssen dagegen die ganze Zeit damit rechnen, mit irgendwelchen schwierigen Situationen konfrontiert zu werden. Langeweile kennen wir jedenfalls nicht.

Bisweilen ist Semco vielleicht zu interessant. Unsere Mitarbeiter beklagen sich ständig darüber, daß es bei uns zu viele und zu rasche Veränderungen gibt. Dauernd haben wir neue Programme eingeführt – und ich war stets enttäuscht, wenn meine Ideen nicht innerhalb einer Woche in die Tat umgesetzt werden konnten. Aber schließlich war ich immer schon zu stürmisch. Ich weiß noch gut, wie ich als Mittelstreckenläufer in der High School an einem wichtigen Rennen auf Landesebene teilnahm. Ich hatte hart trainiert, war meiner Sache sicher und zog die Innenbahn. Nach dem Startschuß sprintete ich sofort los und lag ungefährdet in Führung. Als ich die letzte Kurve umrundete, lief mein Kopf zwar voraus über die Ziellinie, aber meine Beine wurden weich und weigerten sich, mir weiter zu gehorchen. Ich weiß nur noch, wie ich auf der Aschenbahn lag, nach Luft rang und zusehen mußte, wie meine Gegner die Ziellinie überquerten. Ich erkannte damals, daß es keine Kunst ist, an die Spitze zu gehen – es bis zur Ziellinie in einem Zug zu schaffen, darin liegt die Schwierigkeit.

Bei Semco ist der Druck auch größer, weil wir wirklich an den Markt glauben. Wir schützen niemanden vor dem Auf und Ab des Geschäftslebens oder der verrückten brasilianischen Wirtschaft. Das ist nichts für jedermann – mit Sicherheit nichts für Bürokraten, deren Laufbahn darin besteht, daß sie sich wie Soldaten in Schützengräben einbuddeln.

Wegen dieses Drucks glauben wir auch an die Nützlichkeit des beruflichen Recyclings, auch Sabbatical, Freisemester oder Bildungsurlaub genannt. Wir nennen es unseren Hepatitis-Urlaub: Wenn unsere Leute sagen, sie hätten keine Zeit mehr zum Denken, dann fordern wir sie auf, sich doch einmal vorzustellen, was passieren würde, wenn sie plötzlich Hepatitis bekämen und gezwungen wären, drei Monate im Bett zu verbringen. Und dann raten wir ihnen, eine Zeitlang von der Bildfläche zu verschwinden.

Unsere Mitarbeiter – bislang ist dieses Programm auf die Jobs der mittleren oder höheren Ebene beschränkt – könne alle ein oder zwei Jahre ein paar Wochen oder sogar ein paar Monate ihre üblichen Pflichten ruhen lassen. Sie können diese Zeit damit verbringen, daß sie Bücher oder Zeitschriftenartikel lesen, sich neue Fähigkeiten aneignen oder ihren Job neu gestalten. Oder sie können einfach nur nachdenken. Denn darauf kommt es eigentlich beim Hepatitis-Urlaub an. Er ist keine Kur gegen Überarbeitung. Vielmehr soll er eine Unterbrechung im Berufsleben darstellen, damit unsere Leute innehalten und ihr Arbeitsleben wie ihre Ziele neu überdenken können. Es ist ein Punkt, an dem sie vorausplanen, ihre Prioritäten klären und gestärkt wieder zurückkommen können, um ihre Ziele in Angriff zu nehmen. Und wenn ihre Erholungszeit zu Ende ist, dann kommen sie schon von selbst wieder.

Aber manchmal spielt uns unsere Flexibilität auch einen Streich. Wir haben einmal über zehn Monate damit verbracht, einen leitenden Angestellten auf seine neue Position als Produktionsleiter vorzubereiten. Dann erfuhren wir aus seinem Fragebogen unter Rubrik »Was möchten Sie in 10 Jahren sein«, daß er sich mehr für Marketing interessierte. Also bezahlten wir auch seine Weiterbildung auf diesem Gebiet und schickten ihn auf die bedeutendste Wirtschaftsakademie des Landes. Auf diese Weise wurde er Leiter unseres Werks für Schiffahrtsprodukte.

Kapitel 21
Problemfälle

Der Brief kam mir schon seltsam vor, als ich den Absender sah. Denn ich war mir sicher, daß es in dieser Gegend der Stadt keine Wohnhäuser gab.

Und richtig, die Botschaft war in Buchstaben abgefaßt, die aus einer Zeitschrift ausgeschnitten waren, wie ein Erpresserbrief in einem Krimi. Sie enthüllte Details einer angeblichen Mauschelei zwischen zwei leitenden Semco-Angestellten und einem Zulieferer von Stahlplatten und war, wie der anonyme Verfasser erklärte, geschrieben worden, um eine Dankesschuld gegenüber meinem Vater abzutragen.

Der Brief kam mit meiner Privatpost, kurz nachdem wir dem genannten Zulieferer einen Auftrag in Höhe von über 50000 Dollar erteilt hatten. Da wir mit dieser Firma bislang keine Geschäfte gemacht hatten und keine anderen Angebote eingeholt worden waren, wäre es wohl unser gutes Recht gewesen, die betreffenden Manager ins Gebet zu nehmen. Aber wir hatten bei Semco gerade ein neues Zeitalter des Vertrauens begonnen, und in diesem Sinne schien es nur logisch, Beschuldigungen abzutun, für die keine Beweise mitgeliefert wurden, ganz zu schweigen von der Anonymität des Verfassers.

Statt uns also die beiden leitenden Mitarbeiter vorzunehmen, beschlossen Clovis und ich, den Verleumder herauszufinden. Falls diese Behauptungen falsch waren, dann sollte dieser Kerl natürlich nicht mehr für uns arbeiten. Wenn sie aber stimmten, dann würden wir schon die entsprechenden Schritte tun, doch wir wollten auch wissen, warum es nötig war, das Ganze auf so hinterhältige Weise zu enthüllen.

Der Absender war mit der Hand geschrieben, und Clovis beauftragte einen Polizeigraphologen, das Gekritzel unter die Lupe zu nehmen. Bei seiner Untersuchung ging dieser Experte auch unsere Akten durch. Eine Woche später hatten wir seinen Bericht vorliegen und waren froh, daß wir die Angelegenheit so diskret behandelt hatten. Unser Handschriftenfachmann war sicher, daß der Autor derselbe Mitarbeiter war, der bereits vor einem Jahr einen ähnlichen Brief geschrieben hatte, seinerzeit unter seinem Namen. Wir hatten diesen Brief ignoriert, weil der Betreffende dafür bekannt war, daß er gegen Vorgesetzte unbegründete Beschuldigungen erhob. Es war kein Geheimnis, daß er das Gefühl hatte, bei anstehenden Beförderungen ungerechterweise übergangen worden zu sein.

Damit waren die beiden leitenden Mitarbeiter entlastet, und der Verleumder wurde entlassen. Und erst dann erfuhren alle von dieser Angelegenheit.

Aber bevor Sie den Eindruck bekommen, wir würden die Dinge auf die leichte Schulter nehmen, möchte ich schnell einen anderen Fall erzählen. Ein paar Monate nachdem wir die Hobart-Fabrik übernommen hatten, bemerkte ein Arbeiter, daß drei Mitarbeiter aus der Ersatzteil- und Service-Abteilung oft aus unerfindlichen Gründen Überstunden machten. Eines Abends blieb er da, versteckte sich in einer kleinen Kammer und wartete. Durch ein winziges Loch in der Tür konnte er sehen, wie das Trio heimlich Ersatzteile zu ihren Autos schaffte. Die Diebe wurden geschnappt, entlassen und eingesperrt. Sie hatten uns schon seit etwa einem Monat bestohlen. Nicht auszudenken, wie lange das noch so gegangen wäre, wenn dieser Arbeiter nicht aufgepaßt hätte.

Ich glaube, diese beiden Fälle veranschaulichen ganz gut, wie sich Verbrechen und ihre Bestrafung im Semco-Stil abspielen. Wir erstatten immer Anzeige, wenn wir glauben, daß jemand ein kriminelles Delikt begangen hat. Immer. Aber unterhalb der tatsächlichen Kriminalitätsschwelle – oder in Fällen, in denen Zweifel angebracht sind – sind wir extrem zurückhaltend, uns einzumischen. Wir verzichten auf schriftliche Abmahnungen, auf Suspendierungen von Leuten, auf Lohnkürzungen oder ähnliches. Wir wollen schließlich keine Schulmeister sein. Wir sprechen über alles, was uns stört, unternehmen aber im allgemeinen keine offiziellen Schritte. Doch wenn wir das Gefühl haben, daß jemand wirklich als Mitarbeiter nicht zu uns paßt, dann sagen wir es ihm auch. Und wenn er sich nicht ändert, werfen wir ihn schließlich raus. Aber wir klopfen ihm nicht auf die Finger.

Wie so vieles an unserem Denken sind auch unsere Ansichten über Disziplin von der Überzeugung geprägt, daß unsere Mitarbeiter Erwachsene sind und stets als solche behandelt werden sollten. Als Semco sich veränderte, stellten wir zwei Verhaltensregeln auf: Nummer eins – jeder Mitarbeiter ist verantwortlich für das, was er tut; und Nummer zwei – was unsere Leute in ihrer Freizeit tun, ist ihre Sache. Wir kümmern uns nur um die Arbeit eines Mitarbeiters, nicht um sein Privatleben, solange es seine Leistung am Arbeitsplatz nicht beeinträchtigt.

Bei einem dieser Grillfeste, die unsere Fabriken veranstalten, wenn sie ihr Monatsziel erreicht haben, haben einmal ein paar Arbeiter angefangen, Marihuana zu rauchen. Bei vielen Unternehmen wären sie sofort rausgeflogen, aber nicht bei Semco. Wir beriefen eine Besprechung mit dem Werkskomitee ein und erklärten, daß das Rauchen von Marihuana auf dem Firmengelände schlicht verboten sei. Wir kannten die Leute, um die es ging, nannten ihre Namen aber nicht. Wir wollten sie nicht bestrafen, sondern einfach dafür sorgen, daß dies nicht wieder vorkam.

So wenig wir uns durch die Fehler und Schwächen unserer Mitarbeiter gefährdet sehen, so wenig fühlen wir uns andererseits für sie verantwortlich. Wenn ein Arbeiter Alkoholiker ist, dann ist es nicht die Aufgabe von Semco, ihn zum Abstinenzler zu machen. Darum sollen sich die Anonymen Alkoholiker kümmern. Ist er ein Kettenraucher, dann gehört es nicht zu unseren unternehmerischen Pflichten, seine Lunge zu säubern. Wenn er kokainabhängig ist und sich in medizinische oder psychiatrische Behandlung begeben will, dann sind wir zwar bereit, ihm dazu zu verhelfen, aber – und das ist eines dieser wichtigen Aber – er selbst muß den ersten Schritt tun.

Das mag manchem herzlos oder gar altmodisch vorkommen in einer Zeit, in der viele Unternehmen glauben – nein, proklamieren –, daß es ihre Pflicht sei, ihre Mitarbeiter im Kampf gegen Drogen oder Alkohol oder bei privaten Problemen zu unterstützen. Ich bin sicher, sie meinen es gut. Aber wir wollen aus unseren Managern keine Vaterfiguren machen, auch wenn es ihnen innerlich noch so wohl tun sollte. Wir wollen keine große, glückliche Familie sein. Wir wollen ein Unternehmen sein. Fahren Sie bloß nicht auf dieses Gerede von »Wir sind alle eine Familie« ab. Fragen Sie mal jemanden, der in Rente geht und drei Tage später schon nicht mehr durchs Werktor gelassen wird. Selbst ein Arbeiter, der krank wird, ist schon vergessen, wenn er nicht bald genug wieder in die Fabrik zurückkehrt. Am Anfang werden vielleicht noch ein paar Kumpels aus der Firma bei ihm vorbeischauen, und jeden Monat bekommt er seinen Lohnscheck, aber in dieser traurigen Situation merken die Menschen bald, daß kein Unternehmen eine Familie ist.

Genauso wie alle anderen Menschen wollen auch Geschäftsleute gern in den Himmel kommen. Und wie findet man mit Sicherheit ewigen Frieden, wenn nicht durch gute Taten auf Erden? Doch das Problem bei der unternehmerischen Fürsorge besteht ja darin, daß der Chef zwar mit einer Hand streichelt, aber oft mit der anderen zuschlägt.

Der Inhaber eines in unserem Industriebereich tätigen Unternehmens gilt als einer der großzügigsten Bosse im ganzen Land. Als der Sohn eines Arbeiters an einer schweren Krankheit litt, die nur im Ausland behandelt werden konnte, übernahm dieser Boß sämtliche Kosten, die mehreren Jahreslöhnen des Vaters entsprachen – eine Summe, die er nie würde zurückzahlen können. Und das mußte er ja auch nicht, denn es war ein Geschenk und kein Darlehen. Aber wenn sich dieser wunderbare, fürsorgliche, großzügige Inhaber in seiner Firma umsah und entdeckte, daß jemand etwas tat, was er nicht mochte, dann warf er ihn auf der Stelle hinaus (mit einer großzügigen Abfindung, versteht sich). Das ist die Kehrseite der Fürsorge. Die Mitarbeiter verkaufen solchen Unternehmen ihre Seele für die Dauer ihres Arbeitslebens, und das kann sie teuer zu stehen kommen.

Einen derartigen Pakt wollen wir bei Semco nicht schließen. Aber das heißt noch lange nicht, daß unsere Leute ihren Kollegen nicht helfen können. Wir haben nichts gegen Mitgefühl, wir wollen nur, daß es spontan ist, freiwillig und von Herzen kommt. Als ein Mann aus unserer Putzkolonne beispielsweise im relativ fortgeschrittenen Alter von 50 Jahren erfuhr, daß seine schwangere Frau Zwillinge erwartete, ging Lia aus unserer Personalabteilung durch Fabrikhallen und Büros und sammelte Geldspenden und Kinderkleidung. Niemand hatte sie dazu aufgefordert – sie tat es ganz von sich aus. Und fast jeder im Unternehmen gab ihr etwas, worauf wir viel stolzer waren, als wenn unser Kassierer einfach einen Scheck geschickt hätte.

Gelegentlich leiht Semco seinen Mitarbeitern auch Geld, aber nur in unerwarteten Notfällen, etwa wenn das Haus eines Arbeiters vom Hochwasser beschädigt oder seine Frau krank wird. Solange wir den Eindruck haben, daß ein Mitarbeiter uns das Geld zurückerstatten kann, dann tun wir fast alles, damit er das Darlehen bekommt, das er benötigt – und wenn er es ein, zwei oder sogar drei Jahre lang abzahlen muß. In diesem Fall werden wir vielleicht 20 oder 30 Prozent seines Lohns abziehen, bis wir wieder quitt sind. Aber wenn ein Arbeiter die Möglichkeit hat, das Haus zu kaufen, in dem er wohnt, oder ein Auto, das sein Schwager abstoßen will, dann leihen wir ihm keinen Cent. Wir wollen uns nicht in sein Finanzleben einkaufen oder an seinen Träumen teilhaben. Vielleicht bieten wir ihm einen Kurs über Finanzplanung an oder wir errechnen ihm die Höhe der Hypothek, die er sich maximal leisten kann, aber das ist auch schon alles. Die Liebe und Fürsorge, die wir ihm bieten, werden ihm von unseren Leuten, nicht von unserer Firmenpolitik gewährt.

Sie werden auch keine Aschenbahn, keinen Swimmingpool, keinen Fitneßraum bei Semco entdecken. Viele Unternehmen legen sich derartige Einrichtungen zu, um ihren Mitarbeitern dabei zu helfen, mit dem Streß fertig zu werden. Bei Semco bemühen wir uns zunächst darum, daß es gar nicht erst zu Streß kommt.

Soll das nun heißen, daß Unternehmen alle Vergünstigungen abschaffen und die menschlichen Ressourcen, die sie verbrauchen, in zusätzliche Zahlungen umwandeln sollten? Natürlich nicht. Die entsprechenden Summen würden nicht ausreichen, damit sich die Mitarbeiter die gleichen Vergünstigungen selber kaufen könnten. (Das ist einer jener Fälle, in denen sich der Großeinkauf als wirtschaftlich erweist.) Also gehen wir einen Kompromiß ein, indem wir unseren Mitarbeitern Vergünstigungen wie eine Krankenversicherung zukommen lassen. Das heißt, das Unternehmen steuert das Geld bei, aber die Mitarbeiter entscheiden darüber, wie es angelegt wird.

Es ist gar nicht so einfach, unseren Laisser-faire-Idealen gerecht zu werden. Da fällt mir beispielsweise die Geschichte von Celso Violin ein, einem Mitarbeiter in unserer Personalabteilung. Eines Tages bat er Jose Fernandes, einen Arbeiter vom Büroreinigungspersonal, ein paar vertrauliche Akten – Gehaltslisten, die auch Angaben über ein paar leitende Mitarbeiter enthielten, die ihr Gehalt noch immer nicht offenlegen wollten – in unseren Reißwolf zu geben, der so laut ist, daß er in irgendeiner entlegenen Ecke in der Halle steht. Jose begann die Maschine mit den Papieren zu füttern, mußte aber für ein paar Minuten weg, um irgendwelchen Müll einzusammeln. Schon nach wenigen Augenblicken stürzte ein Kollege in Celsos Büro. »Los, komm, und schau dir das an da draußen!« rief er atemlos.

Celso raste in die Halle und sah, wie sich ein Wachmann über den Reißwolf beugte und die Papiere las. Dieser Bursche war ein Problemfall: Er benützte seinen Sonderstatus als Mitglied des Werkskomitees dazu, uns allen möglichen Ärger zu machen. Er war einer von jener Sorte Arbeiter, die daran schuld waren, daß die Komitees einen schlechten Ruf hatten.

»Was tun Sie da?« schrie Celso, der die Antwort zwar kannte, aber dem nichts Besseres einfiel.

»Lesen«, erwiderte der Wachmann lässig.

»Das dürfen Sie nicht«, sagte Celso. »Das sind vertrauliche Papiere.«

Der Wachmann murmelte giftig vor sich hin und trollte sich. Später rief ihn Paulo Pereira in sein Büro und fragte ihn, warum er da herumspioniert habe. Der Wachmann sagte immer wieder, er habe es nicht böse gemeint. Aber Paulo wußte genau, was er im Schilde geführt hatte: Er versuchte nachzuweisen, daß einige Manager viel mehr verdienten, als sie offiziell angegeben hatten. Und Paulo machte dem Wachmann klar, daß er das auch wußte. Dann fragte er ihn, was Semco nun seiner Meinung nach tun solle. Ich bin sicher, daß ihn diese Frage überrascht hat. Aber der Wachmann hatte auch für Paulo eine überraschende Antwort parat: Da er nichts Böses im Schilde geführt habe, als er sich die Papiere ansah, könne er seiner Meinung nach auch nicht dafür belangt werden.

Ich möchte wetten, daß die meisten Unternehmen den Wachmann augenblicklich gefeuert hätten. Wenn Mitarbeiter wichtige Regeln verletzen, versuchen Unternehmen normalerweise ein Exempel an ihnen zu statuieren, zur Abschreckung. Aber Semco ist ein partizipatives Unternehmen, und wir stellen keine Fragen, wenn wir nicht auf die Antwort gefaßt sind. Wir hielten uns an die Empfehlung des Wachmanns und taten nichts – das heißt, wir erklärten ihm immerhin, daß wir das, was er getan hatte, nicht für richtig hielten.

Bei Semco kommt es nur selten vor, daß jemandem aus einem schwerwiegenden Grund gekündigt wird, aber wenn dies der Fall ist, dann hängen wir keine Erklärung ans Weiße Brett, in der wir behaupten: »Herr Klemmundklau scheidet zu unserem großen Bedauern aus gesundheitlichen Gründen auf eigenen Wunsch aus unserem Unternehmen aus.« Wenn ein Mitarbeiter unser Vertrauen enttäuscht hat, dann sagen wir das auch. Wenn er uns wegen eines besseren Jobs verlassen hat, dann sagen wir auch das, wünschen ihm alles Gute und geben gelegentlich der Hoffnung Ausdruck, daß er eines Tages zurückkehren möge.

Wir versuchen jedenfalls immer die Wahrheit zu sagen – die Wahrheit und nichts als die Wahrheit. Und wenn – was selten vorkommt – die Wahrheit aus irgendeinem besonderen Grund nicht gesagt werden kann, dann sagen wir lieber gar nichts. Wir glauben nämlich, daß eins ganz wichtig ist: Alles, was ein Unternehmen verlautbart, besonders gegenüber den Arbeitern oder der Öffentlichkeit, muß absolut aufrichtig sein. Wir halten uns an diese Politik sogar gegenüber Journalisten. Alle Fernsehsender und alle großen Zeitungen und Zeitschriften in Brasilien können mit jedem bei Semco sprechen, egal was sie früher über uns berichtet haben oder noch berichten werden. Und unsere Leute können ihre Meinung frei äußern, ohne Angst haben zu müssen.

Wir gehen sogar noch einen Schritt weiter, um sicherzustellen, daß die Kommunikation bei Semco auch funktioniert. Zwei- oder dreimal im Jahr verteilen wir einen Fragebogen unter dem Motto: »Was denkt das Unternehmen?« Damit geben wir den Arbeitern wieder einmal Gelegenheit, uns zu sagen, ob sie mit ihrem Lohn zufrieden sind, ob es irgendeinen Grund für sie gibt, das Unternehmen zu verlassen, ob sie für einen Streik wären, ob sie Vertrauen ins Management haben usw. Die Ergebnisse werden (natürlich) für jedermann zugänglich ausgehängt, und sie ermöglichen uns, unsere Glaubwürdigkeit zu überprüfen, ebenso wie ihre Sorgen kennenzulernen.

Wir ermutigen sogar zu zivilem Ungehorsam im Unternehmen, auch wenn wir das möglichst geschickt tun. Wenn beispielsweise die Anforderung für irgendein Teil vom Einkauf verschlampt worden ist, dann wissen unsere Mitarbeiter, daß sie es notfalls selbst kaufen und uns dann die Rechnung schicken können. Die Arbeiter haben auch schon in unseren Kantinen Protestversammlungen abgehalten, weil sie der Meinung waren, wir sollten ihre Mahlzeiten zu 100 Prozent subventionieren und nicht bloß zu 70 Prozent. Einige haben sich geweigert, eine Uniform zu tragen. Unsere einzige Reaktion besteht darin, daß wir erklären, warum die Dinge so sind, wie sie sind. Wenn wir nicht mehr miteinander klarkommen, dann werden unsere Rebellen entweder irgendwann freiwillig gehen oder langsam und behutsam vom System ausgeschieden werden. Aber wir haben auch Leute bei uns, die nur wenig von dem halten, was wir denken, und die trotzdem noch immer bei uns sind – uneinsichtig, aber frei. Was soll's auch: Solange sie ihren Job tun, müssen sie ja nicht unbedingt ihre Uniform tragen.

Eine gewisse Prise zivilen Ungehorsams ist einfach notwendig, damit ein Unternehmen mitbekommt, daß nicht alles in Ordnung ist. Statt Angst vor unseren Thoreaus und Bakunins zu haben, lassen wir sie ihre Meinungen frei äußern, auch wenn sie oft ein Stachel in unserem Fleisch sind.

Einer der spitzeren Stacheln war ein Schweißer in unserer Kühlsystemfabrik, in der wir Kühltürme herstellen. In Brasilien bekommen Menschen, die unter als gefährlich geltenden Bedingungen arbeiten, einen Lohnzuschlag – 20, 30 oder 40 Prozent mehr, je nach Risiko. Unser Schweißer und einige seiner Kollegen ersuchten das Werkskomitee, eine Gefahrenzulage für das heiße Schweißen zu fordern. Aber wann ist heiß zu heiß? Wir erklärten den Arbeitern, wir würden eine Gruppe von Semco-Technikern beauftragen, ihre Arbeitsbedingungen zu untersuchen, und dann die Bezahlung entsprechend anpassen.

Damit schienen sich alle zufriedenzugeben – außer besagtem Rebellen, der erklärte, Unternehmenstechniker wären seiner Meinung nach nicht fair. Wir ignorierten seine Einwände, und die Techniker kamen zu dem Ergebnis, daß die Arbeitsbedingungen tatsächlich gefährlich seien und damit eine 30-prozentige Zulage rechtfertigten. Wir gingen sofort darauf ein und zahlten die neuen Löhne sogar rückwirkend für die Zeit, seit die Schweißer zum erstenmal auf das Problem zu sprechen gekommen waren. Aber unser Rebell glaubte natürlich, daß ihm und seinen Kollegen die volle Prämie von 40 Prozent zuständе.

Ein paar Wochen später erreichte einer dieser Schweißer – der Mann, der am längsten dem Unternehmen angehörte – das in Brasilien für Ganztagsarbeitskräfte vorgeschriebene Rentenalter. Er war schon seit vielen Jahren bei uns und hatte darum ein hohes Einkommen. Aber er war ein guter Mitarbeiter, und wir beschlossen, ihn als Berater wieder einzustellen, womit wir ganz legal die Rentenbestimmungen umgehen konnten. Und natürlich zahlten wir ihm das gleiche wie vorher.

Dann meldete sich wieder unser Rebell zu Wort. Als nächstdienstältester Schweißer hatte er gehofft, nun das Gehalt seines älteren Kollegen zu bekommen. Wir erklärten ihm, das sei eine Ausnahme gewesen, aber damit gab er sich nicht zufrieden. Er wandte sich an die Gewerkschaft, die ihm jedoch klarmachte, daß er das selbst durchboxen müßte. Und das tat er denn auch – vor Gericht. Und weil er schon einmal dabei war, verklagte er uns auch gleich noch wegen der Gefahrenzulage.

Darüber waren wir zwar nicht gerade erfreut, aber wenn uns ein Arbeiter verklagen will, dann ist das sein gutes Recht.

Ungefähr einen Monat später sahen wir uns alle vor Gericht wieder. Der Richter begann damit – wie er es in derartigen Fällen vermutlich immer tat –, daß er die Frage stellte, ob der Kläger die korrekte Abfindung erhalten hätte, als er Semco verließ.

»Ich habe sie nicht bekommen«, erklärte der Schweißer.

Der Richter wandte sich an Paulo Pereira, der das Unternehmen vertrat, drohte ihm mit dem Finger und fragte barsch: »Ja, warum hat er sie denn noch nicht bekommen?«

»Weil er noch immer unser Mitarbeiter ist«, erwiderte Paulo gelassen.

»Noch Ihr Mitarbeiter?« Der Richter konnte es nicht glauben. »Jeder, der ein Unternehmen verklagt, wird doch entlassen oder geht freiwillig.«

Nein, machte ihm Paulo klar, der Schweißer hätte sich zwar mit uns nicht einigen können und beschlossen, vor Gericht zu gehen, aber er sei noch immer unser Mitarbeiter.

Zur allgemeinen Überraschung unterbrach der Richter die Verhandlung und gratulierte Semco dazu, daß es die Rechte seiner Mitarbeiter achte.

Dann ging der Prozeß weiter und zog sich über sechs Monate hin. Am Ende aber hatte Semco in beiden Fällen obsiegt. Und der Schweißer? Er ist noch immer bei uns – und der gleiche Scharfmacher wie früher.

Kapitel 22

Auch Bosse kann man einstellen und feuern

Anatoly Timoshenko betrat die Arena, in der die Löwen hungrig auf ihn warteten. In einem Konferenzraum in Santo Amaro war eine Gruppe von Menschen versammelt, die ihm so feindselig gegenübersaßen, wie dies in Friedenszeiten nur möglich war. Wenn er Glück hatte, würden dies seine künftigen Untergebenen sein.

Timoshenko, ein großer Mann mit sanfter Stimme und einem angegrauten Bart, hatte mit allen Topleuten bei Semco gesprochen, und wir hatten ihm Glück gewünscht. Aber wir hatten ihm auch unmißverständlich klargemacht, daß wir keinen Finger für ihn rühren würden. Es war allein seine Sache.

Schon einige Jahre zuvor hatten wir Timoshenko eingestellt, nachdem er sich auf eine Stellenanzeige hin gemeldet hatte. Damals suchten wir einen Manager, der mit den juristischen Komplikationen von Kaufverträgen vertraut war und der Erfahrung mit der Auslieferung großer Aufträge sowie im Umgang mit Personal hatte. Außerdem sollte es jemand mit praktischen Kenntnissen in Planung, Montage, Qualitätskontrolle, Kostenkontrolle, Finanzen und Marketing sein.

Warum ein derart umfassendes und heterogenes Qualitätsprofil? Das Projekt, das wir im Auge hatten, umfaßte den Bau kompletter Gebäckfabriken – von denen jede aus Teigrührmaschinen, Teigschneidern, Backöfen, Förderbändern, elektronischen Steuerungen und anderen Geräten im Wert zwischen drei und vier Millionen Dollar bestand. Die dafür erforderlichen Tausende von Komponenten sollten in unserem Werk in Santo Amaro hergestellt und dann an jeden Ort der Welt transportiert und dort zusammengebaut werden. Unsere Kunden – Nabisco, Sunshine Biscuits und ähnliche Firmen – würden einfach einen Schalter umlegen, und schon produzierten sie Ritz Cracker und Oreos.

Unserer Meinung nach gab es niemand bei Semco, der für diesen Job in Frage kam. Auf unsere Anzeige hin meldeten sich dann drei Bewerber, von denen Timoshenko mit Abstand der beste zu sein schien. Er hatte bei der Citibank Erfahrungen im Bereich Finanzen und bei mehreren anderen Unternehmen Erfahrungen in der Produktion gesammelt. Er war auch ganz begeistert, bis wir ihm sagten, so etwas wie ein Einstellungsverfahren bei Semco habe er sicher noch nie erlebt.

Im Zeitalter des Schlagworts von der neuen Weltordnung glaubt fast jeder, daß alle Menschen ein Recht darauf haben, die zu wählen, welche sie führen sollen, zumindest im öffentlichen Bereich. Aber noch hat die Demokratie nicht Einzug in der Arbeitswelt gehalten. Noch immer können in den Büros und Fabriken auf der ganzen Welt Diktatoren und Despoten schalten und walten.

Die meisten Unternehmen und Mitarbeiter nehmen dies als unwandelbares Naturgesetz hin. Aber wir waren ganz und gar nicht der Ansicht, daß auch bei Semco ein System fortbestehen müsse, demzufolge eine Person eingestellt wird, die zwar ihren künftigen Boß beeindruckt, hingegen nicht die Achtung der Untergebenen genießt. Und wir hatten auch kein Verständnis dafür, warum wir einen Abteilungsleiter oder Vorarbeiter behalten sollten, der bei denen, die ihm folgen sollten, nicht besonders gut angeschrieben war. Also entwickelten wir ein Programm, um sicherzustellen, daß die Bosse von den Leuten, die unter ihnen arbeiteten, bestätigt würden.

Wie bei so vielen Neuerungen bei Semco weiß ich auch in diesem Falle nicht mehr ganz genau, wie alles begann. Zunächst wollten wir einfach wissen, warum manche Leute nicht so viel Erfolg hatten, wie wir annahmen, als wir sie einstellten, und so fragten wir selbstverständlich diejenigen, die unter ihnen arbeiteten. Das führte dazu, daß wir ein Formular entwickelten, das inzwischen Untergebene dazu benutzen, ihre Manager zweimal im Jahr zu bewerten. Es besteht aus einem Multiple-Choice-Katalog von etwa drei Dutzend Fragen, mit denen man das technische Können, die Kompetenz, die Führungsqualitäten und andere Aspekte ermitteln kann, die bei einem Vorgesetzten eine Rolle spielen. Hier einige Beispiele:

Der/die Betreffende reagiert auf Kritik
a) schlecht – ignoriert sie
b) schlecht – lehnt sie ab
c) einigermaßen gut
d) gut – akzeptiert sie

Wenn die Abteilung des/der Betreffenden einen hohen Produktivitätsstandard erreicht, wird er/sie normalerweise
a) den Erfolg anderer Leute sich selbst zuschreiben
b) diejenigen anerkennen, die die Arbeit gemacht haben
c) das Team als ganzes anerkennen

Der/die Betreffende vermittelt dem Team
a) Angst und Unsicherheit
b) Gleichgültigkeit
c) Sicherheit und Ruhe

Der/die Betreffende
a) macht ständig allen klar daß er/sie der Boß ist
b) macht gelegentlich allen klar, daß er/sie der Boß ist
c) macht nur selten Aufhebens davon, daß er/sie der Boß ist.

Der Fragebogen wird anonym ausgefüllt, so daß niemand Angst davor haben muß, aufrichtig zu sein. Wir bewerten die Fragen und Antworten nach ihrer Wichtigkeit und errechnen eine Punktzahl, die öffentlich bekannt gemacht wird, so daß jeder weiß, wie er dasteht. 70 Prozent der maximalen Punktzahl gelten als bestanden, aber die meisten Manager erreichen zwischen 80 und 85 Prozent. Manager, die unter 70 Prozent liegen, werden nicht automatisch entlassen; aber eine niedrige Punktzahl führt normalerweise dazu, daß erheblicher Druck auf den Betreffenden ausgeübt wird, sich zu ändern. Am liebsten sehen wir es, wenn sich unsere Leute von Jahr zu Jahr steigern. Vorgesetzte setzen sich mit ihren Untergebenen zusammen und besprechen ihre Noten, so daß der Prozeß der Veränderung ganz schnell in Gang kommt.

Diese Mitarbeiter-Zensuren bauen auf eine der größten Stärken von Semco: unsere Transparenz. In unserem Unternehmen können die Leute immer sagen, was sie auf dem Herzen haben, sogar gegenüber ihren Bossen – und selbst wenn es dabei um ihre Bosse geht. Es gehört einfach zu unserer Unternehmenskultur, daß jeder bereit ist, zuzuhören, und zugibt, wenn er sich irrt.

Ursprünglich hatten wir diesen Fragebogen entwickelt, um herauszufinden, warum manche Manager versagten. Aber es kam auch vor, daß Manager, die wir schätzten – und immer wieder beförderten –, so niedrige Punktzahlen erreichten, daß wir uns fragten, warum wir so danebenlagen. Es gab einmal bei uns einen Mann, der eine große Abteilung außerordentlich gut führte – zumindest dachten wir das. Bei seiner ersten Bewertung kam er gerade auf 40 Prozent. Nachdem wir uns den Fragebogen genauer angesehen hatten, kamen wir zu dem Schluß, daß seine Untergebenen recht hatten: Er war ein großartiger Verkäufer, aber ein schrecklicher Führer, und seine Leute hatten trotzdem Erfolg. Lösung: Wir machten ihn zum Boß einer Einmann-Verkaufsabteilung, und seitdem macht er sich glänzend. Und mit einem neuen Leiter lief seine ehemalige Abteilung sogar noch besser. Damit war alles klar.

Aber derart dramatische Veränderungen kommen selten vor. Viel öfter hilft der Bewertungsprozeß den Leuten, sich zu ändern. Ich kann da nur aus Erfahrung sprechen. Meine erste Bewertung wurde von zwei Vizepräsidenten und von meiner Sekretärin Irene Tubertini vorgenommen. »Ich habe eine Liste von allen schlimmen Dingen zusammengestellt, über die ich mich beschweren möchte«, warnte mich Irene, ehe sie mir erklärte, ich würde sie oft darüber im unklaren lassen, was ich zuerst erledigt haben wollte, und dann würde ich mich gleich aufregen, wenn sie nicht das Richtige tat. Aufgrund ihrer Klagen entwickelte ich ein bestimmtes System, indem ich mit verschiedenfarbigen Aufklebern die Priorität einer Arbeit kenntlich machte: Rot stand für äußerst dringend, Gelb für dringend, Grün für Dinge, die etwas Zeit hatten. (Diese Idee habe ich von den »Stimmungsmarken« in der Fabrik für elektronische Waagen geklaut.)

Unser nächster Schritt war so naheliegend wie radikal. Ein Manager, der von oben eingesetzt wird, hat zunächst alle gegen sich. Warum also sollten die Leute nicht ihren Boß selbst wählen? In einem Werk, in dem jeder finanziell vom Erfolg abhängt, ist der Gedanke, die Untergebenen aufzufordern, ihre zukünftigen Bosse selbst auszusuchen, eine äußerst vernünftige Möglichkeit, Schlimmes zu verhindern, bevor der Job vergeben wird. Eigentlich erstaunlich, daß das nicht öfter praktiziert wird.

Also bauten wir unser Bewertungssystem so aus, daß es auch Beförderungen und Einstellungen bei höheren Positionen mit abdeckte, und zwar mit Hilfe eines anderen Fragebogens, der von Angehörigen des mittleren Managements sowie von Vorarbeitern ausgefüllt wurde. Aber da diese Untergebenen ja noch nicht für den Bewerber gearbeitet hatten, ergänzten wir das Verfahren um eine weitere Stufe: ein Gruppen-Vorstellungsgespräch. Oder besser: Gespräche, denn Bewerber werden oft aufgefordert, sich vier- oder fünfmal zu präsentieren. Mit Sicherheit wird dadurch ihre Geduld auf eine harte Probe gestellt, aber sie bekommen auch Gelegenheit, unser Unternehmen und unsere Unternehmenskultur kennenzulernen. Und damit haben sie wie wir eine echte Chance herauszufinden, ob wir wirklich füreinander geschaffen sind, ehe wir vor den Altar treten.

Marcio Batoni erläuterte Timoshenko unser seltsames Einstellungsritual. Batoni war irgendwie verantwortlich für diese freie Stelle. Ich sage bewußt »irgendwie«, denn das ist typisch Semco – in diesem Unternehmen geht nichts einfach und direkt, und ein einzelner kann hier nicht darüber entscheiden, ob es eine neue Stelle gibt. Ein leitender Mitarbeiter kann den Entstehungsprozeß für eine neue Stelle in Gang setzen, indem er seine Kollegen davon zu überzeugen versucht, daß seine Unternehmenseinheit Verstärkung braucht. Wenn es einen Konsens gibt, eine solche neue Stelle zu schaffen, dann soll derjenige, der an dieser Idee am meisten interessiert ist (das können auch mehrere Leute sein), ein Profil des idealen Kandidaten erarbeiten, also alle wichtigen Qualitäten und Anforderungen – Erfahrung, Führungsqualitäten, Beherrschung von Fremdsprachen – auflisten und sie einzeln bewerten. Es gehört zu unserer Unternehmenskultur, daß Faktoren wie akademischer Background und persönliche Erscheinung ignoriert werden. Bei Semco gibt es jede Menge Leute, die keine illustren Titel oder italienischen Anzüge tragen, aber dennoch erstklassige Mitarbeiter sind.

Das Profil und eine allgemeine Stellenbeschreibung werden an allen Weißen Brettern ausgehängt, so daß unsere Mitarbeiter die erste Chance bekommen, sich zu bewerben. Ich weiß, was Sie nun denken: Machen das nicht viele Unternehmen so? Richtig, aber bei uns läuft das eben doch anders: Nach einem Programm, das wir »Das Familiensilber« nennen, wird ein Mitarbeiter, der den Anforderungen für eine Stelle zu 70 Prozent entspricht, einem Außenseiter vorgezogen. Mit anderen Worten: Unsere Leute bekommen 30 Prozent Rabatt für einen neuen Job, einfach deshalb, weil sie bei uns sind. Weil wir an die Kraft der kulturellen Anpassung glauben, sind wir bereit darauf zu setzen, daß jemand, der den entsprechenden Anforderungen zu 70 Prozent entspricht, sich rasch zu einem hundertprozentigen Mitarbeiter entwickeln wird.

Nur wenn sich keine qualifizierten internen Kandidaten melden, kommen Außenseiter in Betracht. Aber nicht alle Außenseiter sind gleich vor uns: Wir legen Wert darauf, ehemaligen Semco-Mitarbeitern – »Waisen«, wie Laura de Barros sie nennt – eine Chance zu geben. Bisher haben nur wenige Ihr Glück bei anderen Unternehmen zu machen gesucht oder sich selbständig gemacht, aber viele von ihnen sind wieder zurückgekommen, und wir haben sie mit offenen Armen aufgenommen.

Wir bevorzugen auch Freunde und Bekannte unserer Mitarbeiter, weil kein verantwortungsbewußter Mensch bei Semco sein Ansehen aufs Spiel setzen würde, indem er jemanden empfiehlt, der unseren Maßstäben nicht entspräche. Aber Familienmitglieder sind ausgeschlossen – nur ferne Verwandte dürfen für das Unternehmen arbeiten, und auch dann nur in einem anderen Werk.

Und erst, wenn uns all das nicht den richtigen Kandidaten beschert, greifen wir auf Anzeigen oder Personalberater zurück. Wir haben am liebsten drei Bewerber für eine freie Stelle, aber zur Not begnügen wir uns auch mit zweien.

»Wir stellen die Backöfen, Förderbänder und Teigrührgeräte her, transportieren sie zum Kunden und installieren sie an Ort und Stelle«, erklärte Batoni Timoshenko bei ihrem ersten Gespräch. »Der Kunde hat nichts weiter zu tun, als den Teig und die Süßungsmittel zuzugeben und auf den Knopf zu drücken. Wir brauchen jemanden, der dafür sorgt, daß jede der Tausende von Komponenten, jede der Hunderte von Einzellieferungen, jede der Dutzende von wichtigen technischen Entscheidungen korrekt funktioniert. Und zwar termingerecht. Der Manager dieser Unternehmenseinheit wird ständig in der Schußlinie stehen.« Er sah Timoshenko an. »Glauben Sie, Sie schaffen das?«

Timoshenko dachte einen Augenblick lang nach. Dann sagte er: »Ja.« Aber er hatte noch eine Frage – sie betraf unser merkwürdiges Einstellungsverfahren: Liefen wir nicht Gefahr, Leute einzustellen, die sympathisch, aber nicht hart genug waren? Batoni konnte ihm versichern, daß dies nicht der Fall war. In der zugegebenermaßen kurzen Zeit, seit Semco den Mitarbeitern eine entscheidende Rolle bei der Einstellung ihrer Bosse anvertraut hatte, hatten sie wiederholt feststellen müssen, daß ihre ureigenen Interessen identisch waren mit denen des Unternehmens. Ein angenehmer Chef mochte ihnen kurzfristig das Leben leichtmachen, aber sie wußten ganz genau: Nur der Erfolg ihrer Abteilung würde dafür sorgen, daß sie auch weiterhin am Gewinn beteiligt wurden oder auch nur ihren normalen Lohn erhielten.

Um Timoshenko zu beruhigen, erzählte ihm Batoni, wie wir drei Monate zuvor die Stelle unseres Finanzvorstands neu besetzt hatten. Die Stelle wurde an den Weißen Brettern ausgeschrieben, aber es gab keine internen Bewerber. Clovis hatte einen Freund, den er für ideal hielt: einen 50 Jahre alten Finanzchef in einem Unternehmen, das etwa so groß war wie wir. Er hieß Mario Fontes. Aber mehrere Leute, die in unserer Finanzabteilung arbeiteten, empfahlen Gil Ostolin, einen 30jährigen ehemaligen Semco-Buchhalter, der inzwischen mit seinem Bruder Autos verkaufte. Als »Waise« hatte Ostolin automatisch Vorrang. Vor allem war er bei vielen beliebt, die das Bewerbungsgespräch mit ihm führen sollten.

Mehrere Topmanager von Semco setzten sich mit beiden Männern zusammen und machten sich dann für Mario stark. Aber angesichts von Gils Beliebtheit glaubten sie nicht, daß Mario eine Chance hätte. Man sprach sogar davon, wir sollten auf unser partizipatives Einstellungsverfahren nur dieses eine Mal verzichten – es war doch ein so wichtiger Job –, aber uns war klar, daß wir damit unsere ganzen Bemühungen, Semco zu demokratisieren, in Frage stellen würden.

Beide Bewerber wurden eingeladen, ihre potentiellen Untergebenen kennenzulernen, und zwar an ein und demselben Tag. Die Jury –

etwa ein Dutzend Leute aus der Finanzabteilung – kam überein, wenn keiner von beiden mehr als 80 Prozent erhielte, würden sie sich weiter umschauen.

Gil kam als erster. Clovis sah, wie er die Männer umarmte und die Frauen küßte. Was für ein Auftritt, dachte Clovis, als er in sein Büro zurückging, um das Ergebnis abzuwarten.

Jedes Bewerbungsgespräch dauerte zwei Stunden. Nachdem die beiden Kandidaten gegangen waren, wurden die Fragebögen ausgefüllt und bewertet.

Am Ende hatte Gil alle Zuneigung und Vertrautheit nichts genützt – Mario gewann, wenn auch ganz knapp.

Nach alldem muß Timoshenkos Vorstellungsgespräch eine herbe Enttäuschung gewesen sein. Er kam auf 84 Prozent und trat fast sofort seine Stelle an – aber vermutlich begann er auch gleich, etliche Punkte zu verlieren. Das Projekt stellte hohe Anforderungen, und der ständige Druck, mit den engen Terminen klarzukommen, machte aus Timoshenko einen erstklassigen Leuteschinder.

Semcos erste Gebäckfabrik wurde rechtzeitig ausgeliefert, er hielt sich an den vorgegebenen Kostenrahmen und übertraf sogar noch die geforderten Spezifikationen. Und das war erst der Anfang. Die Unternehmenseinheit produzierte weitere Gebäckfabriken, wobei jede eine gesunde Gewinnmarge von 12 bis 15 Prozent nach Steuern erbrachte.

Schon bald beschlossen wir, diese Unternehmenseinheit als Division selbständig zu machen. Damit könnte sie ihren Kurs weitgehend selbst bestimmen und sicherstellen, daß sie klein genug und damit effizient blieb. Natürlich wollten wir, daß Timoshenko sie leitete. Aber das bedeutete, daß wir ihn zum Generaldirektor befördern mußten, was nach unseren Spielregeln hieß, daß er sich zuerst seinen künftigen Untergebenen stellen mußte – darunter einer Menge Leute, die er bis aufs Blut geschunden hatte. Was für eine Gelegenheit, es ihm heimzuzahlen!

Und das war noch nicht das Schlimmste. Wir erklärten Timoshenko, wenn er nicht akzeptiert würde, dann würden wir versuchen, für ihn eine andere Stelle zu finden – vorausgesetzt, wir hatten eine frei. Wenn nicht, würde er gehen müssen, da wir nichts davon hielten, begabte Leute auf Halde zu legen. Die Menschen werden unglücklich, wenn sie auf ihren Einsatz warten müssen. Unternehmen und begabte Leute sind dynamisch, und Bedürfnisse und Interessen können sich ändern. Es ist wie mit der Butter: Wenn man sie nicht im Kühlschrank aufbewahrt, dann ist sie meistens weich, wenn man sie braucht.

Daher rührt auch unsere Politik, »Waisen« den Vorzug zu geben, die zu Semco zurückkehren wollen: Wir glauben nämlich, daß es für Menschen gesünder ist, frische Luft auf dem Arbeitsmarkt zu schnuppern, als in irgendeinen internen Winterschlaf geschickt zu werden.

Als Timoshenko nun den Raum betrat, hörten die paar Dutzend Menschen, die darin versammelt waren, schlagartig auf, miteinander zu reden. In den verschiedenen Bereichen des Konferenzraums saßen drei verschiedene Lager. Auf der Fensterseite befanden sich die Ingenieure und Techniker, unter ihnen auch Almir Vieira und Carlos Okamoto, die Führer der Opposition. Sie waren der Meinung, daß Timoshenko nicht nur zu hart gewesen sei, sondern auch den Mikromanager gespielt hatte, was bei Semco streng verpönt war. Die zweite Gruppe, der Verwaltungsstab der Division, saß am entgegengesetzten Ende des Raums, am Ende des langen Mahagonitisches. Viele von ihnen waren mit Timoshenko aneinandergeraten und waren gegen ihn. Die dritte Gruppe waren die Vorarbeiter – sie saßen an der Wand, gegenüber der Fensterreihe. Sie hatten darauf gesetzt, daß Timoshenko ihnen die Probleme mit der Bürokratie abnahm, und dann hatten sie erlebt, wie er dieses Versprechen einlöste. Das waren seine engsten Verbündeten.

Timoshenko eröffnete die Sitzung, indem er ruhig darauf hinwies, daß er sich in seiner bisherigen Stellung Feinde gemacht habe. Ja, er habe zuviel Druck ausgeübt. Er habe Fehler begangen. Aber er würde sich ändern. Man dürfe doch nicht vergessen, sagte er mehr als einmal, daß sie ja gemeinsam Erfolg gehabt hatten.

Ein paar Leute nickten, aber die meisten hüllten sich in eisiges Schweigen. Nach einer Weile bat Almir um das Wort. Seine Fähigkeiten als Elektroingenieur waren allseits bekannt. Das galt auch für seine Unverblümtheit und sein jähzorniges Temperament. Und wie um seinem Ruf gerecht zu werden, warf er Timoshenko zornig vor, er habe seine Position mißbraucht und seine eigenen Ambitionen über alles andere gestellt.

Ein paar Vorarbeiter versuchten, Timoshenko in Schutz zu nehmen, aber die Ingenieure und die Verwaltungsleute attackierten ihn weiterhin. Im Laufe des Nachmittags wurde klar, daß Almir und einige andere Ingenieure kündigen würden, falls Timoshenko den neuen Posten bekäme. Mit diesen paar Kündigungen würde das Unternehmen sein technisches Rückgrat verlieren. Dabei lagen bereits genug Aufträge für Gebäckmaschinen vor.

Diesmal, beteuerte Timoshenko erneut, würde er flexibler sein. Seine Leute würden nicht mehr starr an ihren Job gebunden sein. Er würde nicht von oben verfügen, wer jede Unterabteilung leiten sollte. Die Einheit würde sich eine Zeitlang allein führen, und im Laufe der Zeit würden sich schon – nach Semco-Art – die natürlichen Führer von selbst herauskristallisieren. Er beharrte darauf, daß er kein Diktator sein würde.

Dann verließ er den Konferenzraum. Wenn sich die Ingenieure durchsetzten, würden wir Timoshenko verlieren. Aber wenn Timoshenko siegte, könnten wir ein paar Ingenieure verlieren. So wertvoll diese Technokraten auch waren, wir entschieden, daß wir mit diesen Konsequenzen leben könnten. Wir vertrauten darauf, daß es ein Sieg der Demokratie wäre – und auch ein Sieg für Semco.

An diesem Tag konnten sie sich nicht zu einer Entscheidung durchringen, und darum wurde eine zweite Besprechung angesetzt. In der Zwischenzeit agierte Timoshenko als Lobbyist in eigener Sache – er suchte die verschiedensten Arbeitsbereiche auf und versuchte, noch ein paar Punkte zu machen. Einige von den Verwaltungsleuten schienen auf seine Seite zu schwenken. Die meisten Ingenieure weigerten sich einfach, mit ihm zu reden.

Dann kam der Tag des Jüngsten Gerichts, und die drei Gruppen nahmen ihre gewohnten Plätze im Konferenzraum ein. Die Diskussion dauerte eine Stunde, und danach nahm sich jeder Mitarbeiter einen Fragebogen vor und begann ihn auszufüllen. Timoshenko starrte aus dem Fenster – ihm blieb nichts anderes übrig als abzuwarten, wie die andern über sein Schicksal entschieden.

Es dauerte nicht lange. Die einzelnen Gruppen trugen ihre Ergebnisse laut vor. Zuerst waren die Ingenieure an der Reihe. Interessanterweise wurden ihre schlechten Noten für den zwischenmenschlichen Bereich teilweise durch bessere Bewertungen von Timoshenkos technischer Kompetenz wieder aufgewogen. Dann waren die Fabrikarbeiter dran. Ihre sämtlichen Noten waren außergewöhnlich hoch, worüber die Ingenieure natürlich murrten. Die Bewertungen seitens der Verwaltungsleute lagen zwischen den beiden anderen Gruppen.

Als die Ergebnisse errechnet waren, hatte Timoshenko 74 Prozent erreicht – vier Punkte mehr, als er benötigte. Nach längeren Debatten über die allzu hohen Noten der Fabrikarbeiter beschloß die Gruppe, die höchste und die niedrigste Bewertung bei jeder Frage zu streichen und den Durchschnitt neu zu errechnen. Diesmal kam Timoshenko auf 70,6. Das paßte natürlich manchen noch immer nicht, aber dann einigten sich alle darauf, das Ergebnis zu respektieren.

Am Ende gab es überhaupt keine Kündigungen. Und Timoshenko traf schließlich eine überraschende Wahl für den Posten des Chefingenieurs, der immerhin seine rechte Hand sein würde. Es war der darüber äußerst verblüffte Almir. Und schon bald erarbeiteten er und Timoshenko einen Etat für eine Einheit, die zu unseren erfolgreichsten Unternehmensbereichen werden sollte.

Kapitel 23

Mehr als ein Job

Die Veränderungen bei Semco, besonders die flexible Arbeitsplatzrotation und die unvorhersehbaren Bewertungen der Bosse durch ihre Mitarbeiter, führten dazu, daß manche Leute schon merkwürdige Karrierewendungen erlebten. Jedenfalls war das Leben bei Semco nie langweilig, wie unter anderem auch Simpliciano Domingos de la Sierra und Alipio Camargo bestätigen konnten.

Simpliciano Domingos de la Sierra war noch ein junger Mann, als er zu Semco kam, aber er hatte in seinem Leben schon einiges einstekken müssen. Mit 15 hatte er sein Elternhaus in einem Slum von São Paulo verlassen und bei einigen der großen brasilianischen Industriebetriebe gearbeitet, Tochterunternehmen multinationaler Konzerne, bei denen oft fürchterliche Arbeitsbedingungen herrschten und das Management stets autoritär regierte. Schon bald hatte sich in ihm die Überzeugung festgesetzt, daß, was gut war für die Bosse, für die Arbeiter ausnahmslos schlecht war.

Als wir Simpliciano als Spengler einstellten, war Semco noch fest in der Hand der alten Garde meines Vaters. Seine neuen Kollegen warfen einen Blick auf seine helle Haut, sahen, wie leicht er errötete, und gaben ihm den Spitznamen Camarao – was auf portugiesisch »Garnele« bedeutet. Aber dieser Spitzname paßte nun wirklich nicht zu ihm.

»Ich habe es Semco nicht leichtgemacht«, erinnerte sich Simpliciano später. »Ich kam Ende 1974, und 1975 hatte ich bereits einen Streik organisiert, für höhere Löhne und für eine Kantine – damals brachten wir unser Essen noch von zu Hause mit, und allzuviel hatten wir damals auch gar nicht zu essen.«

Camarao gewann; und das sollte nur seine erste Runde sein. Er war so ein Typ, der beim Schlafen immer ein Auge aufbehielt. Selbst nachdem ich die Führung übernommen und Semco damit begonnen hatte, sich in ein Unternehmen zu verwandeln, das seinen Mitarbeitern gegenüber vertrauensvoller und toleranter war, blieb Camarao zutiefst mißtrauisch. Er stellte alles in Frage und legte sich mit unseren Leuten von der Personalabteilung an, besonders mit Paulo Pereira.

Manchmal allerdings hörte Camarao für einen Augenblick auf zu reden und gab Paulo auch eine Chance. Und hin und wieder gelang es ihnen sogar, ihre Gedanken auszutauschen, denn bei all seiner Feindseligkeit hatte Camarao einen lebendigen Geist. Ganz allmählich wurde er weich. Genau wie Joao Soares, Oseas da Silva und andere Semco-Arbeiter bewegte sich Camarao vom Mißtrauen zur nächsten Stufe: Er hörte zu, dachte nach und probierte es sogar mit ein paar von unseren Ideen. Es ist doch nur zu verständlich, daß Arbeiter, die in einer autokratischen, autoritären, patriarchalischen Umgebung groß werden, dieses Milieu in ihrem eigenen Verhalten widerspiegeln. Es brauchte eben einige Zeit, bis sich Camarao auf das innovative, demokratische, partizipative Ambiente bei Semco umgestellt hatte.

Ich wußte, daß Camarao eine innere Wendung vollzogen hatte, als Paulo mir berichtete, wie ein Gewerkschaftsführer während einer Besprechung Semco negativ mit Termomecanica verglich, einem der Giganten der brasilianischen Kupferindustrie. »Bei denen ist alles phantastisch«, schwärmte der Gewerkschaftsmann. »Sie haben eine erstklassige Kantine, in der jeder essen kann, was er will, und sich noch ein zweites Mal bedienen kann. Auch die Krankenversicherung ist erstklassig. Und die Löhne gehören zu den höchsten in der Region.«

Bevor Paulo etwas dazu sagen konnte, sprang Camarao für uns in die Bresche. »Jetzt hör mir mal gut zu, mein Freund«, wandte er sich an den Gewerkschaftsmann, »ich habe schließlich bei Termomecanica gearbeitet, und ich würde dort nie wieder hingehen. Alles, was du gerade gesagt hast, stimmt schon, aber bei denen ist ein Arbeiter nichts weiter als ein Arbeiter. Ich verdiene hier lieber weniger Geld, weil ich respektiert werde. Nur bei Semco werden Arbeiter wie verantwortungsbewußte Menschen behandelt. Überall sonst gelten sie nichts – man filzt sie wie Räuber. Ich habe sogar schon mal in einem Unternehmen gearbeitet, wo wir nicht mal miteinander reden durften. Ich habe vom Konstruktionsbüro Pläne für ein Teil bekommen, die falsch waren, aber ich habe nichts gesagt und das Teil einfach gemacht. Wenn ich nämlich das Maul aufgemacht hätte, hätte ich nur den kürzeren gezogen – ich hätte meinen Job verloren. Die meisten Leute glauben doch, Arbeiter seien nicht zum Denken da, sondern zum Arbeiten.«

Es dauerte nicht lange, und Camarao schloß sich einem Werkskomitee an und begann, sich allen willkürlichen Aktionen seiner Gewerkschaft zu widersetzen, ohne daß wir ihn dazu aufgefordert hätten. Manchmal erklärte er uns sogar, *wir* würden zu weit gehen und *wir* wären zu nachgiebig. »Semco geht von dem Prinzip aus, daß die Mitarbeiter Vertrauen verdienen«, erklärte er. »Aber das gilt nicht für alle Arbeiter, müssen Sie wissen. Wir hatten früher eine Kaffeepause, die um neun begann und zehn Minuten dauerte. Dann schaffte Semco ein paar Thermoskannen an, und dann hieß es, wir könnten jederzeit Kaffee bekommen. Aber einige Arbeiter holten sich Kaffee und blieben dann draußen und quatschten miteinander, statt zu arbeiten. Sie haben das Vertrauen von Semco mißbraucht. Das gleiche passierte, als im Werk ein Telefon installiert wurde. Ich meinte, es müßte ein Münztelefon sein, so daß jeder nur sparsam davon Gebrauch machen würde. Aber Semco sagte, die Leute in den Büros könnten ja auch kostenlos telefonieren, also sollten das auch die Arbeiter in den Fabriken dürfen. Doch in der Mittagspause telefonierten die Leute endlos lange, besonders die Jüngeren, Alleinstehenden, die mit ihren Freundinnen quatschten.«

Weil er bewiesen hatte, daß er imstande war, beide Seiten des Fabriklebens zu sehen, wurde Camarao Vorarbeiter und hatte über zwei Dutzend Arbeiter unter sich. Über diese Beförderung waren alle mächtig stolz, da seine Kollegen ihn zu diesem Job förmlich hatten drängen müssen.

Aber hier nimmt die Geschichte eine unerwartete Wendung. Camarao war zwar ein geborener Führer, aber er war auch ein bißchen ungeschickt. »Die Arbeiter konnten einfach nicht verstehen, daß ich wegen eines Liefertermins feststellen wollte, wie lange sie für eine bestimmte Arbeit brauchten«, sagte er. »Und wenn ich sie aufforderte zuzuhören, dann wollte ich doch nur dafür sorgen, daß das Produkt auch richtig gemacht wurde. Ich will doch nur versuchen, professionell zu arbeiten.«

Etwa um diese Zeit gab es wieder mal eine Rezession, und wir mußten unsere Belegschaft verkleinern. Wie es bei uns so üblich war, nahmen wir uns die mittlere Betriebsebene vor, um zu sehen, wo wir Aufsichtspersonal einsparen konnten. Wir machen da keine Ausnahmen, und obwohl wir von Camaraos Aufstieg angetan waren, hatten wir doch den Eindruck, daß seine Position in dieser Flaute nicht absolut notwendig war. Also kehrte er an die Werkbank zurück oder versuchte es zumindest. Aber das Verhältnis zwischen Camarao und vielen seiner alten Kollegen, auf deren Ebene er sich nun wieder befand, war inzwischen leider vergiftet. Sie lehnten ihn ab, und die Spannungen und Feindseligkeiten waren so schlimm, daß Camarao uns doch tatsächlich bat, ihn zu entlassen.

Zum Glück hatten wir eine bessere Idee: Er sollte eine eigene kleine Firma aufmachen und uns als Zulieferer von Semco mit Blechteilen wie Pumpen- und Mixergehäusen und Spezialwellen für Gebäckmaschinen versorgen. Camarao verließ Semco mit einem vollen Auftragsbuch und zwei Herausforderungen: Er sollte lernen, nicht nur ein erfolgreicher Unternehmer zu werden, sondern auch ein guter Boß.

Wir alle wußten, daß es schwer wäre, das eine ohne das andere zu sein.

Auch Alipio Camargo hatte einen Spitznamen: »Dr. Widersacher«. Er war Verwaltungschef von Hobart, als Semco die Firma übernahm, und wir kamen schnell dahinter, daß er der Typ war, der bis zehn zählte, wenn er wütend wurde – und schon bei zwei explodierte.

Hobart war ein äußerst hartes Unternehmen. Die Leute durften nicht mal ohne Erlaubnis husten. Darum war es nicht weiter überraschend, daß Alipio ein anstrengender Boß war.

Unter unserer Führung wurde nicht nur das Betriebsklima besser, sondern das Werk machte auch wieder Gewinn – nur Alipio hatte Probleme, mit uns und dem neuen Erfolg klarzukommen. Wir versetzten ihn auf die Position des Vertriebsleiters, doch er blieb nach wie vor einer von der harten Sorte. Ich weiß noch gut, wie ich mich mit ihm darüber unterhielt, ob wir die Preise um 30 Prozent anheben sollten. Alipio war ebenfalls der Meinung, daß dies nötig sei, aber nicht in einem Zug, wie wir planten. Es dauerte nicht lange, und schon schrie er mich an, ich solle doch seinen Job als Vertriebsleiter übernehmen und damit machen, was ich wolle. Dann schnappte er sich seine Aktentasche und stürmte hinaus. Da er überzeugt war, ich würde ihn hinauswerfen, ging er nach Hause und begann, sich anderweitig umzusehen.

Damals war es bei Semco schon üblich, daß man seinem Boß widersprechen durfte. Allerdings störte uns die Art, wie Alipio mit Untergebenen umsprang. Er kam einmal ins Büro und entdeckte, daß ein Schreibtisch ohne seine Einwilligung weggebracht worden war. Er erkundigte sich, was passiert sei, und eine junge Frau erklärte ihm, irgendwelche Arbeiter hätten das Möbelstück woandershin geschafft. »Wer hat das erlaubt?« wollte Alipio wissen, und sein Stimmungsbarometer stand auf Sturm. »Ich dachte…«

»Sie werden nicht fürs Denken bezahlt«, fuhr er die arme Frau an, »sondern dafür, daß Sie Anweisungen befolgen.«

Inzwischen war uns allen klargeworden, daß wir uns um Alipio kümmern mußten. Zumindest war es genau der richtige Zeitpunkt. Wir hatten nämlich gerade den Bewertungsbogen entwickelt, und Alipio wurde einer der ersten Semco-Manager, der von seinen Untergebenen eingestuft wurde. Sein Ergebnis: 55.

Bei der anschließenden Besprechung mit seinen Leuten erfuhr Alipio, daß er ein rücksichtsloser Autokrat sei, der sich ändern müsse. Dann gab es noch ein Gespräch mit Laura de Barros. Seine Haltung sei bei Hobart vielleicht angemessen gewesen, sagte sie ihm, aber nun würde er ja bei Semco arbeiten.

Alipio verstand die Botschaft und begann tatsächlich, sich zu bessern – zum Glück, denn wir hatten vor, ihn zum Generaldirektor für den Bereich Verwaltung und Finanzen im gesamten Unternehmen zu ernennen. Er war auf diesem Gebiet bestens beschlagen – aber wir hätten es eigentlich besser wissen sollen: Sobald seine Beförderung durchgegangen war, begann er sich sofort wieder wie ein Despot zu benehmen.

Der erste Stock in unserer Zentrale war ein einziges Chaos: Akten stapelten sich auf dem Boden, und einige Stühle und Tische waren kaputt. Als ein Bankmanager einmal einen Termin bei Alipio hatte, mußte er über einen Müllhaufen springen, um in Alipios Büro zu gelangen. Also rief unser neuer Generaldirektor seine Leute zusammen und gab ihnen eine Woche Zeit, alles aufzuräumen. Alles, was er danach noch auf dem Boden vorfände, würde weggeworfen werden. Und weil sie nun schon einmal dabei waren, erklärte er ihnen, er erwarte von allen, daß sie sich künftig professioneller verhielten. Keine Widerrede, kein lautes Wort mehr, befahl er.

Alipio beauftragte eine Bürofirma mit der Umgestaltung seiner Etage. Kurz bevor die neuen Möbel eintreffen sollten, erzählte er seinen Leuten von der neuen Raumaufteilung. Mit ihrer Reaktion hatte er nicht gerechnet.

»Sie haben uns nicht gefragt«, protestierten sie wütend. »Das hätten Sie aber tun sollen.«

Da er die ganze Abteilung gegen sich hatte, sah sich Alipio gezwungen, klein beizugeben und jedem ein paar Tage Zeit zu lassen, den Plan zu studieren und Änderungen vorzuschlagen. Am Ende waren sie mit Alipios Aufteilung einverstanden – bis auf drei Stühle. Aber inzwischen waren alle glücklich und zufrieden, weil sie mitreden durften.

Etwa um diese Zeit erhielt Alipio seine zweite Bewertung. Diesmal gaben ihm seine Untergebenen eine 80. Laura setzte sich mit ihm noch einmal zusammen und sagte ihm, daß wir zwar alle von seinen Fortschritten angetan wären, aber wüßten, daß er noch besser sein könne. Sie erklärte ihm, er solle doch mehr mit seinen Leuten reden, Gedanken und Ideen mit ihnen austauschen – sie mehr an seinen Entscheidungen teilhaben lassen.

Alipio begann daraufhin, monatliche Besprechungen mit seinen Leuten abzuhalten. Sie gingen auch miteinander zum Essen. Und im Frühjahr jenes Jahres verbrachten sie sogar ein gemeinsames Wochenende auf einer Ranch.

Ganz im neuen Geist der Gemeinsamkeit dachte Alipio erneut an eine Umgestaltung seines Bereichs. Diesmal wollte er die einzelnen Büros abschaffen. »Auf dieser Etage gibt es lauter kleine Zimmer«, erklärte er und zeichnete es auf einem Blatt aus meinem Notizbuch auf. »Die brauchen wir doch gar nicht.«

Aber Alipio hatte inzwischen genug gelernt, um zu wissen, daß er die Büros nicht auf einmal und einseitig beseitigen konnte. Nachdem er eine Menge Überzeugungsarbeit geleistet hatte, begann er damit, aus jedem Büro eine Wand zu entfernen – und alle waren damit einverstanden. Als sie sich daran gewöhnt hatten, nahm er eine weitere Wand heraus. Und dann noch eine.

»Alle haben das akzeptiert«, sagte er. »Ich glaube, wir waren zum ersten Mal ein richtiges Team.«

Alipio war ein echter Semco-Manager geworden. Den letzten Beweis dafür lieferte er, als er seine Abteilung neu organisierte, Computer installierte und sämtliche Verwaltungsvorgänge systematisierte. Er glaubte, er könne die Zahl der Beschäftigten in seiner Einheit von 44 auf insgesamt 11 reduzieren. Viele wurden versetzt, einige wurden entlassen. Nach echter Semco-Art rechnete er fest damit, selbst auch zur letzteren Kategorie zu gehören.

»Ich werde im Februar oder März aufhören«, erklärte er mir seinerzeit. Aber bereits im Dezember hatte er unsere zahlreichen Bankkonten konsolidiert und (einmal mehr) so viele Kostenstellen beseitigt, daß seine Abteilung tatsächlich auf einen Manager verzichten konnte.

»Es wäre großartig, wenn Sie für mich einen anderen Job hätten«, sagte er zu mir. »Wenn nicht, gehe ich eben zu einem anderen Unternehmen. Aber ich würde gern bleiben.«

Und so ging er wieder ins Hobart-Werk, aber diesmal als Werksleiter unserer Systemgastronomie-Einheit.

TEIL VIER

Die Pyramide, dieses Hauptorganisationsprinzip eines modernen Unternehmens, ist schuld, daß es zu einem Stau in der Firma kommt. Ein Unternehmen fängt wie eine achtspurige Superautobahn an – das ist die Basis der Pyramide –, verengt sich auf sechs, dann auf vier, dann auf zwei Spuren, wird zur Landstraße und schließlich zum Feldweg, der abrupt endet. Tausende von Fahrern gehen auf der Autobahn an den Start, aber sobald sie immer schmäler wird, müssen sie langsamer werden und schließlich stoppen. Es kommt zu Auffahrunfällen, und Autos überschlagen sich und bleiben neben der Fahrbahn liegen. Manche Fahrer geben auf und fahren auf Nebenstraßen zu anderen Zielen. Ein paar – die aggressivsten – fahren stur weiter, geraten ins Schleudern, geben noch mehr Gas und bekommen lauter Beulen. Achtung: Die anderen sind in Wirklichkeit näher, als es im Rückspiegel den Anschein hat.

Kapitel 24
Die runde Pyramide

Trotz aller Anstrengungen, die Struktur von Semco zu vereinfachen und Wildwuchs im Management zurückzustutzen, war unsere Führungsebene noch immer viel zu aufgebläht. Einige unserer leitenden Angestellten waren sich nur allzu bewußt, wie aufgeblasen der bürokratische Apparat des Unternehmens war. Auch die Mitglieder der Werkskomitees sahen das so – sie beklagten sich ständig darüber, daß es zu viele Bosse gebe, die nur große Reden schwingen und zu langsam handeln würden.

Und jeder wußte, was zu tun war. Vor einigen Jahren (1986) war schließlich unser Systemgastronomiewerk ein anschauliches Beispiel für eine Verkleinerung gewesen. Sechs Positionen wurden abgeschafft: die Abteilungschefs für Marketing, Finanzen, Produktion, Verkaufsverwaltung, EDV und Technischer Hilfsdienst. (Vier dieser Manager verließen das Unternehmen, zwei wurden in andere Semco-Einheiten versetzt.) Zusammen stellten sie die gesamte zweite Ebene in der Werkshierarchie dar, die es sich direkt unter der Nase des Generaldirektors bequem gemacht hatte.

Zu dieser drastischen Säuberung wäre es vermutlich normalerweise kaum gekommen, selbst in diesem unserem experimentierfreudigsten Werk nicht. Nur hatte ich damals gerade die Leitung des Werks übernommen – es handelte sich also um meine eigene Nase. Mein Vorgänger, der die Firma in klassischer Weise hatte ummodeln wollen, hatte mehr Manager eingestellt. Aber nun begannen sich die Arbeiter darüber zu beklagen, daß die neuen Bosse nur herumstünden, die Leistung behinderten und Geld kosteten.

Auch ich war der Ansicht, daß wir das Werk ohne die Leute auf der zweiten Ebene betreiben könnten, und genauso dachten die Leute auf der dritten Ebene. Dennoch war ich nicht bereit, irgend jemandem zu sagen, daß und wie wir diese sechs Abteilungsleiter ersetzen sollten. Das gehörte – und gehört noch immer – zu meinem Arbeitsstil. Niemand kann mich dazu bringen, auch nur das Geringste zu entscheiden: Ich möchte die andern dazu bringen, die Dinge selbst zu entscheiden.

»Wer wird sich um das Marketing kümmern?« fragte mich jemand, nachdem die Marketingleiterin Mara Mantovani ihr Büro geräumt hatte, um fortan im kleinen Fertigungsbetrieb ihres Vaters mitzuarbeiten.

»Darüber brauchen wir uns keine Gedanken zu machen«, erklärte ich. »Es wird schon irgendwie gehen.«

Und es ging auch. Mara hatte auf der dritten Ebene vier Marketingleute unter sich gehabt, und die teilten nun ganz einfach ihren Job unter sich auf, jeden einzelnen Aufgabenbereich, und zwar völlig selbständig. Das geschah ganz formlos. Keine Aktennotizen. Keine Konferenzen. Keine Bestätigungen von oben. Unter anderem war die Marketingleiterin zuständig gewesen, dafür zu sorgen, daß wir auf Fachmessen vertreten waren. Als die nächste Messe nahte, kümmerte sich einer ihrer vier ehemaligen Untergebenen darum. Wenn der Chefbuchhalter unserer Werbeagentur zu uns kam, verhandelte ein anderer von diesen Vier mit ihm. Ein dritter kümmerte sich um die neuen Prospekte. In unserer neuen Struktur wurde die Marketingabteilung nicht mehr von einer einzelnen Person geleitet. Sie war ein Team geworden.

Die Moral von der Geschicht': Die zweite Ebene wurde überhaupt nicht vermißt, vielmehr legte das Systemgastronomiewerk bei Umsätzen und Gewinnen noch zu. Weniger war in der Tat mehr.

Gleichwohl weigerten sich unsere anderen Werke, dem Beispiel von Ipiranga zu folgen. Der Widerstand ging natürlich von den Managern auf der mittleren Ebene aus, die Angst um ihre Jobs hatten. Wenn man so etwas erst mal in Gang gebracht hat, dachten sie zweifellos, weiß keiner, wo das noch enden wird. Bürokratien werden von und für Menschen geschaffen, die nichts anderes zu tun haben, als den Nachweis zu erbringen, wie notwendig sie sind – besonders wenn sie den begründeten Verdacht haben, daß dem nicht so ist. All diese Bosse müssen sich unermüdlich mit etwas beschäftigen, und darum sind sie ständig dabei, alles komplizierter zu machen.

Schuld an diesem Problem ist die Pyramide, das grundlegende Organisationsprinzip des modernen Unternehmens. Je höher man hinaufkommt, desto schmäler wird sie, wobei die wenigen, die weiter nach oben klettern, belohnt werden, während eine weitaus größere Zahl von Menschen, die auf einem Absatz steckenbleiben oder auf dem Weg nach oben herunterfallen, nur demoralisiert werden. Was kann man denn von Mitarbeitern auf den unteren Ebenen erwarten, wenn sie niemals um ihre Meinung gefragt werden und nur selten eine Auskunft bekommen? Sie wissen nur eins: Daß die Entscheidungen, auf die es ankommt und die sie betreffen, ganz oben gefällt werden. Aber macht es denn Sinn, von diesen Leuten jahrein, jahraus zu verlangen, sich besonders anzustrengen, und sie dann mit ein paar Dankesworten vor der Belegschaft und vielleicht mit einem zusätzlichen Monatslohn abzufertigen, während die paar Glücklichen an der Spitze schicke Büros und elegante neue Autos bekommen, ganz zu schweigen von den Prämien, die höher sein können als die Löhne von hundert oder gar tausend einfachen Arbeitern?

Diejenigen, die ihren Frieden mit der Pyramide schließen und besondere Fähigkeiten entwickeln – Buchhalter, Programmierer, Ingenieure aller Fachrichtungen –, können mit einem sicheren Arbeitsplatz rechnen. Aber ihr Schicksal kann darin bestehen, daß sie jeden Tag zur gleichen Zeit kommen und gehen und jahre- oder gar jahrzehntelang nichts anderes tun, als was sie schon immer getan haben. Macht es Sinn zu glauben, daß sie so ihr Leben lang motiviert sind?

Wer sich auch nur ein Fünkchen Ehrgeiz bewahrt hat, erwartet, daß er nach und nach immer mehr Macht, Verantwortung, Titel und Geld bekommt. Da auch Pyramiden ihre Grenzen haben, sind Unternehmen oft nicht in der Lage, sie schnell genug zu befördern, damit sie zufrieden sind. So wählen viele Firmen den leichten Ausweg und richten für ihre Überflieger eine oder zwei Extraebenen ein. Was kann das schon schaden? Das sind nur ein paar Linien mehr auf dem Organigramm.

Aber schon bald nehmen die Titel und Ebenen derart überhand, werden die Zuständigkeiten und Autoritäten immer diffuser, daß das Management einen Großteil seiner Zeit damit verbringt, mit den unvermeidlich entstehenden Konflikten, Eifersüchteleien und der ganzen Verwirrung fertig zu werden. Sechs oder sieben Ebenen sind durchaus noch üblich in einer Zeit, in der das Abflachen der Pyramide Mode geworden ist. In größeren Unternehmen gibt es zwölf oder vierzehn Levels. Wie ist es aber – angesichts des Respekts, den leitende Angestellte typischerweise für Hierarchien empfinden – überhaupt möglich, daß jemand noch weiß, was sich auf dem Fabrikboden abspielt, wenn er sich fünf Ebenen darüber befindet? Da er keine Ahnung hat, hält er jeden in seiner Umgebung mit Aktennotizen, Anrufen und Besprechungen auf, um das herauszufinden.

Ich wollte dagegen, daß unsere Leute mehr Kontakt miteinander haben. Ich wollte weniger Durcheinander haben. Weniger Ebenen. Mehr Flexibilität. Ich wollte eine neue Form für unser Unternehmen haben.

Im Herbst 1988 hatten meine künftige Frau Sofia und ich auf der Karibikinsel Mustique ein Ferienhaus für zwei Wochen gemietet. Wir wollten einfach nur am Strand sitzen und ausspannen. Ich hatte mir ein paar Bücher mitgenommen: Thomas Manns *Tod in Venedig*, Machiavellis *Der Fürst*, Ibsens *Nora, Parting the Waters* von Taylor Branch, Alex Haleys *Autobiographie von Malcolm X* sowie einen Gedichtband von E. E. Cummings. Dennoch verbrachte ich die meiste Zeit damit, über Semco nachzudenken. Die Fortschritte, die wir inzwischen gemacht hatten. Den Weg, den wir noch gehen mußten.

Ich hatte versucht, Menschen dazu zu bringen, auf eine neue Art und Weise zu reagieren, mehr Entscheidungen zu treffen, ihr Arbeitsleben selbst in die Hand zu nehmen, schneller zu arbeiten und schneller zu denken. Aber wir waren noch immer unauflöslich mit einer archaischen Struktur verbunden. Wir zwängten auch weiterhin unsere Manager in diese unflexible Pyramide ein: nach oben, nach unten oder raus. Das waren die einzigen Möglichkeiten. Es war bereits eine gewisse Arbeitsplatzrotation bei Semco im Gange, aber das reichte längst nicht aus, die Klaustrophobie der Pyramide aufzuheben. Die einzige Möglichkeit weiterzukommen bestand darin, daß man eine Sprosse nach oben kletterte, auch wenn ein Mitarbeiter nicht die geringste Lust verspürte, weitere Verantwortung im Management zu übernehmen. Die Pyramide setzte auch dem finanziellen Weiterkommen Grenzen, so sehr jemand auch seine Fähigkeiten in seinem Job erweiterte und vertiefte, denn es war praktisch unmöglich, jemandem mehr zu zahlen als seinem Boß. Ja, teuflischerweise hinderte die Pyramide sogar die Menschen daran, sich direkt mit Kollegen zu unterhalten, die zu viele Sprossen über ihnen standen.

Während ich in die klaren, sanften Wellen der Karibik starrte, fiel es mir plötzlich wie Schuppen von den Augen. Warum tauschten wir nicht einfach die Pyramide gegen etwas Fließendes aus?

Einen Kreis zum Beispiel.

Eine Pyramide ist etwas Starres, Beengendes.

Ein Kreis ist voller Möglichkeiten.

Warum sollten wir es nicht mit einer »runden Pyramide« versuchen?

Wir begannen es uns auf Mustique mit einer Skizze zu veranschaulichen. Sofia und ich nahmen Stöckchen und zeichneten im Sand, traten zurück, um unser Werk zu betrachten. Als ich wieder in São Paulo war, arbeitete ich die Idee weiter aus. Nach ein paar Monaten bestand mein Spielmaterial aus drei Kreisen – einem ganz kleinen im Zentrum und zwei jeweils größeren – und ein paar Dreiecken.

Dieser kleine, innerste Kreis würde ein Team von einem halben Dutzend Leuten (einschließlich meiner Person) umfassen – es entsprach den Vizepräsidenten und höheren Chargen in konventionellen Unternehmen. Sie sollten die allgemeine Politik und die Strategien von Semco koordinieren und Berater heißen.

Der zweite Kreis würde die sieben bis zehn Leiter der Unternehmenseinheiten von Semco umfassen – das waren die Partner.

Im letzten, ganz großen Kreis befanden sich praktisch alle anderen Mitarbeiter von Semco: Maschinisten, Kantinenpersonal, Hausmeister, Verkäufer, Wachpersonal und so weiter. Das waren die Kollegen.

Und die Dreiecke? Sie würden im letzten großen Kreis verteilt sein und eine einzige Person darstellen, die wir Koordinator nennen würden. Diese Leute sollten die erste wichtige Managementebene repräsentieren: die leitenden Mitarbeiter im Marketing, im Verkauf und in der Produktion, die Vorarbeiter in der Technik und in der Montage – jeder, der eine einfache Führungsposition in unserem alten System innehatte.

In jeder Unternehmenseinheit würde es sechs bis zwölf Dreiecke geben, und sie würden über den ganzen großen Kreis verteilt sein, was darauf hindeutete, daß diese Leute beweglich waren. Auch wenn es zwei Koordinatoren auf der gleichen Managementebene gäbe, könnten sie ganz unterschiedliche Fähigkeiten, Zuständigkeiten und Gehälter haben. Diese Unterschiede beruhten auf ihrer Kompetenz und ihren Führungsqualitäten.

In meinem Organisationsschema würde der kleinste Kreis die Funktion eines unternehmerischen Katalysators haben, der die Leute im zweiten Kreis, die das Unternehmen im eigentlichen Sinne leiten würden, zu Entscheidungen und Handlungen anregen sollte. Dann kämen die Koordinatoren, die einzelne Abteilungen leiten oder die Aufsicht über bestimmte Aktivitäten haben und in ihrem jeweiligen Bereich Teams zwischen fünf und zwanzig Kollegen führen würden.

In unseren Kreisen würde man sich freier bewegen können, als es auf den starr festgelegten Spuren der beruflichen Weiterentwicklung innerhalb der Pyramide möglich ist. Koordinatoren mit relativ wenig Ehrgeiz könnten einen niedrigen Gang einlegen und sich in aller Ruhe die Landschaft betrachten, ohne sich um verrückte Raser oder langwierige Staus kümmern zu müssen. Sie könnten sich von einem Job zum andern bewegen, vorausgesetzt, es wäre eine Stelle frei oder ein anderer Koordinator wäre bereit zu tauschen. Sie könnten auch, wenn sie Lust hätten, sich wieder zum Kollegen zurückstufen lassen. Und da Kollegen mehr verdienen könnten als Koordinatoren, würde niemand das Gefühl haben müssen, sein Einkommen hinge von seinem Titel ab. Ein spezialisierter Softwareingenieur beispielsweise, der nichts weiter als ein Kollege war, könnte nach diesem System viel mehr verdienen als ein Koordinator im Konstruktionsbüro, der in einem klassisch organisierten Unternehmen den Rang eines Managers und ein größeres Gehalt hätte.

Meine Kreise würden unsere Leute von der tyrannischen Hierarchie befreien; sie könnten in Führungspositionen arbeiten, wenn sie wollten, sofern ihnen ihre Arbeit und ihre Kompetenz den Respekt der anderen eintrügen. Und sie könnten aufhören zu führen, wann immer sie wollten oder das Unternehmen der Ansicht war, daß sie Führungsfunktionen nicht länger verdienten.

Da Koordinatoren nichts weiter als Koordinatoren wären und sich nicht mit zusätzlichen Titeln wie »Koordinator der Technik« oder

»der Buchhaltung« schmücken könnten, würden wir uns den ganzen verwirrenden Hokuspokus von Bezeichnungen und Rängen sparen können, wie er in modernen Unternehmen üblich ist. Und da die Anzahl der Koordinatoren begrenzt war, würden die Kollegen mehr Verantwortung übernehmen müssen.

Wie würden in diesem System Entscheidungen getroffen werden? Auf der Ebene der Arbeiter würde jeder Kollege all die Entscheidungen selbst treffen, für die er sich sicher fühlte; wenn ihm ein Problem nicht klar war, würde er seinen Koordinator zu Rate ziehen. In gleicher Weise würde auch jeder Koordinator alle Entscheidungen treffen, die er sich selbst zutraute. Offene Fragen würde er bei einer wöchentlichen Teambesprechung vortragen, die vom Partner seiner Unternehmenseinheit geleitet würde. Diese Sitzung würde am Montagmorgen abgehalten werden, und danach würden die Koordinatoren die Kollegen, mit denen sie zusammenarbeiteten, über die Ergebnisse unterrichten.

Entscheidungen, die sämtliche Unternehmenseinheiten betrafen, wie etwa umfassende Lohnerhöhungen oder Entscheidungen, die eine Unternehmenseinheit nicht allein treffen wollte, wie zum Beispiel eine größere Investition in neue Geräte und Maschinen, würden an eine andere Konferenz am Dienstag delegiert werden. An ihr würden jeweils ein Vertreter von jeder Einheit (nicht unbedingt ein Partner) sowie alle Ratgeber teilnehmen.

Nur drei Kreise, vier Job-Kategorien und zwei Konferenzen. Das war alles.

Über die neue Struktur gab es endlose Diskussionen, und wir verteilten kreisförmige Organigramme und baten jeden Manager, sie deutlich sichtbar in seinem Büro aufzuhängen. Aber viele reagierten zunächst skeptisch bis ablehnend auf die Kreise – für sie waren das nichts weiter als wieder einmal ein paar alberne Symbole von den Leuten, die ihnen in psychedelischen Farben bemalte Fabriken beschert hatten.

»Was soll ich denn nun auf meine Visitenkarte setzen?« fragten sich einige. Andere mochten den Begriff Partner nicht, weil sie befürchteten, jemand würde denken, daß ihnen ein Teil des Unternehmens gehöre. Wieder andere zuckten bloß die Schultern. »Ich weiß gar nicht, was dieses ganze Getue eigentlich soll.« Konnte man ein paar Kreise überhaupt ernst nehmen?

Tatsächlich aber bezeichneten die Kreise und Dreiecke sowie ein paar für den Zeitgeist typische neue Namen die radikalsten Veränderungen, die wir uns je bei Semco ausgedacht hatten. Statt wie bisher Vorarbeiter, Aufseher und Abteilungsleiter würden wir künftig nur noch Koordinatoren haben – und davon würde es auch viel weniger geben, so daß sich das Verhältnis zwischen Indianern und Häuptlingen auffallend verschieben würde. Die Einführung des neuen Systems bedeutete, daß die Pyramide abgerissen würde, wobei ganze Managementebenen abgeräumt, ein Berg von Titeln eliminiert und etablierte Ketten von Weisungsbefugnissen zerbrochen würden. Mehr noch: Nach den neuen Regeln war ein Koordinator nicht einem andern Koordinator und ein Kollege nicht einem anderen Kollegen untergeordnet. Dadurch würde die Hierarchie noch weiter eingeebnet werden – im gesamten Unternehmen würden sich die Beziehungen untereinander ändern.

Dennoch wurde die ganze Tragweite des neuen Systems erst dann allen klar, als das Budget aufgestellt werden mußte (und da gab es schon kein Zurück mehr). Manager – ich meine: Partner und Koordinatoren – sagten nun: »Okay, mir ist klar, daß wir für dieses neue Budget jedem einen neuen Namen geben müssen.« Aber als sie es versuchten, merkten sie, daß ihnen das große Probleme bereitete.

»Dieser Vorarbeiter heißt also nun Koordinator«, begannen sie. »Und dieser Aufseher, der Boß des Vorarbeiters, ist ein... äh... ich meine, der ist auch ein Koordinator.« Pause. »Aber was ist mit *seinem* Boß?«

Als sie Mühe hatten, drei plötzlich gleichberechtigte Leute auseinanderzuhalten, wiesen wir sie darauf hin: »Denken Sie daran, daß es für diese Gruppe nur einen Koordinator gibt.«

»Na schön – aber warum können wir sie nicht alle Koordinator nennen?«

»Weil diese Umstrukturierung die Bürokratie verringert.«

»Und was soll nun mit diesen Leuten passieren, die keine Bosse mehr sein können?«

»Das ist eure Sache.«

Auf diese Weise kamen sie darauf, daß wir nicht einfach Titel A durch Titel B ersetzen wollten. Wir verringerten die Zahl der Bosse ebenso wie ihre Vielfalt.

Das war natürlich besonders schwer für diejenigen, die bisher leitende Positionen innegehabt hatten, sich aber nicht als Koordinatoren qualifizieren konnten. Plötzlich entdeckten sie, wie sie in unserem neuen Kreis herumtrieben, ohne Titel und automatische Autorität. Aber das hatte immerhin keinen Einfluß auf ihr Einkommen, und ich hoffte, daß die neue, entspanntere Atmosphäre im Werk den Übergang erleichtern würde.

Auch die Koordinatoren mußten sich umstellen. Nehmen wir einen Ersatzteillagerverwalter, der 12000 Dollar im Jahr verdiente, und einen leitenden Ingenieur mit einem Einkommen von jährlich 85000 Dollar. Im alten System konnten sie nur über mehrere Zwischenebenen miteinander kommunizieren. Aber nun hatten sie beide den gleichen Titel und konnten direkt demselben Partner unterstellt sein. Jeden Montagmorgen konnten sie auf einmal nebeneinander bei der Wochenkonferenz sitzen. Was ihre Beteiligung am Entscheidungsprozeß betraf, so spielten ihre unterschiedlichen Gehälter keine Rolle. Jeder von ihnen hatte nur eine einzige Stimme.

In dem neuen System war auch sichergestellt, daß eine Anregung, Anforderung oder Beschwerde eines Kollegen sofort jemandem auf der Entscheidungsebene, einem Koordinator, zu Ohren kam, der sie bei der nächsten Wochenkonferenz direkt einem Partner vortragen konnte. Damit konnten Fabrikarbeiter, die in konventionellen Systemen so leicht übergangen werden, innerhalb von ein paar Tagen eine Antwort bekommen.

Soweit also die Theorie. Aber als wir das neue System einführten, stießen wir schon bald auf das Problem der »Phantombosse«. Nehmen wir an, wir hätten einen Maschinisten vor ein paar Jahren zum Vorarbeiter befördert. Dieser Vorarbeiter war einem Aufseher unterstellt und der wiederum einem Abteilungsleiter. Und nun kommt Mr. Semler mit seinen Kreisen. Von diesen drei Managern will der Partner nur einen behalten: den Aufseher, der jetzt ein Koordinator wird. Aber der Vorarbeiter ist ein guter Arbeiter, also bekommt er die Möglichkeit, an seine alte Maschine zurückzukehren, natürlich zu seinem Vorarbeiterlohn, so daß er diese Rückversetzung ein wenig verschmerzen kann. Doch nun kommt das Problem: Seine Kollegen suchen noch immer seinen Rat und seine Führung, weil er vielleicht eine Menge kann oder weil eben alte Gewohnheiten ein zähes Leben haben.

Diese »Phantombosse« konnten wir natürlich nicht dulden – denn wir wollten ja gerade die Wege verkürzen, welche die Leute nehmen mußten, wenn sie eine Entscheidung haben oder eine Beschwerde loswerden wollten. Der Vorarbeiter, der wieder ein einfacher Arbeiter wurde, auf den aber seine Kollegen immer noch hörten, repräsentierte somit eine eigene Managementebene, die wir doch eigentlich beseitigt hatten.

Geduldig machten wir Jagd auf unsere Phantome und Geister. Aber damit nicht genug. Wir wurden nicht müde zu fragen: »Was tut diese Management-Ebene? Was jene?« Wie in jedem anderen Unternehmen gab es auch bei Semco Abteilungen für Finanzen, Verwaltung, Marketing, Verkauf, Teile, Herstellung, Technik und so weiter. Jede dieser Abteilungen hatte ihren eigenen Finanzchef, Verwaltungschef, Controller und und und. Und unter jedem dieser Manager gab es weitere Manager, auf noch mehr Ebenen. Jeder war der Person eine Sprosse über ihm unterstellt – die klassische Kette der Weisungsbefugnisse. Als wir das neue System installierten, kämmten wir diese Ebenen durch. Es war wie bei dem Kinderspiel »Die Reise nach Jerusalem«: Von Runde zu Runde gab es weniger Plätze. Von den Managern, die nur einen Stehplatz hatten, wenn die Musik aufhörte, kehrten einige in ihre alten Jobs in der Fabrik zurück, andere verließen Semco von sich aus, und wieder andere mußten unvermeidlicherweise entlassen werden. Ihre Aufgaben wurden neu verteilt, aber nicht formell, denn es gab ja bei uns keine spezifischen Arbeitsplatzbeschreibungen mehr, sondern nur noch die bewußten vier Titel. Wir erklärten einfach: »Diese Person ist nicht mehr da...« und ließen die Leute, die mit ihr zu tun gehabt hatten, selber herausfinden, was nun geschehen sollte, genauso wie es die Leute in der Systemgastronomie-Einheit getan hatten.

Ich weiß nicht mehr genau, wie viele leitende Mitarbeiter wir dabei verloren – vielleicht 30, vielleicht noch mehr. Das reichte von Vorarbeitern bis hinauf zu einem stellvertretenden Geschäftsführer namens Arno Witte.

»Das sind doch nur semantische Spielereien«, hatte Arno gemeint, als er zum erstenmal hörte, wie ich die Kreise erläuterte. »In Wirklichkeit wird sich gar nichts ändern.«

Zwei Jahre später gab er mir recht: Semco sei so umgewandelt worden, daß sein eigener Job überflüssig geworden war – er nahm eine Ebene ein, die nicht mehr notwendig war, und er war so ehrlich und tapfer, dies zu akzeptieren. Arno war ein phantastischer leitender Mitarbeiter gewesen; es hatte Jahre gedauert, bis wir ihn gewannen. Und nun verließ er uns und wurde Präsident von Dunlop Ltd.

Bedauerlicherweise verloren wir in der Übergangsphase eine Menge hervorragender Leute. Aber wir waren bereit, diesen Preis zu zahlen. Konventionelle Unternehmen nehmen solche Leute gewissermaßen auf Lager, bis sich eine entsprechende Stelle für sie findet, aber inzwischen wissen Sie ja, wie wir darüber denken. Jedenfalls sahen wir nun, da unsere Arbeiter unsere Bilanz lesen konnten, keinen Sinn darin, jemanden mit einem Jahresgehalt von 100000 oder auch nur 40000 Dollar in der Hinterhand zu halten.

Heute zeichnet sich Semco dadurch aus, daß ihm eine Struktur völlig fehlt, was andere Leute stets erstaunt. Immer wenn wir einen Unternehmensberater hinzuziehen, der mit unserem Unternehmen nicht vertraut ist, bittet er uns normalerweise zunächst um eine Kopie unseres Organigramms. Wenn wir ihm erklären, daß wir so etwas nicht haben, gerät er schon ein wenig ins Schwitzen. »Na schön, da müssen wir eben eins erstellen«, wird er dann herablassend sagen. In der nächsten halben Stunde machen wir ihm klar, daß wir schon seit zwölf Jahren kein Organigramm mehr verwenden und auch jetzt nicht vorhaben, uns daran zu halten.

Das Organigramm ist so etwas wie die Geburtsurkunde eines Unternehmens, nicht mehr und nicht weniger. Es ist nur nützlich für Leute, die keine Ahnung haben, wie eine Unternehmensdivision oder eine bestimmte Position entstanden ist. Organigramme haben durchaus einen Platz im modernen Unternehmen: unter Verschluß in einem Aktenschrank.

Lassen Sie doch mal jemanden, der auf diese Schaubilder schwört, folgenden Test machen: Man suche sich eine Abteilung aus und fordere alle darin tätigen Leute auf, ihre Vorgesetzten nach ihrer erwiesenen Kompetenz und ihrer tatsächlichen Entscheidungsbefugnis einzuordnen. Nun übertrage man die Ergebnisse dieser Umfrage in ein Organigramm und vergleiche dieses mit der offiziellen Version. Es würde mich überraschen, wenn beide Organigramme auch nur annähernd gleich wären. In Wahrheit können nämlich Macht und Ansehen nicht in einer derart simplen Kästchenmanier verliehen werden.

Ich habe unsere Struktur als neu bezeichnet, aber im Grunde unterscheidet sie sich nicht wesentlich von der vor 500 000 Generationen gebräuchlichen Organisationsform, als der Mensch noch ein Jäger war. Wer das Mammut zuerst entdeckte, wurde der »Späher«. Derjenige, der den Speer am genauesten warf, war der »Schütze«. Und wem auch immer es gelang, sich über die anderen als ihr Führer zu erheben, war der »Anführer« oder »Häuptling«.

Wenn wir heute jemanden bei Semco einstellen oder befördern, geben wir gemäß dieser Philosophie dem Betreffenden einfach leere Visitenkarten und schlagen ihm vor: »Denken Sie sich doch einen Titel aus, der nach außen Ihren Tätigkeits- und Zuständigkeitsbereich signalisiert, und lassen Sie ihn drucken.« Wenn dem Betreffenden das Wort »Beschaffungsmanager« gefällt, soll uns das recht sein. Wenn er es lieber etwas eleganter haben will, kann er sich auch Karten mit der Bezeichnung »Erster Pharao – zuständig für die Königlichen Vorräte« drucken lassen. Was immer ihm gefällt. Aber innerhalb des Unternehmens gibt es nur vier Möglichkeiten. (Im übrigen entscheiden sich fast alle dafür, nur ihren Namen drucken zu lassen.)

Auch wenn es alle möglichen Zweifler und Skeptiker gab, als ich zum erstenmal meine Kreise malte, mußten doch selbst die zynischsten Kritiker zu ihrem Erstaunen feststellen, daß alles besser funktionierte, sobald wir die Pyramide und alle damit verbundenen Stufen und Rollen abgeschafft hatten. Wer uns vor Monaten noch gewarnt hatte: »Wir kommen einfach nicht ohne Soundso aus«, mußte nun verblüfft erkennen, wie schnell und effizient unsere Werke ohne Soundso arbeiteten.

Verkehrsstaus wurden selten. Semco bewegte sich mit der zulässigen Höchstgeschwindigkeit.

Kapitel 25

Nennen Sie Ihren Preis

»Ich denke, jeder sollte sein Einkommen selbst festsetzen.« Paulo Pereira, unser genialer, bilderstürmerischer Ex-Personalleiter, nunmehr Koordinator, ließ wieder einmal eine Bombe hochgehen.

Bei einem anderen Unternehmen hätten alle gelacht. Aber bei Semco wurden solche revolutionären Ideen ernst genommen, da man ja nie wußte, ob sie nicht doch irgendwann mal verwirklicht wurden. Als Paulo nun bei einer unserer Sitzungen, die wir »Wolkenkuckucksheim« nannten, mit seinem »bescheidenen Vorschlag« herausplatzte, versuchte sich jeder vorzustellen, wie ein derartiges System beschaffen wäre.

»Sagen Sie das noch mal, Paulo«, bat Batoni nach einer Weile.

»Wir haben die Runde Pyramide eingeführt«, erklärte Paulo. »Wir haben Vorschriften abgeschafft und die Bürokratie beschnitten. Wir haben versucht, unser Unternehmen durchschaubar zu machen und unseren Leuten Freiheiten eingeräumt. Warum sollten wir nicht auch unseren Mitarbeitern die Entscheidung darüber überlassen, wieviel sie verdienen? Ist das wirklich ein so großer Schritt?«

Ich sah über den Tisch zu Clovis hinüber. Er hatte diesen Blick in seinen Augen, der signalisierte: Jetzt gehen wir wieder einen Schritt weiter!

Topmanager bei Semco hatten ein festes und ein variables Einkommen, wobei es sich bei letzterem um eine leistungsorientierte Prämie handelte – jährliche Sonderzahlungen von durchschnittlich 25 bis 50 Prozent, in guten Jahren. Aber niemand war über die Art und Weise dieser Zuwendungen recht glücklich. Viele Unternehmen haben Bonussysteme – das war also nichts Neues. Die meisten sind gewinnabhängig. Wenn das Budget beispielsweise einen voraussichtlichen Gewinn von einer Million Dollar ausweist, erhält ein

Manager einen bestimmten, prozentual festgelegten Anteil davon, wenn dieses Ziel erreicht wird, beziehungsweise mehr, wenn es überschritten wird. Prämien können auch auf das Verkaufsvolumen oder auf fakturierte Rechnungen bezogen werden. Aber solche konventionellen Formeln können ungerecht und kontraproduktiv sein. Nehmen wir an, in einem Jahr läuft es gut und ein Unternehmen steuert auf 110 Prozent des veranschlagten Gewinns zu. Dann macht ein wichtiger Kunde Konkurs, und damit sacken die Gewinne auf 85 Prozent ab. Würde das den plötzlich ohne Prämie dastehenden Managern nicht jede Motivation nehmen? Oder infolge einer neuen Steuergesetzgebung steigt der Gewinn trotz einer mittelmäßigen Leistung auf 120 Prozent. Verärgert man nicht die Aktionäre, wenn trotzdem Prämien verteilt werden?

Wir haben es bei Semco mit fünf oder sechs Bonussystemen probiert, jedesmal ohne Erfolg. Das eine Jahr waren die Manager glücklich, im nächsten beunruhigt. Wir haben versucht, maßgeschneiderte Formeln auf einzelne Werke anzuwenden, und die Auszahlungszeiträume von jährlich auf halbjährlich und vierteljährlich reduziert. Nichts hat funktioniert. Dann kamen wir darauf, daß wir überhaupt nichts unternehmen sollten, um dieses Problem zu lösen. Schließlich hatten wir ja inzwischen eine demokratische Unternehmenskultur, und warum sollten dann nicht unsere Manager selbst sich ihre Ziele setzen und nach Ablauf des Jahres ermitteln, inwieweit sie sie erreicht hätten? Dann wäre es relativ einfach, daß sie sich auch einen angemessenen Bonus bewilligten. Und niemand würde es mehr wagen, sich über die Ungerechtigkeit des Systems zu beschweren, da die Manager ja schließlich selbst darüber entschieden, wie sie belohnt werden sollten.

Zyniker dachten, ein paar könnten das ausnutzen und sich unverdiente oder maßlos übertriebene Summen bewilligen, aber das war nicht der Fall. Ich möchte gern glauben, dies sei darauf zurückzuführen, daß bei Semco jeder vernünftig und aufrichtig ist. Das mag schon sein, aber mit Sicherheit hat das eine Menge mit unserer Transparenz zu tun: Öffentlich bekannte Gehälter schrecken doch erheblich davon ab, allzu habgierig zu werden.

Auf dem Erfolg des neuen Bonussystems also beruhte Paulos Vorschlag. Fast schon seit er bei Semco war, hatte er davon geträumt, von den Mitarbeitern selbst festgesetzte Gehälter einzuführen. Auf diese Idee war er nach dem Besuch eines Seminars über Gehaltsspiegel gekommen – er hatte nämlich entdeckt, daß die meisten Systeme theoretisch vernünftig zu sein schienen, aber es in Wirklichkeit ganz und gar nicht waren.

Kurz danach hatte er mit Clovis und mir über selbstbestimmte Gehälter gesprochen, aber wir waren der Meinung, daß Semco noch nicht soweit war. Und nun, zwei Jahre später, zögerten die wenigen Traditionalisten, die es bei Semco noch gab, immer noch. Was denn nun mit all den sorgfältig erarbeiteten Tabellen geschehen solle, die die Gehälter je nach Job, Unternehmen und Industriebereich differenzierten, erkundigten sie sich vorwurfsvoll. Sollten wir die einfach wegwerfen?

Ja, erwiderte wir. Mit Sicherheit gäbe es eine bessere Möglichkeit, Gehälter festzusetzen, eine Möglichkeit, die unsere Mitarbeiter in ein Verfahren einbeziehen würde, das sonst immer einseitig ist.

Natürlich waren wir uns über eines im klaren: Wenn wir den Leuten erlaubten, ihre Gehälter selbst festzusetzen, dann würde es aufgrund der Unterschiede zwischen einzelnen Kollegen noch viel mehr Ärger geben. Konventionelle Gehaltssysteme bemühen sich schließlich um eine Standardisierung. Das System, über das wir nachdachten, würde individualistisch sein. Leitende Mitarbeiter würden gebeten werden, schwierige Bewertungen vorzunehmen. Was war, wenn jemandem zwar die Erfahrung eines anderen Kollegen fehlte, er sich aber für dynamischer hielt? Und wenn ein leitender Mitarbeiter zu wenig verlangte und bekam – würde er dann von seinen Kollegen geringgeschätzt werden?

Während Paulo und die Ratgeber sich die Köpfe darüber heißredeten, ließ ich Irene Tubertini kommen, die letzte von meinen ehedem drei Sekretärinnen. »Wieviel Geld brauchen Sie, um ein angenehmes Leben führen zu können?« fragte ich sie und sah, wie sie errötete und ihre braunen Augen sich vor Verwirrung verschleierten. »Wieviel Geld brauchen Sie, damit Sie morgens mit dem Gefühl, gerecht bezahlt zu sein, zur Arbeit gehen können? Damit Sie nicht in Versuchung geraten, sich nach einem anderen Job umzusehen?«

Sie saß da, glaubte nicht recht zu hören und fragte sich, was ich wohl wieder im Schilde führte. Ich bat sie, darüber nachzudenken und mir nach ein oder zwei Tagen eine Zahl zu nennen. Das würde dann ihr Gehalt für das nächste Jahr sein. Doch, doch, ich meinte das wirklich ernst, versicherte ich ihr. Wir hätten vor, auch anderen diese Frage zu stellen, und sie dann beim Wort zu nehmen.

Ein paar Tage später sagte Irene mir, sie wolle gern 20000 Dollar pro Jahr haben, und das war nur eine Spur mehr, als sie bisher verdiente. Das kam mir ein bißchen wenig vor, also erhöhte ich es um zehn Prozent, und damit waren wir uns einig.

Nach dem Tubertini-Test riefen wir alle Manager zusammen, die bei Semco die höchsten Führungspositionen einnahmen, sowie ihre engsten Mitarbeiter, und gingen nach dem gleichen Verfahren vor. Diese Leute hatten wir deshalb ausgewählt, weil sie gebildet waren, ihre Meinung artikulieren konnten und weil sie weniger anfällig waren für etwaige Manipulationen von unserer Seite.

Wir entwickelten ein Bewertungsformular, um ihnen dabei zu helfen, sie gaben darauf ihr Alter an, wie lange sie schon bei Semco arbeiteten, ihre derzeitige Position und wie sie ihre Zeit verbrachten – das heißt, wieviel Zeit sie in ihren Arbeitsstunden für Entscheidungen, Kundengespräche, die Tätigkeit in anderen Abteilungen als der eigenen und andere Aktivitäten aufwendeten. Seit wir die üblichen Titel und die meisten anderen hierarchischen Unterschiede abgeschafft hatten, war es schwierig, zwischen einzelnen Managern zu unterscheiden, wenn man sie nicht präzise befragte, was sie eigentlich taten. Und wir fragten unsere Leute auch, wie sie sich selbst darstellen würden, falls sie Semco verließen und sich anderswo nach einem ähnlichen Job umsähen.

Nachdem jeder Manager den Fragebogen ausgefüllt hatte, gab er ihn seinem Boß weiter, der ihn gleichfalls beantwortete. Damit hatten wir zwei Bewertungen für jeden einzelnen.

Natürlich wollten wir es nicht soweit kommen lassen, daß ein Mitarbeiter sagen konnte: »Ich möchte 1000 Dollar in der Woche verdienen«, worauf sein Boß erwidern würde: »Aber Ihnen stehen eigentlich nur 750 Dollar zu.« Das war nicht die richtige Verhandlungsgrundlage. Wir wollten, daß sich jeder Manager auf seine Position im

Unternehmen und seinen Wert konzentrierte. Dann könnte ein Boß einem Untergebenen sagen: »Sie halten sich zwar für einen erfahrenen Mitarbeiter, aber ich denke, als Einkäufer müssen Sie noch eine ganze Menge lernen.« Wir hofften, daß sie so lange miteinander sprechen würden, bis sie sich auf einer gemeinsamen Basis bewegten.

Und erst dann kam das Thema Geld ins Spiel. Ehe sie uns erklärten, wieviel sie bekommen wollten, baten wir sie, vier Kriterien zu berücksichtigen: 1. wieviel sie ihrer Meinung nach anderswo verdienen könnten; 2. was andere mit ähnlicher Verantwortung und ähnlichem Können bei Semco verdienten; 3. was Freunde mit ähnlichem Background verdienten; und 4. wieviel Geld sie zum Leben brauchten. Um ihnen bei den ersten beiden Kriterien zu helfen, gaben wir ihnen einen Gehaltsspiegel von Semco sowie nationale Gehaltsspiegel, wie sie Unternehmensberatungsfirmen wie Price Waterhouse und Coopers & Lybrand zusammengestellt haben. Was die letzten beiden Kriterien betraf, mußten sie sich selbst Klarheit verschaffen. Und erst dann entschieden sie, wieviel sie bekommen würden – einfach so.

Nun, nicht ganz. Ursprünglich hatten wir geplant, ein Gehalt nicht mehr zu ändern, sobald jemand es für sich festgesetzt hatte. Wenn es zu hoch war, mußte er mit der Tatsache fertig werden, daß das ganze Unternehmen wußte, daß er sich überbezahlt hatte. Wenn es zu niedrig war, mußte er ein weiteres Jahr warten, ehe er es wieder anheben konnte. Aber da dies unser erster nervenaufreibender Trip auf diesem Weg war, hatten wir ein beruhigenderes Gefühl zu wissen, daß es eine Möglichkeit zu einem gewissen Geben und Nehmen zwischen Boß und Untergebenem geben sollte, bevor eine Zahl endgültig festgelegt wurde.

Unsere Sorgen waren indes unbegründet. Abgesehen von einem halben Dutzend Leuten setzten alle ihre Gehälter so fest, wie es in etwa unseren Erwartungen entsprach. Und in fünf von diesen sechs Ausnahmefällen setzten die Leute ihre Gehälter *niedriger* an, als wir es ihnen unterstellt hatten. Es war auch gar nicht immer einfach, sie dazu zu bewegen, ihre Zahl zu erhöhen.

»Ich fand es schwierig, genau zu definieren, wieviel ich bekommen sollte«, erklärte Jose Violi Filho, der von seinem Freund Iotti zu Semco geholt worden war.

Violi, der knapp einen Meter sechzig groß ist und gerade einen Zentner wiegt, hat einen so klaren und raschen Verstand, wie ich ihm nur selten begegnet bin. In wenigen Sekunden kann er ein geschäftliches Problem lösen oder eine Bilanz analysieren. Er kam zu uns als Hilfsbuchhalter, stieg dann zum Buchhalter, Chefbuchhalter, Werkscontroller und Unternehmenscontroller auf, wobei er für kurze Zeit irgendwo dazwischen Finanzchef gewesen war. Dann wollte er ein Unternehmen leiten und wurde schließlich Partner für die Systemgastronomie-Einheit. Und dann kehrte er wieder in den Finanzbereich als Ratgeber zurück und wurde zugleich Partner für den Bereich Finanzen im Gesamtunternehmen. (Nun verstehen Sie vielleicht, was ich mit hektischen Karrieren meine.) Aber damals, als wir uns über selbstbestimmte Gehälter unterhielten, war er noch ein Junge vom Lande, zu schüchtern und unsicher, um sich selbst ein angemessenes Gehalt zuzuweisen.

Sein damaliger Vorgesetzter Alipio Camargo lehnte die Summe von 15 000 Dollar im Jahr ab, die Violi nannte. »Das sollten Sie lieber noch einmal überdenken«, erklärte er, »denn darüber brauchen wir gar nicht erst zu reden.«

Violi erhöhte auf 18 000 Dollar. Und wieder war Alipio damit nicht einverstanden – die richtige Summe liege bei 25 000 Dollar. Die Angelegenheit wurde Clovis vorgetragen, und der entschied, daß Alipio recht hatte.

Unter denen, die an dieser ersten Runde der Gehaltsfestsetzung teilnahmen, hatte nur ein Verkaufsleiter namens Rolney Magalhaes eine übertrieben hohe Summe für sich vorgesehen. Er hatte Ambitionen, ein Partner zu werden, und setzte darum sein Gehalt auf diesem Level fest, das 70 000 Dollar im Jahr betrug und damit um 30 Prozent höher lag als sein bisheriges – offenbar hoffte er, daß er damit auch gleich befördert würde.

Wir hatten den Eindruck, daß Rolney einmal ein guter Verkaufsdirektor werden könnte, aber nicht gleich und – da wir schon einen Verkaufsdirektor hatten – vermutlich auch nicht bei Semco. Als wir ihm das klarmachten, eröffnete er uns gelassen, daß er bei einem anderen Unternehmen als Geschäftsführer im Gespräch sei. Er bekam diesen Posten auch – also hatte er vielleicht doch recht gehabt, was sein Gehalt betraf.

Es gibt drei Gründe, warum fast alle sich so vernünftig verhielten. Erstens wußte jeder, was die anderen bekamen. Zweitens beziehen auch die Topleute – Clovis, Batoni, Vendramin – nur relativ bescheidene Gehälter. (Der Ordnung halber: Ich bin etwas weniger bescheiden – mein Gehalt erreichte in der Zeit des Booms von 1989 eine einsame Höhe von 300 000 Dollar, hat aber auch schon mal nur 120 000 Dollar betragen.) Es gehört zu unserer Unternehmensphilosophie, daß wir versuchen, für unsere Topgehälter höchstens das Zehnfache unserer niedrigsten Löhne anzusetzen. Damit befinden wir uns in extremem Gegensatz zu anderen brasilianischen Unternehmen, in denen das Gehalt eines Topmanagers 80mal höher sein kann als der Lohn eines einfachen Arbeiters. Der dritte Grund, warum unsere Leute im allgemeinen so bescheiden waren im Hinblick auf ihr Einkommen, hat etwas mit Selbsterhaltung zu tun. Unsere Betriebsbudgets bei Semco gelten nur für sechs Monate, nicht für die üblichen zwölf. Da jede unvorhergesehene Ausgabensteigerung in kurzer Zeit wieder aufgefangen werden muß, bleibt uns wenig Spielraum. Unsere Leute wissen, daß Löhne und Gehälter den größten Anteil an unseren Betriebskosten haben, und darum denken sie auch an unsere Sechsmonatsbudgets, wenn sie ihre Gehälter festsetzen. Ein Budgetproblem läßt sich leicht dadurch lösen, daß ein Gehalt eliminiert wird, das offenbar zu hoch ist, und darum möchte niemand sich in dieser auffälligen Weise von den andern abheben.

Inzwischen arbeiten wir schon mehrere Jahre mit dieser verrückten Neuerung, und wirtschaftlich haben sich die selbstbestimmten Gehälter längst nicht so dramatisch ausgewirkt, wie wir gedacht hatten. Eine zehnprozentige Steigerung ist die Ausnahme. In Brasilien sind Gehaltskürzungen gesetzlich verboten, sogar bei selbstbestimmten Gehältern, aber bei einer hohen Inflationsrate geht das Realeinkommen natürlich zurück, wenn die Gehälter relativ stabil sind. So gesehen, sind die selbstbestimmten Gehälter bei Semco in manchen Jahren sogar drastisch zurückgegangen. Offensichtlich haben unsere Leute aus Sorge um das Wohlergehen von Semco ihre Gehälter im Griff. In guten wie in schlechten Zeiten haben selbstbestimmte Gehälter unsere Mitarbeiter veranlaßt, sich an jene unternehmerische Perspektive zu halten, die man nur ganz selten erlebt – die lange Sicht. Und noch etwas Gutes haben diese selbstbestimmten Gehälter: Es gibt keine Beschwerden und Rangeleien mehr hinsichtlich der Bezahlung, wie sie sonst in Unternehmen zur Tagesordnung gehören.

An diesem ersten Experiment waren etwa fünf Prozent unserer Belegschaft beteiligt. Inzwischen liegen wir bei fast 25 Prozent, und dazu gehören die meisten unserer Koordinatoren. Es gibt für mich keinen Grund, warum sich Fabrikarbeiter nicht auch eines Tages an diesen Rechenspielen beteiligen sollten.

Als unsere leitenden Mitarbeiter nun mit ihren Gehältern glücklich und zufrieden, oder zumindest eigenverantwortlich für sie waren, machte Paulo erneut einen Vorschlag, der sogar noch kühner war: das »Risiko-Gehalt«, wie er es nannte.

»Jeder von Ihnen hat nun genau das Gehalt, das seiner eigenen Bewertung und Einschätzung entspricht«, erklärte er auf einer Konferenz unserer leitenden Mitarbeiter im Jahre 1989. »Aber ich schlage nun als nächstes vor, daß Sie etwas weniger bekommen, dafür jedoch die Möglichkeit erhalten sollen, mehr zu verdienen.«

Dann erläuterte er seinen neuen Trick. Wenn es Semco gutging, würde ein Mitarbeiter, der bereit war, eine 25prozentige Gehaltskürzung zu riskieren – das war das Limit –, bis zu 50 Prozent mehr bekommen. Wenn es bei Semco aber nicht so gut lief, würde er die 25prozentige Kürzung hinnehmen müssen. Also würde beispielsweise ein Manager mit einem Wochenverdienst von 1000 Dollar riskieren, nur noch 750 Dollar zu bekommen, dafür aber am Ende eines jeden Quartals möglicherweise eine Summe erhalten, die sein wöchentliches Einkommen auf 1500 Dollar steigen ließ.

Mitarbeiter, die keine hohen Fixkosten hatten, nahmen Paulo beim Wort und riskierten mehr – wer dagegen eine nicht berufstätige Frau und Kinder hatte, riskierte meistens weniger. Bis heute hat sich dieses System für die »Mitspieler« wie für das Unternehmen gelohnt, da mit Hilfe dieses Programms unsere Lohnkosten synchron mit den Gewinnen oder Verlusten schwanken. Wenn das Geschäft gutgeht, verdienen die Leute, die an diesem Programm teilnehmen, eine ganze Menge mehr. Wenn nicht, helfen sie uns bei der Kostendämpfung und gehen gehaltsmäßig gewissermaßen in Deckung, wenn kostensenkende Maßnahmen angesagt sind.

Kapitel 26

Vom Unternehmer zum Bestsellerautor

Aufgrund unserer neuen Philosophien und Strategien konnte sich Semco inzwischen einer der höchsten Wachstumsraten in Brasilien rühmen. Der Jahresumsatz, der jahrzehntelang bei vier Millionen Dollar gelegen hatte, war inzwischen auf 35 Millionen Dollar geklettert, und bereits nach ein paar Jahren hatten wir statt einer Fabrik deren sechs und statt 100 Mitarbeitern 830.

Auf jedem unserer Märkte war Semco die Nummer 1 oder Nummer 2 – wir verkauften 85 Prozent aller Schiffsausrüstungen in Brasilien, 70 Prozent aller hydraulischen Pumpen und 65 Prozent aller Großgeschirrspülanlagen. Unsere Hobart-Waagen hatten innerhalb von drei Jahren statt drei Prozent 23 Prozent Marktanteil – und das trotz vieler Konkurrenten, von denen die meisten Tochterunternehmen großer und mächtiger Multis waren.

Was uns das Ganze noch mehr versüßte, war die Tatsache, daß wir niemandem auch nur einen Cent schuldig waren, denn wir hatten keine Schulden. Tatsächlich riefen Bank-Vizepräsidenten, deren Sekretärinnen uns immer erzählt hatten, sie seien gerade in einer Besprechung, wenn wir anriefen, nun selbst bei uns an und versuchten, mit uns Termine zu vereinbaren. Und während dieser ganzen Expansionsphase hat uns der Staat auch nicht ein einziges Mal geholfen.

Aber Erfolg besteht nicht nur aus beeindruckenden Zahlen in einem Jahresbericht. Oseas da Silva, ein Angehöriger des Werkskomitees in Santo Amaro, der früher Streiks gegen das Unternehmen organisiert und geführt hat – da Silva hat unsere Verwandlung einmal in der größten Tageszeitung von Brasilien so geschildert: »Es war schwer, sich daran zu gewöhnen. Sie wissen ja, wie das ist, wenn sich die Leute daran gewöhnt haben, unter einem autoritären Regime zu leben. Oder wenn Sie endlich aus dem Gefängnis rauskommen.

Sie können einfach nicht glauben, daß es wahr ist. Die Arbeiter sind tatsächlich motiviert zu arbeiten.«

Oder wie es ein anderer Semco-Mitarbeiter gegenüber einer Zeitschrift beschrieb: »Es ist wie im Paradies, in diesem Unternehmen zu arbeiten. Niemand will es verlassen.«

Das kann einem schon zu Kopf steigen. Und das tat es vermutlich auch bei mir. Also beschloß ich Anfang 1988, im Alter von 28, daß es an der Zeit sei, meine Memoiren niederzuschreiben. Wir – Sofia und ich – zogen uns in unsere Ranch in den Bergen zurück, wo es kein Telefon gibt. Neun Tage lang schrieb ich wie ein Besessener, zwölf, ja vierzehn Stunden am Stück, in denen ich so intensiv arbeitete, daß ich oft von der Morgendämmerung überrascht wurde. Es sprudelte nur so aus mir heraus – zehn Jahre Experimentieren und Schuften, Frust und Lust. Da ich nach Semcos Erfahrungen mit Computern nicht mehr viel Vertrauen in elektronische Apparate hatte, benutzte ich jenes altmodische Textverarbeitungsgerät, das am anderen Ende einen Radiergummi hat.

Ich kam aus den Bergen mit 750 handschriftlichen Seiten zurück, denen ich den Titel *Turning the Tables* gab: »Wie ich den Spieß umdrehte.« Ich schickte Kopien an große brasilianische Verlage und wartete. Ich habe schon lange nicht mehr so warten müssen. Wochen vergingen. Endlich rief jemand an. Ich dachte, ich hätte einen Volltreffer gelandet, da dieser Verlag bereits Bücher von Iacocca und Morita herausgebracht hatte. Wir gingen zum Essen, und ich glaubte danach, ich würde ein Angebot erhalten. Doch es kam keins.

Da ich von den anderen Verlegern nichts hörte, rief ich selbst bei ihnen an. Keiner war an meinem Buch interessiert – nur zwei schlugen vor, ich könnte es ja auf eigene Kosten drucken lassen und es den Mitarbeitern von Semco schenken.

Und dann fiel mir Richard Civita ein. Ich kannte ihn nicht persönlich, aber sein Unternehmen Nova Cultural war mir ein Begriff – ein großer Zeitschriftenvertrieb und ein Verlag mittlerer Größe. Ich rief ihn an und erzählte ihm meine Geschichte. Er sagte, er werde noch am Abend nach New York fliegen und mein Manuskript im Flugzeug lesen. Zwei Tage später erfuhr ich, er sei bereit, nicht mehr als 2000 Dollar für die Geschichte meines Lebens und meines Unternehmens zu bezahlen. Na schön, es ging ja nicht ums Geld, sagte ich mir schnell und rief meinen Anwalt an, mit der Bitte, einen Vertrag aufzusetzen – allerdings beschwor ich ihn, nicht zuviel Druck zu machen, da dies der einzige Verleger in Brasilien sei, der es riskieren wolle, meine Geschichte zu bringen. Aber dieser Anwalt ist ein harter Bursche, und darum bestand er darauf, daß der Vertrag eine Klausel enthalten müsse, derzufolge ich einen höheren Honoraranteil ab jedem hunderttausendsten Exemplar des Buches bekommen sollte. Der Verleger und ich lachten darüber, denn wir wären schon glücklich gewesen, wenn wir 5000 Exemplare losgeworden wären.

Was dann kam, hätten wir uns nie träumen lassen: Von *Turning the Tables* wurden schließlich 400 000 Exemplare verkauft, und das Buch stand fast 200 Wochen auf der Bestsellerliste und war damit das bestverkaufte brasilianische Sachbuch aller Zeiten. Die Nation, schien es, wartete begierig auf neue Ideen. Oder wie ich gerne sage: Wir saßen auf unserem Surfbrett, ein winziger Schnipsel im Ozean, als eine riesige Welle Unglück über die Unternehmen hereinbrach. Doch wir standen einfach auf und surften an Land.

Ich war ein ebenso erfolgreicher wie rebellischer Manager, der bald Bestsellerautor und ein Mann von bescheidener Prominenz sein sollte. Aber ich hatte noch ganz andere Ambitionen: Ich wollte unbedingt an der Harvard Business School studieren.

Zum erstenmal war mir der Gedanke an ein Harvard-Studium gekommen, als ich die High School zur Hälfte hinter mir hatte. Jahre später war ich ganz davon besessen, als Freunde mich nach Cambridge mitnahmen und ich beeindruckt war von dem, was ich da sah. Als ich damals mit der U-Bahn nach Boston zurückfuhr, kaufte ich mir einen Talisman: eine unbenutzte Fahrmünze. Ich wollte sie an dem Tag benützen, da ich zum Studium zugelassen wurde.

Im Jahr darauf bewarb ich mich an der Business School, gegen den Rat einiger guter Freunde, die dachten, daß ein Studium in den USA keinen Nutzen für meine Karriere in Brasilien hätte. Sie hatten auch Angst, daß eine Ablehnung, die für sie offenbar durchaus im Bereich des Möglichen lag, ein schwerer Schlag für mein ebenso überdimensionales wie zerbrechliches Ego wäre. Wenn ich schon in den USA studieren wolle, meinten sie, dann solle ich mich doch gleich an mehreren Universitäten bewerben und damit das Risiko verringern.

Dickköpfig, wie ich nun einmal war, bewarb ich mich nur in Harvard und wartete ängstlich auf die Entscheidung. Schließlich kam der bewußte Brief aus Cambridge. Versuchen Sie mal, einen Umschlag mit gedrücktem Daumen zu öffnen.

Ich war sicher, daß man mich zulassen würde. Doch ich irrte mich. Es dauerte Wochen, bis ich mich davon erholte. Ich sagte niemandem etwas davon, um mir das zusätzliche Elend zu ersparen, mir solche trostreichen Bemerkungen anhören zu müssen wie: »Aber im Leben gibt es doch Wichtigeres als das...« Hin und wieder allerdings überzeugte ich mich mit einem Blick in meine Brieftasche davon, daß sich der U-Bahn-Chip noch immer darin befand. Ich weiß auch nicht warum, aber irgendwie war ich überzeugt, daß ich eines Tages in Harvard studieren würde, solange nur diese Fahrmünze nicht verlorenging. Ich durfte aber auch nicht schwindeln und sie an einen sicheren Ort legen. Sie mußte in meiner Brieftasche bleiben, wenn ihr Zauber funktionieren sollte.

Zwei Jahre später bewarb ich mich erneut in Harvard. Diesmal wurde ich immerhin zu einem Vorstellungsgespräch eingeladen. Ich vereinbarte einen Termin, den ich in eine Geschäftsreise einbauen konnte, und dann flog ich nach Boston. Ich hatte mir eine Menge Gedanken über die richtige Kleidung gemacht und mich am Ende für den dunklen Flanellanzug mit den diskreten Nadelstreifen, den ich an meinem ersten Tag bei Semco getragen hatte, für ein gestärktes weißes Hemd und eine dunkle Ripskrawatte entschieden. Nachdem ich lange mit mir gerungen hatte, entschied ich mich gegen ein passendes Einstecktuch. Aber dafür hatte ich mir eine verwegene neue Masche ausgedacht, meinen Mantel elegant über dem Arm zu drapieren. Nach diesen peniblen Vorbereitungen können Sie sich mein Entsetzen vorstellen, als ich mein Hotelzimmer am Abend vor dem Vorstellungsgespräch betrat, meinen Koffer öffnete und entdeckte, daß mein Anzug völlig zerknittert war. Es war 23 Uhr – zu spät, ihn noch zum Bügeln zu geben. Dann erinnerte ich mich an einen alten Trick meines Vaters: Er hängte seinen Anzug immer neben die Dusche, so daß der Dampf den Stoff wieder glättete. Erleichtert lehnte ich mich auf meinem Bett zurück und sah mir M*A*S*H an, während sich mein Anzug entspannte. Dann kam Johnny Carson. Dann kam der Schlaf. Die heiße Luft im Zimmer ließ mich mit einem Ruck erwachen, und ich merkte – zum zweitenmal voller Entsetzen –, daß es vier Uhr morgens war und die Dusche noch voll aufgedreht. Ich raste ins Badezimmer, wo mein Anzug nun noch feuchter war als der von Gene Kelly in »Singin' in the Rain«.

Aber ich hatte Glück. Draußen schneite es, und am Morgen paßte mein schwammiges Aussehen ganz gut dazu.

Meine Unterhaltung mit dem Assistenten des Dekans lief gut – zumindest war ich beeindruckt von meinem Auftreten. Als ich gerade gehen wollte, machte er mir den Vorschlag, ich solle doch an einem Seminar teilnehmen, was ich auch tat. Der Seminarleiter stellte mich sarkastisch als einen »eleganten Herrn aus Brasilien« vor – ich nehme an, weil ich der einzige war, der einen Anzug trug.

Ich kehrte nach Brasilien zurück und erwartete wieder einmal die Entscheidung aus Harvard. Nach ein paar Wochen kam der Brief. Er sah besorgniserregend dünn aus. Ich weiß noch, wie ich den Umschlag gegen das Licht hielt, um zu sehen, ob sich darin auch Anmeldeformulare befanden. Nichts. Vielleicht kamen sie noch später. Ich öffnete den Umschlag. Gleich nach der Anrede »Sehr geehrter Bewerber« erblickte ich das Wort »bedauerlicherweise«.

Erst nach mehreren Tagen nahm ich mir den Brief erneut vor und las ihn ganz durch. Zum zweitenmal verschmäht! Und noch immer befand sich der U-Bahn-Chip in meiner Brieftasche.

Zum erstenmal dachte ich daran, aufzugeben. Dann fiel mir ein, daß ich meine Brieftasche an verschiedenen Orten liegengelassen hatte – und immer hatte ich sie zurückbekommen, komplett mit Talisman und allem anderen. Und daß ich mir mehrmals eine neue Brieftasche gekauft hatte und sorgfältig die Fahrmünze hineingesteckt hatte. Das mußte doch ein Zeichen sein – ein echtes ZEICHEN.

Viele Monate später, an einem Tag, an dem ich mich maßlos darüber geärgert hatte, daß uns ein Auftrag durch die Lappen gegangen war, beschloß ich, einen etwas ausfallenden Brief an Harvard zu schicken und allen an diesem großartigen Institut zu sagen, was ich wirklich von ihrer Zulassungspolitik hielt. Im letzten Ablehnungsbrief hatte gestanden, ich hätte nicht genügend Erfahrung, obwohl ich doch seit Jahren bei Semco arbeitete. Also teilte ich ihnen mit, daß sie nach ihren Maßstäben auch Steven Jobs nicht akzeptiert hätten, als er gerade Apple gegründet hatte.

Einige Monate später kam wieder ein Brief aus Cambridge, und ich machte mich schon auf einen Tadel gefaßt. Aber man bat mich einfach, ein paar Formulare auszufüllen und mein Foto beizulegen, damit ich mich für das neue Semester einschreiben könnte. Was für ein unglückliches Timing! Damals passierte so viel bei Semco, daß es pädagogisch wertvoller war, dazubleiben.

Aber schließlich wurde ich doch noch ein Harvard-Student. Nachdem ich Semco nun schon ein halbes Dutzend Jahre geführt hatte, beschloß ich, an einem Studienprogramm für leitende Mitarbeiter teilzunehmen, das aus einem Intensivkurs von einem Monat pro Jahr bestand und insgesamt drei Jahre dauerte. Ich hatte in einigen betriebswirtschaftlichen Fächern und Techniken noch eine Menge zu lernen, aber ich war mindestens genauso neugierig darauf, wie die Leute in Harvard – die Professoren und die anderen Manager und Geschäftsführer – auf die Ideen und Programme reagieren würden, die wir bei Semco eingeführt hatten. Ob sie uns für genauso komisch halten würden wie ich sie?

In diesen drei Monaten habe ich Dutzende von Stunden damit verbracht, mit ihnen über Semco zu diskutieren. Es war fast unvermeidlich, daß sich diese Seminare mit der Theorie der Verwaltungsorganisation, der Beziehungen zwischen Arbeitgebern und Arbeitnehmern oder der Produktivität befaßten. Ich denke, daß ich sie mit Sicherheit gut unterhalten habe, als ich ihnen unsere kreisförmige Organisation und unsere selbstbestimmten Gehälter erläuterte.

»Vielleicht probiere ich das auch mal bei uns aus«, sagten sie kopfschüttelnd. Aber irgendwie wurde ich das Gefühl nicht los, daß die meisten von ihnen es nicht tun würden.

Kapitel 27

Das Maultier ohne Kopf

Werkskomitees mit echten Machtbefugnissen. Büros mit offenen Türen und weniger Wänden als üblich. Bilanzen, die an Weißen Brettern ausgehängt werden. Vorschriften, die auf den Müll wandern. Memos, die nicht mehr länger als eine Seite sein dürfen. Kreise statt einer Pyramide. Leitende Mitarbeiter, die soviel Geld verdienen, wie sie wollen. Und die Chronik des Ganzen, die ein Bestseller wird. Kein Wunder, daß Semco Aufsehen zu erregen begann.

Meine Kollegen und ich waren plötzlich gefragte Leute. Wir bekamen massenweise Einladungen. Ich selbst hielt 50 oder 60 Vorträge im Jahr. Ich liebte die Provokation: Meine Ansprache vor dem Verband der Eisenbahnarbeiter trug den Titel »Die sterbende Eisenbahnindustrie«; vor der Jahreskonferenz der Jungsekretärinnen erklärte ich »Wie man aufhört, eine Sekretärin zu sein«; und den Konvent der Finanzdirektoren erfreute ich mit dem Vortrag »Die Abschaffung des Finanzdirektors«. Als ich vor den Studenten der bedeutendsten Wirtschaftsakademie von Brasilien sprach, lautete das Thema »Warum Wirtschaftsakademien für Studenten ohne Diplom überflüssig sind«.

Trotzdem war ich ein begehrter Interviewpartner für Zeitungen und Zeitschriften wie für Fernsehen und Rundfunk. Meine Kommilitonen in Harvard waren vielleicht noch skeptisch gewesen, aber zu unserem Erstaunen und Entzücken standen Unternehmensführer und Wirtschaftsprofessoren aus der ganzen Welt bei uns Schlange, um einen Blick auf das Ganze zu werfen. In unseren Fabriken drängten sich so viele Besucher, daß einige Werkskomiteeführer sich darüber beklagten, all diese Leute würden nur die Produktion stören. Um diesen Andrang in geregelte Bahnen zu lenken, führten wir das Semcotour-Programm ein. Wir sammelten die Anfragen und faßten einmal im Monat die Repräsentanten aus einem Dutzend Unternehmen zu einer Gruppe zusammen, der wir die Firma geschlossen zeigten. Als sich herausstellte, daß das noch immer nicht ausreichte, veranstalteten wir diese Besichtigungstour zweimal im Monat und erhöhten die Anzahl der Teilnehmer auf 35. Dennoch gab es eine Wartezeit von bis zu fünf Monaten.

Das war alles so schmeichelhaft, so aufregend, und darum war es wohl nur zu verständlich, daß wir eine Zeitlang völlig aus den Augen verloren, was uns all diese Aufmerksamkeit und diesen Ruhm eingebracht hatte: unser Geschäft. Mit der Zeit verringerte ich die Zahl meiner Vorträge auf 20 pro Jahr, wir wehrten Besichtigungen ab und schränkten unsere Auftritte in den Medien ein. Aber leider war es schon zu spät, um eine Reihe von Fehlern zu verhindern.

Wir waren so hingerissen von Einstellung und Auftreten der Arbeiter in der Systemgastronomie-Einheit, daß wir alles liebten, was sie machten. Das Werk war in den schwarzen Zahlen, aber wir merkten zu spät, daß es eigentlich zu wenig umsetzte. Man mag das den Preis der Eitelkeit nennen – jedenfalls verloren wir im Laufe von vier Jahren mindestens drei Millionen Dollar, weil wir stur an den in dieser Fabrik hergestellten mechanischen Waagen, Schneidemaschinen, Fleischwölfen und Kartoffelschälmaschinen festhielten. Der Markt war längst gesättigt, aber wir glaubten noch immer daran, daß wir mit Hilfe von Verbesserungen aus ihnen etwas Besonderes machen könnten, so daß sie nicht irgendwelche x-beliebigen Erzeugnisse wären.

Nehmen wir beispielsweise die mechanischen Waagen. Wir verkauften davon immer noch 1300 Stück im Monat, was etwa 20 Prozent unseres Geschäfts mit der Systemgastronomie-Einheit ausmachte. Aber das Produkt war so bieder, daß es kaum noch eine Zukunft hatte. und da es inzwischen von 20 Konkurrenten angeboten wurde, war es zu einem Preisverfall gekommen, und es gab kaum noch einen Gewinn. Also hatte die Waage eigentlich auch keine Gegenwart mehr. Trotzdem gaben wir noch Hunderttausende von Dollars aus, um das Design, die Materialien, die Zulieferer und den Produktionsablauf zu ändern – und wir verplemperten die Energie von Managern, die etwas in Ordnung zu bringen versuchten, was wir am besten aufgegeben hätten. Aber wir waren nun einmal emotional darauf fixiert, die Waage am Leben zu erhalten. Ein halbes Jahrhundert lang war sie sozusagen das Standbein von Hobart in Brasilien gewesen, und in der Hälfte der Tante-Emma-Läden und Supermärkte des Landes gehörte sie einfach zum Inventar.

Schließlich konnten wir die Wirklichkeit nicht länger ignorieren und boten die Herstellungsmaschinen, die Muster und Formen allen Mitarbeitern an, die eine eigene Waagenfirma aufmachen wollten. Aber unsere Arbeiter waren so sehr davon überzeugt, daß wir dabei waren, unseren Familienschmuck zu verscherbeln, daß wir noch weitere 18 Monate brauchten, um diese Linie zu schließen und die Maschinen abzustoßen. Sie bildeten auch weiterhin Sonderschichten und baten um Zeit, damit sie beweisen könnten, daß ein neues Herstellungsverfahren oder eine neue Montagemethode den Waagenmarkt wiederbeleben würde.

Wir klammerten uns auch jahrelang an den Kühlturm einer Klimaanlage für Bürogebäude, der in unserem BAC-Werk hergestellt wurde. Unser Produkt bestand noch immer aus Stahl, lange nachdem die Konkurrenz zu Fiberglas oder Kunststoff übergegangen war. Stahl sei stärker und feuerbeständig, redeten wir uns immer ein – aber er rostete auch, besonders in Gebäuden am Meer. Wir ließen es uns eine Menge Zeit und Geld kosten, Kunden von unserer überlegenen Qualität zu überzeugen, ehe wir – viel zu spät – auf einen Fiberglasturm umstellten.

Ärger hatten wir auch mit einem Maschinenteil, einer hydraulischen Kupplung, wie sie bei großen Förderbändern eingesetzt wird. Wir vereinbarten mit dem britischen Unternehmen Fluidrive, den Verkauf in England und Brasilien gemeinsam anzukurbeln, und begannen mit der Werbung, aber unser Slogan kam nie an. Ein deutsches Unternehmen namens Voith hatte den Markt fest im Griff und senkte jedesmal die Preise, wenn wir ein Angebot machten. Sturerweise versuchten wir, ihnen ein Kopf-an-Kopf-Rennen zu liefern, während wir uns doch lieber hätten heraushalten und den richtigen Augenblick abwarten sollen – denn wenn die Kunden es schließlich leid gewesen wären, nur einen Zulieferer zu haben, hätten wir mit einer gewissen Aussicht auf Erfolg ins Geschäft einsteigen können.

Aber wir waren nun einmal impulsiv und dickköpfig, und das kostete uns Geld und Arbeitsplätze. Vielleicht nahmen wir die Presseberichte über uns zu ernst.

Inzwischen hatten Fiasco und Rogerio im Jabaquara-Werk wahre Wunder bewirkt. Die Produktivität florierte. Die Beziehungen zwischen Arbeitgebern und Arbeitnehmern waren mustergültig. Die Verkäufe ihrer elektronischen Waagen waren von durchschnittlich 150 auf 600 oder 700 Stück im Monat gestiegen – bis auf Spitzenwerte von über 1000. Unser Marktanteil kletterte von weniger als 10 Prozent auf über 35 Prozent, und damit nahmen auch unsere Gewinne zu. Wir waren im Marketing-Himmel.

Niemand meckerte mehr darüber, daß wir diese Produktlinie aus dem Werk von Ipiranga herausgelöst hatten. Die Kids von Jabaquara hatten endlich mit den verspäteten Auslieferungen Schluß gemacht und die chronischen Qualitätsprobleme dieser Einheit gelöst. Unter anderem hatten sie eine Öffnung im Gehäuse der Waagen geschlossen, durch welche Kakerlaken hatten eindringen können. (Wenn sie einmal drin waren, fraßen sie zuerst alles eßbare Wiegegut und fielen dann über die integrierten Schaltkreise her.)

Als wir sahen, daß der Laden lief, taten wir, was jedes clevere Unternehmen tun würde – wir investierten kräftig in das neue Werk. Doch dann gab es wieder einmal eine jener Wirtschaftsflauten, für die Brasilien so berühmt ist, und plötzlich wollte keiner mehr Geld ausgeben. Unsere Großhändler hatten die Lager voller elektronischer Waagen, und die Verkäufe fielen unter 200 Stück im Monat, ja, während einiger furchtbarer Monate sogar bis auf 50 und 30 Stück. Kurz darauf legte Fiasco bei einer unserer Dienstags-Partner-Konferenzen einen Plan vor. »Wir nennen ihn ›Das Maultier ohne Kopf‹ «, erklärte er, während er Kopien verteilte.

Wir sahen uns alle das Papier an, während Fiasco mit einem sarkastischen Lächeln dasaß, das wir nicht zu deuten wußten. Zunächst gab es eine Hochrechnung für das kommende Jahr, aus der hervorging, daß die Einheit einen kleinen Gewinn machen würde. Keine schwache Leistung, angesichts der schwierigen Zeiten, die das Elektronikwaagen-Werk gerade durchmachte. Dann kam eine Bilanz, die ebenfalls auf eine Gesundung hindeutete. Die Vorausschätzung des Umsatzvolumens allerdings war nicht optimistisch, und die Investitionen in neue Produkte und Produktionsmaschinen waren mit Null angesetzt. Wo sollte also dieser Gewinn herkommen, fragten wir uns?

Die Antwort stand auf dem nächsten Blatt. Es war eine Liste von allen Leuten, die nach dem Umstrukturierungsprogramm »Maultier ohne Kopf« noch in der Einheit blieben. Darauf fehlten Rogerio, der Einkaufsleiter, der Vertriebsleiter und mehrere andere wichtige Leute.

»Wie wollen Sie denn die Einheit ohne all diese Leute führen?« erkundigte sich Vendramin, weil er annahm, Fiasco würde sich aus reiner Selbsterhaltung ganz besonders ins Zeug legen wollen.

»Sehen Sie denn meinen Namen auf dieser Liste, Joao?« gab Fiasco zurück.

Und da wurde uns klar, was er mit der merkwürdigen Überschrift auf seinem Vorschlag meinte. Alles schwieg betreten.

»Was wollen Sie denn machen?« fragte Batoni Fiasco nach einer Weile. »Haben Sie einen anderen Job in Aussicht?«

»Überhaupt nicht«, sagte Fiasco. »Ich stehe dem Unternehmen voll zur Verfügung. Ich kann mir auch nicht vorstellen, wohin ich im Augenblick passen würde, aber darüber können wir uns später den Kopf zerbrechen. Unser Markt ist zusammengebrochen, und ich kann mich doch nicht länger an meinen Job klammern, wenn ich den Eindruck habe, daß die Einheit es sich nicht länger leisten kann, mich zu halten.«

»Das kann doch auch nur eine Frage der Zeit sein«, meinte Clovis. »Was ist, wenn das Geschäft wieder anläuft? Das haben wir doch schon erlebt. Sollen wir deshalb die ganzen Investitionen in Sie und Ihre Mitarbeiter umsonst gemacht haben?«

»Nach dem heutigen Stand der Dinge, Clovis, müßte ich das bejahen«, erwiderte Fiasco feierlich. »Wenn es mein Geld wäre, würde ich nichts mehr in ein Geschäft stecken, dessen Zukunft so fragwürdig ist.«

»Heißt das, daß Sie nicht mehr an das Waagen-Geschäft glauben?« fragte Vendramin. »Glauben Sie, wir sollten den Laden stillegen?«

»Nein, ich glaube schon an dieses Geschäft und an unser Produkt«, erklärte Fiasco. »Ich glaube bloß nicht daran, daß es Brasilien so schnell gelingt, aus dieser Wirtschaftskrise wieder herauszukommen. Wenn Sie meine Meinung hören wollen – ich würde die Einheit wieder nach Ipiranga zurückverlegen.«

Alle waren natürlich sofort dagegen. Die Entscheidung, unsere Werke aufzuteilen, gehörte zu unseren größten Erfolgen. Es war undenkbar, daß wir das wieder rückgängig machten.

Das Werk hatte in seinem kurzen Leben eine Million Dollar erwirtschaftet. Das Problem war nur, daß wir die Hälfte davon wieder in das Gebäude, die Designberater, die Prototypen und die Spezialmaschinen gesteckt hatten. Als wir über die Zukunft des Werks diskutierten, legte Fiasco uns dar, daß wir über 500 000 Dollar ausgeben müßten, um die Einheit auf ihrem derzeitigen Niveau in Gang zu halten, bis die Wirtschaft wieder einen Aufschwung nahm. Und Gott allein wußte, wann das sein würde. Wenn wir aber die Belegschaft reduzierten und das Elektronikwaagen-Werk wieder in Ipiranga integrieren würden, hätten wir zumindest eine Chance, ohne kräftige zusätzliche Investitionen die mageren Jahre zu überstehen.

Also verlegten wir es zurück – aber nur unter bestimmten Bedingungen. Als erstes sollte die Struktur der Einheit beibehalten werden, wie sie in Jabaquara gewesen war, allerdings in einem kleineren Maßstab. Eine Fläche von rund 1400 Quadratmetern wurde in Ipiranga für die neue Fabrik abgezweigt, und das Ganze war total selbständig – die Lagerhaltung, die Entscheidungen, der Betrieb, ja, es gab sogar eigene Eingänge. Von den 28 Mitarbeitern in Jabaquara sollten 20 mit der Einheit umziehen. Einige von den anderen Managern würden in andere Semco-Divisionen versetzt werden. Die Personaleinsparungen kosteten uns übrigens weitere 1,5 Millionen Dollar, da uns die meisten Leute mit einer Abfindung von einem halben Jahresgehalt oder mehr verließen.

Und was geschah mit dem Kopf des Maultiers? Es wäre doch eine Schande, jemanden zu verlieren, der bei Semco eine so erfolgreiche Karriere gemacht hatte und unsere Kultur so gut verstand. Aber wir hatten keinen passenden Job für Fiasco, und ihn in Reserve zu halten verstieß gegen unsere Prinzipien. So blieb er noch ein paar Monate bei Semco, war bei der Organisation des Umzugs behilflich und sorgte für einen reibungslosen Übergang. Und dann, wie das Schicksal so spielte, wurde er Produktionsdirektor bei Sasib, einem Tochterunternehmen des italienischen Giganten Olivetti, das Gebäckfabriken produzierte, also ein Konkurrent unserer Einheit in Santo Amaro war.

»C'est la vie«, würde der Franzose sagen. Oder vielleicht auch: *»Merde.«*

Kapitel 28

Ehrlich währt am längsten

Sie können entweder ein erfolgreiches Unternehmen führen oder sich für die Moral entscheiden. Das liegt ganz bei Ihnen.

Das werden Sie in Lateinamerika immer wieder zu hören bekommen, und zwar mit gutem Grund. Die Korruption wurde zwar nicht auf diesem Kontinent erfunden, aber in größerem Ausmaße wird sie nur noch in Afrika gepflegt, wo sie offenbar am besten gedeiht. Unterhalb des Äquators ist sie etwas ganz Alltägliches, demokratisch im weitesten Sinne, denn jeder kann sich daran beteiligen, wenn er will. Und darum machen es auch viele. Normalerweise dauert es Wochen, bis man einen Paß bekommt, aber es geht auch an einem Tag, wenn man nur die richtigen Leute schmiert. Baugenehmigungen? Strafmandate wegen zu schnellen Fahrens? Steuerprüfungen? Kein Problem.

Wie kam es nur, daß ich mich ausnahm wie eine Nonne im Puff? Ich stamme aus reichem Hause, und das macht unheimlich viel aus. Wer aus einer gutbetuchten Familie kommt, kann sich alle möglichen Idiosynkrasien leisten. Ich habe es mir unter anderem in den Kopf gesetzt, daß man Geschäfte auch ohne blinden Gehorsam gegenüber etablierten, aber anachronistischen Regeln und Traditionen machen kann, und dazu zählt für mich auch die Korruption.

Die meisten lateinamerikanischen Unternehmen hätten dem Druck seitens korrupter Regierungen (und das war die überwiegende Mehrheit in den letzten hundert Jahren) nicht standgehalten, wenn sie sich nicht entschlossen hätten, etwa für die zum Bau einer Fabrik erforderliche Änderung eines Flächennutzungsplans oder für die Genehmigung zur Eröffnung eines Filialunternehmens mit »Persilscheinen« und Bargeld zu zahlen. Auch Semco hatte sich früher an der üblichen Praxis beteiligt, Staatsbeamte bei guter Laune zu halten.

Aber dann hatte ich meine Geduld verloren und die Überzeugung gewonnen, wir müßten uns von der offiziellen Unterwelt befreien. Etwa drei Jahre nachdem ich Semco übernommen hatte, bot sich eine Gelegenheit, meine Überzeugungen auf die Probe zu stellen.

Unternehmen in Brasilien müssen ständig irgendwelche Routineinspektionen über sich ergehen lassen, bei denen angeblich überprüft werden soll, ob bestimmte Baugesetze und andere Vorschriften eingehalten werden. Eine derartige Kontrolle beglückte auch uns, kurz nachdem wir einen Teil des Werks in Santo Amaro renoviert hatten. Gesetzlich vorgeschrieben war ein überdachter Gang, der die Fabrik mit den Umkleideräumen der Arbeiter verband, aber den gab es bei uns nicht. Ich weiß eigentlich nicht, warum. Ein Versehen, vermute ich. Die beiden Inspektoren verhängten ein bescheidenes Bußgeld und gaben uns 90 Tage Zeit, die erforderliche Einrichtung zu installieren.

Aber wir hatten einfach zu viel zu tun, um uns damit abzugeben. Leider, denn wenn Bestechungen zum Geschäftsgebaren gehören, dann sehen die Menschen kaum noch ein, warum sie sich an irgendwelche willkürlichen Vorschriften halten sollen, da sie ja überzeugt sind, alles werde sich am Ende ja doch regeln lassen, so oder so.

Die beiden Inspektoren kamen wieder, und diesmal erklärten sie, sie müßten ein Bußgeld von 200000 Dollar von uns verlangen, und wenn wir die Baumaßnahme nicht innerhalb von 30 Tagen vollzögen, müßten wir dichtmachen. *Pause.* Oder sie könnten uns eine »Beratungstätigkeit« berechnen, für ein »Honorar« von 20000 Dollar. Dann gäbe es kein Bußgeld und keine Schließung. Ein ganz normales Geschäft.

Clovis und ich diskutierten ausgiebig über diese Angelegenheit. Die Inspektoren zu bestechen kam nicht in Frage. Aber an die Möglichkeit, daß das Werk geschlossen wurde, wollten wir lieber erst gar nicht denken, zumal wir die erforderlichen baulichen Veränderungen keinesfalls in 30 Tagen ausführen lassen konnten. Also wollten wir Anzeige erstatten.

Wir kannten das Risiko. Alle möglichen Inspektoren würden uns sofort aufs Korn nehmen. Sie verstanden es meisterhaft, sich zu rächen.

Wir gingen dennoch zum Rathaus und wurden vom Bürgermeister

an einen hohen Regierungsbeamten verwiesen, der, wie man uns versicherte, ein ehrlicher Mann sei.

Also suchten wir ihn auf. Wir hatten die Namen der beiden Inspektoren und kannten den Nachnamen des Mannes, der hinter ihnen stand, ein gewisser Rota. Der Beamte empfing uns wohlwollend und war überaus interessiert an dem Fall. Er warte nur auf die Gelegenheit, die Stadt von korrupten Beamten zu befreien, erklärte er, und er freue sich, daß wir uns gemeldet hätten. »Ich möchte, daß der Mann, der mein Antikorruptions-Team leitet, Ihre Geschichte hört«, fuhr er fort und griff nach dem Hörer, um ihn zu sich zu bestellen.

Clovis und ich wechselten einen Blick.

»Hallo«, sagte der Beamte am Telefon. »Ja. – Können Sie gleich mal in mein Büro kommen? Ich habe hier zwei Herren bei mir, die mir von einer Bestechungsaffäre erzählt haben.«

Wenige Minuten später betrat ein großer, weißhaariger Mann das Büro. »Ach, da ist er ja«, sagte der Beamte zu uns. »Mr. Semler und Mr. Bojikian – darf ich Sie mit Mr. Rota bekannt machen...«

Danach wurden wir häufiger von Inspektoren aufgesucht, aber wir waren uns nicht sicher, ob Rota etwas damit zu tun hatte. Die meisten Inspektoren machten einen ehrlichen Eindruck, und wir bemühten uns nach Kräften, uns an die Vorschriften zu halten.

Wir machten uns auch weiter keine Gedanken, als 1989 eines Tages ein Finanzbeamter im Werk von Santo Amaro aufkreuzte und mit einer Prüfung begann. Er war um die Sechzig und ziemlich arrogant. Später erfuhren wir, daß er Anwalt und Professor gewesen war. Normalerweise bleiben Steuerinspektoren etwa eine Woche, und wenn sie ehrlich sind und alles in Ordnung ist, ziehen sie wieder ab. Dieser Bursche hielt sich eine Woche bei uns auf und fand nichts. Dann blieb er noch eine Woche. Und noch eine. Nach fünf Monaten war er noch immer im Werk. Fünf Monate! Und in der ganzen Zeit hielten sich unsere Leute genau an seine Anweisungen und gaben ihm alles, was er wollte.

Schließlich hatte der Inspektor eine Besprechung mit unserem Chefbuchhalter und erklärte ihm, er wäre auf »mehrere Unregelmäßigkeiten« gestoßen. Wenn er sie anzeigte, fuhr er fort, müßte Semco insgesamt 700000 Dollar Steuern und Bußgelder zahlen. Unser

Buchhalter sah sich den Bericht an und fand das Ganze unglaublich. Der Inspektor hatte nichts weiter als ein paar Fehler entdeckt, die der Verwaltung unterlaufen waren – lauter geringfügige Dinge. Eine Rechnung, die ein anderes Datum aufwies als unsere Bücher. Lauter solche harmlosen Irrtümer, das war alles.

»Das ist doch absurd«, sagte unser Buchhalter ärgerlich.

Zu seinem Erstaunen gab ihm der Inspektor recht. »Aber wenn ich diese Geldbußen gegen Sie verhänge«, fügte er sachlich hinzu, »wird Ihr Anwalt Sie ein Vermögen kosten. Sie werden natürlich gewinnen – aber um welchen Preis?«

Jetzt begriffen wir. Für 150000 Dollar würde er uns diesen ganzen Ärger und eine ganze Menge Änderungen ersparen und uns ein Prüfungsergebnis bescheinigen, das uns für die nächsten drei Jahre andere Inspektoren vom Hals schaffen würde. Sie arbeiteten alle zusammen, erklärte der Inspektor, und darum bekämen wir garantiert keinen Ärger mehr.

Wir beriefen rasch eine Konferenz mit den Topmanagern ein und beschlossen einstimmig, es noch einmal mit einer Anzeige zu probieren. Ich rief einen Freund an, der einmal Finanzminister von Brasilien gewesen war, und erzählte ihm die Geschichte. Er empfahl mich an einen hohen Regierungsbeamten weiter, der uns genau sagen würde, was wir zu tun hätten. Das brasilianische Recht ist im Hinblick auf verdeckte Ermittlungen heikel – nur die Opfer einer Gaunerei könnten sie auf eigene Faust durchführen. Die Polizei müßte so lange warten, bis eine Bestechung erfolgt sei, damit sie eine Verhaftung vornehmen könnte.

Also kaufte Clovis das entsprechende Aufnahmegerät. Oswaldo Luiz Guimaraes, ein Ingenieur, würde es installieren. Violi sollte die letzten Verhandlungen mit dem Inspektor führen und ihm ein Bestechungsgeld anbieten. Unser Plan war es, eine weitere Besprechung abzuhalten, bei der er dem Inspektor sagen würde, daß wir den Deal akzeptierten, und dabei sollten der Zeitpunkt und die Modalitäten der Bezahlung festgelegt werden.

Die Besprechung sollte an einem Freitag um 15 Uhr stattfinden. »Heute kann ich darüber lachen, aber damals war ich wirklich nervös«, erinnerte sich Violi später. »Das Büro, in dem die Besprechung stattfinden sollte, befand sich im Erdgeschoß unserer Zentrale. Ich sollte die Tür natürlich hinter mir schließen, den Griff zweimal herumdrehen – das war das Signal für Clovis und Oswaldo, mit der Aufnahme zu beginnen.«

Violi muß an diesem Tag ziemlich durcheinander gewesen sein, denn er lief ständig in der Halle hin und her und ballte seine Hände immer wieder zu Fäusten. Aber als der Inspektor schließlich kam, spielte er seine Rolle perfekt.

»Ich sagte ihm, es wäre gar nicht so einfach, ihm das Geld zu zahlen, da Semco kein ›inoffizielles‹ Bankkonto für diesen Zweck hätte. Er erklärte mir, wie wir es machen sollten. Ich tat, als würde ich ihn nicht verstehen, damit er das Ganze noch einmal wiederholte, denn je mehr er sprach, desto besser war es für uns. Ich wies ihn darauf hin, daß es sehr schwer sein würde, soviel Geld auf einmal zu bekommen. Er meinte, wir könnten es in zehn Raten zahlen.«

Der Inspektor bot Violi sogar einen Nachlaß von zehn Prozent an und sagte, es sei üblich, daß die Person, mit der er ein Geschäft mache, auch eine Provision bekäme.

»Ich sagte, das würde ich nicht annehmen«, berichtete Violi. »Da wurde er nervös. Er würde auch nur zehn Prozent behalten, während die anderen 80 Prozent im ›System‹ blieben – das war das Wort, das er für den Begriff Korruption verwendete. Ich mußte ihm versichern, daß ich noch einmal darüber nachdenken würde.«

Violi vereinbarte mit ihm eine weitere Besprechung am darauffolgenden Montag, selber Ort und selbe Zeit, und versprach, die erste Zahlung bereitzuhalten. Der Inspektor sagte, er würde einen Bericht schreiben und Semco wegen einer geringfügigen Übertretung anzeigen, was wir mühelos zurückweisen könnten. »Keine Angst«, versicherte er, »ich zeige Ihnen schon, wie.« Aber Violi, der bei jedem Detail genau aufpaßte, bestand darauf, daß uns der Inspektor eine weiße Weste bescheinigte. Der Bursche wurde nervös, aber Violi blieb hart. »Entweder oder«, sagte er.

Die ganze Zeit befanden wir uns nebenan und hörten nur einzelne Fetzen von dieser Unterhaltung – das Mikrophon funktionierte nämlich nicht richtig, und einmal sprang sogar ein Kompressor in der Fabrik an und überdröhnte alles.

Bis Montag hatten wir das Aufnahmegerät perfekt installiert und dafür gesorgt, daß der Kompressor schwieg. Außerdem versteckten wir eine Videokamera in einer Ecke des Raums hinter ein paar Pflanzen. Gegen 14 Uhr trafen zwei Polizeibeamte und zwei Kriminalbeamte in einem unauffälligen Wagen ein. Wenig später gesellten sich ein Reporter und ein Fotograf von einer der größten brasilianischen Zeitungen dazu. Wir hatten sie gebeten, die Verhaftung zu dokumentieren, falls uns die Regierungsbehörden im Stich ließen.

Die Bestechung sollte um 15 Uhr erfolgen. Es war Hochsommer und unerträglich heiß in dem Gebäude ohne jede Klimaanlage – besonders in der Toilette, in der sich inzwischen sechs ausgewachsene Männer versteckt hielten.

Wir sahen auf die Uhr: Es wurde 15 Uhr, dann 15.10, 15.20, 15.30 Uhr. Der Inspektor war doch sonst immer pünktlich gewesen. War er uns auf die Schliche gekommen? Um seine Nerven zu beruhigen, rief Violi zu Hause an und plauderte mit seiner Frau. Inzwischen war es 15.40, 15.50 Uhr. Die Polizeibeamten reckten und streckten sich, sahen auf die Uhr und überlegten, ob sie nicht gehen sollten.

Endlich rief der Wachmann an, um zu sagen, daß der Inspektor eingetroffen sei. Jeder begab sich auf seinen Posten. Der Inspektor bat Violi um Entschuldigung für diese Verspätung. Seiner Frau ginge es nicht gut, erklärte er.

Violi kam gleich auf den Punkt. »Sind Sie sicher, daß Sie das wirklich machen wollen?« fragte er und versuchte, den Inspektor dazu zu bewegen, den Plan noch einmal mit ihm durchzugehen – für das Aufnahmegerät und, wie wir hofften, für die Zeugen und schließlich auch für die Gerichte. Der Inspektor blieb dabei und legte die Dokumente mit dem Prüfungsergebnis Violi zur Unterschrift vor. Währenddessen erzählte er Violi, seine Frau hätte sich am Wochenende bei einem Sturz das Bein gebrochen und läge nun im Krankenhaus.

Großartig, dachte Violi. Im nächsten Augenblick wird er verhaftet, und sein Leben wird zerstört sein.

Nachdem sie die Papiere ausgetauscht hatten, übergab Violi den Scheck, wobei er verkündete: »Das ist die erste Rate.«

»Ein Scheck? Ich will Bargeld.«

Violi machte ihm klar, daß er keine Möglichkeit habe, so viel Bargeld lockerzumachen. Der Inspektor wollte, daß Violi mit ihm zur Bank ginge, aber Violi lehnte das ab. Schließlich nahm der Inspektor den Scheck und steckte ihn in eine kleine Brieftasche.

Es war gelaufen. Violi lud den Inspektor auf eine Tasse Kaffee im dritten Stock ein. Das war das verabredete Signal für die Polizeibeamten. Violi hatte wohl fast erwartet, daß sie die Tür eindrücken und mit gezogenen Waffen hereinplatzen würden. Statt dessen ging die Tür langsam auf, und ein einzelner Beamter trat ruhig ein. Als dem Inspektor klarwurde, was hier vorging, wurde er blaß, dann sah er Violi an und begann ihn zu beschimpfen. Die Polizeibeamten nahmen die Videokassette und das Tonband und versiegelten sie in einer Plastiktüte für Beweismaterial. Als sie alle zum Parkplatz gingen, wich Violi den Blicken des Inspektors aus. Dieser bat, mit seinem Sohn sprechen zu dürfen, der in einem Wagen an der Vorderseite des Fabrikgebäudes wartete. Dann fuhren sie alle zum Polizeirevier.

Violi, den dieser Vorfall doch ziemlich mitgenommen hatte, nahm sich für ein paar Tage frei. In einer Fernsehsendung versuchte ich, andere Manager dazu zu ermutigen, der Korruption den Garaus zu machen. Der Inspektor wurde am Ende der Erpressung für schuldig befunden und zu zwei Jahren Gefängnis verurteilt.

Allerdings war das noch lange kein Grund zu jubeln. Die Vorgesetzten des Inspektors nämlich, auf die er sich auf den Tonbandaufnahmen berufen hatte, wurden nicht einmal ins Verhör genommen. Ich bekam zwar ein paar zustimmende Briefe und Telegramme, aber als ich vorschlug, man solle ein Zentrum zur Bekämpfung der Korruption einrichten und Unternehmen in derartigen Fällen juristischen Beistand gewähren, hat mich kein einziger Manager oder Unternehmer dabei öffentlich unterstützt.

Als sich einer unserer Buchhalter kurz darauf bei einer Behörde ein Dokument besorgen wollte, bekam er zu hören: »Sagen Sie Ihrem Boß, daß er sich nicht bloß wegen eines einzigen Inspektors Gedanken machen muß – inzwischen hat er 100 000 gegen sich.« Und das schien tatsächlich der Fall zu sein.

Frachtlieferungen, die für Semco-Werke bestimmt waren, wurden eine Ewigkeit an Flughäfen und Docks zurückgehalten. Semco-Lastwagen wurden an Staatsgrenzen aufgehalten und peinlich genau durchsucht. Es dauerte endlos lange, bis Urkunden, Bestätigungen und alle möglichen Arten von Formularen ausgestellt wurden. Das war der Preis der Ehrlichkeit.

Als Sofia und ich anderthalb Jahre später auf Hochzeitsreise waren, tauchten mehrere Inspektoren bei der Baustelle des Hauses auf, das wir uns bauen ließen, und forderten ein Schmiergeld von 6000 Dollar. Andernfalls, erklärten sie, würden sie die Arbeiten monatelang stoppen. (Sie hatten keine Ahnung, wer der Bauherr war.)

Der Bauunternehmer, der sich seit langem daran gewöhnt hatte zu zahlen, handelte mit ihnen eine Summe aus. Er wollte sie noch vor meiner Rückkehr bezahlen, da er wußte, daß ich damit nicht einverstanden wäre, und mir den Betrag dann viele Monate später in Rechnung stellen, wenn alles gelaufen wäre. Aber wir waren bereits zurück, bevor die Zahlung geleistet wurde. Als wir uns zum erstenmal die Baustelle ansahen, fragte ich einen Vorarbeiter, ob alles in Ordnung sei, und er bejahte ganz begeistert. »Besonders seit diese Inspektoren hier nicht mehr herumlungern«, fügte er mit einem vielsagenden Grinsen hinzu.

Ahnungsvoll fragte ich den Bauunternehmer, was passiert sei. Ich rief die Bürgermeisterin an, die für ihre Ehrlichkeit bekannt war, und erzählte ihr die Geschichte. Sie fragte mich, ob ich eine weitere Verhaftung inszenieren wollte. Also machten wir das ganze Spiel noch einmal mit. Diesmal war der größte brasilianische Fernsehsender live dabei. Allerdings hielt ich mich im Hintergrund und gab auch anschließend keine Interviews. Das Büro der Bürgermeisterin kümmerte sich um alles, und die meisten Zuschauer hatten nicht die geringste Ahnung, daß es sich um mein Haus handelte.

Aber natürlich wußten es die Freunde der Inspektoren. Während der restlichen Bauzeit wurden wir von einem endlosen Strom von Inspektoren heimgesucht, die mit elektronischen Meßgeräten bewaffnet waren und mit dicken Handbüchern voller Bauvorschriften, die sie vermutlich seit Jahren nicht mehr gelesen hatten. Ständig waren kleinliche bürokratische Hürden zu nehmen. Aber das bestärkte uns nur darin, unser Haus trotz aller komplizierten und unvernünftigen Bauvorschriften errichten zu lassen, die zweifellos nur dazu dienten, der Korruption Vorschub zu leisten. In Brasilien nennen wir das »Schwierigkeiten machen, um Vereinfachungen zu verkaufen«.

Inzwischen sind wir stolze Besitzer eines Hauses, das eigentlich ein Museum sein sollte, da es vermutlich eines der wenigen Gebäude in Brasilien ist, das sämtlichen Vorschriften entspricht.

Kapitel 29

Denken als Job

Neben unserem Werk in Santo Amaro befindet sich ein Friedhof. Unser stiller Partner, wie ihn einige von uns nennen.

»Schau dir diesen Rasen an«, pflegte mein Vater immer zu sagen. »Da liegen lauter Leute darunter, die für ihr Unternehmen unentbehrlich waren.«

Eines Tages wollte auch er dort begraben sein – und zwar unbedingt mit dem Gesicht zur Fabrik hin, »um ein Auge darauf zu halten«.

Trotz seiner gespenstischen Wachsamkeit ließen sich drei unserer kreativsten Ingenieure nicht davon abbringen, den verrücktesten Vorschlag zu machen, den wir bei Semco zweifellos je erlebt hatten: Sie wollten alle Partner auf den Friedhof einladen, wo sie sich – natürlich ganz in Schwarz – um einen Sarg versammeln sollten, der mit einer Schleife drapiert war, auf der SEMCO stand. Es sollte das symbolische Begräbnis des Unternehmens sein.

Während sich andere darüber beklagten, daß sich bei Semco alles zu schnell entwickelte, ärgerten sich diese drei Querköpfe – Oswaldo Guimaraes, Marco Aurelio und Rogerio Otolia (von der dahingeschiedenen und betrauerten Einheit in Jabaquara) – über unsere ihrer Meinung nach langsame, schwerfällige, verschwenderische, bürokratische Art. Und dies alles zur Ewigen Ruhe zu betten war ihre Art, uns aufzuwecken. Wir hielten diese Zeremonie zwar nicht ab, aber die Ingenieure – die man bei Semco auch die Kerntruppe für technische Innovation (kurz K.T.I.) nannte – hatten es wieder einmal auf den Punkt gebracht.

Die drei hatten übrigens ihre Gruppe bei einer Konferenz mit Clovis, Laura, Marcio und mir selbst ins Gespräch gebracht. Ihre Idee war es, eine kleine Gruppe zu nehmen, die mit der Semco-Kultur groß geworden war und die sich mit den Leuten und Produkten bestens auskannte, und diese Leute (natürlich sie selbst) freizustellen. Fern von allem täglichen Kleinkram müßten sie sich dann keine Gedanken mehr machen über Produktionsprobleme, Fakturierung, Lagerhaltung, Maschinen, die nicht funktionierten, oder Untergebene, die befördert werden wollten. Vielmehr sollten sie ihre Zeit für nichts anderes verwenden als fürs Denken.

Sie glaubten, wenn sie derart frei wären, könnten sie neue Produkte erfinden, alte verbessern, Marktstrategien entwickeln, kostendämpfende Maßnahmen und effizientere Produktionsverfahren austüfteln – ja sie könnten sich in ihren kühnsten Träumen sogar neue Branchen ausdenken.

Wir waren der Ansicht, daß die drei Ingenieure beste Referenzen für diesen Job hatten. In jedem verbanden sich Kreativität und Sturheit in einem Maße, daß sie ständig nahezu alles in Frage stellten, was das Unternehmen betraf.

Der bärtige, 30jährige Oswaldo hatte funkelnde Augen, die immer dann aufleuchteten, wenn die »Heureka«-Maschine in seinem Kopf ansprang, und das war oft der Fall. Er hatte als technischer Zeichner bei der französischen Werkzeugmaschinenfabrik Brevet angefangen und war zum stellvertretenden Direktor aufgestiegen, ehe wir ihn weglockten und ihn zu unserem Chefingenieur und dann zum Technischen Direktor machten. Bei unserer großen Umstrukturierung war er Koordinator geworden und nun für ein Spezialistenteam verantwortlich, das große Maschinen konstruierte, zum Beispiel Mixgeräte für Kaugummi oder Raketentreibstoff. Wie er zu sagen pflegte, schaltete er sein Unterbewußtes ein, wenn er zu Bett ging, und beim Aufwachen waren die Lösungen dann parat.

Marco, ein Elektroingenieur, war ein großer, unbeholfener Bursche mit hervorstehenden Augen und zerzaustem Haar – ein ständig zum Widerspruch geneigter Geist, der Kollegen und Kunden immer wieder vor den Kopf stieß. Er war ein genialer Techniker, der sich Verkabelungssysteme ausdachte, die niemand außer ihm durchschaute. Eine Reihe von Gebäckmaschinen, die er für United Biscuits konstruiert hatte, enthielt tatsächlich zehn Kilometer Kabel sowie Hunderte von Kontrollampen und Tausende von Schaltern. Die Ingenieure von United Biscuit erklärten, das sei »eigentlich eine

Boeing 747« – sie wären schon mit einer Maschine in der Größenordnung einer 707 zufrieden gewesen.

Nachdem Rogerio – dank des Plans »Das Maultier ohne Kopf« – das Elektronikwaagen-Werk verlassen hatte, wurde er unser Chefelektronikingenieur. Wie Oswaldo war auch er oft von potentiellen Arbeitgebern umworben worden, hatte aber ihre lukrativen Angebote verschmäht. Mit der Gründung der K.T.I. konnte seine Loyalität wohl angemessen belohnt werden.

Auch wir fanden alle Gefallen an ihrer Idee, verknüpften damit aber fünf Grundregeln. Erstens sollte die neue Gruppe keinen Boß haben. Sie sollte überhaupt niemandem unterstellt sein. Zweitens – und das war die Kehrseite von Regel eins – durfte sie keine Mitarbeiter einstellen. Drittens hatte sie die Freiheit, ihre Arbeitszeit selbst festzulegen, ihre eigenen Stellenbeschreibungen zu konzipieren, ihre eigene Tätigkeit zu bestimmen und dies alles jederzeit und aus jedem Grund nach Belieben zu ändern. Viertens sollte sie über ihre Tätigkeit zweimal im Jahr den Partnern Bericht erstatten, und die würden dann darüber entscheiden, ob die Mitglieder der Gruppe ihre Jobs für weitere sechs Monate behielten. Fünftens sollten sie auch weiterhin ein Gehalt bekommen, wenn auch ein niedrigeres als das, was sie als leitende Mitarbeiter bekommen hatten. Dafür sollten sie jedoch auch an den Erträgen ihrer Ideen und Innovationen beteiligt werden – in Form von Gewinnbeteiligungen bei Produkten, die sie überarbeitet, Honoraranteilen an den Verkaufserlösen neuer Produkte, die sie entwickelt, oder in Form von prozentualen Anteilen an den Kostenersparnissen, die sie vorgeschlagen hatten. (Wie stark die Kosten reduziert werden konnten, lag ganz bei ihnen.) Und sie waren frei, ihre Beraterdienste an jeden zu verkaufen, der sie haben wollte.

Die drei hatten jeder zwischen 25 000 und 35 000 Dollar verdient. Als K.T.I.-Mitglieder konnten sie in einem guten Jahr mehr als das verdienen, indes weniger, als wenn sie freiberuflich tätig wären. Andererseits büßten sie auch bei einer Flaute weniger ein als Selbständige. Überdies konnten sie auf den Rückhalt eines großen Unternehmens mit einem bekannten Namen zählen. Alles in allem, schätzten wir, könnte ihr Einkommen zwischen 15 000 und 80 000 Dollar schwanken.

Sie waren sich darüber im klaren, daß dies ein guter Deal war. Wir besiegelten das Ganze per Handschlag, und dann gingen unsere drei frisch emanzipierten Ingenieure nach Hause, um sich auszuruhen. Am nächsten Tag sollten sie damit beginnen, ihren Lebensunterhalt mit Denken zu verdienen. (Eigentlich nur Oswaldo, da Rogerio und Marco gerade in Urlaub gingen.)

Das Trio bezog eine kleine Bürosuite in unserer Zentrale in Santo Amaro. Trennwände zwischen einzelnen Arbeitsbereichen wurden entfernt und Zeichentische aufgestellt. Schon bald begannen Akten aus dem gesamten Unternehmen einzutreffen, die technische Informationen über unsere Produkte und Verfahren enthielten. Die Ingenieure sammelten Berichte und Dokumente aller Art und forschten nach Schwachstellen, die sie beseitigen könnten. Schon bald befand sich mitten in ihrer Etage ein großer Stapel von Einzelteilen – Schrauben, Schrott, eine kaputte Motorwelle, ein Getriebe für eine Teigrührmaschine. Für manche war es nichts weiter als ein Haufen Schrott, für die K.T.I.-Leute hingegen eine Quelle der Inspiration.

Nachdem es sich sein Nest eingerichtet hatte, begann das Team ein Leben ohne Routine zu führen. Sie kamen frühmorgens, lasen Zeitung und – dachten. Dann dachten sie noch etwas mehr. Wie Fische in einem isolierten Becken ließen sie sich den ganzen Tag treiben, losgelöst von der Schwerkraft eines Unternehmens, ungestört von bürokratischen Ablenkungen.

Für Marco war das einfach zuviel des Guten. Er vermißte das Verlegen von Kabeln in seinen Maschinen, das Neuverlegen und Ausprobieren – ja, auch die Untergebenen, die all diese kleinen Dinge für ihn taten. Und er war viel zu nervös, den ganzen Tag nur herumzusitzen und zu denken, und darum kehrte er in seine alte Abteilung zurück.

So nahm Laura de Barros, inzwischen Koordinatorin für Ausbildung und Unternehmensentwicklung, seinen Platz ein. Während Oswaldo und Rogerio sich auf den Industriebereich konzentrierten, sollte sie sich zum Ausgleich um Probleme kümmern, die nichts mit der Produktion zu tun hatten, also quasi um Semcos »Software«.

Jedenfalls versuchten wir uns das immer einzureden. Aber zunächst mischten sich die drei überall bei Semco ein. »Den Finger auf die Wunde legen«, nannten sie das. Die Marketingabteilung sei nicht aggressiv genug, beklagten sie sich. Und warum denn das Semcotour-Programm über die Personalabteilung laufen müsse? Wäre es nicht besser, wenn abwechselnd jede Abteilung den Gastgeber spielen würde? Und sie wollten, daß die Partner ein Programm einführten, nach dem wir unsere Kunden aufs Geratewohl anrufen und sie fragen sollten, wie zufrieden sie mit unseren Produkten seien.

»Wir legten uns mit jedem an – vom Direktor bis zum einfachen Arbeiter«, erinnerte sich Oswaldo, wobei er nur mühsam ein Grinsen unterdrückte. »Es gibt noch immer Leute, die uns nicht mögen.«

Eines Nachmittags saßen Oswaldo, Rogerio und Laura um eine unserer Mischmaschinen herum. Diese mischte Farbe und Pigmente in einem Tank, mit Hilfe eines Mischarms, der sich langsam im Kreis drehte. Laura, in technischen Dingen absolut unbeleckt, erkundigte sich, wie denn die Tanks gereinigt würden, wenn andere Farben gemischt werden sollten.

»Der Arm wird herausgehoben, und jemand schrubbt den Tank aus«, erwiderte Oswaldo.

»Dann sollte jemand eine riesige Zahnbürste erfinden, mit der man die Tanks reinigen kann«, meinte Laura.

Und das taten sie dann auch. Das neue Produkt hatte ein bürstenartiges Zusatzteil, das an unserem Mixer befestigt wurde, und automatisch über die Seiten und den Boden des Tanks fegte.

Schon bald erregte unser neugieriges Denker-Trio auch außerhalb von Semco Aufmerksamkeit, und in *Exame*, dem großen brasilianischen Wirtschaftsmagazin, erschien ein Artikel über sie. Danach wurden sie mit Erfindungen förmlich bombardiert – darunter auch meinem Lieblingsgerät, das wie ein Miniaturregenschirm aussah und sich in der Nase öffnete, wobei es jede Verstopfung beseitigte.

Sie interessierten sich nicht für den Nasenreiniger, aber als sie ihren ersten Sechsmonatsbericht ablieferten, hatten sie immerhin 18 neue Projekte laufen. Danach wurden sie sogar noch produktiver. In nur wenigen Jahren entwickelte das K.T.I.-Team so verschiedene Dinge wie eine Waage, die Güterzüge wiegen kann, während sie mit Höchstgeschwindigkeit dahindonnern, ein faseroptisches Röhrchen, mit dem Ärzte die Kehle ihrer Patienten untersuchen können, sowie elektronische Steuerungssysteme für kleine Fließbänder.

Das Team gründete auch eine Öko-Beratungsfirma, die ihre Klienten über das Recycling von Abfällen berät und Prüfungen durchführt, um die ökologischen Altlasten von Unternehmen zu ermitteln, die für eine Übernahme anstehen. Daraus wurde schließlich eine unabhängige Unternehmenseinheit, Semco Environmental Resources, der – neben 25 festangestellten Mitarbeitern – weitere 40 Biologen, Geologen, Wasserbautechniker und Wirtschaftswissenschaftler auf Abruf zur Verfügung stehen.

Die K.T.I. hat auch innerhalb von Semco einiges verändert: die Ausfallzeiten von Maschinen reduziert, Herstellungsprozesse rationalisiert und Montagezeiten verkürzt. Sie hat auch unsere Farbmischmaschine völlig umgestaltet und ihr ein neues Stahlgehäuse sowie eine neues Transmissionssystem für den Motor verpaßt, so daß wir den Verkaufspreis um 32 Prozent senken konnten und damit in einen Exportmarkt hineinkamen, der uns zuvor wegen der hohen Herstellungskosten verschlossen war. Und das Team hat unsere Teigrührmaschine wieder aufgemöbelt, für deren Montage wir bislang 10 Stunden und 14 Arbeitsschritte benötigten, während jetzt nur noch drei Schritte erforderlich sind, für die wir weniger als eine Stunde brauchen. Das Getriebe, das früher handgearbeitet war, ist heute ein modifiziertes serienmäßiges Autogetriebe – eine weitere kostensparende Idee der K.T.I.

Wir haben sogar eine Junior-Version der K.T.I. gegründet. Wir nennen sie »Verloren im Weltall«. Jedes Jahr (vorausgesetzt, es ist ein gutes Jahr) wählen wir mindestens einen jungen Menschen unter unseren Bewerbern von Wirtschaftsakademien oder Technischen Hochschulen, ja selbst von High Schools aus. Diese überaus glücklichen Seelen kennen keine Stellenbeschreibung, keinen Boß, keine vorgegebenen Zuständigkeiten. Sie dürfen sich ein Jahr lang frei im Unternehmen bewegen, solange sie in mindestens 12 Abteilungen arbeiten und versuchen, genügend Umsatz zu machen, um ihr Gehalt einzuspielen. (Selbst ein Auszubildender kann eine Finanzanalyse erstellen, Marketingdaten sammeln, in der Produktion arbeiten oder verkaufen.) Am Ende dieses Jahres ist es ihnen freigestellt, mit jeder der Abteilungen, in denen sie gearbeitet haben, ein dauerhafteres Arbeitsverhältnis auszuhandeln.

Mit Hilfe von »Verloren im Weltall« haben wir einige außergewöhnlich gute Leute entdeckt, unter anderem auch einen jungen Mann, der uns nach zwei Jahren verließ und mit 25 Planungsmanager bei Shell Brasilien wurde. Später bekam er einen Job in Paris: Er wurde europäischer Verkaufsleiter für Brown's, eine Textilkette, der 4000 Bekleidungsgeschäfte gehören.

Wir lassen die Multis ihn noch ein bißchen mehr ausbilden, und dann holen wir ihn wieder aus dem Weltall zurück.

Kapitel 30
Gleitzeit

Reglementierung ist die Seele der modernen Fabrik, und standardisierte Schichten sind die Seele der Reglementierung. Was also hatte jener Arbeiter vor, der morgens um 4.30 Uhr in der dunklen, verlassenen Fabrik in Ipiranga aufkreuzte?

Angesichts des chaotischen Verkehrs, der langen Pendelstrecken und der normalerweise unzureichenden öffentlichen Verkehrsmittel, mit denen sich viele Arbeiter herumschlagen müssen, ist es doch total unvernünftig zu erwarten, daß sie ihre Anfahrt zeitlich so einrichten, daß sie jeden Tag genau zur selben Zeit in der Fabrik eintreffen. Doch jedes Unternehmen tut das, sogar in einer so riesigen Stadt wie São Paulo mit ihren 15 Millionen Einwohnern, von denen die meisten gleichzeitig unterwegs zu sein scheinen.

Wir hatten es schon vor langer Zeit unseren Büroangestellten überlassen, wann sie ihren Arbeitstag beginnen und beenden wollten, womit wir eines von vielleicht einem halben Dutzend Unternehmen in Brasilien waren, die diese Freizügigkeit gewährten. 1988 versuchten wir, sie auch auf unsere Fabrikarbeiter auszudehnen. Wenn sie mit ihren Kindern frühstücken oder sie zur Schule bringen wollten – warum sollten wir sie eigentlich daran hindern? Darüber hinaus konnten wir mit flexiblen Arbeitszeiten demonstrieren, daß wir unsere Arbeiter für ihre Leistungen und nicht bloß für ihre Zeit bezahlten – und es interessierte uns nicht, wie sie diese Leistungen erzielten. Wir hatten die Idee, uns auf unser gemeinsames Ziel zu einigen und dann unsere Mitarbeiter darauf anzusetzen, es zu erreichen.

Wozu soll es denn eigentlich gut sein, daß Arbeiter pünktlich um acht Uhr morgens kommen und Schlag fünf Uhr nachmittags wieder verschwinden, dazwischen aber ineffektiv sind? Mit Hilfe flexibler Arbeitszeiten, so dachten wir, müßte es doch möglich sein, übers

Jahr die Leistung zu erzielen, die uns vorschwebte, ohne stumpfsinnig darüber Buch zu führen, um welche Zeit die Leute jeden Tag aufkreuzten.

Eine derartige Freizügigkeit war – und ist – in der Industrie einmalig. Zumindest war uns kein anderes Unternehmen bekannt, weder in Brasilien noch sonstwo, das in der Fabrik die Gleitzeit eingeführt hatte. Als Paulo Pereira diese Idee vortrug, waren praktisch alle bei Semco dagegen, auch gegen viele Vorzüge dieser Regelung. Wir waren so schnell gewachsen, daß mindestens 40 Prozent unserer Belegschaft noch nicht einmal ein Jahr bei Semco war, und nach den Erfahrungen, die diese Arbeiter anderswo gemacht hatten, waren sie überzeugt, daß alles, was ein Unternehmen vorschlug, zunächst verdächtig war, sogar eine flexible Arbeitszeit. Ja, ihre Gewerkschaftsführer, die sich so gern in ihren Reden darin ergehen, daß Arbeitgeber ihre Arbeiter würdig und respektvoll behandeln sollten, waren eifersüchtig und verunsichert. Wenn eine Semco-Initiative im Gegensatz zur üblichen Praxis stand, dann würden sie erst mal keinen Finger rühren, bis sie sicher waren, alles, was damit zusammenhing, durchschaut zu haben.

Also gab es gegen die Gleitzeit zwei Streiks, und zwar noch bevor wir mit der mißtrauischen Reaktion unserer Manager rechnen konnten. Gewiß, viele unserer Produkte wurden von Arbeiterteams in selbstorganisierten Produktionszellen zusammengebaut, und die Arbeiter trafen inzwischen viele Entscheidungen, die früher den Bossen vorbehalten waren. Trotzdem mußten diese Arbeiter in vielen Fällen mehr oder weniger zur selben Zeit erscheinen. Andernfalls würden Produktionsabläufe durcheinandergeraten, und so mancher würde untätig herumhängen und auf Kollegen warten, die für die vorangehenden Arbeitsschritte zuständig waren.

Drei Monate lang führte Paulo eine Machbarkeitsstudie über Gleitzeit durch und hoffte zu beweisen, daß bei Gleitzeit weniger geschwänzt und die Leistung steigen würde. Eine seiner besten Quellen war unser »Abschiedsgespräch«, bei dem jeder, der Feierschichten einlegen mußte, entlassen wurde oder von sich aus ging, die Chance hatte, uns noch einmal seine Meinung zu sagen. »Ich wohne einfach zu weit weg von meinem Arbeitsplatz, und mein Pendelzug braucht zu lange«, erklärten uns viele. Oder: »Ich habe seit einer Ewigkeit nicht mehr mit meinen Kindern gefrühstückt.« Oder: »Ich hatte ständig Ärger mit meinem Boß, weil ich zu spät kam.« Aus alldem schloß Paulo, daß die Anfangszeiten eine Hauptursache waren für Konflikte und Meinungsverschiedenheiten zwischen Bossen und Untergebenen. Er war überzeugt, daß sich in den Arbeitern der Ärger über starre Arbeitszeitpläne anstaute, bis sie zu den unglücklichsten Zeiten explodierten.

Paulo rief unsere Topmanager zusammen und erklärte ihnen, daß es mit Hilfe flexibler Arbeitszeiten möglich sei, Fehlzeiten fast auf Null zu reduzieren und außerdem Überstunden großenteils einzuschränken. »Es gibt nur ganz wenige Tätigkeiten, die so hochgradig voneinander abhängig sind, daß es nicht möglich wäre, zwischen einem Produktionsschritt und dem nächsten eine Pause von 15 oder gar 30 Minuten einzulegen«, führte er aus. »In solchen Fällen würden wir auch keine flexible Arbeitszeit einführen. Im übrigen werden Ihnen die Ergebnisse gefallen. Konflikte mit Vorgesetzten wird es nicht mehr so häufig geben, die Stechuhr wird nicht mehr als Ungeheuer angesehen werden, die Arbeiter werden sich mehr respektiert fühlen – und sie werden mehr produzieren.«

Aber das konnte sie alles nicht überzeugen. Auf ihre Einwände erklärte Paulo ihnen, wir würden eine Spezialeinheit bilden, die vermitteln solle, wenn sich die Arbeiter auf bestimmte Anfangszeiten nicht einigen könnten (diese Kommission wartet immer noch auf ihren ersten Auftrag). Auch das konnte die Manager noch nicht überzeugen, aber auf Paulos Drängen hin waren sie immerhin damit einverstanden – das Ganze sollte allerdings nichts weiter als ein Experiment sein.

Das Schiffsausrüstungswerk an der Nacoes Unidas war Paulos Experimentierfeld. Wir hatten es zwar erst 1988 eröffnet, aber einige unserer ältesten Arbeiter, die uns am besten kannten, waren dorthin versetzt worden. Wir riefen die Mitglieder der Werkskomitees und die Gewerkschaftsführer zusammen, die natürlich ihre Anwälte mitbrachten, da unser Plan erhebliche Veränderungen in unserem Tarifvertrag erfordern würde.

Dieser Plan sah vor, daß jeder nach wie vor acht Stunden pro Tag arbeiten würde, aber zu jeder Zeit zwischen sieben und neun Uhr morgens ins Werk kommen und es zu einer entsprechenden Zeit am Nachmittag wieder verlassen könnte.

Wenn unsere Arbeiter jetzt in der Fabrik einträfen, würden die meisten in den Umkleideraum gehen, ihre Arbeitskleidung anziehen, dann in die Kantine gehen, Kaffee und Brötchen zu sich nehmen und vielleicht Zeitung lesen und *erst dann* ihre Schicht beginnen. Allerdings sollten sie die Stechuhr erst betätigen, wenn sie tatsächlich zu arbeiten begannen. Das wollten wir nicht ändern. Aber die Gewerkschaftsführer hatten eine ganz andere Vorstellung von Gleitzeit: »Niemand läßt doch seine Leute einfach kommen, wann sie wollen. Wir sind zwar noch nicht dahintergekommen, aber irgendwo muß da doch ein Haken sein.« Und da sie ihn nicht fanden, ergriffen sie gleich die Gelegenheit und forderten, daß die Arbeiter die Stechuhr betätigen sollten, sobald sie das Werk betraten.

Wir waren der Ansicht, daß Arbeitstunden eben Arbeitsstunden sind, und lehnten die patriarchalische Vorstellung ab, »sobald ihr durch unsere Tore eintretet, seid ihr unter unseren Fittichen«. Wir freuen uns, wenn sich unsere Arbeiter bei Semco wie zu Hause fühlen, und haben nichts dagegen, daß sie Karten spielen, herumsitzen, Zeitung lesen und so weiter. Aber wir hatten und haben nicht vor, von unserer Politik abzurücken, daß die Stechuhr erst betätigt wird, wenn die Arbeiter bei ihren Maschinen eintreffen.

Auch nach vielen Besprechungen hatte keine Seite nachgegeben. Also tat die Gewerkschaft alles, um die Arbeiter davon zu überzeugen, daß die Gleitzeit unter diesen Umständen eine schlechte Idee wäre. Sie fuhren mit einem Lastwagen vor und stimmten über einen Lautsprecher das wohlbekannte Lied an: »Paßt auf, Kollegen. Bosse tun Arbeitern nichts Gutes.«

Aber sie konnten sich nicht durchsetzen, vielleicht weil unsere Mitarbeiter uns so gut kannten. Während einer Großversammlung in der Kantine stimmten die Arbeiter dafür, daß das Werk es mal mit der Gleitzeit versuchen sollte.

Die meisten kamen nun zwischen 6.30 und 7.30 Uhr, was völlig in Ordnung war, da es in diesem Werk kein Fließband gab.

Nun war die Fabrik in Ipiranga an der Reihe. Die Gewerkschaft zögerte nicht, auch dort ihre Attacke zu reiten, und verbreitete unter den Arbeitern, daß sie nach dem Arbeitsrecht ein Recht darauf hätten, jeden Tag fünf Minuten oder 30 Minuten pro Woche zu spät zu kommen. Sie warf der Geschäftsleitung vor, sie wolle versuchen, diese »Gnadenfrist« abzuschaffen. Wir hielten dagegen, daß Lohnzahlungen nach demselben Recht gekürzt oder sogar ausgesetzt werden konnten, wenn jemand mehr als fünf Minuten zu spät käme, und daß wir nicht nur Freizügigkeit anbieten, sondern unsere Arbeiter ebenfalls von dieser lächerlichen Vorschrift entbinden wollten.

Als wir schließlich die Attacke der Gewerkschaft abgewehrt hatten, sahen wir uns plötzlich mit dem Widerstand der Manager konfrontiert, die das Programm am liebsten gekippt hätten, noch bevor es in Gang gesetzt war, weil sie glaubten, daß Arbeiter nicht zur Selbstkontrolle fähig seien. Gewiß sei dieses Werk ein Aushängeschild gewesen, mit seinen abteilungsübergreifenden Teams und Arbeitern, die alle möglichen Entscheidungen trafen. Aber wir sollten doch nicht vergessen, daß es erhebliche Störungen gegeben habe, als das Werk in drei Einheiten geteilt worden sei, und daß die Arbeiter es hier mit einer Reihe neuer Bosse zu tun hätten. Und natürlich hätte auch der Streik noch seine Spuren hinterlassen.

Aber dann rettete uns das Werkskomitee, unter der Führung von Soares. Zuerst überzeugte es die Arbeiter davon, daß sie es auf einen Versuch ankommen lassen sollten. Dann postierte es eine Gruppe von Arbeitern neben der Stechuhr, damit Kollegen nicht die neuen Regeln verletzten. Nach Ablauf des ersten Monats wurden die Übeltäter öffentlich bekanntgegeben und verwarnt: Wenn sie sich künftig nicht an das Programm hielten, dann brauchten sie sich keine Gedanken mehr darüber zu machen, zu welcher Zeit sie kommen würden, da sie dann keinen Job mehr hätten.

Es passierte auch in Ipiranga, daß Saulo Henri Fiorini, ein Schweißer, beschloß, um 4.30 Uhr morgens zu kommen. Aber ein einzelner Arbeiter könnte sich im Dunkeln verletzen, und darum baten wir ihn, sich einen anderen Arbeitsbeginn auszusuchen, und er gab nach. Am Ende beschloß fast die Hälfte der Fabrikarbeiter, zur selben Zeit – 6.30 Uhr – zu kommen, so daß die Montage der Geschirrspüler nicht ins Stocken geriet. Viele kamen mit demselben Pendelzug, und dieser Zug war um die Zeit fast leer.

Ein größeres Problem bereitete das Programm in der Maschinenfabrik von Santo Amaro. Aufsässige und verantwortungslose Gewerkschaftsführer überredeten die Arbeiter, den Plan abzuschmettern, und warfen uns vor, wir wollten versuchen, die wöchentliche Gnadenfrist von 30 Minuten für Zuspätkommende abzuschaffen. Aber ein Jahr später waren die Mitglieder des Werkskomitees so beeindruckt vom Erfolg der Gleitzeit in den anderen Werken, daß sie die gesamte Belegschaft zusammenriefen und sie aufforderten, die Idee noch einmal zu überdenken. Die Gleitzeit wurde nach einem Abstimmungsverhältnis von neun zu eins eingeführt.

Leider lief es in unserem Klimaanlagen-Werk ganz anders. Die Stadt Diadema, bei der es liegt, weist eine große Konzentration von Metallarbeitern auf, eine streitsüchtige Bande, die von einer erklärtermaßen marxistischen Gewerkschaft vertreten wird, welche Verbindungen zur Arbeiterpartei hat, einer politischen Organisation, zu der auch viele ultralinke und militante Gruppen wie die gefürchtete MR-8 gehören, die schon Bomben gelegt und Botschafter entführt hat.

Die Arbeiter in diesem Werk wie die Mitglieder des Werkskomitees waren viel radikaler und weniger vertrauensvoll als andere Arbeiter bei Semco. Viele Jahre später schwenkten sie schließlich auch auf unsere Linie ein, und ihr Führer Vicentinho Da Silva erklärte im Fernsehen, daß es »in Brasilien nur einen vertrauenswürdigen Boß gibt – Ricardo Semler von Semco«.

Aber damals waren sie nicht gewillt, es mit der Gleitzeit zu versuchen. Erst 1991 haben sie sie schließlich akzeptiert.

TEIL FÜNF

Auf der High School war ich vom Hochsprung fasziniert. Die Latte war für mich so etwas wie ein Maßstab für mich selbst. Anfangs waren 1,50 Meter eine gewaltige Hürde. Als der Sportlehrer bemerkte, wie sehr ich mich für den Hochsprung interessierte, beschloß er, mir die Flop-Technik beizubringen. Nachdem ich fast ein Jahr lang trainiert hatte, schaffte ich 1,72 Meter. Jeder Zentimeter wurde für mich zu einer fixen Idee. Zwischen der Latte und mir gab es lange, einsame Kämpfe. Manchmal, wenn ich mit dem Schulbus nach Hause fuhr, war ich ganz stumm vor lauter Frustration. 1,80 Meter zu schaffen – das war das wichtigste Ziel meines Lebens. Immer, wenn ich die Latte kaum gestreift hatte, lag ich atemlos auf der Matte und linste nach oben, um zu sehen, ob sie doch noch auf mich herunterfiel – was sie immer wieder tat. Doch nach einem Sprung blieb sie liegen. Ein albernes Grinsen breitete sich auf meinem Gesicht aus und verschwand tagelang nicht daraus.

Vor ein paar Jahren kämpfte ich mit mir, ob ich die Gelegenheit wahrnehmen sollte, ein Unternehmen mit fünf Fabriken und 2000 Mitarbeitern zu kaufen. »Warum wollen wir eigentlich immer größer werden?« fragte ich mich. »Sind wir denn dann besser dran?« Ich mußte an ein Gefühl aus vergangenen Tagen denken. »Warum messe ich mich dauernd mit der Latte? Gibt es denn keine Grenze?«

Alles eine Frage der Beharrlichkeit, nicht wahr? Aber wo hört Beharrlichkeit auf und wird zur fixen Idee? Wie hoch ist zu hoch? Wie groß ist zu groß? Natürlich ist ein gewisses Wachstum unerläßlich für jedes Unternehmen, damit es mit der Konkurrenz Schritt halten und seinen Leuten neue Möglichkeiten bieten kann. Aber oft ist es nichts weiter als Macht und Habgier und simple Sturheit, daß einem »größer« automatisch auch als »besser« vorkommt.

Kapitel 31
Zusammenbruch

In den ersten elf Jahren, in denen ich Semco geleitet habe, hat Brasilien zwei gute, drei wechselhafte und sechs schreckliche Jahre erlebt. Die Inflation, diese Geißel Lateinamerikas, lag im Durchschnitt bei 400 Prozent im Jahr und schwankte zwischen einem jährlichen Höchststand von 1600 Prozent und einem Tiefstand von gerade 100 Prozent (wobei es dazwischen auch ein paar Monate Deflation gab). Von 1986 bis 1990 mußte die Wirtschaft des Landes fünf Schocktherapien durchstehen, die Währung wurde zweimal um drei Stellen abgewertet und zweimal völlig geändert. Die Börse erlebte während der schlimmsten Rezession des Landes einen Höhenflug und brach bei einem Boom völlig zusammen; die Banken verdienten Milliarden, als die Inflation zunahm, und als sie zurückging, entließen sie 150000 Angestellte.

Angesichts dieser fast unvorstellbar komplexen und schwierigen Wirtschaftslage waren 150 Millionen Menschen beinahe ständig verunsichert und wußten nicht, was sie tun sollten. Eine zehnprozentige Lohnerhöhung konnte in einem Monat ganz verlockend aussehen, sich dann aber wieder als unzureichend erweisen, wenn aus den offiziellen Statistiken später hervorging, daß die Inflationsrate 15 Prozent betragen hatte. Es kam zu starken Spannungen zwischen Produzenten und Kunden, da jeder die Zahlungsbedingungen zu seinen Gunsten ändern wollte. In allen Bereichen herrschte eine scharfe Konkurrenz, aber wir bei Semco überstanden die gefährlichen Schwankungen mit Hilfe unserer Arbeiter. Wir erlebten Jahre, in denen der Umsatz real um 80 und sogar 120 Prozent zunahm, aber auch Jahre, in denen er um 20 Prozent und im darauffolgenden Jahr sogar um 35 Prozent zurückging.

Als die achtziger Jahre – »das verlorene Jahrzehnt«, wie die Fachleute sie nannten – zu Ende gingen, stürzte die Wirtschaft steil ab. Die Industrieproduktion sackte 1990 um 9 Prozent ab, und das Bruttosozialprodukt sank auf ein Niveau, wie man es seit den siebziger Jahren nicht mehr erlebt hatte. In São Paulo waren eine halbe Million Menschen arbeitslos, und 1992 hattc sich diese Zahl fast verdreifacht.

Und gerade als wir glaubten, es könne nicht mehr schlimmer werden, wurde es noch schlimmer. Ein neuer Präsident, Fernando Collor de Mello, trat sein Amt an und ernannte die junge Wirtschaftswissenschaftlerin Zélia Cardoso de Mello (keine Verwandte des Präsidenten) zur Finanzministerin. Sie machte sich sofort daran, einige neue Theorien in der Praxis zu testen, unter anderem eine, derzufolge zuviel Geld in Umlauf war, das zu wenigen Menschen gehörte, die damit zuviel spekulierten. Deswegen – so ihre Theorie – wurde nicht genügend Geld in die Industrie investiert. Dadurch kam es zu Inflation und Stagnation.

Also, dachte sie, sollten wir etwas von diesem Geld nehmen und es dem Staat geben (der nicht genug hat, klar?). An einem sonnigen Frühlingstag im Jahre 1990 rief sie in einer Fernsehansprache einen Bankfeiertag aus und beschlagnahmte 80 Prozent des Bargelds im Lande. Der Staat zog Sparkonten, Girokonten, Depoteinlagen, Firmenkapital und ähnliches ein. Jedem Brasilianer, ganz gleich, wie vermögend er war, blieben nur noch 800 Dollar oder 20 Prozent seines Vermögens, je nachdem, was weniger war. Wenn jemand beispielsweise 1000 Dollar auf einem Girokonto hatte, konnte er jetzt nur noch über 200 Dollar verfügen. Die Dame erklärte, sie würde das Geld wieder zurückgeben, zuzüglich der Inflationsrate, die nach einem offiziellen Index ermittelt wurde, und zwar in 12 Monatsraten, beginnend in eineinhalb Jahren.

Chaos ist nicht das richtige Wort für das, was nun geschah. Die Industrieproduktion sank um weitere 14 Prozent in den darauffolgenden 12 Monaten. Die Unternehmen hatten nicht genügend Geld, um ihre Löhne und Gehälter zu zahlen, geschweige denn, um die Geschäfte ordnungsgemäß abzuwickeln. Bei Semco schlugen wir uns mehrere Monate lang mit Null Umsatz durch – welche Firma kaufte schon Maschinen, die erst in zehn Monaten ausgeliefert würden, wenn man nicht einmal wußte, ob man nächste Woche noch existierte –, und dann beschloß die Regierung, das Land für den Import zu öffnen. Der Einfuhrzoll für ausländische Maschinen, der bislang 45 Prozent betragen hatte, wurde erst auf 35, dann auf 30 und Ende 1992 auf 20 Prozent gesenkt. Also hatten wir es nicht nur mit einem Markt zu tun, der fast die Hälfte seines Volumens eingebüßt hatte, sondern mußten auch noch gegen eine wachsende ausländische Konkurrenz antreten.

Als uns das Wasser bis zum Hals stand, diskutierten wir mit unseren Werkskomitees darüber, wie wir Semco über Wasser halten konnten. Den meisten von uns war völlig klar, daß wir nicht mehr die gleiche Anzahl von Menschen beschäftigen konnten wie bisher. Nicht, wenn die Umsätze so gering waren. Die Frage war nur, wie wir alle gemeinsam diesen schmerzhaften Einschnitt am besten verkraften könnten.

Nichts wirkt sich auf Motivation und Produktivität so verheerend aus wie Entlassungen, und in den vergangenen Jahren hatten wir uns mit allen Kräften bemüht, die Auswirkungen der aberwitzigen Sprunghaftigkeit der brasilianischen Wirtschaft von unseren Arbeitern fernzuhalten. Als erstes nahmen wir davon Abstand, Leute einzustellen, die an Produkten arbeiteten, welche nach aller Erfahrung nicht lange Bestand haben würden. Eine Fabrik für Hoola-Hoop-Reifen zu eröffnen, ohne zu wissen, was man mit all den Hoola-Hoop-Reifen produzierenden Arbeitern machen soll, wenn diese Welle unvermeidlicherweise ausläuft, kann einen kurzfristig gesehen reich machen, aber es ist eine Strategie für Abenteurer – und Abenteurer haben keine Zukunft, sondern nur eine Gegenwart.

Außerdem versprachen wir niemandem je einen sicheren Arbeitsplatz. Tatsächlich vermieden wir es, wenn irgend möglich, gute Manager einzustellen, wenn sie einen Arbeitsvertrag haben wollten. Es gibt nun einmal keine absolute Sicherheit, und eine von beiden Seiten wird immer darunter zu leiden haben. Man denke nur an den Schaden, den die goldenen Fallschirme für ausscheidende Manager der Unternehmensmoral zugefügt haben, von den Bilanzen ganz zu schweigen.

Fast jeder hört auf, Leute einzustellen, wenn das Geschäft nicht gutgeht, und fast jeder legt erneut los, wenn es wieder läuft. Das ist ein weiterer Fehler. Die Umsätze beginnen wieder zu steigen, und schon strömen Sekretärinnen, Bürohilfskräfte, Chauffeure, Systemanalytiker, Empfangsdamen und ein Heer anderer Angestellter durch die Fabriktore. Sobald die Umsätze wieder zurückgehen, werden sie alle »neu bewertet«, wobei die Glücklichen, die das unvermeidliche Fegefeuer überstehen, eher entmutigt daraus hervorgehen. Selbst als die Regierung die Wirtschaft anregte und es wieder Aufträge in Hülle und Fülle gab, behielt Semco seine Einstellungspolitik eisern im Griff, nicht anders als in mageren Zeiten. Möglicherweise verloren wir daraufhin Marktanteile, aber als die Nachfrage auf das ursprüngliche Niveau zurückging, mußten wir die neuen Leute nicht massenweise entlassen. Jede streunende Katze kann schlank bleiben, wenn sie nichts zu fressen hat; aber die Kunst besteht darin, auch in guten Zeiten schlank zu bleiben.

Dennoch mußte Semco von 1989 bis 1991 einen Umsatzrückgang um 40 Prozent hinnehmen. Wir hatten uns bislang auf unsere Arbeitsplatzinitiativen verlassen können, so daß wir gegen wirtschaftliche Turbulenzen zumindest teilweise immun waren, aber wenn das Geschäft fast um die Hälfte zurückgeht, bleiben einem nicht mehr allzu viele Möglichkeiten. Einige unserer Werke wußten nicht mehr ein noch aus.

In den späten achtziger Jahren hatte unser Schiffsausrüstungswerk in Santo Amaro einen gewaltigen Auftragsbestand von 14 Millionen Dollar. Da es jährlich nur Produkte im Wert von fünf Millionen Dollar produzierte, waren ihm drei Jahre Arbeit so gut wie sicher. Also beschlossen wir, über 500 000 Dollar in das Fabrikgebäude, an dessen innovativer Gestaltung die Arbeiter mitgewirkt hatten, sowie in eine neue Pumpentestanlage zu investieren, was eine Menge Geld kostete. Allerdings schien sich diese Investition zu lohnen, da sich die Produktivität zu unvorstellbaren Höhen aufschwang.

Dann richtete der Hurrikan Zélia verheerende Schäden an, und die Schiffsbauindustrie bekam diesen Schlag voll zu spüren. Die Werft Emaq, die uns 1981 mit dem Auftrag für Petrobras gerettet hatte, machte Konkurs. Dann mußte auch Verolme, eine Werft, die bei uns Pumpen für fünf Schiffe bestellt hatte, dichtmachen. Es verblieben nur noch drei Werfen, und auch die blieben monatelang mit der Bezahlung unserer Rechnungen im Rückstand. Semco hatte Außenstände über 1,5 Millionen Dollar, die nicht mehr einzutreiben waren – schlimmer noch: Produkte im Wert von vier Millionen Dollar standen zur Auslieferungen an, die die Werften nicht mehr bezahlen konnten. Wir benötigten fast 2000 Quadratmeter, um all die unerwünschten Pumpen, halbfertigen Gehäuse und 300-PS-Motoren lagern zu können. Sie stapelten sich bis zu fünf Meter hoch in den Regalen.

Wir riefen die Arbeiter zusammen und besprachen mit ihnen, was wir alle tun könnten. Ein Vorschlag zur Vermeidung von Entlassungen sah generelle Lohn- und Gehaltskürzungen von 20 Prozent vor, bis sich das Geschäft wiederbelebte. Aber viele Arbeiter, die ohnehin schon verschuldet waren, meinten, sich auch nur die geringste Lohnkürzung nicht leisten zu können. Sie äußerten auch die Ansicht, das wäre nichts anderes, als wolle man sich »mit einem Sieb vor der Sonne schützen«. Diese Mitarbeiter bestanden darauf, daß wir unsere Verluste hinnahmen und einen Teil der Belegschaft sofort entließen, und sie bekamen genug Stimmen, um unseren Vorschlag abzuschmettern.

Wir versuchten auf jede nur denkbare Weise die Kosten herunterzufahren: Es gab nur noch eine Kaffeepause am Tag, Kopierer wurden abgeschlossen, der Stromverbrauch wurde kontrolliert, der Einkauf neuer Arbeitskleidung wurde gestoppt, und sämtliche Kosten wurden von vielen Adleraugen unter die Lupe genommen. Aber ich hatte nicht allzuviel Hoffnung. Ich bin kein großer Verfechter von Kostendämpfungsmaßnahmen. Es ist mir lieber, wenn wir auch in guten Zeiten nicht unnötig Geld ausgeben. Und wie kann man feststellen, wie viele Aufträge einem durch die Lappen gehen, weil den Vertretern das Benzingeld gekürzt wurde; oder wie hoch der Cashflow gewesen wäre, wenn die Buchhalter bei der Anmahnung von Rechnungen mehr hätten telefonieren dürfen; oder wie viele kleine Fehler und falsche Kalkulationen hätten vermieden werden können, wenn man den Ingenieuren nicht untersagt hätte, zu viele Fotokopien von Blaupausen zu machen? Wenn diese alberne Erbsenzählerei dann vorbei ist, läuft alles wieder seinen gewohnten Gang – bis erneut jemand meint, daß die Kosten aus dem Ruder gelaufen seien, und Einsparungen vornehmen will, wobei er ausgerechnet mit jenen

Ausgaben beginnt, die erforderlich waren, um die vorhergegangenen kurzsichtigen Kostendämpfungsmaßnahmen wettzumachen.

Unsere Leute in Santo Amaro geizten und sparten, wo sie nur konnten, aber es reichte bei weitem nicht aus. Also machten wir ernst: Wir bildeten aus den Fabrikarbeitern Teams und schickten sie zu den Docks, wo sie Ersatzteile verkaufen sollten. Dafür gab es eine ständige Nachfrage, da die einlaufenden Schiffe abgenutzte Pumpräder, Wellen und Verschleißringe ersetzen mußten, ganz gleich, ob es einen Boom oder eine Baisse gab. Aber darauf waren natürlich auch eine Menge kleinerer Werkstätten schon gekommen. Wir nannten sie Piraten, weil sie billige, minderwertige Kopien von Semco-Teilen herstellten und »Freunden« auf den Schiffen dicke Provisionen gaben, damit sie diese kauften. Unsere Arbeiter taten ihr Bestes, aber gegen all diese Piratenkapitäne hatten sie keine Chance.

Inzwischen hatten wir die Arbeiter im Schiffsausrüstungswerk zu einer Versammlung in die Kantine gerufen und wiederholten unseren Vorschlag, Kurzarbeit einzuführen, damit wir niemand entlassen mußten. Diesmal würden wir bei den Lohnkürzungen wie Robin Hood vorgehen, so daß diejenigen mit niedrigeren Löhnen nicht so sehr darunter zu leiden hätten.

Das Arbeitsrecht in Brasilien hat immer etwas Patriarchalisches an sich gehabt (und das ist angesichts der Habgier mancher brasilianischer Geschäftsleute völlig gerechtfertigt). Wenn ein Arbeiter beispielsweise 250 Dollar pro Woche bekommt, muß ihm sein Unternehmen weitere 1000 Dollar zu Weihnachten und 1300 Dollar Urlaubsgeld (vier Wochen Lohn plus einen Bonus von 300 Dollar) zahlen sowie jeden Monat eine Summe auf ein Sparkonto einzahlen, die acht Prozent seines Lohns ausmacht. Wenn ein Mitarbeiter entlassen wird, bekommt er alles Geld, das sich auf diesem Konto befindet, plus 40 Prozent zusätzlich, plus den doppelten Lohn für alle Urlaubstage, die er nicht genommen hat. Und dann bekommt er noch eine Abfindung, die bei Mitarbeitern wie den unseren, von denen viele bei Semco seit 10, 15 oder gar seit 30 Jahren sind, bis zu zwei Jahreslöhne beträgt.

Das war noch kein goldener Fallschirm, aber da viele Arbeiter im Schiffsausrüstungswerk glaubten, daß sich unser Unternehmen wahrscheinlich nicht so schnell wieder erholen würde, war es auch kein schlechtes Geschäft. Warum sollten sie ein oder zwei Jahre für gekürzte Löhne arbeiten, um dann doch entlassen zu werden? Also schmetterten sie erneut unseren Lohnkürzungsplan ab und überantworteten so einige Kollegen dem Schicksal der Entlassung.

Ungefähr zur gleichen Zeit fuhr ich nach Ipiranga, um mich mit Alipio Camargo zu treffen, der damals der dortige Partner war. Die Umsätze unserer Großgeschirrspülanlagen waren von 40 Stück pro Monat auf 25 und dann auf mickrige 5 zurückgegangen, und die Lager- und Gemeinkosten wuchsen uns völlig über den Kopf. Ich brauchte Alipio gar nicht erst zu sagen, daß das Werk schließen müßte, wenn die Lage nicht besser würde.

Ich war so in Gedanken versunken, als ich ging, daß ich Joao Soares gar nicht bemerkte, den Werkskomiteeleiter, der vor dem Schweißraum stand. Aber dafür bemerkte er mich.

Joao wußte, daß es nicht gut stand, aber er war hartnäckig. Das Werk, das bewiesen hatte, was man erreichen kann, wenn man Arbeiter wie Erwachsene behandelt und dazu ermutigt, selbst Entscheidungen zu treffen – dieses Werk konnte nicht einfach geschlossen werden. Nicht jetzt – nach dem, was wir geleistet hatten.

»Sagen Sie mir eins, Joao«, sagte ich. »Wenn dieses Unternehmen Ihnen gehörte und Sie wüßten, daß Sie im Laufe des nächsten Quartals nur eine Handvoll Geschirrspüler pro Monat verkaufen werden, und nicht die vierzig, die Sie bisher verkauft haben – was würden Sie denn tun?«

»Das ist das Problem mit Ihnen«, erwiderte er. »Sie denken nicht über die nächsten drei Monate hinaus. Und was ist, wenn wir wieder zuzulegen beginnen? Oder glauben Sie etwa, daß es uns nie wieder besser gehen wird?«

»Aber darum geht es doch gar nicht, Joao. Es ist nur schon so lange her, seit diese Einheit überhaupt etwas eingebracht hat.«

»Aber da gibt es schon noch einiges, was wir tun können«, beharrte er.

Die Maschinen wurden abgeschaltet. Im Hintergrund konnte ich das Gemurmel der Arbeiter hören, als sie sich verabschiedeten und nach Hause fuhren.

»Ich überlasse es Ihnen«, sagte ich zu Soares nach einer Weile, »und dem Werkskomitee. Entwickeln Sie einen Plan, gehen Sie ihn mit Alipio und den anderen durch, und dann werden wir es versuchen. Aber denken Sie vor allem an eines, Joao: Wenn Sie die Kapazität haben, im Monat vierzig Geschirrspüler zu produzieren, aber nur eine Handvoll verkaufen – was werden Sie dann mit all diesen Menschen tun? Es kann Jahre dauern, bis sich die Wirtschaft wieder erholt.«

Es ist ja viel leichter, dachte ich, den Stein zu werfen, als das Fenster zu sein.

Joao fuhr zu seinem Haus am Rande von São Paulo – ein Haus, von dem er seinerzeit nicht einmal hätte träumen können, als er als magerer Junge von neun Jahren noch Eistee und Erdnüsse im Maracaña-Fußballstadion von Rio verkauft hatte, um seine Familie mit zu ernähren. In dieser Nacht tat er kein Auge zu, weil er dauernd an die Fabrik denken mußte. Er dachte auch am ganzen Wochenende darüber nach. Semco war sein Leben. Viel zu sehr – seine ständige Anwesenheit im Werk war einer der Gründe dafür gewesen, daß seine Ehe vor einem Jahr in die Brüche gegangen war.

Joao dachte daran, in welchen trostlosen Fabriken er bereits gearbeitet hatte, bevor er zu uns gekommen war. In der einen hatte es Toiletten mit halbhohen Türen gegeben, so daß sich die Arbeiter darin nicht vor den Vorarbeitern verstecken konnten. Bei einer anderen hätte er einen ganzen Tageslohn verloren, wenn er auch nur eine Minute zu spät gekommen wäre. Als er nun in seinem kleinen Schlafzimmer auf und ab marschierte, mußte er daran denken, wie anders sein Leben nun war. Die erste Konferenz des Werkskomitees fiel ihm wieder ein. Er und seine Kollegen waren so ängstlich gewesen, daß sie kein Wort herausbrachten. Und was hatten sie inzwischen nicht alles bekommen: Krankenversicherung, ein kostenloses Frühstück, flexible Arbeitszeiten und vor allem das berauschende Gefühl der Selbstbestimmtheit, das in herkömmlichen Fabriken so gut wie gar nicht existiert. Die Arbeiter in der Systemgastronomie-Einheit hatten doch so viel erreicht, dachte Joao. Und dann wußte er: Das war ihre Chance.

Als er am Montag wieder in Ipiranga war, versammelte er alle 150 Arbeiter mitten in der Werkshalle und erklärte ihnen, er hätte eine

Idee, wie er das Werk und die Arbeitsplätze retten könne. Die Arbeiter sollten freiwillig auf 30 Prozent ihres Lohns sowie auf eine gerade fällige zehnprozentige Lohnerhöhung verzichten. Sie würden auch auf Essens- und Fahrtkostenzuschüsse sowie andere Vergünstigungen verzichten. Das war der konventionelle Teil seines Plans. Und dann kam der eigentliche Dreh: Die Arbeiter sollten alle Dienstleistungen im Werk übernehmen, die bisher von auswärtigen Vertragsfirmen und von Dritten erbracht worden waren – fortan würden sie diese selbst ausführen und damit die Kosten des Unternehmens drastisch senken. Was die Kantine beträfe, fuhr Soares fort, so würden die Arbeiter das Essen kaufen und selbst zubereiten. Sie würden auch nach Arbeitsende die Fabriktore bewachen sowie die Büros und die Werkshalle reinigen. Und schließlich würden sie noch die fertigen Waren zu den Kunden transportieren und Restaurants und Hotels Ersatzteile verkaufen.

Als Gegenleistung sollten die Arbeiter zusammen mit dem Management die Verantwortung für das Werk übernehmen und alle unternehmerischen Entscheidungen gemeinsam treffen – eine Garantie dafür, daß ihr Opfer nicht umsonst wäre. Alle Strategien, unternehmenspolitischen Überlegungen und Investitionen – sogar jeder Scheck – müßte sowohl von den Bossen wie von den Arbeitern abgesegnet werden. Ach ja: Auch die Bosse müßten mit einer vierzigprozentigen Kürzung ihrer Gehälter einverstanden sein. »Für unsere Moral«, wie Joao sagte.

Als er seine Ausführungen beendet hatte, schwiegen seine Kollegen. Dann meldete sich eine Frau zu Wort.

»Die Toiletten putzen? Kommt nicht in Frage. Ich hab' das noch nie gemacht und werde damit auch jetzt nicht anfangen.«

»Ich werde selbst der erste sein, der die Toiletten putzt«, erklärte Joao. »Da ist doch nichts dabei, wenn man eine halbe Stunde pro Tag Toiletten putzt. Oder die Büros. Überlegt doch mal – mit diesem Plan müßte das Unternehmen doch niemanden in die Wüste schicken. Es gäbe keine Entlassungen.«

Als er fragte, wer für diesen Plan sei, gingen über hundert Hände in die Höhe.

Wie nicht anders zu erwarten, waren die Werksmanager nicht gerade begeistert von Soares' Idee, aber nach und nach erwärmten sie sich dafür. Alipio dachte ohnehin schon daran, sich selbständig zu machen, und wollte in Kürze einen eigenen »Maultier ohne Kopf«-Plan vorlegen – innerhalb weniger Jahre trat er damit zum zweitenmal von einem Job zurück.

Dann wurden noch einige Änderungen ausgehandelt. Das Management akzeptierte die vierzigprozentige Gehaltskürzung nur für zwei Monate, danach sollten es nur noch 30 Prozent sein. Die Lohnkürzungen sollten auf die Robin-Hood-Manier erfolgen, um schlechter bezahlte Arbeiter zu schützen, und – immer diese Optimisten – allen Mitarbeitern wurde eine Sondergewinnbeteiligung von 15 Prozent garantiert, zusätzlich zu den 23 Prozent, die sie von Semcopar bekamen. Und damit begann für Semco das erste Experiment im Co-Management.

Bereits nach einem Monat trauten wir unseren Augen nicht: Die Arbeiter hatten so viel eingespart, daß die Sondergewinnbeteiligungs-Klausel tatsächlich in Kraft trat, wodurch die Lohn- und Gehaltskürzungen teilweise wieder abgefangen werden konnten.

Im zweiten Monat lief es sogar noch besser. Und am Ende des dritten Monats bekamen alle wieder ihren ursprünglichen Lohn. Die Geschirrspüler-Verkäufe stabilisierten sich bei nicht gerade sensationellen 12 Stück pro Monat, aber das Werk verkaufte mehr Ersatzteile als zuvor.

Doch auch wenn das Co-Management als edles Experiment dazu beitrug, daß wir von drastischen Entlassungen Abstand nehmen konnten, so würde man auf diese Weise nicht für alle Zeiten das Hobart-Werk oder sonst eine Fabrik führen können. Die Rentabilität hing von einem extrem niedrigen Kostenniveau ab, und dieses wiederum von Sonderleistungen der Arbeiter, die nicht für immer erbracht werden konnten.

Es gibt noch andere Gründe, warum ich nicht an das Co-Management glaube. Nehmen wir nur mal die zweite Unterschrift auf den Gehaltsschecks, diejenige, die von den Arbeitern geleistet werden muß. Sollen sie dafür jemanden bestimmen? Wenn sie sich nun jemanden aussuchen, der sie führen soll, der jedoch nicht mit dem Management zusammenarbeiten will? Joao Soares war ein besonders fähiger Mann, der mit den Problemen fertig wurde, die wir in der Systemgastronomie-Einheit hatten. Aber wenn die Arbeiter dort nun beispielsweise einen radikalen Gewerkschaftsführer wollten oder jemanden, der von unserer Unternehmenskultur keine Ahnung hatte?

Beim Co-Management braucht man zwei Seiten – und das ist eben eine mehr als nötig, um irgend etwas effizient zu führen. Zu viele Führer können schlechter sein als zu wenige. Wir hatten das bei Semco ja erlebt, als wir zusätzliche Managementebenen abschafften. Nun war wirklich nicht die Zeit, das Rad zurückzudrehen.

Alles in allem überstanden wir diese Wirtschaftsflaute besser als andere Unternehmen in unseren Märkten – die meisten schickten 30 bis 40 Prozent ihrer Arbeiter nach Hause. Wir hatten einen vierzigprozentigen Umsatzrückgang hinnehmen müssen, ohne dabei unsere Kredite zu erhöhen. Aber da wir viele überzählige Arbeiter in unserer Belegschaft hatten und neue Aufträge ausführten, ohne daß die Rechnungen für die alten bezahlt wurden, hatte uns das fast sämtliche Gewinnrücklagen gekostet.

Nach monatelangen Debatten kamen wir zu dem Schluß, daß die brasilianische Wirtschaft so bald keinen Aufschwung nehmen würde, und darum war es gefährlich, auf diesem Weg weiterzumachen. Wir wollten keineswegs unsere Philosophie ändern, nicht einmal unsere langfristige Strategie, aber wir brauchten einige neue Taktiken, wenn wir überleben wollten.

Aber schließlich hatten wir ja ein Unternehmen geschaffen, das flexibler war als alle, die wir kannten. Jedenfalls war Semco umstrukturiert worden, damit es sich Veränderungen anpassen konnte, und zwar rasch und ohne vorgefertigte Lösungen nach dem Motto »So haben wir es schon immer gemacht«. Nun also würden wir diese Anpassungsfähigkeit auf die Probe stellen.

Kapitel 32

Startrampe für Satelliten

Pedro Miranda de Oliveira stampfte auf dem Linoleumboden in der Halle vor der Kantine des Santo-Amaro-Werks auf und ab und demonstrierte damit, warum er »Die Kugel« genannt wurde. Er stand vor der größten Entscheidung seines Lebens, und er hatte nur eine Stunde Bedenkzeit.

Pedro, ein gedrungener, muskulöser Mann mit zerzaustem schwarzem Haar und flinken Augen, denen nichts entging, war 1979 als Dreher zu Semco gekommen – er bediente die großen Maschinen, die aus Metallblöcken Wellen für Pumpen, Mischmaschinen und Motoren schnitten. Das erforderte ein beträchtliches Geschick, denn eine falsche Bewegung konnte aus einem halben Zentner wertvoller Bronze oder rostfreiem Stahl Schrott machen. Pedro wurde einer unserer besten Maschinenarbeiter; dann absolvierte er eine neun Monate umfassende Ausbildung in Maschinenbau und lernte, Konstruktionspläne zu lesen. Als er zu Semco zurückkehrte, kam er an unsere aufwendigste Drehbank, die aus fünf Meter langen Stahlzylindern Wellen für Rührwerke schneiden kann, wie sie unter anderem für die Veredelung von Gold verwendet werden.

1987 wurde Pedro Koordinator und hatte über 50 Kollegen unter sich, die Bleche für Mischgeräte und Pumpen zurechtschnitten und polierten. Es überraschte uns nicht, daß er sich in dieser Position hervorragend bewährte – er erhielt den Arbeiterpreis für schnelle Entscheidungen.

Aber trotz all unserer Bemühungen, die Belegschaft knapp zu halten, ungeachtet unserer Erfolge bei der Verringerung überflüssiger Kosten sowie unserer erstaunlichen Produktivitätssteigerungen geriet Semco in Schwierigkeiten. Wir hatten zu viele Mitarbeiter, die zu viele Produkte in zu vielen Fabriken herstellten – oder vielleicht auch nur nicht genug Kunden. So oder so, wir mußten etwas ändern. Wir hatten eine echte Partnerschaft mit unseren Arbeitern – äh, ich meine unseren Kollegen – etabliert, die auf Vertrauen und gegenseitigen Interessen beruhte. Aber woran wir in diesem schrecklich rauhen wirtschaftlichen Klima nicht vorbeikamen, war eine Scheidung – natürlich eine Scheidung in freundschaftlichem Einvernehmen, von Partnern, die in Gütergemeinschaft lebten.

Bei unseren Mittagspausen-Besprechungen, auf Versammlungen mit Arbeitern, in Interviews, die Firmensprecher Zeitschriften und Zeitungen gaben, hatte Pedro den Begriff »Horizontalisierung« aufgeschnappt. Ständig diskutierten wir darüber, welche Funktionen Semco auch weiterhin ausüben und welche Aktivitäten an andere vergeben werden sollten. Je länger wir darüber nachdachten, desto klarer wurden wir uns darüber, daß wir nichts mehr tun wollten, was genausogut anderswo erledigt werden konnte.

Aber Semco geht ja immer seine eigenen Wege, nicht wahr? Statt bestimmte Geschäftszweige an irgendwelche Fremde zu vergeben, beschlossen wir, sie an die Leute zu delegieren, die wir am besten kannten: unsere Arbeiter. Wir würden ihnen dabei behilflich sein, ihre eigenen Firmen zu gründen, so daß aus Mitarbeitern Geschäftspartner wurden. Und damit war das Satelliten-Programm geboren.

»Wenn du etwas gut und preiswert gemacht haben willst, dann mach es selber.« Das war das Mantra der Größer-ist-besser-Unternehmen. Aber wie viele Unternehmen haben sich nicht verzettelt, als sie größer wurden! Henry Ford war so verliebt in das Prinzip der Vertikalisierung, daß er Bäume anpflanzte, um Holz für die Seitenverkleidung seiner T-Models zu bekommen, daß er Eisenerzbergwerke und Frachtschiffe erwarb, ja sogar am Amazonas nach einem Gelände für eine Gummifabrik für die Reifen suchen ließ. In der offiziellen Firmengeschichte wird es kaum erwähnt, aber Ford mußte schließlich 60000 Arbeiter entlassen – und zwar wegen dieses übertriebenen Do-it-yourself-Denkens.

Wenn man Arbeit an Spezialisten, Subunternehmer, Berater und eine ganze Reihe von Dritten vergibt, kann man sich eine Menge Probleme sparen. Zunächst verringert das die fixen Lohnkosten. Außerdem werden dadurch auch die Lagerregale leer, da sich die Rohmaterialien und Ersatzteile, die ein Unternehmen normalerweise bei sich lagern würde, nun auf viele Zulieferer verteilen. Unternehmen wie das unsere, deren Produkte aufwendige Herstellungsprozesse erfordern, binden Kapital in Lagerräumen und Magazinen. Das ist nicht gut, wenn es zu einem wirtschaftlichen Abschwung kommt.

Vor allem aber handeln die Menschen anders, wenn sie ein eigenes Unternehmen haben. Arbeiter, die jede Kaffeepause auf die Minute genau einhalten, werden sich bis in die Nacht hinein und an Samstagen und Sonntagen abschuften, wenn sie damit ihr eigenes Unternehmen am Leben erhalten können. Bei Semco waren wir weitgehend deshalb so erfolgreich gewesen, weil wir unsere Mitarbeiter so sehr an ihren Jobs beteiligt hatten. Unsere Leute arbeiteten bereits lange und natürlich auch an den Wochenenden, und darum mußten sie von ihren Bossen gar nicht mehr angetrieben werden. Aber indem wir sie dazu ermutigten, ihre eigene Firma aufzumachen, würden wir ihr Engagement sogar noch mehr steigern können.

Theoretisch bedeutet die Fremdvergabe von Arbeit einen Verlust der Gewinne, die bei der Vertikalisierung erzielt werden. Aber denken Sie dabei nur an Henry Ford. Als die brasilianische Wirtschaft einen Rückgang erlebte, beschlossen wir, uns an die Lehren zu halten, die der gute Henry ignoriert hatte. Nur wenige Firmen konnten mit unserer Fünf-Meter-Drehbank mithalten, mit der man große Metallzylinder zurechtschneiden kann, oder mit unseren Vertikalfräsmaschinen, mit denen man absolut glatte und symmetrische Oberflächen bei Stahlverkleidungen und -gehäusen erzeugen kann. Nur wenige Unternehmen verstanden sich darauf, die riesigen Rohrschlangen in unseren Kühltürmen zu verlöten, Spezialgetriebe für unsere Mischmaschinen anzufertigen oder Kupplungen mit Titan zu beschichten. Es wäre viel zu teuer, wenn nicht gar unmöglich, diese Arbeiten Subunternehmern zu überlassen, also wollten wir sie auch weiterhin bei uns ausführen. Außerdem würden wir unsere hochspezialisierten Konstrukteure behalten, die unsere Produkte modifizieren, damit sie den besonderen Anforderungen unser Kunden entsprechen, je nachdem, ob sie Mischgeräte für Suppe oder Kaugummi benötigen. Das galt auch für die Leute, die für den Bereich computergestütztes Design (CAD) zuständig waren, denn hier gab es nicht nur teure Geräte, sondern auch wichtige Geschäftsgeheimnisse.

Aber technische Zeichnungen? In Brasilien gab es Tausende von technischen Zeichnern, die genauso geschickt wie unsere waren. Blechverarbeitung? Es gab Hunderte, wenn nicht sogar Tausende von brasilianischen Firmen, die Bleche für Mixergehäuse walzen konnten. Und was war mit der Rechtsabteilung und der Software-Entwicklung? Ideale Kandidaten für Subunternehmen.

Fremdaufträge zu vergeben ist nicht unproblematisch. Dritte müssen eine Menge über einen Auftraggeber wissen, und das ist gar nicht so einfach bei einem idiosynkratischen Unternehmen wie dem unseren. Nicht zu vergessen der »Brain-Drain-Faktor« sowie die Risiken, die damit verbunden sind, wenn man Außenseitern sein Know-how preisgibt. Aber in unserem Fall waren beide Bedenken unbegründet: Im Satelliten-Programm würden wir mit Leuten zusammenarbeiten, die wir bereits kannten und denen wir vertrauten, und umgekehrt.

Aber wie sollten wir Hunderte von Mitarbeitern dazu bewegen, Unternehmer zu werden und ein sicheres Nest bei Semco zu verlassen, während draußen ein Wirtschafts-Unwetter tobte? Dabei kamen uns jene patriarchalischen brasilianischen Abfindungszahlungen zugute. Die sechs, zehn oder gar zwanzig Monatsgehälter, die wir Mitarbeitern zahlen mußten, wenn sie gingen, plus die zusätzlichen Gewinnanteile, die sich bei Semco im Laufe der Jahre angesammelt hatten, würden ihr Startkapital sein. Natürlich hätte kein Mitarbeiter Anspruch auf diesen Notgroschen, wenn er nicht entlassen wurde. Also machten wir ihnen das Angebot, sie zu entlassen, um sie dann mit Hilfe ihrer Abfindung bei der Gründung ihrer eigenen Firmen zu unterstützen, die uns Materialien oder Dienstleistungen liefern sollten. Um den Handel perfekt zu machen, boten wir unseren Arbeitern an, sie könnten genau die Maschinen von uns leasen, an denen sie in unseren Fabriken gearbeitet hatten, und zwar anfangs kostenlos und später, wenn ihre Firmen in die Gewinnzone kamen, zu äußerst vernünftigen Bedingungen.

Wenn unsere Arbeiter einmal ihre eigenen Werkstätten und Fabriken hätten, dann könnten sie ein Mehrfaches von dem verdienen, was sie bei Semco bekommen hatten, wenn die Wirtschaft wieder auf Touren kam. Gut, das war ein großes Wenn. Und wenn die Rezession andauerte, könnten sie weniger als bei Semco verdienen – aber das setzte voraus, daß sie auch weiterhin einen Arbeitsplatz bei Semco hatten, was für eine erschreckend große Zahl von unseren Leuten mit jedem Tag zweifelhafter wurde.

Pedro war nicht überrascht, als er und die anderen Koordinatoren im Werk von Santo Amaro zu einem »ernsten Gespräch« mit der Geschäftsleitung gebeten wurden. Er wußte, daß die Geschäfte schlecht liefen.

Er hatte bereits eine Entlassungsaktion hinter sich, hatte sich mit den leitenden Angestellten die Zahlen angesehen, bei der Aufstellung einer Liste von Kollegen geholfen, die entlassen werden sollten, darüber mit dem Werkskomitee diskutiert und dann den betroffenen Kollegen die schlechte Nachricht überbracht, einem nach dem anderem – wobei er zwischendurch immer eine kurze Pause einlegen mußte, um seine Fassung wiederzugewinnen.

Pedro erwartete, daß er das alles nun noch einmal durchmachen mußte. Er hatte zwar vom Satelliten-Programm gehört, glaubte aber, daß dies eines jener Dinge war, die nur anderen Leute zugute kamen. So war er von dem Vorschlag, den wir ihm unterbreiteten, völlig überrascht. Von den Dutzenden von Mitarbeitern, die diese schweren Zeiten überstanden hatten und noch immer Pedro unterstellt waren, sollten unserer Meinung nach die Hälfte bei Semco bleiben. Sie übten eine komplizierte Tätigkeit aus, die einen Teil unserer maßgeblichen Technologie ausmachte. Wir hofften, daß viele von den übrigen Arbeitern von einem Unternehmen eingestellt werden könnten, das vielleicht »Pedro und Freunde GmbH« heißen könnte.

Pedro war so verblüfft, daß er, was sonst gar nicht seine Art war, um Bedenkzeit bat. Nach etwa einer Stunde hörte er auf, in der Halle herumzutigern, und kehrte in die Vorstandsetage zurück, wo die Geschäftsleitung auf ihn wartete. Als er eintrat, kam er sich, wie er später sagte, »wie eine angehende Braut« vor.

»Also gut«, sagte er und holte tief Luft. »Ich mach's.«

Der richtige Name seiner Firma lautete dann JKL Maschinelle Fertigung und Walzblech GmbH. Das J und das L standen für Jose Maria und Jose Lima, zwei Semco-Kollegen. (Das K für »Kugel«.) Die drei brauchten etliche Tage, bis sie ein passendes Gebäude fanden, das ein paar Blocks von unserer Fabrik entfernt war. Sie listeten alle Maschinen auf, die wir an ihre neue Adresse lieferten, und nachdem sie diese in der kleinen Werkstatt untergebracht hatten, begann Pedro mit seinen Kollegen, uns mit Kupplungen, Getriebekästen, Getrieben, Metallwellen, Turbinenschaufeln für Mischmaschinen und Maschinengehäusen für Schiffspumpen zu beliefern.

Ihr Leben nahm eine dramatische Wendung. Bei Semco war Pedro stets um 17.30 Uhr zu Hause gewesen; inzwischen bringt ihm seine Frau gelegentlich abends Kaffee in seine kleine Werkstatt, und wenn Pedro endlich nach Hause kommt, hat er oft noch jede Menge Papierkram dabei. Semco stellte ein Team von leitenden Mitarbeitern zusammen, das unseren Mini-Unternehmern beibrachte, wie man Kosten kontrolliert, Preise kalkuliert, Lager und Instandhaltung organisiert und alle möglichen bürokratischen Dinge in den Griff bekommt. Sie hatten ständig Probleme, wie wir wußten, da wir ja mit ihnen Geschäfte machten.

Pedro beispielsweise war berühmt dafür, daß er sich auf seinen Rechnungen beim Zusammenzählen verrechnete und vergaß, die Steuer zu berechnen. »Ich habe denen die gleiche Rechnung zweimal geschickt«, erinnerte er sich, »und dann riefen sie bei mir an und fragten mich, ob ich meinen Preis verdoppelt hätte, ohne es ihnen vorher zu sagen. Aber dann hörte ich, wie am anderen Ende der Leitung gelacht wurde.«

Aber wir wurden nie müde, ihm und den anderen zu helfen. Und nur zu gern riefen wir ihre anderen potentiellen Kunden an und empfahlen sie weiter.

Wie andere Satelliten-Firmen hat auch JBL gute und schlechte Zeiten erlebt. Ihre Belegschaft stieg auf zehn Mitarbeiter – weiß der Himmel, wo sie die unterbrachten –, sank dann aber wieder auf fünf ab. Doch ihre Begeisterung oder ihren Optimismus haben sie nicht verloren. Tatsächlich haben sie gerade einen Gewinnbeteiligungsplan eingeführt.

Niemand wurde gezwungen, eine Satelliten-Firma zu gründen – alle Mitarbeiter bekamen ihre Abfindungen ohne irgendwelche Auflagen. Einige nahmen das Geld und gingen einfach. Andere wollten bei uns bleiben, solange sie konnten.

Aber unser Angebot war geradezu verführerisch. Ich kenne Unternehmen, die ihren Zulieferern verbieten, an die Konkurrenz zu verkaufen, oder die die Preise oder die Gewinnmarge diktieren. Wir erklärten unseren Leuten, sie seien frei, alles, was sie herstellten, an wen auch immer zu verkaufen, sogar an unsere Konkurrenz. Auf der anderen Seite dürften auch wir bei jedem beliebigen Unternehmen einkaufen. Es gab für beide Seiten keine Garantien, und damit war sichergestellt, daß wir konkurrenzfähig und innovativ sein würden.

Das Satelliten-Programm breitete sich rasch in allen Werken und Abteilungen aus. Tatsächlich wurde es zuerst von unseren Büroangestellten aufgegriffen, besonders von unseren Steuerfachleuten, von den Mitarbeitern in der Personalabteilung und von den technischen Zeichnern. Wir lösten unsere Rechtsabteilung auf und vergaben die Arbeiten an mehrere Firmen, die sich auf verschiedenen Gebieten spezialisiert hatten, unter anderem auch an eine Kanzlei, die von einem unserer Ex-Anwälte gegründet worden war. Auch einige unserer Buchhalter machten eine Firma auf, und Programmierer machten sich selbständig und produzierten unsere Software.

Nachdem Pedro und seine Kollegen in Santo Amaro den Anfang gemacht hatten, wurde das Satelliten-Programm auch von anderen Arbeitern in der Systemgastronomie-Einheit sowie in der Kühlsystemfabrik übernommen. Ich will damit nicht sagen, daß das Ganze absolut reibungslos ablief. Da gab es beispielsweise eine Unternehmenseinheit mit fünf Produktionszellen, und vier koppelten sich vom Mutterschiff ab und begaben sich als Satelliten auf ihre eigene Umlaufbahn. Da hatte es für uns überhaupt keinen Sinn mehr, die verbleibende Zelle zu behalten – wir hätten dann ja nur mit den anderen vier konkurrieren müssen.

Es gab auch einige Aussteiger, mit denen wir nicht gerechnet hatten. Paulo Pereira war die Luftverschmutzung und den Verkehr leid und wollte schon lange mit seiner Familie von São Paulo in seine Heimatstadt Bebedouro ziehen, ein kleines Städtchen, das etwa 240 Kilometer weit weg lag. Aber wir wollten Paulo nicht verlieren, schließlich war er der Architekt von einigen unserer innovativsten Programme gewesen. Das Satelliten-Programm war unser beider Chance: Paulo richtete sich sein eigenes Personalberatungsbüro in Bebedouro ein und pendelte von Dienstag bis Donnerstag nach São Paulo, um für uns zu arbeiten.

Auch Laura de Barros verließ uns und machte sich als Personalberaterin selbständig. Simpliciano Domingos de la Sierra blieb, aber irgendwann mußte der junge Unternehmer sogar eine Zeitlang einen Kleinbus fahren, um seine Familie zu ernähren. Und Alipio Camargo gründete mit einer Handvoll Semco-Kollegen sowie zwei Mechanikern eine Firma und verkaufte und wartete Hobart-Produkte in São Paulo. Sein Laden läuft gut.

Semco war an der Gründung von über zwei Dutzend Satelliten-Firmen beteiligt. Etwa die Hälfte unserer Produktion wurde an sie delegiert, und wir glauben, daß wir in den kommenden Jahren weitere zehn oder gar zwanzig Prozent nach draußen geben können. Bis zum heutigen Tag hat keiner dieser Satelliten wieder dichtgemacht. Einige halten nach Partnern Ausschau, andere bemühen sich, ihre Produktpalette auszuweiten. Einige sind kleine Semcos und haben sich nach unseren Idealen organisiert: Demokratie, Transparenz und Vertrauen. Andere hingegen sind ganz traditionell – kleine Fords oder IBMs (ein hoffentlich vorübergehender betrüblicher Zustand). Fast alle haben auch noch andere Kunden als Semco, was uns recht ist. Es ist schließlich ihr Geschäft.

Das Satelliten-Programm funktioniert deshalb so gut, weil es auf dem Prinzip beruht, daß Menschen, die in ihr Unternehmen investiert haben, sich auch mehr für ihre Arbeit engagieren müssen. Das hat nur Gutes zur Folge: Die Kosten sinken, die Qualität steigt, es gibt viele Innovationen. Diese Leute werden sich ein Teil ansehen und sich fragen, warum es eigentlich so beschaffen sein müsse. Warum könnte es nicht besser gemacht werden? Oder billiger? Oder schneller?

Für Semco hat das Satelliten-Programm eine unglaubliche Flexibilität mit sich gebracht. Wir kaufen nur noch, was wir brauchen und wenn wir es brauchen. Da wir uns nicht mehr von der Fertigung ablenken lassen müssen, können wir uns auf die Gestaltung, die technische Umsetzung und die Montage besserer Produkte konzentrieren. Und wir haben nicht mehr all diese teuren Maschinen herumstehen, die wir deswegen unbedingt benützen müssen, und sind somit auch nicht mehr mit allen möglichen Verfahrensproblemen beschäftigt.

In einem viel grundlegenderen Sinne ist das Satelliten-Programm eine logische Konsequenz unserer Philosophie, Mitarbeitern die

Macht zu übertragen. Schließlich haben unsere neuen Unternehmer ihren Arbeitsplatz absolut unter ihrer Kontrolle – und damit zumindest so viel Macht, wie sie jeder Inhaber hat. Sie treffen sämtliche Entscheidungen, einschließlich der Entscheidung darüber, wie viele Entscheidungen wiederum ihre Arbeiter treffen sollten. Fast immer sind sie sogar noch produktiver, als sie es bei Semco waren.

Dabei war es durchaus nicht einfach oder im Handumdrehen möglich, das Satelliten-Programm einzuführen. Aber ich glaube, es hat uns dabei geholfen, aus Semco ein Unternehmen zu machen, das sich auch auf der rauhesten See halten kann, ohne daß es leckschlägt oder daß die Mannschaft gezwungen ist, von Bord zu gehen.

Kapitel 33
Wiedergeburt

Die Fabriken, in denen wir uns alle so große Mühe gegeben hatten, an einem Strang zu ziehen, waren auf einmal halb leer, Maschinen und Menschen, die sie bedient hatten, in alle Winde verstreut. Wir sahen uns um und fragten uns: »Brauchen wir eigentlich all diese Fabriken überhaupt noch?« Es war an der Zeit, auszuziehen.

Keines der Werke war leicht zu schließen, aber die größten Schwierigkeiten bereitete die Systemgastronomie-Einheit, wo sich in den Jahren seit der Übernahme Rechnungsvolumen und Umsätze um mehr als das Vierfache vergrößert hatten, obwohl das Management halbiert wurde. Wir verloren annähernd eine Million Dollar, eine gewaltige Summe, als wir das Werk schlossen und die Überreste nach Santo Amaro verlegten – mit der Folge, daß einige Arbeiter, die ursprünglich dort angefangen hatten, diese Entscheidung noch weniger begriffen als ohnehin schon. »Wieso kauft ein Unternehmen ein Werk, gibt Geld aus, um es umzugestalten, führt Programme ein, die die Produktivität steigern und den Betrieb total umkrempeln, und gibt dieses Werk dann einfach auf – warum bloß?« So wurden wir immer wieder gefragt. Aber durch die Verlegung des Systemgastronomie-Betriebs konnten die Kosten auf ein Niveau gesenkt werden, das unsere Mitarbeiter nie erreicht hätten, wenn sie geblieben wären. Allein die Miete des alten Werks belief sich auf sechs Prozent des Umsatzes – etwa dreimal soviel wie üblich.

Die BAC-Unternehmenseinheit in Diadema, in der Kühlanlagen für die Nahrungsmittel- und die Getränkeindustrie sowie Kühltürme für Klimaanlagen hergestellt wurden, war gleichfalls schwer zu schließen, da hier die Geschäfte viel besser liefen als in unseren anderen Werken. Ihre Hauptkunden, die Bier- und Limonadenhersteller, waren von der Rezession relativ wenig betroffen: Sie brauchten die ausländische Konkurrenz kaum zu fürchten, und ihre Kunden waren zwar knapp bei Kasse, aber für eine Brause oder ein Bier reichte es allemal.

Doch als das Satelliten-Programm auch auf die Kühlanlagen-Einheit übergriff, sahen wir, daß die Möglichkeit bestand, 60 bis 70 Prozent der Produktionskapazität des Werks nach außen zu verlagern, und zwar ohne Qualitätsverlust. Die Verlegung nach Santo Amaro war unvermeidlich, aber wir faßten es als großes Kompliment auf, daß die Führer der dortigen Gewerkschaft, einer überaus radikalen Organisation, uns diesen Umzug auszureden versuchten. In dieser Region waren Ford, General Motors und andere Unternehmen angesiedelt, die Zehntausende von Arbeitskräften beschäftigten, so daß sich die Gewerkschaft kaum Sorgen wegen der 100 Arbeitsplätze machte, die wir dort auflösten. Vielmehr hatte sie Semco und seine Programme immer als Musterbeispiele in ihren Verhandlungen mit anderen Unternehmen zitiert. Wenn wir nicht mehr da wären, würde die Gewerkschaft ein schlagendes Verhandlungsargument verlieren.

Clovis war wie andere der Meinung, daß die Schließung der Fabriken ein Schritt in die falsche Richtung sei. Sein Verstand sagte ihm natürlich, daß das Satelliten-Programm unsere beste Strategie war, aber mit dem Herzen hing er an diesen merkwürdigen Fabriken mit den bunten Wänden, den Büschen zwischen den Maschinen und den Arbeitern, die kaum Bosse brauchten.

Für mich war diese Entscheidung nicht so schmerzlich, weil ich doch weiter weg war vom Arbeitsalltag des Unternehmens. Im Unterschied zu den Arbeitern mußte ich nicht mit anpacken, um die Möbel und Anlagen wegzutransportieren. Es ist eben doch etwas anderes, ein General zu sein, der nie an die Front kommt. Auch wenn es dabei zu Katastrophen wie bei Gallipoli kommen kann, treffen Offiziere, die nicht im Feuer stehen, oft die besseren strategischen Entscheidungen.

Tatsächlich hatte ich schon seit mehreren Jahren daran gedacht, die Zweigwerke zu schließen und unseren Betrieb in Santo Amaro zu konzentrieren. Diese Idee war zunächst von fast allen verworfen worden – von Vendramin, Violi, Batoni und Clovis. Selbst als die wirtschaftliche Lage sich verschlechterte und unser weiteres Schicksal sich abzeichnete, dauerte es Monate, bis ich alle auf meiner Seite hatte. Ich weiß, daß viele Leute den Eindruck haben, wir bei Semco würden zuviel reden, bevor wir eine Entscheidung träfen. Sie gehen davon aus, daß sich ein Unternehmen unserer Größenordnung im Handumdrehen entscheiden sollte. Zugegeben: Es kann bei uns länger dauern als bei General Motors, einem zehntausendmal größeren Konzern, bis eine Entscheidung gefallen ist. Aber wenn wir auch ewig darüber diskutieren – sobald wir uns einmal durchgerungen haben, setzen wir diese Entscheidung viel schneller um, da alle völlig dahinterstehen.

Und genau das war auch der Fall, als wir unsere Werke schlossen. Selbst Clovis mußte zugeben, daß dies die beste Möglichkeit sei, unsere individualistische Unternehmenskultur zu erhalten. Wir wollten ein Unternehmen schaffen, das Jahrzehnte überdauern und das Auf und Ab vieler Konjunkturzyklen überstehen konnte. Eine derartige Stabilität würden wir nie erreichen, wenn wir ein bestimmtes Umsatzvolumen aufrechterhalten müßten oder auf verzweifelte, kurzfristige Kosteneinsparungen angewiesen wären, um die Fixkosten einer großen Belegschaft und von Fabriken voller Maschinen abzudecken.

Von 830 Mitarbeitern und neun Unternehmensbereichen an fünf Standorten im Jahre 1987 waren Semco vier Jahre später knapp 300 Mitarbeiter in sechs Unternehmensbereichen an zwei Standorten geblieben (plus rund 200 Arbeiter in Satellitenfirmen sowie hauptsächlich für uns arbeitende Berater). Wir bauten unser Stammwerk in Santo Amaro um und erweiterten es, so daß unsere verschiedenen Unternehmensdivisionen auch räumlich ihren eigenen Bereich hatten, und benutzten einen Teil des Werks an der Nacoes Unidas zum Testen unseres Schiffszubehörs und als Lagerhaus.

Aber die Konsolidierung unserer Werke hatte überhaupt keinen Einfluß auf ihre Organisationsstruktur. Wir sind noch immer ein dezentralisiertes Unternehmen. Wir haben die Grundzüge dieser Unternehmenseinheiten beibehalten – ihre Autonomie, ihren Individualismus, ihre eigenständigen Werkskomitees, ihre ganzheitlich strukturierten Teams (»Zellen«), ihre Persönlichkeiten. In gewisser Hinsicht befinden sich unsere Unternehmensbereiche eigentlich überhaupt nicht am selben Ort. Wir haben den Raum so eingeteilt, daß es zwischen ihnen keine Wechselbeziehung gibt. Jeder Bereich hat sein eigenes Gelände, einen eigenen Eingang, eine eigene Lagerhalle und eine eigene Laderampe. Nur die Adressen der verlegten Werke mußten geändert werden.

Die Unternehmenseinheiten können jederzeit, wenn sie wollen, eine Umgestaltung untereinander aushandeln. Wenn es unternehmerisch Sinn macht, dürfen sie sogar ausziehen. Eine kleine Neugründung namens Difitex, einer der zwei oder drei embryonalen Betriebe, die wir normalerweise in petto haben, kam kürzlich zu dem Schluß, sie müßte für ihre Räume in Santo Amaro zuviel bezahlen. (Jeder Bereich ist – basierend auf seiner jeweiligen Fläche – an den Gebäudekosten beteiligt, einschließlich der Kosten für Sicherheit, Reinigung, Strom, Wasser und Versicherung.) Also beschlossen die Leiter dieser Einheit, die Textilmaschinen importiert, irgendwo ins Geschäftsviertel von São Paulo überzusiedeln. Sie haben mir kein Wort davon gesagt, und ich weiß noch immer nicht genau, wo sie jetzt sind. Es spielt auch keine Rolle. Ich schicke ihnen ein Fax, wenn ich mit ihnen reden muß. Und sie faxen zurück.

Auch wenn wir Semco auf die Kernbereiche Vertrieb, Technik, Konstruktion, Materialwirtschaft, Einkauf und Montage zurückgeschrumpft haben, geht es in unserem Werk wie eh und je lebhaft zu. In Santo Amaro drängen sich ständig unsere ehemaligen Mitarbeiter, die uns Software, Steuerberatung, Buchprüfungen, Kugellager, geschweißte Komponenten sowie Schneidemaschinen und Waagen verkaufen, die wir dann unter unserem Namen weiterverkaufen. Hunderte von Menschen laufen bei uns herum, und mit vielen von ihnen habe ich jahrelang zusammengearbeitet, während ich bei ein paar Leuten keine Ahnung habe, wer sie sind. Sie können unsere Schreibtische und Telefone und Computer benützen und ihre Autos auf unserem Parkplatz parken.

Als einige der Berater, deren Rat wir uns von Zeit zu Zeit im Hinblick auf unsere Strategie, das Verhalten des Unternehmens und unser Marketing einholen, erfuhren, daß wir konsolidieren wollten, empfahlen sie uns, gleichzeitig auch unsere Produktpalette zu verkleinern. Wir sollten nur die Waren und Dienstleistungen behalten, die Geld einbrachten, erklärten sie – also die Schiffszubehörteile und -pumpen, die Großgeschirrspülanlagen, Nahrungsmittel- und Getränkekühlanlagen, die spezialisierten Backmaschinen, die High-Tech-Mischmaschinen sowie unser Team für Öko-Technik und -Beratung. Eliminieren hingegen sollten wir schwächere Produkte wie Schneidemaschinen, Waagen, Kartoffelschälmaschinen und Fleischwölfe von Hobart sowie Ölfilter und Klimaanlagenzubehör. Aber wir waren der Meinung, daß dies noch immer gute Produkte seien – daß wir sie bloß nicht zu konkurrenzfähigen Preisen herstellen konnten. Hier liegt jedoch die Chance für unsere Satelliten-Firmen mit ihren von Natur aus geringeren Fixkosten. Wir nehmen ihre Produkte – teils verkaufsfertig, teils in Teilen, für die noch eine Endmontage erforderlich ist –, versehen sie mit unserem Markennamen und vermarkten sie über unseren Außendienst, mit einer komfortablen Handelsspanne.

Die Konsolidierung hat auch unsere Fähigkeit zur Innovation verbessert. Wir führen noch immer die Endmontage bei den meisten unserer Produkte aus, und hier nimmt man am ehesten die Probleme und Möglichkeiten in einem Produktionsverfahren wahr. Und wir steuern noch immer die wichtige Wechselbeziehung zwischen Technik und Montage. Wir können jederzeit von Walzblech auf Keramik oder von rostfreiem Stahl auf Kunststoff umsteigen, und wegen irgendeiner Umstellung werden bei uns keine Maschinen veralten.

So hatten wir beispielsweise 20 Jahre lang einen Pigmentmischer für Farbenfabriken gebaut, der aus einer großen Stahlplatte mit Zähnen bestand. Unsere Konkurrenz stellte auf Mischer aus Keramikmaterial um, das nicht rostete und viel billiger war – aber wir dachten gar nicht daran, eine derartige Umstellung vorzunehmen, weil uns die Maschine gehörte, welche die Stahlmischplatte herstellte. Sobald wir sie einer Satellitenfirma leasten, konnten auch wir uns die Umstellung auf Keramik leisten. (Zyniker könnten uns nun vorwerfen, wir würden veraltete Maschinen an unsere neuen Zulieferer abstoßen. Aber die meisten Maschinen sind ja nicht veraltet. Und man darf auch nicht vergessen, daß wir sie zu Sonderpreisen abgegeben haben.)

Die Konsolidierung kostete Semco über zwei Millionen Dollar. Zusammen mit einem Verlust von über vier Millionen Dollar aus stornierten Werftaufträgen, sollte das eigentlich ausgereicht haben, uns zur leichten Beute der Banken zu machen. Die brasilianische Wirtschaftskrise hat zahlreichen guten Unternehmen den Garaus gemacht – jeden Monat gingen durchschnittlich 800 pleite. Semco überlebte nicht nur, sondern erwirtschaftete auch die gewaltigen Kosten für Werksschließungen, Arbeitsplatzeinsparungen und Umstellungen, ohne neue Kredite aufnehmen zu müssen. In den schlimmsten Jahren schlossen wir mit plus-minus Null ab, und in mittelmäßigen Jahren schrieben wir schwarze Zahlen. Unsere Mitarbeiter, die 1980 jeweils Waren im Wert von durchschnittlich 10800 Dollar pro Jahr produzierten, kommen nun auf einen Warenwert von 92000 Dollar pro Jahr (inflationsbereinigt!), und das ist viermal so hoch wie der nationale Durchschnitt. Und im Maßstab dieses Wertzuwachses stieg die Produktivität um das Sechseinhalbfache. Das Absatzvolumen nahm von vier Millionen Dollar auf rund 20 Millionen Dollar pro Jahr zu, und das *mit einem Drittel der Belegschaft.* Gut, von unserem Spitzenwert von 35 Millionen Dollar im Jahre 1987 (bei 830 Mitarbeitern) sind wir weit entfernt, aber das ist noch immer eine verdammt gute Wachstumsrate für eine derart miserable Volkswirtschaft wie die Brasiliens. Ja, Ende 1992 hatten wir für sechs Monate Betriebskapital in der Kasse, ohne einen einzigen fälligen Bankkredit. (Violi besaß eine Liste mit fast einem Dutzend Bankdirektoren, die um einen Termin baten, um uns zu überreden, diese Situation zu ändern.) Wir bezahlten unsere Zulieferer im voraus und hatten die Reallöhne unserer Leute um über sieben Prozent erhöht – über der Inflationsrate. Darüber hinaus erhielten fast all unsere Koordinatoren 1992 fette Prämien, und wir hatten zwei neue Geschäftsbereiche eröffnet: einen Fabrikwartungsdienst und einen Abfallbeseitigungs- und Recycling-Betrieb für Büros, zu dem auch Containersysteme für jede Etage gehören, in denen Glas, Papier und Plastik getrennt gesammelt und dann automatisch recycelt werden.

Wir hätten es kommen sehen sollen, meinen Sie? Wir sahen es kommen. Jedenfalls einige von uns.

Drei Jahre bevor Brasiliens Wirtschaft zusammenbrach und Semco sein Satelliten-Programm startete und dann konsolidierte, hielten wir einen Wochenend-Workshop für 40 von unseren Spitzenmanagern ab. Das war eine typische Laura de Barros-Veranstaltung: Das Licht war gedämpft, und im Hintergrund erklang Debussys »La

Mer«. Alle sollten sich auf den Boden legen, sich entspannen und alle Alltagssorgen hinter sich lassen. Ich war überrascht, wie sogar hartgesottene Ingenieure sich fallenließen, die Schuhe abstreiften und alle viere von sich streckten. Ich hätte es wissen müssen – man durfte Laura nicht unterschätzen.

Die Schlüsselübung bestand darin, eine »Vision« von der Zukunft des Unternehmens zu entwickeln. Jeder Teilnehmer wurde aufgefordert, sich Semco im Jahre 2010 vorzustellen. Wie würde das Werk aussehen? Wie viele Menschen würden darin arbeiten? Und so weiter und so fort.

Die Manager dachten darüber nach, und als die Lichter wieder angingen, schrieben sie ihre jeweiligen Voraussagen auf. Dann wurden sie aufgefordert, sich mit einem Kollegen auszutauschen und ihrer beider Visionen zu einem einzigen Bild zu vereinen. Ich wanderte im Raum herum und schnappte einzelne Gesprächsfetzen auf.

»Ich sehe, wie ich mit einem Zug zur Arbeit fahre, in dem es Faxgeräte und Computerterminals gibt«, meinte ein Mann, während sein Partner das Gesicht verzog.

»Mein Büro ist voller Grün – es sieht aus wie in einem Regenwald«, sagte ein anderer.

»Der Fabrikboden ist blitzblank wie ein Ballsaal«, schwärmte ein Dritter, »und die Fließbandarbeiter haben alle strahlendweiße Overalls an.«

Dann taten sich die Managerpaare mit einem anderen Paar zusammen und wiederholten den Vorgang der Vereinigung ihrer Visionen zu einer einzigen. Dann trafen sich die vier mit weiteren vier Managern und so weiter – bis alle verrückten Ideen ausgesiebt waren und nur noch eine kollektive, ganzheitliche Vision von dem übrigblieb, was unsere Topmanager für die Zukunft von Semco hielten.

Und worin bestand diese Vision?

Wir hatten erwartet, daß unsere Manager aufgrund unseres jährlichen Wachstums von 40 oder sogar 50 Prozent Mitte der achtziger Jahre ein Bild von Semco entwerfen würden, in dem das Unternehmen im Jahre 2010 vielleicht 15 000 Mitarbeiter hätte. Aber sie stellten sich eine Firma vor, die nicht viel größer war als die gegenwärtige – allerdings mit wesentlich höherer Qualität unserer Produkte und mit viel größerer Lebensqualität unserer Mitarbeiter. Unsere Leute wollten also kein größeres, sondern ein besseres Unternehmen. Ein Unternehmen, in dem die Menschen zu Hause arbeiten konnten, befreit von konventionellen Strukturen und Abläufen. Ein Unternehmen, indem es soviel Bewegung in der Belegschaft gab, daß nicht immer klar war, wer nun gerade Mitarbeiter war und wer nicht. Unsere Manager waren dagegen, daß unser Unternehmen die Umwelt verschmutzte, und sie wollten, daß unsere Fabriken so sicher waren, daß sie ihre Kinder zur Arbeit mitbringen konnten.

Irgendwie ist diese Vision einer kleineren, beweglicheren, flexibleren, weniger klar definierten Firma großenteils bereits umgesetzt worden. Wir sind nicht länger Opfer unseres jugendlichen Drangs, mehr Leute, mehr Werke, mehr Produkte, mehr Umsatz haben zu wollen. Wir sind über den verlockenden Wahn des Wachstums hinausgewachsen, auch wenn wir dafür einen gewissen Preis zahlen mußten – Geld, Zeit und unsere Gesundheit.

Wachsen zu wollen, weil man einfach groß sein möchte, ist eine Vorstellung, die man im Sandkastenalter hat. Gewiß, eine bestimmte Größe ist nahezu für jedes Unternehmen notwendig. Sie gestattet eine Diversifikation der Produkte und Märkte, die einer Firma am ehesten das Überleben garantiert. Sie schafft zusätzliche Möglichkeiten für die Mitarbeiter und verbessert die Motivation und die Produktivität, da sie für Veränderung im gesamten Unternehmen sorgt.

Aber Vorsicht: Wachstumschancen ergeben sich immer wieder plötzlich – doch man sollte mit ihnen so umsichtig verfahren wie Odysseus mit den Sirenen, oder wie es der Hexenmeister dem Zauberlehrling empfahl. Beim Wachstum ist viel mehr Egomanie und Habgier im Spiel als strategisches Denken. Am Anfang haben wir bei Semco eine Politik der Unternehmensakquisition verfolgt, weil unser eigenes Potential großenteils erschöpft war. Wir nahmen über 100 Firmen unter die Lupe, verhandelten mit 15 und kauften dann vier. Ich kann mit drei Sätzen die Hunderte von Stunden und die Millionen von Dollar zusammenfassen, die wir dabei investiert haben:

Wachstum durch Akquisition ist aufregend, glanzvoll und führt zu Magengeschwüren.

Das Unternehmen, das Sie kaufen, ist dem Unternehmen, das Sie zu kaufen glaubten, nicht sehr ähnlich und nie so, wie man es Ihnen weisgemacht hat.

Der Kauf eines kleinen Familienunternehmens ist eine sichere Methode, das Stadium der Magengeschwüre zu überspringen und sich gleich einer Bypaßoperation unterziehen zu müssen.

Wir dagegen haben uns Tochterunternehmen von Multis einverleibt, die – Gott sei Dank – meistens zu ihren Verpflichtungen stehen. Sie haben normalerweise korrekte Bücher, anders als Familienfirmen, wo die Keller üblicherweise voller Leichen sind. Aber ganz gleich, welches Unternehmen Sie kaufen wollen: Seien sie bereit, es zu beobachten und von ihm zu lernen, und zwar mindestens ein Jahr lang, ehe Sie sich in die Nesseln setzen.

Die meisten unserer Neuerwerbungen haben sich schließlich gelohnt. Aber inzwischen haben wir uns bewußt dafür entschieden, mit dem Wachsen aufzuhören. Unsere Leute wollen überzeugt sein, daß die Produkte, die sie herstellen, auch notwendig sind, und sie wollen sie gern herstellen. Sie wollen am Ende ihres Berufslebens das Gefühl haben, etwas geleistet zu haben.

Die Vision, die unsere Manager mit uns gemeinsam hatten, war zunächst eine Überraschung, aber sie vermittelte uns das Selbstvertrauen, das wir zur Konsolidierung benötigten. Einfach einen Bruttoumsatz von 40, 50, 100 oder gar 200 Millionen Dollar zu machen sagt noch gar nichts. Wenn man unbedingt ein Risiko eingehen will, dann erreicht man das leichter, indem man Umsatz macht, als wenn man jene Art von Unternehmen aufbaut, wie sie unseren Managern vorschwebte. Wir expandieren auch heute noch. Erinnern Sie sich an die 1400 Bewerbungen, von denen ich Ihnen erzählt habe, die wir erhielten, als wir mit einer Anzeige Ingenieure als Mitarbeiter (Kollegen) suchten? Wir gehen davon aus, daß wir in den kommenden Monaten mit über 150 dieser Bewerber Verträge unterzeichnen werden. Aber die meisten werden keine festangestellten Mitarbeiter sein, sondern tatsächlich unsere Partner. In ähnlicher Weise werden wir unseren Außendienst durch unser Netz von Satellitenfirmen, Beratungsunternehmen und Partnerschaften ausbauen.

Ich habe erleben können, wie zahllose Unternehmen ungeheuer gewachsen sind und dann wie ein Komet verglühten. Solche Angebote, wie man sie angeblich nur einmal im Leben bekommt, werden einem doch die ganze Zeit gemacht, nicht wahr? Immer wenn ich ein verlockendes Geschäft machen kann, muß ich an das denken, was Ray Krinker von Price Waterhouse zu sagen pflegte: »Auch ein kleines Loch genügt, damit ein großes Schiff sinkt.«

Kapitel 34

Wer braucht schon eine Nummer eins?

Die meisten Unternehmen, selbst konventionelle Firmen mit einer Pyramidenstruktur, praktizieren zumindest eine gewisse Form der beratenden Demokratie – das heißt, die leitenden Mitarbeiter in Schlüsselpositionen können offen ihre Meinung äußern, wenn auch nur untereinander, ehe der Vorstandsvorsitzende die letzte Entscheidung trifft.

Das ist immer noch besser als unter Stalin, denn der hat überhaupt nicht zugehört. Aber es ist doch weit von echter Demokratie entfernt, in der alle Mitarbeiter – nicht nur die Manager – ein Mitspracherecht bei unternehmerischen Entscheidungen haben.

Warum glauben eigentlich so viele Unternehmen, es sei notwendig oder gar wünschenswert, daß nur eine einzige Person das letzte Wort hat? Ich nehme an, sie denken, daß wäre effizienter. Aber Macht, die sich in einer Person konzentriert, ist eine höchst riskante Angelegenheit. Henry Ford mag vielleicht als Pionier des Automobilbaus gelten (obwohl auch andere Unternehmen Autos herstellten, wenn auch in kleinerem Maßstab), aber er war eben auch ein starrsinniger Diktator, der letztlich Tausende von Arbeitern entlassen mußte, weil er irrtümlicherweise am T-Modell festhielt, obwohl es dafür längst keinen Markt mehr gab. Alfred Sloan von General Motors ist vielleicht einer der fähigsten Organisatoren in der Industrie gewesen, aber er war eben auch ein kurzsichtiger Strukturalist, als er ein Unternehmen schuf, das schließlich so unflexibel war, daß es nicht auf die Bedrohung durch die wirtschaftlichen Autos aus Japan zu reagieren vermochte.

Wie Stalin wußten auch Ford und Sloan, wie gut man sich dabei fühlt, wenn man absolute Macht ausübt. Aber ist es wirklich so gut für ein Unternehmen und seine Mitarbeiter, wenn ein einzelner starker Mann tun und lassen kann, was ihm beliebt; wenn sich alle ständig an seinen Gewohnheiten ausrichten müssen; und wenn keine stabilen Verhältnisse herrschen, sobald die Bestellung eines Nachfolgers unausweichlich geworden ist?

Nichts ist so schwer wie Demokratie, sage ich immer. Ich weiß schon gar nicht mehr, wann ich zuletzt eine unternehmerische Entscheidung allein getroffen habe, oder wie oft ich schon überstimmt worden bin. Aber ich beiße mir gern auf die Lippen, wenn ich mit einem Mehrheitsbeschluß nicht übereinstimme, denn ich glaube, daß uneingeschränkte Demokratie wichtiger (und sogar langfristig rentabler) ist, als wenn ich mich gegenüber unseren Managern auf eine Weise durchsetzen würde wie einst gegenüber meinen Spielkameraden, als unsere Welt noch so groß wie der Sandkasten war.

Es ist noch ein weiterer Vorteil damit verbunden, eine demokratisch denkende Nummer eins zu haben: die Nummern zwei, drei, vier und fünf können sofort eine wichtige Rolle spielen. Zu viele Vizepräsidenten in traditionellen Unternehmen haben das Gefühl, nur unter ferner liefen zu rangieren: Wenn sie nicht mehr aufsteigen können, müssen sie gehen. Auf diese Weise gehen ungeheuer viele fähige Köpfe verloren.

Als mir dies durch den Kopf ging, nachdem Semco so umstrukturiert worden war, daß das Unternehmen dem Auf und Ab der Wirtschaft nicht mehr so wehrlos ausgeliefert war, erkannte ich, daß es Zeit war, praktisch eine weitere Ebene unserer Hierarchie zu beseitigen: meine eigene.

Statt von einer Person an der Spitze sollte Semco fortan kollegial von einer Art Aufsichtsrat geleitet werden. Dieses Komitee war meiner Meinung nach ein besonders wohlausgewogenes Team: Clovis, eine Vaterfigur, die mein Denken geprägt hat; Vendramin, ein Wirtschaftswissenschaftler, Industriemanager, Ingenieur und vor allem ein nachdenklicher Mann, der sich für alles Zeit nimmt; Batoni, der immer darauf drängt, daß etwas bei einer Sache herauskommt, und der viel weniger nachsichtig gegenüber anderen Menschen ist als Clovis oder Vendramin; Violi, der ein hochgradiges Finanzgenie ist und mit beiden Beinen fest auf dem Boden steht; und Jose Alignani, ein fähiger Ingenieur und natürlicher Führer. Altersmäßig liegen sie zwischen Anfang Vierzig und Mitte Fünfzig.

Jeder von ihnen besitzt auch einen Anteil von einem Prozent am Unternehmen und bekommt am Jahresende eine Dividende. Das sollte nicht bloß ein Zeichen von Dankbarkeit sein. Ich wollte in unseren Spitzenleuten den unternehmerischen Geist des Kapitalismus fördern und entschied mich für ein Prozent, weil dieser Anteil am Unternehmen groß genug ist, um jedem dieser leitenden Mitarbeiter etwas zu bedeuten, und weil ihre fünf Prozent zusammen auch einen wichtigen Block bilden.

Während ihrer Dienstagskonferenz diskutieren und verabschieden die Ratsmitglieder alle wichtigen betrieblichen und strategischen Entscheidungen – also all jene, die noch nicht von Kollegen oder Koordinatoren getroffen oder bei den Montagsbesprechungen in jeder Unternehmenseinheit beschlossen worden sind. Zuweilen haben die Ratsmitglieder herzlich wenig zu tun. Und dann wieder hat man den Eindruck, als ob alle andern beschlossen hätten, keine Beschlüsse zu fassen.

Alle sechs Monate ist ein anderes Ratsmitglied an der Reihe, als amtierender Geschäftsführer die Aktivitäten der Partner und ihrer Unternehmenseinheiten zu koordinieren, das Unternehmen in rechtlichen Angelegenheiten zu vertreten und sich gelegentlich mit Kunden zusammenzusetzen, die unbedingt mit dem obersten Boß sprechen wollen. Durch dieses System wird das übertrieben kollektive Denken vermieden, das für Behörden so typisch ist, und jedes Ratsmitglied hat so die Chance, dem Unternehmen einmal seinen Stempel aufzudrücken (auch wenn die Amtszeit so kurz ist, daß dieser Stempel nicht unauslöschlich ist).

Seither bin ich also nur noch ein ganz normales Ratsmitglied. Aber an meinem Job hat sich nichts geändert – ich versuche, Dinge geschehen zu lassen, wie ein Katalysator. Ich versuche, das, woran ich glaube, den andern nahezubringen. Ich steige ein, wenn ich denke, etwas Gutes tun zu können, und ich steige aus, wenn ich es leid bin, mich mit einem Thema weiter zu befassen, oder wenn die anderen Ratsmitglieder es leid sind, sich weiter mit mir zu befassen. Ich nehme an ihren Dienstagskonferenzen nur teil, wenn ich dazu eingeladen bin, was etwa alle zwei oder drei Wochen der Fall ist. Ansonsten bleiben sie unter sich. Ich würde vermutlich zu mehr Konferenzen gebeten werden, wenn ich nicht die Angewohnheit hätte, mit allen möglichen verrückten Ideen um mich zu werfen. Ich neige auch zu impulsiven Entschlüssen, die das System nur durcheinanderbringen. Wenn ich zu aufmüpfig werde, schirmen sie mich einfach vom übrigen Unternehmen ab. Wie Mafiosi sprechen sie nie allein mit mir über neue Entwicklungen, sondern nur, wenn einer der andern dabei ist.

Mir soll das nur recht sein. Auf die Gefahr hin, für unbescheiden gehalten zu werden: Ich habe mir Sorgen darüber gemacht, daß ich einen übertriebenen Einfluß auf Semco ausüben würde. Es ist wichtig, daß niemand glaubt, das Unternehmen würde nur weiterexistieren, solange ich da bin.

Und wenn sie eine Entscheidung treffen, die mir nicht gefällt? Ich würde sagen, daß ich in mindestens 20 Prozent aller Fälle nicht ihrer Meinung bin. Vielleicht sogar in 30 Prozent. Das gilt auch für einige wichtige Entscheidungen in den letzten ein, zwei Jahren. 1991 beispielsweise schrieben wir schwarze Zahlen – trotz des schlechtesten Jahres aller Zeiten für die Maschinenhersteller, wie es das größte Wirtschaftsmagazin von Brasilien nannte. Kurz bevor unsere Abschlußbilanz zur Veröffentlichung in den Zeitungen freigegeben wurde, rief mich Violi an und sagte mir, daß infolge einer bereinigten Debitorenrechnung aus dem nominellen Gewinn ein Verlust von 90000 Dollar entstehen würde. »Ich finde es so albern, einen Verlust mitzuteilen wenn es sich um eine so lächerlich geringe Summe handelt«, sagte ich zu Violi.

»Aber auch der Gewinn wäre nur gering gewesen«, gab er zurück.

»Ich weiß, ich weiß«, sagte ich ein wenig verärgert. »Aber das sind doch verschiedene Kategorien. Ein Verlust ist ein Verlust, und ein Gewinn ist ein Gewinn.« Als ich das so sagte, merkte ich, daß es sich wie »eine Mutter ist immer eine Mutter« anhörte.

Die Dienstagskonferenz war am nächsten Tag, und der Jahresbericht sollte am Tag darauf fertig sein. Clovis fragte mich, ob ich an der Konferenz teilnehmen wolle, bei der eine endgültige Entscheidung getroffen würde.

»Wolltest du mich sowieso einladen oder nur wegen der Bilanz?« fragte ich ihn.

»Nun, wegen etwas anderem hätten wir dich nicht angerufen«, gab er zu.

»Dann haltet die Konferenz ohne mich ab. Ich faxe euch allen eine Aktennotiz von zu Hause, in der ich euch meine Meinung wissen lasse.«

In dieser Aktennotiz stellte ich fest, daß es eine Reihe von Berichtigungen gäbe, die sowohl die Werftrechnungen beträfen wie eine Importzahlung, die wir nach Meinung unserer Betriebsprüfer entweder in diesen oder den nächsten Jahresetat einbeziehen könnten. Ich sähe nicht ein, warum wir nicht eine dieser absolut legalen Berichtigungen jetzt verwenden sollten, um den geringfügigen Verlust auszugleichen und wieder einen Gewinn auszuweisen. Schließlich würde sich ein Gewinn in einem derart trostlosen Jahr auch gut für die Geier in der Geschäftswelt machen, die ständig über unseren Köpfen schwebten und nur darauf warteten, daß Semco sich einen Fehler leistete. Ich erinnerte meine Partner daran, wie wir einmal beim Schiffszubehörwerk 60 Arbeiter vorübergehend entlassen hätten und uns anschließend von den Zeitungen hätten vorwerfen lassen müssen, »1500 Mitarbeiter an einem einzigen Blutnachmittag« gefeuert zu haben. Auch noch so viele Pressemitteilungen hätten den dadurch entstandenen Schaden nicht wiedergutmachen können. Also, erklärte ich meinen Kollegen, sollten wir uns wegen so einer Bagatelle nicht selbst in Schwierigkeiten bringen.

Ich schickte das Fax ab, überzeugt, daß meine Argumente sie überzeugen würden. Sie hielten ihre Konferenz ab und sprachen sich dafür aus, den Verlust von 90000 Dollar im Bericht stehen zu lassen. Sie hätten bereits unsere Mitarbeiter davon in Kenntnis gesetzt, argumentierten sie, und wenn sie nun etwas anderes veröffentlichten, riskierten sie, daß es so aussähe, als wollten sie die Bücher frisieren.

Violi rief mich an und unterrichtete mich. Er sagte, die Partner würden sich gern mit mir treffen, um mir ihre Entscheidung zu erklären. Ich fragte ihn, ob sie meine Argumente berücksichtigt hätten, und er versicherte mir, das hätten sie getan. Das tat mir gut. Und als die Partner mich baten, die erläuternden Vorbemerkungen zur Bilanz für den Jahresbericht zu schreiben, war ich gern dazu bereit – und dann erklärte ich in meinem Kommentar, warum *wir* beschlossen hätten, den geringen Verlust auszuweisen.

Da gab es keinen Groll, keine Verstimmung – es war ein Tag wie jeder andere in einem demokratischen Unternehmen.

Ich bin sicher, daß es den meisten Vorstandsvorsitzenden oder Generaldirektoren – abgesehen vom Geld und allen möglichen Vergünstigungen – durchaus Spaß macht, ein Unternehmen zu leiten: sich Strategien und Produkte auszudenken, mit Zahlen herumzujonglieren, Risiken einzugehen, das Leben anderer Menschen zu manipulieren. Man kommt sich wie ein Fünfsternegeneral vor.

Wenn ich jeden Tag um sieben zur Arbeit gehen und mein Büro erst um Mitternacht wieder verlassen wollte, hätte ich mit Sicherheit genug zu tun – so wie vor meinem Abstecher zur Lahey-Klinik. Die meisten Vorstandsvorsitzenden behaupten zwar, 70 oder 80 Prozent ihres Jobs würden ihnen Spaß machen, doch ich habe den Verdacht, etwa 30 Prozent würden der Wahrheit schon näherkommen. Denn es gibt ja so viele Konferenzen, Telefongespräche, langweilige Mittagessen, bürokratischen Ärger.

Genau diesen Anteil meiner Zeit verwende ich jedenfalls heute für Semco: 30 Prozent. Ich möchte meinen, daß es jene erfreulichen 30 Prozent sind, da ich kaum etwas tue, was mir keinen Spaß macht. Ich nehme höchstens an zwei oder drei Geschäftsessen im Jahr teil, verlasse mein Büro (im Werk oder zu Hause) nie später als 18 Uhr und beantworte weniger als fünf der 20 oder 30 Anrufe, die ich jeden Tag bekomme.

Die übrigen Telefonate sowie den größten Teil meiner Post erledige ich mit handschriftlichen Notizen per Fax von zu Hause. Als ich zum erstenmal damit begann, einen halben Tag pro Woche zu Hause zu arbeiten, stellte ich mir vor, jeder würde glauben, das wäre nur eine Ausrede für den Sohn des Bosses, um am Swimmingpool faulenzen zu können. Ich versuchte gar nicht erst, diesen Verdacht zu zerstreuen; und wer bei mir vorbeikam, um ein Schriftstück abzuholen, traf mich in Shorts an. Aber angesichts des Dokumentenstroms aus meinem Haus war schon bald allen klar, daß ich tatsächlich zu Hause arbeitete, und zwar ziemlich effizient. Heute arbeite ich dort an drei bis fünf Vormittagen pro Woche.

Manchmal reicht es, daß ich bloß meine Nase in irgendeine Angelegenheit stecke, um mir gleich ein halbes Dutzend Anrufe, Faxe und Aktennotizen aufzuhalsen. Darum versuche ich möglichst, allem aus dem Weg zu gehen, es sei denn, ich bin der einzige, der mit einem Problem zurechtkommt. Ich hasse es, wenn ich mich unentbehrlich mache und mich dann nicht zurückziehen kann. Ich bin stolz darauf, sagen zu können, daß ich nicht mehr weiß, wie ein Semco-Scheck aussieht. Seit fast acht Jahren habe ich keinen mehr unterschrieben.

In Wahrheit braucht mich das Unternehmen im täglichen Routinebetrieb gar nicht mehr. Und die Ideen, auf denen Semco basiert, stammen auch gar nicht von mir. Sie sind ein Ergebnis der Unternehmenskultur, und dazu gehört jeder bei Semco. Ich habe eigentlich gar nichts gegen den Kapitalismus – trotz allem, was meine Kritiker immer wieder behaupten. Ich liebe meine Semco-Anteile. Aber es ist wirklich nicht mehr mein Unternehmen. Ich bin nicht Semco. Semco ist Semco.

Ich bin sogar so weit gegangen, dafür zu sorgen, daß sich diese Trennung auch auf die nächste Generation erstreckt. Ich halte dieses Unternehmen für zu kostbar, als daß ich das Risiko eingehen möchte, daß eines meiner Kinder oder Enkelkinder es schlecht leitet. Und überhaupt glaube ich langfristig nicht an Familienunternehmen. Familienunternehmen haben größere Mühe, begabte und ehrgeizige Fachkräfte anzuziehen – die wissen nämlich ganz genau, daß sie hier zumindest nicht mit einer geradlinigen persönlichen Weiterentwicklung rechnen können. Ja, wer sich einmal die Mühe macht herauszufinden, wie viele Familienunternehmen prozentual gesehen vier oder fünf Generationen überdauert haben, wird seinem Sohn oder einer Tochter schnell nahelegen, lieber Medizin zu studieren. Daher wird meinen Kinder bei Semco keine Stelle garantiert zur Verfügung stehen. Ich weiß schon, was Sie nun denken: Das sagen alle Firmeninhaber. Aber ich meine es wirklich so. Ich habe bereits dafür gesorgt, daß keiner meiner Nachkommen eingestellt oder befördert wird ohne die Zustimmung von drei Vierteln des Semco-Vorstands.

Daran wird selbst mein Tod nichts ändern, da dann meine Semco-Anteile an die Stiftung fallen, die Irene Tubertini mit ins Leben gerufen hat und die von einem weiteren Vorstand geleitet werden soll, dessen 21 Mitglieder sich aus Mitarbeitern und Außenstehenden zusammensetzen – aber Familienangehörige sind nicht dabei. Dank derartiger Mechanismen wird Semco schließlich einmal seine eigene Persönlichkeit haben und völlig unabhängig sein von irgendwelchen Semlers.

Wenn ich über den traditionellen Generaldirektor nachdenke, muß ich oft an meinen Vater denken. Und dabei fällt mir immer ein Vers aus einem Song von James Taylor ein: »Sich zu freuen, wie die Zeit vergeht, ist das Geheimnis des Lebens.« Die meisten Menschen leben entweder in ihren Erinnerungen an die Vergangenheit oder in ihren Hoffnungen auf die Zukunft. Nur wenige leben in der Gegenwart.

Ich wollte immer, daß mein Vater etwas von dem Geld hätte, das er verdiente. Er ist nie so weit gekommen – er hat sich immer nur Sorgen gemacht. Gegen Ende seines Lebens, nachdem er wußte, daß er Krebs hatte, ging er nach der Strahlenbehandlung gern durch den Park, und dann sagte er meiner Mutter, früher hätte er die Blumen und Enten eigentlich nie richtig bemerkt. Er mußte erst 73 Jahre alt werden und eine unheilbare Krankheit haben, ehe er all die faszinierenden kleinen Dinge des Lebens wahrnahm.

Als ich noch ein Junge war, fuhr mein Vater mit uns am Ende eines jeden Jahres für längere Zeit nach Europa. Für ihn war das einerseits ein Skiurlaub, andererseits eine Geschäftsreise. Ich weiß noch, wie wir immer im Hotelrestaurant zu Abend aßen. Dort befand sich an der Wand eine Anzeigetafel, auf der bei einem Anruf die entsprechende Zimmernummer aufleuchtete. Unsere erschien ständig. Wenn es in Europa acht Uhr abends war, war es in Brasilien erst vier Uhr nachmittags, und dann riefen ihn seine Leute bei Semco an, einer nach dem andern, um mit ihm über die Krise des Tages zu sprechen. Sie wälzten alles auf ihn ab, weil er ihnen klargemacht hatte, daß er einfach alles wissen wollte. Auch wenn er noch so weit weg war vom Büro, konnte er es im Grunde doch nie verlassen.

Als er sich 1985 auf einem Schiff vor der italienischen Küste befand, bekam er einen Schlaganfall, der durch seinen Leberkrebs ausgelöst worden war. Zum erstenmal unternahm er eine lange Kreuzfahrt. Er glaubte, endlich einmal so weit weg vom Geschäft zu sein, daß er für eine Zeitlang nicht erreichbar wäre.

Wenn ich so zurückschaue, denke ich, daß ich mich schon früher von Semco hätte zurückziehen sollen. Aber für den Inhaber ist ein Unternehmen wie ein halbwüchsiges Kind. Man möchte, daß es erwachsen wird und sich selbständig in der Welt zurechtfindet, aber dann liegt man die ganze Nacht wach und macht sich Sorgen, ob es nicht den Wagen zu Schrott fährt.

Zugegeben: Ich mache mir noch immer ein wenig Sorgen, wenn ich für längere Zeit weg bin. In Brasilien kann sich vieles so schnell ändern, und normalerweise verheißt das nichts Gutes. Aber immer waren meine Ängste unbegründet, und ich habe mir große Mühe gegeben, sie zu unterdrücken. Beharrlichkeit ist nur dann eine Tugend, wenn sie in die richtige Richtung zielt.

Und was mache ich mit den anderen 70 Prozent meiner Zeit, wenn ich nicht bei Semco arbeite? Ich schreibe jeden Sonntag eine Kolumne für eine Wochenzeitung mit 1,1 Millionen Lesern. Ich spreche über Semco mit Unternehmen und Geschäftsleuten in aller Welt. Ich interessiere mich für Politik und bin Mitglied im Vorstand einer großen Partei, der Partido da Social Democracia Brasileira. Ich sehe mir mindestens drei Filme pro Woche an, sammle Platten von Beniamino Gigli, Billie Holliday, Philip Glass und Schostakowitsch und nehme Klavier-, Golf-, Chinesisch- und Kochunterricht. Ich lese außerdem 50 Bücher im Jahr, überwiegend historische Werke über Kriege und Weltreiche. Aus Jahrhunderten voller Fehlschläge und Erfolge kann man eine Menge lernen. Für wenig Geld kann man erklärt bekommen, wie Napoleon den Tod von Tausenden von Menschen hätte vermeiden können. Für etwas mehr als den Preis eines Big Mac erfährt man von den Fehlern der Tokugawa-Shoguns, die ihr Lager bei Nara unbewacht gelassen hatten. Für etwas weniger als den Gegenwert einer Tankfüllung Benzin kann man herausfinden, warum Winston Churchill, der Held des Zweiten Weltkriegs, kurz danach eine Wahlniederlage erlebte. Noch viel billiger sind die vier Zeitungen, die ich jeden Tag lese. Ich halte mich allerdings nicht lange bei der ersten Seite auf. Hier sind die Ursachen großer Kriege, die frühen Signale eines Börsenkrachs und die Ankündigung innovativer Techniken nicht zu finden, jedenfalls nicht von Anfang an. Oft sind die wichtigsten Nachrichten im Innern versteckt.

Dann habe ich noch diese Liste mit meinen Zielen. Vor etwa 15 Jahren bin ich zufällig an eine Fernsehsendung geraten, die, wie man so schön sagt, mein Leben verändert hat. Es handelte sich um ein Interview mit einem 61jährigen Amerikaner namens John Goddard. Ich habe nie herausgefunden, wer er war, und seither auch nie wieder seinen Namen gehört. Dieser Goddard also hatte eine Liste von über 100 Zielen aufgestellt und sich vorgenommen, sie auch zu erreichen. Damals hatte er nur noch 19 nicht erreicht – unter anderem wollte er auf dem Mond landen und das Jahr 2000 erleben. Er hatte schon ein Flugzeug mit Schallgeschwindigkeit geflogen, ein U-Boot gesteuert, den Nil abwärts mit einem Kanu befahren, den Kongo in voller Länge geschafft und den Aconcagua in den chilenischen Anden bestiegen.

Ich kam zu dem Schuß, wenn es bei ihm funktioniert hatte, dann würde es auch bei mir funktionieren, wenn auch vielleicht in einem weniger ehrgeizigen Maße. Ich nahm mir 16 Ziele vor, und inzwischen habe ich etwa die Hälfte erreicht. Ich glaube, daß ich aus Semco den gefragtesten Arbeitsplatz geschaffen habe, den ich kenne. Ich habe eine Stiftung ins Leben gerufen, damit auch arme Brasilianer eine Chance haben. Ich habe den Weg zu meinem Ziel, sechs Sprachen fließend sprechen zu können, bereits zu fünf Sechsteln zurückgelegt.

Und wie Goddard bin ich ständig unterwegs, und immer mit offenen Augen. Mit Schaudern denke ich noch an diese fürchterlichen Reisen Anfang der achtziger Jahre zurück, als Harro und ich uns verzweifelt bemüht hatten, Semco über Wasser zu halten. Inzwischen fahre ich mit Sofia nach Xian, um uns 6000 Terrakottasoldaten anzuschauen, die vor vielen Jahrhunderten begraben wurden; wir machen Ballonsafaris in Kenia, zelten in Tansania, tauchen bei den Seychellen, durchqueren die Sahara, wandern an Stränden in Thailand entlang und unternehmen Bootsfahrten auf dem Nil.

Das ist das genaue Gegenteil von dem, was ich damals gemacht habe: drei Städte an einem Tag, und dann wieder zurück in die Tretmühle. Und wenn ich heute auf einem meiner Trips bin, hinterlasse ich keine Telefonnummer, unter der ich zu erreichen bin. Und ich rufe auch nicht im Büro an.

Kapitel 35

Ein Modell für die ganze Welt?

Ich hatte gerade vor zwölfhundert Leuten im Süden von Brasilien gesprochen und geduldig ihre Fragen beantwortet, als ein Mann in einem weißen Anzug und in weißen Schuhen ans Mikrophon herantrat. »Ihre Geschichte klingt ja wirklich ganz interessant«, sagte er, »aber ich sitze hier nun schon seit zwei Stunden und warte auf etwas, was ich in meinem Krankenhaus und in meinen Apotheken anwenden kann – aber ich habe nichts erfahren, was für mich von praktischem Nutzen sein könnte.«

Zwölfhundert Augenpaare wandten sich mir zu, und ich sah, wie einige Leute stehenblieben, die im Begriff waren zu gehen. Was konnte ich dem guten Mann sagen, damit er nicht enttäuscht nach Hause gehen mußte?

»Nehmen wir zum Beispiel eine Ihrer Apotheken«, begann ich.

»Aber die sind doch viel zu klein«, fiel er mir ins Wort. »Zwei oder drei Angestellte, das ist alles.«

»Das ist groß genug«, erwiderte ich. »Wer entscheidet, wo die Pakkungen mit den Arzneimitteln auf den Regalen plaziert werden?«

»Mein Partner.«

»Und wie?«

»Sie sind natürlich in alphabetischer Reihenfolge angeordnet. So kann man sie leicht finden.«

»Da bin ich mir nicht so sicher«, fuhr ich fort. »Aber beantworten Sie mir bitte zuerst noch ein paar Fragen, und dann mache ich Ihnen einen Vorschlag.«

Alles nahm wieder Platz. Man wollte wissen, worauf das Ganze hinauslief.

»Wie steht es um die Arbeitszeiten Ihrer Angestellten?«

»Darum kümmert sich unsere Personalabteilung. Es ist ganz einfach: Wir haben ein Schichtsystem, so daß immer jemand da ist – auch an den Samstagen, nachts sowie an Sonn- und Feiertagen, wenn wir Notdienst haben«, erklärte mir der Arzt und Apotheker.

»Diese Leute haben doch ein festes Gehalt, nicht wahr?«

»Wie üblich«, erwiderte er ein wenig mißtrauisch.

»Schön, dann mache ich Ihnen folgenden Vorschlag: Sie geben mir die Telefonnummer von einer Ihrer Apotheken, und ich spreche mit Ihren Mitarbeitern. Und dann lassen Sie *mir* ein bißchen Zeit, damit ich ihre Phantasie anregen kann.« Er sah mich skeptisch an. »Dann lassen Sie *ihnen* Zeit, damit sie sich darüber klarwerden können, wie die Apotheke ihrer Meinung nach am besten geführt werden könnte; und zum Schluß erzählen Sie mir, was Ihre Leute getan haben.«

Einige Leute im Publikum stöhnten ungeduldig auf, als sie merkten, daß unser kleiner Sketch nicht so bald zu Ende sein würde.

»Und dann«, fügte ich schnell hinzu, »werden wir alle Menschen, die heute hier sind, über das Ergebnis informieren.« Ich wandte mich an eine Reporterin, die ich in der ersten Reihe erkannt hatte. »Wären Sie bereit, eine Story darüber zu schreiben?«

Sie nickte.

»Nun brauchen wir nur noch das Einverständnis dieses Herrn.«

»Das können Sie gern haben«, sagte der Arzt. »Wir sollten es mit unserer kleinsten Apotheke ausprobieren. Ihre Umsätze betragen weniger als ein Prozent von unserem Gesamtumsatz.«

»Also vertrauen Sie mir ruhig dieses eine Prozent an«, erwiderte ich, und das Publikum lachte.

Wir trafen uns nach der Konferenz, und dabei erfuhr ich ein wenig darüber, wie das Geschäft der Apotheken funktionierte. Dann rief ich seine Angestellten an und erzählte ihnen ein bißchen von Semco. In der darauffolgenden Woche sprach ich noch ein paarmal mit ihnen und schickte ihnen ein Exemplar meines Buches. Der Arzt hielt Wort und stellte ihnen frei, alles, was sie wollten, zu versuchen. Sie sprachen mit mir über ein paar Ideen, aber dann verlor ich den Kontakt.

Etwa ein halbes Jahr später rief der Arzt mich an und berichtete mir, was passiert war. In dieser einen Apotheke gab es drei Angestellte: zwei Frauen, die wußten, wie man ein Geschäft führt, und einen jungen Mann, der Pharmazie studiert hatte. Alle drei waren alleinstehend und mochten die unregelmäßige Arbeitszeit ganz und gar nicht, weil dadurch ihr Privatleben beeinträchtigt wurde. Darum begannen sie ihr Experiment mit der Bitte, selbst ihre Arbeitszeit regeln zu dürfen. Sie arbeiteten die gleiche Anzahl von Stunden, führten aber ein Schichtsystem ein, bei dem sie ihre Freizeit leichter verplanen konnten.

Schon bald hatten sie die Schachteln mit den Arzneimitteln in den Regalen neu sortiert. Wie sich nämlich herausstellte, hatten sie wegen der alphabetischen Anordnung oft auf hohe Leitern klettern müssen. Bei dem neuen System waren die Schachteln entsprechend der Häufigkeit der Nachfrage nach den jeweiligen Arzneimitteln sortiert. Aspirintabletten lagen also nun mit Vitaminpillen und Tabletten gegen Sodbrennen in einem Fach in Reichweite.

Dann gaben sie jedem Arzneimittel eine Nummer und kauften sich einen preiswerten Computer, um ihren Lagerbestand unter Kontrolle zu haben. Nachts und an Feiertagen, wenn nur wenige Kunden kamen, machten sie Inventur, und sie bestellten ihre Nachlieferungen selber, in den Mengen, die sie für ausreichend hielten, mit dem erklärten Ziel, den Gewinn zu maximieren. Außerdem schlugen sie vor, daß die Apotheke ihr Warenangebot erweiterte – um Wattestäbchen, Binden, Sonnenschutzcremes, Antischuppenshampoos und andere Dinge, die man normalerweise nicht in Krankenhausapotheken antrifft, die gewöhnlich nur einen Grundbestand an Arzneimitteln vorrätig haben. Am Anfang waren die Mitarbeiter noch ein wenig zu aufdringlich gegenüber den Kunden und verprellten einige sogar. Aber schließlich hatten sie eine angemessene Verkaufstechnik entwickelt.

Das letzte, was ich von ihnen erfuhr, war, daß die Mitarbeiter einen Gewinnbeteiligungsplan vorgelegt hätten und daß der Arzt das Semco-Evangelium in seinem Krankenhaus verbreitete.

Der Arzt war natürlich, wie ich auch, Eigentümer seines Unternehmens. Doch immer wieder bekomme ich Anfragen von Leuten aus der mittleren oder sogar aus der unteren Ebene ihres Unternehmens oder ihrer Organisation. Sie könnten ja schließlich nicht einfach verfügen, daß alles anders sein sollte. Was also könnten sie tun, damit sich die Dinge ändern, wollen diese Menschen wissen.

Es ist noch gar nicht so lange her, da befand ich mich selber auf der mittleren Ebene einer Hierarchie – nämlich als ich aufgefordert wurde, Brasiliens mächtigem Industrieverband des Staates São Paulo beizutreten. Und ich fand heraus, daß sich Management à la Semco auch im engstirnigsten Milieu bewährt, wenn man nur beharrlich und mutig genug ist.

Der Verband zählt die mächtigsten Industriellen des Landes zu seinen Mitgliedern, allesamt Erzkonservative. Es wäre höchst unklug von einem brasilianischen Staatspräsidenten, wenn er einen Finanzminister ernennen würde, ohne vorher diesen 60 Jahre alten Club zu konsultieren, und Positionen wie die des Arbeitsministers und der Präsidenten der Zentralbank, der Bank of Brazil sowie der Nationalbank für soziale und wirtschaftliche Entwicklung werden nur selten ohne den Verbandssegen besetzt.

Als Semco bekannter geworden war, hatte ich damit begonnen, Artikel in der größten konservativen brasilianischen Zeitung für deren 400 000 Leser zu schreiben. Das Blatt ist eine der Hauptsäulen der Elite, also schien es mir das ideale Medium zu sein, in dem ich sie und ihren Verband beschimpfen konnte.

Ich stellte mir vor, was sich die Angehörigen der Alten Garde bei meinen Artikeln gedacht haben mußten, wie sie da so in ihren Lederclubsesseln saßen und dicke Zigarren pafften. *»Ein winziges Unternehmen, wissen Sie.« – »Er hat es von seinem Vater geerbt, nicht wahr?« – »Er wird schon auch noch erwachsen werden und eines Tages wie wir alle sein. Das ist doch die einzige Möglichkeit, in diesem Land im Geschäft zu bleiben.«*

Aber zunächst einmal provozierten meine Kolumnen die schlimmste Reaktion überhaupt – nämlich gar keine.

Ich hatte noch nie einen Fuß in das imposante, sechzehnstöckige, (natürlich) pyramidenförmige Verbandsgebäude gesetzt, und darum war ich richtig erschrocken, als man mich bat, Mitglied im Vorstand dieses königlichen Vereins zu werden. Die Einladung ging von Dr. Jose Mindlin aus, einem Freund meiner Familie und einem der wenigen Verbandsdirektoren, die der Meinung waren, man müsse endlich aus dem Steinzeitalter herauskommen. Mindlin nötigte einem Respekt ab und verdiente ihn auch: Er war schon einmal Kulturminister gewesen und einer der führenden Intellektuellen Brasiliens; er besaß die größte Privatbibliothek des Landes (mit über 20 000 seltenen Ausgaben) und leitete ein Unternehmen, das mit Autoersatzteilen einen Jahresumsatz von 200 Millionen Dollar machte. Die Wahl des Verbandsvorstands stehe unmittelbar bevor, erklärte mir Mindlin, und er habe dem Präsidenten der Organisation, Mário Amato, empfohlen, mich auf die Kandidatenliste zu setzen. Amato sei einverstanden – allerdings erst, wie ich später erfuhr, nachdem sich Mindlin bei ihm und einigen anderen weniger widerwilligen Direktoren für mich stark gemacht hatte. Vielleicht waren diese anderen Direktoren der Ansicht, daß ich – endlich im Schoß des Establishments gelandet – meinen vorlauten Mund halten würde.

»Ich weiß doch, was Sie von unserem Verband halten«, sagte Mindlin. »Aber niemand wird auf Sie hören, solange Sie ein Außenstehender sind.«

Ich zögerte, bis er erwähnte, daß ich der jüngste Direktor in der Geschichte des Verbands sein würde und daß wir eng zusammenarbeiten würden, um einiges zu ändern. Da nahm ich die Wahl sofort an.

Ich hatte das Technik-Ressort unter mir, das zuständig war für so unterschiedliche Aktivitäten wie die Entwicklung von Industriedesign in Brasilien und die Verhandlung internationaler Handelsabkommen. Ich bekam bald mit, daß Delegieren ein Fremdwort im Verband war. Ich mußte den Einkauf von Büromaterial, Barvorschüssen, Abwesenheitsformulare – einfach alles – persönlich genehmigen. Da gab es immer so viele Briefe, Aktennotizen und Formulare, die auf meine Unterschrift warteten, daß ich nie dazu kam, irgend etwas zu planen. Als ich meine Vorstandskollegen fragte, warum denn nicht Joyce Leal, die lebhafte Bürovorsteherin des Ressorts, diesen Kram unterzeichnen könne, blickten sie entsetzt gen Himmel. »Warum nicht gleich ganz normale Angestellte alle Entscheidungen treffen lassen?« meinten sie spitz.

Eines Tages nahm ich einige Papiere von meinem Haufen und gab sie Joyce. »Unterschreiben Sie sie«, erklärte ich ihr, »und dann füge ich noch eine Notiz bei, aus der hervorgeht, daß wir dies künftig im Technik-Ressort so machen werden.« Joyce war einverstanden, denn im Grunde ihres Herzens war auch sie ein subversiver Mensch.

Wir bekamen auch weiterhin alle möglichen ungenehmigten Schriftstücke mit der Hauspost zurück. Mindlin und ich mußten sogar in die eigene Tasche greifen, damit die Mitarbeiter des Ressorts reisen konnten, da auch unsere Barvorschußformulare einfach nicht weiterkamen – wie alles andere. Aber wir gaben nicht nach. Im Gegenteil – mein Krieg mit der Verbandsbürokratie eskalierte geradezu. Das Ressort benötigte eine neue Schreibmaschine, aber wir wußten, der ganze Papierkram würde Monate dauern, selbst wenn wir uns an die Vorschriften hielten. Darum schickte uns Mindlin eine Maschine aus seinem Unternehmen, während wir darauf warteten, daß unsere Anforderung sich durch den Dienstweg quälte. Das dauerte so lange, bis die geliehene Maschine den Geist aufgab. Wir ließen sie reparieren und schickten die Rechnung an den Verband, wo man die Stirn hatte, sie an Mindlin weiterzuleiten.

Nach den Verbandsvorschriften wurde jedem Mitarbeiter, der zu spät kam, eine entsprechende Summe vom Gehalt abgezogen. War es dann ein Wunder, daß viele gar nicht daran dachten, auch nur eine Minute länger zu bleiben? Wir wollten, daß die Mitarbeiter unseres Ressorts zu einer Zeit zur Arbeit kamen, die ihnen zusagte, und darum veränderten wir ihre Verträge und machten aus ihnen Teilzeitkräfte, so daß sie nicht mehr die Stechkarten des Verbands abstempeln lassen mußten. Natürlich arbeiteten sie noch die gleiche Stundenzahl und erhielten das gleiche Gehalt. Aber nun konnten sie anfangen, wann sie wollten. Und genau wie bei unseren Semco-Arbeitern nahm ihre Motivation zu und damit auch ihre Produktivität.

Selbst innerhalb unserer Abteilung war die Kommunikation ein einziges Chaos, und zwar großenteils deshalb, weil fast alle in kleinen Büros und Kabuffs hockten und nur eine vage Vorstellung davon hatten, was ihre Kollegen taten. Also rissen wir die Wände ein und machten alle miteinander bekannt. Dann versetzten wir einige Mitarbeiter, die sich nicht mit unserem neuen Stil anfreunden konnten, in andere Verbandsabteilungen und entließen ein paar, die überhaupt nicht zu uns paßten.

Aber wir stellten für sie keine neuen Leute ein. Damit konnten wir denen, die blieben, mehr Geld zahlen – schließlich waren sie so produktiv, daß sie noch mehr leisteten, als nur das wettzumachen, was ihre ehemaligen Kollegen gebracht hatten.

Wegen dieser und anderer Neuerungen gab es natürlich viel Zähneknirschen in der Pyramide, aber so einfach konnte mich der Verband nicht loswerden. Schließlich leistete ich gute Arbeit. Unternehmen aus ganz Brasilien berichteten Amato, wie sehr ihnen unser Ressort bei dem einen oder anderen Problem geholfen hätte. Bei Seminaren, die wir mit internationalen Fachleuten über Themen aus dem Bereich Technologie-Management veranstalteten, waren die Konferenzräume des Verbands bis auf den letzten Platz besetzt. Die Berichte und Stellungnahmen unseres Ressorts wurden von Regierungssprechern und Juristen zitiert.

Inzwischen trat ich, ganz im Sinne meiner üblichen Einstellung zu jeder Art von Führungsrolle, im Ressort eher in den Hintergrund, als der Laden lief. Hier sollte es keinen Personenkult geben. Nach ein paar Monaten unterschrieb ich überhaupt keine Papiere mehr. Ich sah nun nur noch einmal in der Woche vorbei, dann alle zwei Wochen, schließlich nur noch einmal im Monat. Natürlich fiel das keinem auf. Sobald ich sie von der Bürokratie befreit hatte, brauchten Joyce und die anderen mich nicht mehr.

Zwei Jahre später standen wieder einmal Neuwahlen im Verband an. Mehrere Direktoren versuchten, Amato dazu zu bewegen, mich auf der Wahlliste ganz unten zu plazieren, aber wieder hielt er zu mir. Am Ende wurde ich dann sogar Vizepräsident, was mir wieder einmal eine Erkenntnis bestätigte, die ich in den Jahren der Veränderungen bei Semco gemacht hatte: Es ist immer besser, um Verzeihung zu bitten als um Erlaubnis.

Ein bißchen später erhielt ich von der Welt der Wirtschaft eine noch höhere Auszeichnung. Jedes Jahr veranstalten die *Gazeta Mercantil*, das brasilianische Wall Street Journal, und eine Gruppe führender Zeitschriften eine Befragung unter 54 000 sorgfältig ausgewählten Unternehmen, die so etwas wie die brasilianische Wirtschaft repräsentieren, um deren leitende Angestellte in geheimer Abstimmung den Wirtschaftsführer des Jahres wählen zu lassen. Es handelt sich um eine hochangesehene Umfrage – zumindest bis zum Jahre 1990, als ich diese Auszeichnung erhielt.

Was für ein gewaltiger Sprung – vom Außenseiter zum Musterknaben des Establishments.

Ich halte pro Jahr etwa 15 bis 20 Vorträge – es könnten mehr sein, aber ich verlange ein astronomisches Honorar, um diese Zahl so niedrig zu halten –, und mein Publikum reicht von Führungskräften bei Industriegiganten wie General Motors, IBM, Lever Brothers und Philips bis zu den Partnern von Zweipersonen-Franchisefirmen. Ich spreche auch bei den unterschiedlichsten Veranstaltungen – bei einer Tagung über Telekommunikation in Kanada ebenso wie bei einem Gastroenterologen-Kongreß in Rio. Fast jedem Vortrag folgt eine ausgiebige Fragestunde, an der sich zur Hälfte Leute wie der Arzt beteiligen, die sich für eine praktische Nutzanwendung interessieren. Kein Wunder, daß so viele Führungskräfte bei uns Schlange stehen und mehr wissen wollen.

Und wir enttäuschen sie auch nicht. Die Programme, die wir bei Semco entwickelt haben, lassen sich auch in Supermärkten, Werbeagenturen, Stahlwerken, Baseball-Teams und an Universitäten anwenden. Bei Banken wurde unsere Bewertung von Bossen durch ihre Mitarbeiter eingeführt. In Brasilien hat man in staatlichen Kraftwerken damit begonnen, die Mitarbeiter zu fragen, bevor man eine Stelle auf der mittleren Ebene besetzt. Eine Bank in Rio hat eine Gewinnbeteiligung à la Semco eingeführt. Delco, ein Tochterunternehmen von General Motors, praktiziert unser Boß-Bewertungssystem. In einem Museum wurde die demokratische Entscheidungsfindung übernommen. In einem Krankenhaus gibt es jetzt offene Büros für die Verwaltungsbeamten. Und einer meiner Kommilitonen in Harvard, Noel Ginsburg, hat sein Unternehmen Container Industries Inc. in Denver, Colorado, aufgrund unserer Diskussionen im Studentenwohnheim umstrukturiert. Noel hat seinen Arbeitern genauso viele Informationen und Freiheiten gegeben, wie wir bei Semco, und er ist von den Ergebnissen begeistert.

Außerdem glaube ich, daß militärische Führungskräfte eine Menge von offenen Diskussionen mit ihren Soldaten profitieren könnten – allerdings darf ich nicht verschweigen, daß einige meiner Zuhörer unwillig die Stirn runzelten, als ich vor einer Gruppe von Generälen in der Elite-Militärakademie von Brasilien sprach. Auch religiösen Führern würde eine Reduzierung ihres Verwaltungsapparates mehr Zeit für ihre Schäfchen lassen. Und natürlich würden die diversen Branchen im florierenden Dienstleistungssektor von einer erhöhten Effizienz profitieren, die sich ergäbe, wenn Mitarbeiter ein Mitspracherecht am Arbeitsplatz hätten. Meine Arbeit im Verband ist ein klarer Beweis dafür.

Aber so sehr es mir natürlich schmeichelt, daß all diese Unternehmen unserem Beispiel gefolgt sind, macht es mich doch auch ein wenig nervös. Zunächst einmal bin ich der erste, der akzeptiert, daß es bei Semco noch eine Menge zu tun gibt. Wir müssen den Prozeß der Entscheidungsfindung noch tiefer im Unternehmen verankern, besonders im Hinblick auf die Unternehmensstrategie. Unsere Mitarbeiter sollten auch unsere Bilanz noch besser lesen können. Wir würden gern Arbeitervertreter im Aufsichtsrat haben – mit vollem Stimmrecht, und nicht als Bürger zweiter Klasse wie in einigen europäischen Ländern. Und wir möchten, daß jeder bei Semco sein eigenes Einkommen festsetzt.

Und selbst wenn wir perfekt wären, sollte doch kein Unternehmen einfach unsere Programme kopieren. Gewiß: Schlagzeilen-Memos reduzieren den Papierkram, und Gleitzeit erhöht die Produktivität. Ich glaube schon, daß Programme wie Stellenrotation, selbstbestimmte Gehälter und Boß-Bewertungen jedes Unternehmen verbessern; aber das ist ja nicht alles, was Semco ausmacht. Ich käme mir dann nicht mehr so sehr wie ein Wundermittelverkäufer vor, wenn andere Unternehmen neben diesen Programmen auch die Philosophie von Freiheit und Vertrauen übernähmen, die sie inspiriert hat.

Moderne Manager sind ständig auf der Suche nach Neuem. Kleine Unternehmen ahmen die Großen nach, weil sie davon ausgehen, daß die etwas richtig gemacht haben müssen, um so groß zu werden. Riesige Konzerne wiederum beneiden kleine und agile Konkurrenten. Ganze Industriebranchen in Amerika schauen voller Angst und Hoffnung zum anderen Ufer des Pazifik hinüber, auch wenn asiatische Unternehmen selbst immer westlicher werden.

In ihrer verzweifelten Suche nach schnellen Lösungen sind zu viele Führungskräfte allzu schnell bereit, sich an die neuesten Management-Trends und -Moden anzuhängen, als wären das Allheilmittel für eine rückläufige Produktivität: Qualitätszirkel. Produktionssynchrone Auslieferung. Kanban-Produktionssysteme. Netzwerke. Deckungsbeitragsrechnung. Qualitätsmaximierung. Sie kennen sicher all diese Modewörter.

Wenn man asiatische Wertvorstellungen etwa nach Smyrna, Tenessee überträgt, ist das nichts anderes, als würde man einen Kimono bei einer Tupperware-Party tragen. Nichts ist doch dem Westen so fremd wie die Vorstellung von absoluter Loyalität gegenüber einem Unternehmen, abgesehen vielleicht von der Überzeugung, daß das Alter den Vorrang hat vor der Kompetenz. Wenn Sie unbedingt meinen, etwas aus Japan übernehmen zu müssen, dann sollten Sie nicht vergessen, eine 747 mit lauter Japanern einfliegen zu lassen, die Ihre Fabrik bevölkern.

Ich habe einmal frühmorgens die Ishikawajima-Harima-Werft in Rio besucht und alle Mitarbeiter im Hof angetroffen, wo sie die Unternehmenshymne sangen und gemeinsam japanische Gymnastik betrieben. Ich zwickte mich selbst in den Arm, um mich davon zu überzeugen, daß ich nicht in Kyoto war. Sie hatten ein Verhalten, das sich im Laufe von 2500 Jahren entwickelt hatte, einfach auf ein junges Unternehmen auf einem anderen Kontinent übertragen. Wenn man eine derartige Transplantation schon dann für erfolgreich hält, wenn die Hälfte der Leute in der Werft sich an der Gymnastik beteiligen, weil sie das für den besten Weg zu einer Beförderung halten, dann war sie sicher ein Erfolg. Sollte jedoch das Ziel der Werftmanager darin bestanden haben, alle Mitarbeiter zu einer einzigen großen Familie zusammenzuschweißen, für Achtung gegenüber ihren Führern zu sorgen und über die Bedeutung des Unternehmens im Leben jedes einzelnen Arbeiters zu meditieren, dann leben sie mit Sicherheit auf der verkehrten Seite des Ozeans.

Kapitel 36

Moderne Zeiten

Ich kenne ein Textilunternehmen, in dem feine englische Wollwaren gewebt wurden. Die 200 Mitarbeiter arbeiteten in einer Fabrik voller Maschinen, die sich in einer Art Industriepark auf der grünen Weise befand. Der Generaldirektor war ganz entschieden leistungsorientiert, und das begann bei ihm selbst: Er kam früh, ging spät und traf dazwischen alle wichtigen Entscheidungen. Die Fabrik war in spezialisierte Produktionsbereiche eingeteilt, und jeder hatte einen eigenen Boß. Jedem Boß wiederum unterstand eine Gruppe von Vorarbeitern, die ihrerseits die Arbeiter beaufsichtigten. Die Leute von der Buchhaltung und vom Vertrieb waren im Zwischengeschoß untergebracht und ihren jeweiligen Abteilungsleitern unterstellt. Hier ging es streng hierarchisch zu – die klassische Pyramide.

Als ich vor noch nicht allzu langer Zeit dieses Unternehmen auf einer internationalen Tagung für Telekommunikation beschrieb, sah ich, wie einige Leute im Publikum mich immer verdutzter anblickten. Was sollte das eigentlich, schienen sie sich zu fragen. Das war doch ein ganz normales Unternehmen – was war daran so besonders?

Nun: Diese Textilfabrik gab es bereits im Jahre 1633. Und die Moral der Geschichte: Unser technischer Fortschritt hat unseren mentalen Fortschritt weit hinter sich gelassen.

Das war genau die richtige Botschaft für diese Zuhörer, die unsere technischen Grundlagen alle Jahre wieder auf den Kopf stellen. Sie haben es ermöglicht, daß es simultane Telekonferenzen mit China gibt, und sie rufen aus dem Bauch einer 747 über dem Pazifik zu Hause an. Und doch sind die meisten Branchen noch fast genauso organisiert wie im Jahre 1633: mit einer lähmenden, von oben nach unten abgestuften Struktur, einer scharfen und mißtrauischen Aufsicht und wenig Raum für Kreativität. Dieses Auseinanderklaffen von moderner Technik und archaischer Mentalität ist meines Erachtens eine der entscheidenden Ursachen dafür, daß es am heutigen Arbeitsplatz so viel Unzufriedenheit, Frustration, Streß und Mangel an Flexibilität gibt.

Wenn sich das Denken doch nur so leicht verändern ließe wie die Maschinen! Ich wette, daß es einfacher ist, eine neue Generation von Mikrochips zu erfinden, als eine Generation von mittleren Managern dazu zu bewegen, die Route zu ändern, die sie täglich auf der Fahrt zum Arbeitsplatz nehmen. Die Technik kann sich über Nacht wandeln – bis sich eine Mentalität ändert, braucht es Generationen. Man sollte niemandem einen Vorwurf machen, der dem Glauben anhängt, man könne alle Probleme am Arbeitsplatz mit Hilfe der Technik lösen. Es ist doch so viel einfacher, sich der Technik zu bedienen.

Computer-Netzwerke, Robotermaschinen, die rapide Entwicklung neuer Produkte, ein schnelles und effizientes Kommunikationssystem – all das bringt ein Unternehmen auf den neuesten Stand. Aber das ist auch schon alles. Denn was ist schon up-to-date? Zu einem Kurzurlaub in die Karibik zu düsen, eingepfercht in Flugzeugkabinen wie Ölsardinen in der Büchse, zusammen mit 300 total gestreßten Büromenschen, die alle von Plastiktabletts mampfen, ihr Unternehmen über Funktelefone anrufen und von sanft ausrollenden türkisfarbenen Wellen und unberührten Stränden träumen – die sie jedoch mit den Passagieren von zehn anderen Jumbojets werden teilen müssen, die vor ihnen dort gelandet sind.

Für mich steht eines fest: Seit 1633 ist uns die Technik zwar über den Kopf gewachsen, aber die Lebensqualität ist im Eimer. Wir beschleunigen nur noch unsere Defekte und können immer weniger mit anderen Menschen kommunizieren.

Darum möchte ich eine neue Definition vorschlagen: Das wahrhaft moderne Unternehmen hütet sich vor einer Fixierung auf die Technik und stellt die Lebensqualität an die erste Stelle. Wir brauchten einige Zeit, um das klar zu erkennen. Inzwischen konzentrieren wir uns jedenfalls bei Semco auf Innovationen, die es uns ermöglichen, besser miteinander zu arbeiten, als daß wir uns einfach die nächste Generation von Plasmaschweiß-Computern oder CAD/CAM-Maschinenzentren zulegen.

Aber ich möchte sogar noch einen Schritt weitergehen: Kein Unternehmen kann – jedenfalls auf lange Sicht – Erfolg haben, wenn sein Hauptziel darin besteht, Gewinn zu machen.

Das kann sogar so weit gehen, daß Geschäftsleute ihre eigene Identität vergessen und sich nur noch mit ihren Zahlen identifizieren. Kürzlich nahm ich in São Paulo an einem Geschäftsessen mit 30 Industriellen teil, die ein Komitee bilden wollten, um einen Gegenkandidaten für den Vorstand des Industrieverbands aufzustellen. Als sich all diese mächtigen Männer um einen U-förmigen Tisch gesetzt hatten, schlug jemand vor, jeder von uns solle sich doch kurz vorstellen.

Der erste stand auf und sagte: »Ich heiße So-und-so, bin vom Unternehmen X, und wir haben einen Jahresumsatz von 200 Millionen Dollar und 2000 Mitarbeiter.« Dann setzte er sich wieder. Nun stellte sich der nächste vor, und so ging es um den ganzen Tisch weiter. Es war schon ein komischer Anblick, wie all diese kleinen Männer mit den großen Zigarren aufstanden und stolz verkündeten, sie würden den doppelten Umsatz machen wie ihr Vorredner, oder niedergeschlagen eingestanden, er habe sie um ein paar hundert Millionen geschlagen. Sie können sich ihre Qual vorstellen, als der Kleinste von ihnen, der knapp 1,60 Meter groß war, erklärte, der Umsatz seines Unternehmens habe im vergangenen Jahr 2,5 Milliarden Dollar betragen. Ich konnte mir gerade noch ein Kichern verkneifen, als ich die Ehrfurcht und den Neid in den Gesichtern meiner Kollegen sah. Nur wenige Augenblicke später verkündete jemand, der einen Taschenrechner dabeihatte, daß wir zusammen einen Umsatz von fünf Milliarden Dollar darstellten. Da war es doch wirklich egal, daß unser Kandidat für den Verbandsvorstand verlor.

Wie wichtig ist Geld eigentlich? Manche Unternehmer behaupten, Gewinne seien ihre einzige Daseinsberechtigung. In den Monaten, die ich in Harvard verbrachte, bin ich vielen Industriellen begegnet, die wie ich in Raten studierten. Während des ersten Semesters stellte ich fest, daß einige von ihnen am Seminar über private Geldwirtschaft besonders intensiv teilnahmen. Sie dachten mit Sicherheit daran, ihr Geschäft aufzugeben.

In der fast einjährigen Pause nach diesem Kurs haben ein paar dies tatsächlich getan – sie haben ihr Unternehmen verkauft, weil sie so eine Chance sahen, ihre privaten Träume zu verwirklichen: auf einer Insel zu leben, eine Segeljacht zu besitzen oder vielleicht sogar jeden Tag Golf spielen zu können. Aber im Laufe des zweiten Semesters in Harvard langweilten sich breits ein paar von diesen befreiten Seelen ein bißchen. Und als das dritte Semester begann, hatten fast alle von denen, die ihr Unternehmen verkauft hatten, wieder ein neues gegründet oder erworben und waren glücklich, einen Job zu haben. Sie waren mit Leib und Seele Unternehmer, aber nie um des Geldes willen.

Auch mein Vater war von dieser Art. Schon lange hatte er sich vorgenommen gehabt, mit 55 aufzuhören. Als es dann soweit war, verlängerte er diese Frist bis 60, dann bis 65. Als ich bei Semco zu arbeiten begann, hatte er bereits das Datum seines 70. Geburtstages stillschweigend übergangen.

Das ist nur zu verständlich (obwohl ich es damals nicht verstanden habe). Geld zu verdienen ist zwar wichtig, aber es ist kein befriedigender Selbstzweck. Meine Kommilitonen in Harvard waren dahintergekommen, daß man zwar sein Unternehmen mit 12- oder 16fachem Gewinn verkaufen kann und dabei doch nicht glücklich wird.

Selbst wenn es vielleicht überheblich klingt: Auch für Arbeiter ist Geld nicht das einzige Ziel. Wir versuchen unseren Leuten bei Semco mehr zu bezahlen, als sie woanders bekommen würden, und natürlich gibt es die Gewinnbeteiligung. Aber das ist nicht der Grund, warum so wenige von uns weggehen. Wir bieten unseren Mitarbeitern eine Chance, echte, selbständige Geschäftspartner zu sein und Verantwortung zu übernehmen. Und darum verschmähen viele von unseren Leuten in Schlüsselpositionen regelmäßig lukrative Angebote anderer Unternehmen.

Geld also ist nicht alles. Vielmehr glaube ich, daß Wissen eines der am meisten unterschätzten Güter ist. Es hat etwas mit Macht zu tun, wenn man etwas weiß, was ein anderer nicht weiß, und das erklärt auch, warum Führungskräfte oft nur höchst ungern mit ihren Mitarbeitern ein bestimmtes Wissen teilen wollen.

Sie glauben mir nicht? Dann sollten Sie den folgenden Test bei Ihrer nächsten Besprechung ausprobieren. Sagen Sie bei einem wichtigen Punkt der Tagesordnung, es sei besser, jetzt nicht darüber zu sprechen, weil eine andere Sache, die mit dieser Angelegenheit zusammenhänge, gerade an diesem Morgen entschieden worden sei und alles erheblich ändern werde. Nachdem dann alle ein paar Augenblicke lang gespannt geschwiegen haben, fügen Sie schließlich hinzu, daß Sie einfach noch nicht darüber sprechen könnten.

Es würde mich überraschen, wenn Sie damit nicht auf einen Schlag die mächtigste Person im Raum geworden wären. Sie wissen etwas, was die anderen nicht wissen – zumindest meinen sie das.

Aber wenn sich jemand nicht in die Karten schauen lassen will, dann stimmt etwas nicht mit der Kommunikation, und unweigerlich wird es zu Ängsten, Mißverständnissen, Unsicherheit und schließlich sogar zu Feindseligkeiten kommen. Da helfen dann auch keine Klischees mehr wie »Wir sitzen doch alle im selben Boot« oder »Wir sind doch eine einzige große Familie«.

Und darum hatte es eine so nachhaltige Wirkung, als wir bei Semco begannen, unser Wissen mit den anderen zu teilen. Leute in den oberen Etagen konnten sich nicht mehr auf die konventionellen Symbole der Macht berufen und mußten Führungsqualitäten entwickeln und besondere Kenntnisse an den Tag legen, wenn sie respektiert werden wollten. Die Zentren der Macht verschoben sich, als Leute, die bisher so ruhig und zurückhaltend gewesen waren, an Format gewannen, während die sich anbiedernden Klugschwätzer schließlich gingen. (Und als sie es taten, kam zwar eine gewisse Unruhe unter den andern auf, aber dann pinnten wir eine ehrliche Erklärung über den Grund ihres Ausscheidens ans Weiße Brett.)

Es ist einer der größten Irrtümer zu meinen, der moderne Mensch sei in irgendeiner Weise anders als seine Vorfahren. Der Mensch hat immer schon in Stämmen oder Horden gelebt, und ich wage zu behaupten, daß er es auch immer tun wird. Ganz gleich, ob es sich dabei um eine ethnische, religiöse, politische oder berufliche Gruppe handelt – sie ist unser stärkster Halt. Buddhist, Mitglied in einem Schützenverein, Vogelbeobachter, Nintendo-Fanatiker, Rotarier oder Angehöriger des Ku-Klux-Klans zu sein vermittelt uns eine Identität, im guten wie im schlechten Sinne.

Auch Unternehmen vermitteln ihren Mitarbeitern eine Identität, so daß Mitsubishi oder Motorola für sie wie ein Familienname ist. Innerhalb eines Unternehmens können sie Unterstämmen angehören, von denen jeder seine eigenen Kleider- und Verhaltensnormen hat. Und genausowenig wie man einen orthodoxen Juden mit einem Hare-Krishna-Jünger verwechseln kann, wird man Finanzchefs mit ihren Hosenträgern und Ferragamo-Krawatten für Techniker halten, die ihre Mehrfarbenstifte sicher in Plastikschonern in der Hemdtasche tragen.

Unternehmen und Körperschaften müssen so umgestaltet werden, daß sie ein Stammesleben wieder möglich machen. Sie müssen Systeme werden, die auf Koexistenz beruhen und nicht auf einem unerreichbaren Harmonie-Ideal. Unterschiedliche Stämme werden sich nie restlos anpassen, und darum ist es töricht, am Arbeitsplatz eine Atmosphäre nach dem Motto »Wir sind alle eine große Familie« schaffen zu wollen. Feste Arbeitszeiten, Organigramme und Unternehmensleitlinien wirken alle nur negativ. Sie beseitigen die Freiheit und ersetzen sie durch nichts anderes als ein falsches Gefühl der Disziplin und Zugehörigkeit. Sie adeln Bürokraten und belohnen angepaßtes Verhalten. Man soll durchaus ein gemeinsames Ziel aufstellen und danach streben, aber auch Abweichungen davon akzeptieren und die Menschen selbst darüber entscheiden lassen, wie sie es erreichen.

In der heutigen Zeit ist die Koexistenz verschiedener Stämme meiner Meinung nach geradezu lebenswichtig. Bisher war es für die Erste Welt nicht schwer, Distanz gegenüber der Dritten Welt zu bewahren und sich einzubilden, die südliche Hemisphäre sei sehr weit weg. Aber die Technik hat alle Menschen und Orte einander nahegerückt. Wie Lava aus einem riesigen Vulkan strömen Stämme in jene Gebiete, deren Lebensstandard höher ist. In ein paar Jahrzehnten wird die Erste Welt nur noch aus ein paar Gettos der Superreichen bestehen, Inseln des Wohlstands in einem Ozean des Elends. In Paris wird es eine Menge Kairo geben, ein ganzes Stück Mexiko in Colorado und Syrien in der Schweiz. Und während sich die Lavaströme der Dritten Welt nach Norden schieben, hinterlassen sie Länder wie Somalia, Bangladesh und Elfenbeinküste – eine nur noch erbärmlichere Vierte Welt.

Die meisten Unternehmen und Körperschaften haben sich auf diese neue Weltordnung nicht eingestellt. Ihr erster Impuls besteht darin, alles zu vereinheitlichen, ausgeklügelte Ausbildungsprogramme zu entwickeln und Einwanderern beizubringen, »Guten Tag« und »Vorsicht!« zu sagen, in der Hoffnung, aus ihnen schließlich Baseballfans machen zu können. Als ob zwei vietnamesische Bürohelfer, ein Buchhalter aus Hongkong und sechs kanadische Fabrikarbeiter einfach so zusammenarbeiten könnten! Man denke nur an die sogenannten Gastarbeiter in Deutschland und Frankreich. Selbst wenn Türken fließend Deutsch sprechen – werden sie dann von allen akzeptiert? Ich denke, daß die meisten Menschen großzügig sein wollen und das Ideal der Gleichheit hochhalten; aber wenn sie glauben, daß ihre Familie, ihr Arbeitsplatz oder ihre nähere Umgebung in Gefahr ist, dann ist es mit ihrer Toleranz gegenüber einer Koexistenz verschiedener Stämme schnell vorbei.

Diskriminierung wird es immer geben, da dies nun einmal zum Stammesdenken gehört; aber man kann doch eine ganze Menge tun, ihre Auswüchse einzudämmen. Bei Semco haben wir eine Organisationsstruktur ohne Menschen erster und zweiter Klasse geschaffen. Unsere Arbeiter tragen Krägen in vielen Farben, nicht bloß in Blau und in Weiß, und wir dulden auch keine Symbole der Macht oder der Exklusivität wie Kasinos für leitende Mitarbeiter oder reservierte Parkplätze.

Ich weiß, das das Zusammenleben verschiedener Stämme möglich ist. Ich habe es einmal in einem Maß erlebt, wie ich es nie für möglich gehalten hätte. 1992 hatten sich Zehntausende von Werktätigen zu einer Demonstration für die Amtsenthebung des brasilianischen Präsidenten Collor auf einem großen Platz im Zentrum von São Paulo versammelt. Ich sah mir das vom Rand aus an, als ich von einem führenden Mitglied der radikalen Arbeiterpartei entdeckt wurde. Er rief mich zum Podium und wollte unbedingt, daß ich zu den Demonstranten sprach, von denen einige Transparente mit Parolen wie »Nieder mit den Unternehmern« und schlimmeren Sprüchen schwenkten. Nachdem ich gesprochen hatte, umarmte mich der Parteivorsitzende.

Da stand ich nun – Brasiliens Wirtschaftsführer des Jahres, umjubelt von den radikalsten Arbeitern.

In den zwanziger Jahren suchte ein Ingenieur namens DeForest Harry Warner auf, von den berühmten Warner Brothers in Hollywood. DeForest war es gelungen, Bild und Ton synchron zu gestalten – er könne, erklärte er, aus Stummfilmen Tonfilme machen. Warner hörte sich das an. Und dann sagte er: »Sind Sie wahnsinnig? Wer will denn einen Schauspieler reden hören?«

Henry Ford verkaufte sein T-Modell in jeder Farbe, solange sie nur schwarz war. Der Legende nach wollte er mit dieser monochromen Philosophie die Produktion vereinfachen und die Preise niedrig halten. Auch heute noch gilt Ford als Marketing-Genie. Ich sehe das ganz anders: Old Henrys stures Denken hat Ford die Führung in der größten Industriebranche von Amerika gekostet, denn William Durant von der damals noch kleineren Firma General Motors beschloß, Autos in verschiedenen Farben anzubieten, und schon bald sah er Ford nur noch im Rückspiegel.

Und dann gab es einen gewissen Chester Carlson, der zu IBM, General Electric und RCA ging und seine neue Erfindung verkaufen wollte. Sie bedankten sich bei ihm, daß er sich die Zeit für dieses Gespräch genommen habe, meinten aber bedauernd, seine Idee hätte ihrer Ansicht nach keine Zukunft. Carlson war ein sturer Mann und ließ sich davon nicht beeindrucken. Schließlich lernte er Joseph Wilson kennen, dem eine kleine Firma namens Haloid Company gehörte. Wilson erkannte, welche Möglichkeiten in Carlsons Apparat steckten. Im Laufe der Zeit benannte er sogar seine Firma danach: Xerox.

Konzerne haben bekanntermaßen eine kurze Lebenszeit. Selbst in den stabilen und relativ wohlhabenden USA hat ein Unternehmen nicht einmal eine Chance von fünf Prozent, daß es in 50 Jahren in einer besseren Lage sein wird. Diese lehrreichen Geschichten illustrieren, was ich für die größte Herausforderung halte, der sich jedes Unternehmen gegenübersieht: den Wandel. Semco hat Erfolg gehabt, und zwar trotz einiger der härtesten wirtschaftlichen Bedingungen, die man sich nur vorstellen kann – weil wir gelernt haben einzusehen, wie notwendig ein Wandel ist, und weil wir schlau genug waren, uns von unseren Mitarbeitern dabei helfen zu lassen, ihn herbeizuführen.

Wenn ein Unternehmen heute überleben will, muß es eine Organisationsstruktur aufweisen, deren grundlegende Prämisse darin besteht, den Wandel zu akzeptieren; eine Organisationsstruktur, die Stammesgewohnheiten sich entfalten läßt und die eine Machtausübung fördert, die auf Achtung statt auf Vorschriften beruht. Mit anderen Worten: Erfolgreich werden nur Unternehmen sein, für die die Lebensqualität an erster Stelle steht. Alles übrige – Produktqualität, Produktivität der Arbeiter, Gewinne für alle – wird sich daraus ergeben.

Bei Semco haben wir einengende Vorschriften abgeschafft, die das »Wie« diktierten, und einen fruchtbaren Boden für Unterschiede gelegt. Wir haben Menschen die Chance gegeben, zu prüfen, in Frage zu stellen und anderer Meinung zu sein. Wir haben sie selbst über ihre Ausbildung und ihre Zukunft entscheiden lassen. Wir haben sie kommen und gehen lassen, wann sie wollen; sie können zu Hause arbeiten, wenn sie es wünschen, ihre eigenen Gehälter festsetzen, ihre eigenen Bosse wählen. Wir haben sie ihre Meinung und unsere ändern lassen, sie sagen lassen, daß wir uns irrten, wenn wir uns irrten; und sie haben uns bescheidener gemacht. Einem derartigen System bekommt der Wandel hervorragend, denn er ist das einzige Gegengift zu der unternehmerischen Gehirnwäsche, die gigantischen Unternehmen mit einer großartigen Vergangenheit eine ungewisse Zukunft beschert hat.

Man unterstellt oft, daß wir bei Semco ein strenges Ausleseverfahren haben, um sicherzustellen, daß diejenigen, die für uns arbeiten wollen, unternehmensphilosophisch gesehen auf unserer Wellenlänge liegen. Tatsächlich ist genau das Gegenteil der Fall. Wir sind an Kompetenz interessiert, alles andere ist uns egal. Viele unserer Mitarbeiter stellen unsere Konzepte regelmäßig in Frage. Bei Semco gibt es sogar Nester, die ganz autokratisch sind; und Leute, die gern in einem derartigen Milieu arbeiten, sind langsam dorthin abgewandert. Aber wie können wir Menschen ausschließen, die nicht so denken wie wir – dann würden ja auch wir zu Menschen werden, die Dinge sagen wie: »So wird das hier nicht gemacht.«

Semco ist mehr als nur ein Unternehmen mit neuartigen Programmen und Verfahren. Wichtig sind für uns Offenheit, Vertrauen in unsere Mitarbeiter und Mißtrauen gegenüber allen Dogmen. Wir sind weder Sozialisten noch reine Kapitalisten, sondern wir nehmen uns das Beste aus diesen und anderen gescheiterten Systemen, um die Arbeit neu zu organisieren – damit kollektives Denken individualistische Höhenflüge nicht unterdrückt; damit Führungsqualitäten nicht auf der endlosen Suche nach einem Konsens verlorengehen; damit Menschen die Freiheit haben, zu arbeiten, wie und wann sie wollen; damit Bosse keine Eltern sein müssen und Arbeiter sich nicht wie Kinder verhalten. Im Mittelpunkt unseres kühnen Experiments steht eine Wahrheit, die so einfach ist, daß man sie banal nennen müßte, wenn sie nicht so selten erkannt würde: *Ein Unternehmen sollte sein Schicksal in die Hände seiner Mitarbeiter legen.*

Nein, Semco ist kein Modell mit Programmen, die man nur genau befolgen muß; mit allen möglichen Rezepten für Partizipation, Produktivität und Profite. Semco ist eine Einladung. Ich hoffe, unsere Geschichte wird andere Unternehmen dazu bewegen, sich und ihre Mitarbeiter einem neuen Denken zu unterziehen. Vergessen Sie Sozialismus, Kapitalismus, produktionssynchrone Auslieferung, Gehaltsspiegel und all diese Dinge und konzentrieren Sie sich auf die Gestaltung einer Organisation, der das Schwierigste überhaupt gelingt: daß Menschen am Morgen gern zur Arbeit gehen.

ANHANG

Anhang A

Von unten gesehen – Wie Semco-Mitarbeiter ihre Vorgesetzten bewerten

Der folgende Fragebogen wird von allen Semco-Mitarbeitern alle sechs Monate anonym ausgefüllt – das gehört zu dem Bewertungsprozeß, dem sich ihre Vorgesetzten unterziehen müssen. Die Fragen werden entsprechend dem Grad ihrer Wichtigkeit bewertet, die Ergebnisse öffentlich ausgehängt. Ein Ergebnis von 80 Prozent gilt als Durchschnitt.

1. Wenn ein Mitarbeiter einen kleinen Fehler macht, ist der/die Betreffende

a) gereizt und nicht bereit, über diesen Fehler zu diskutieren
b) gereizt, aber bereit, darüber zu diskutieren
c) in der Lage, den Fehler zu erkennen und darüber in konstruktiver Weise zu diskutieren
d) in der Lage, über den Fehler hinwegzusehen und sich nur um wichtigere Dinge zu kümmern

2. Der/die Betreffende reagiert auf Kritik

a) schlecht – ignoriert sie
b) schlecht – lehnt sie ab
c) einigermaßen gut
d) gut – akzeptiert sie

3. Der/die Betreffende ist

a) ständig angespannt
b) gewöhnlich angespannt, aber gelegentlich entspannt
c) gewöhnlich entspannt, aber gelegentlich angespannt
d) ständig entsprannt

4. Der/die Betreffende ist

a) unsicher
b) öfter unsicher als sicher
c) öfter sicher als unsicher
d) sicher

5. Im Hinblick auf berufliche und private Dinge ist der/die Betreffende

a) nicht in der Lage, sie zu trennen
b) häufig nicht in der Lage, sie zu trennen
c) meistens in der Lage, sie zu trennen
d) in der Lage, sie zu trennen

6. Wenn die Abteilung des/der Betreffenden einen hohen Produktivitätsstandard erreicht, schreibt er/sie normalerweise den Erfolg anderer

a) sich selbst zu
b) denjenigen zu, die die Arbeit getan haben
c) dem Team als ganzem zu

7. Der/die Betreffende gilt als

a) immer unfair
b) öfter unfair als fair
c) öfter fair als unfair
d) immer fair

8. Der/die Betreffende vermittelt dem Team

a) Angst und Unsicherheit
b) Gleichgültigkeit
c) Sicherheit und Ruhe

9. Der/die Betreffende vermittelt dem Team ein Gefühl von

a) Kälte und läßt nicht mit sich reden
b) Distanz, läßt aber mit sich reden
c) Freundlichkeit, aber auch von Gleichgültigkeit gegenber den Problemen anderer
d) Freundlichkeit und von Interesse für die Probleme anderer

10. Im Umgang mit Menschen in untergeordneten Positionen (Wachpersonal, Boten, Fahrer usw.) neigt der/die Betreffende normalerweise dazu,

a) sich überheblich zu verhalten
b) sie zu ignorieren
c) sie höflich, aber mit einer gewissen Überheblichkeit zu behandeln
d) sie zu respektieren

11. Der/die Betreffende behandelt seine/ihre Untergebenen

a) viel schlechter als seine/ihre Vorgesetzten
b) etwas schlechter als seine/ihre Vorgesetzten
c) nicht anders als seine/ihre Vorgesetzten

12. Der/die Betreffende

a) macht ständig allen klar, daß er/sie der Boss ist
b) macht gelegentlich allen klar, daß er/sie der Boss ist
c) macht nur selten Aufhebens davon, daß er/sie der Boss ist

13. Der/die Betreffende ist

a) eine schwache Führungspersönlichkeit, kann das Team nicht motivieren
b) eine schwache Führungspersönlichkeit, kann aber das Team motivieren
c) eine starke Führungspersönlichkeit, kann aber das Team nicht motivieren
d) eine starke Führungspersönlichkeit und kann das Team motivieren

14. Wenn das Team ein bestimmtes Ziel hat, erwartet der/die Betreffende

a) Ergebnisse, ohne sich an den Anstrengungen zur Erreichung des Zieles zu beteiligen
b) Ergebnisse und beteiligt sich nur oberflächlich

c) Ergebnisse und beteiligt sich, wenn dies zur Erreichung des Zieles erforderlich ist

15. Der/die Betreffende

a) wird vom Team offen nicht respektiert
b) wird vom Team nicht respektiert, aber nur intern
c) wird weder respektiert noch mißachtet
d) wird vom Team respektiert

16. Der/die Betreffende

a) bevorzugt ganz offensichtlich einige Menschen wegen ihrer Hautfarbe, Religion oder Herkunft
b) bestreitet, Vorurteile zu haben, gibt aber nicht allen die gleiche Chance
c) hat keine Vorurteile und gibt allen die gleiche Chance

17. Der/die Betreffende

a) bevorzugt offenkundig Menschen eines bestimmten Geschlechts
b) bestreitet, Vorurteile zu haben, gibt aber nicht allen die gleiche Chance
c) hat keine Vorurteile und gibt allen die gleiche Chance

18. Wenn Beförderungen und Auszeichnungen anstehen, läßt der/die Betreffende

a) sie jenen zugute kommen, die er mag
b) sie manchmal jenen zugute kommen, die sie verdienen, manchmal aber auch seinen »Gefolgsleuten«
c) sich immer von Gerechtigkeit und Unparteilichkeit leiten

19. In einer Krise neigt der/die Betreffende dazu,

a) die Gruppe in verschiedene Lager zu spalten
b) sich nicht um die Einheit der Gruppe zu kümmern
c) die Gruppe zusammenzuhalten

20. Was ist dem/der Betreffenden wichtiger?

a) daß die Arbeit perfekt ausgeführt wird
b) daß die Arbeit schnell ausgeführt wird
c) entweder Schnelligkeit oder Perfektion, abhängig von der jeweiligen Situation

21. Der/die Betreffende

a) mischt sich übertrieben in alles ein
b) beteiligt sich zu wenig an allen Vorgängen
c) beteiligt sich in angemessener Weise an allen Vorgängen

22. Wie kennt sich der/die Betreffende auf seinem/ihrem Gebiet aus?

a) ungenügend
b) hinreichend
c) gründlich

23. Wenn der/die Betreffende Sie vorübergehend ablösen sollte, wäre seine/ihre Leistung

a) unbefriedigend
b) normal
c) gut

d) besser als Ihre eigene

24. Wenn es darum geht, zwischen dringenden und wichtigen Arbeiten zu unterscheiden, verhält sich der/die Betreffende folgendermaßen:

a) Er/sie kennt den Unterschied nicht
b) Er/sie zieht normalerweise die dringenden Arbeiten vor
c) Er sie kann gut zwischen beiden unterscheiden

25. Der/die Betreffende

a) verschwendet zuviel Zeit für dringende Probleme
b) widmet dringenden und wichtigen Angelegenheiten gleich viel Zeit
c) widmet wichtigen Angelegenheiten mehr Zeit

26. Der/die Betreffende ist

a) nicht sehr kreativ und sträubt sich gegen neue Ideen
b) zu kreativ und zu sehr an Veränderungen interessiert, bringt Unruhe ins Team
c) ist angemessen kreativ und an Veränderungen interessiert

27. Wenn es darum geht, für ein Milieu zu sorgen, in dem sich die Menschen frei entfalten können, um kreativ zu sein oder Veränderungen anzuregen, wird der/die Betreffende

a) innovative und kreative Ideen abblocken
b) sie zwar nicht abblocken, aber auch nicht fördern
c) kreative oder innovative Ideen fördern

28. Soweit es das Team betrifft, wählt der/die Betreffende

a) normalerweise die falschen Leute
b) manchmal gut und manchmal schlecht aus
c) normalerweise die richtigen Leute aus

29. Die Menschen, die in der Umgebung des/der Betreffenden arbeiten,

a) fühlen sich selten zur Arbeit motiviert
b) fühlen sich gelegentlich zur Arbeit motiviert
c) fühlen sich normalerweise zur Arbeit motiviert

30. Der Gebrauch, den der/die Betreffende von den ihm anvertrauten finanziellen Mitteln macht, ist

a) schlecht
b) durchschnittlich
c) gut
d) ausgezeichnet

31. Wie versteht der/die Betreffende seine eigene Zeit zu nutzen?

a) schlecht
b) durchschnittlich
c) gut
d) ausgezeichnet

32. Welchen Wert legt der/die Betreffende auf Ausbildung und ähnliche Dinge?

a) zu wenig
b) ausreichend
c) großen Wert

33. Der/die Betreffende erledigt Arbeiten

a) fast immer schlecht
b) manchmal schlecht und manchmal gut
c) fast immer gut

34. Der/die Betreffende akzeptiert andere Meinungen

a) nie
b) normalerweise nicht
c) manchmal
d) fast immer

35. Andere Menschen halten den/die Betreffende(n) für

a) nicht vertrauenswürdig
b) gelegentlich vertrauenswürdig
b) sehr vertrauenswürdig

36. Der/die Betreffende vertritt das Unternehmen

a) schlecht, setzt es in ein ungünstiges Licht
b) weder schlecht noch gut
c) gut, vermittelt anderen Menschen das Gefühl, sich darauf verlassen zu können

Anhang B

Die Semco-Kur gegen die Zeit-Krankheit

Im 9. Kapitel habe ich versprochen, meine Kur gegen die Zeit-Krankheit zu verraten. (Aufgepaßt, meine Herrschaften – gleich springt das Kaninchen aus dem Zylinder!)

1. Fangen Sie von hinten an. Setzen Sie eine bestimmte Uhrzeit fest, zu der Sie das Büro verlassen werden, und halten Sie sich unbedingt daran. Ich entschied mich für 19 Uhr, aber zuvor hatte ich oft bis um Mitternacht gearbeitet. Wenn Sie normalerweise bis um 19 Uhr arbeiten, gehen Sie künftig schon um 17.30 oder 18 Uhr nach Hause. Sollten Sie noch Arbeit fürs Wochenende mit heimnehmen, dann stellen Sie diese heimtückische Gewohnheit mit einem 60-Tage-Programm ab.

2. Sichten Sie den Stapel Papiere auf Ihrem Schreibtisch und entscheiden Sie, welche am wichtigsten sind. (Wenn Sie zu dem Ergebnis kommen, daß alle gleich wichtig sind, haben Sie gemogelt. Fangen Sie von vorn an.) Verbringen Sie mehrere Stunden oder, wenn es sein muß, sogar einen ganzen Tag damit herauszufinden, was sich in diesem Stapel eigentlich befindet. Beginnen Sie mit den schwierigsten, kompliziertesten oder zeitlich aufwendigsten Vorgängen. Mit anderen Worten: Gehen Sie den Stapel nach der Rangordnung, nicht nach der Reihenfolge des Eintreffens der einzelnen Papiere durch. Auf diese Weise machen Sie sich kein falsches Bild von dem, was Sie leisten. Wenn Sie Ihre Unterlagen sichten, teilen Sie diese in drei Kategorien ein:

- Dinge, die absoluten Vorrang genießen, um die Sie sich persönlich kümmern müssen und deren Wichtigkeit ganz unbestritten ist. Teilen Sie nicht mehr als fünf Vorgänge dieser Kategorie zu.
- Dinge, um die nur Sie sich kümmern können, die aber Zeit haben. Auf den ersten Blick scheint dies die angenehmste Kategorie zu sein, da offenbar so viel dazugehört. Denken Sie gut darüber nach, ob Sie wirklich der einzige sind, der sich mit einem bestimmten Vorgang befassen kann. Die Tatsache, daß Ihre Untergebenen oder Kollegen überlastet sind, sollte Ihre Entscheidung nicht beeinflussen – Zeiteinteilung ist nichts anderes als eine Einübung in den Egoismus. Halsen Sie Ihren Mitarbeitern alles auf, was den »Test der Siebziger« nicht besteht (das ist keine Quizfrage, mit der ich herausfinden will, ob Sie noch wissen, was in Watergate los war). Fragen Sie sich: »Ist es möglich, daß jemand anderes diese Aufgabe mindestens zu siebzig Prozent so gut wie ich erledigen könnte?« Wenn ja, dann überlassen Sie sie jemand anderem.
- Dinge, die sich Ihrer Ansicht nach gut machen würden, zu denen Sie aber nie richtig kommen. Dazu gehört die Lektüre von Artikeln in Zeitungen und Zeitschriften, längeren Berichten, Kopien von Memos – Sie wissen schon, was ich meine. Wir haben uns alle längst daran gewöhnt, einen Wust von Informationen zu bekommen. In einer Art Abwehrhaltung neigen wir dazu, von allem nur ein bißchen zu lesen. Das ist eine der ernstesten Ursachen der Zeit-Krankheit.

Der Schlüssel zur richtigen Organisation ihrer Zeit ist Ihre Selbstachtung. Die müssen Sie unbedingt bewahren, selbst wenn Sie vielleicht einmal nicht so beschlagen sind wie Ihre Kollegen, wenn es um einen eigentlich belanglosen Bericht oder irgendein entlegenes Thema geht. Nehmen Sie ruhig an einer Konferenz teil, und lassen Sie Kommentare über sich ergehen wie: »Was, Sie haben den Beitrag ›Patentlösungen für ein verbessertes Gießverfahren‹ in der letzten Nummer vom Gießerfreunde-Report nicht gelesen?« Lieber nehmen Sie die Schmach auf sich, das zuzugeben und jemand anderen zu bitten, Ihnen das Wesentliche aus diesem Beitrag zu erläutern, als daß Sie alle Artikel lesen müssen, die auf Ihren Schreibtisch flattern. Ganze Heerscharen von Managern fürchten, als schlechtinformierte Blödmänner dazustehen, wenn sie ihre Abonnements von The Wall Street Journal, The Financial Times, Newsweek, Time und L'Express auslaufen lassen, ganz zu schweigen von einer Reihe von Lokalzeitungen, Finanz-Newsletters, Fortune, Forbes, Business Week und so weiter. Die Medien geben sich alle Mühe, als unentbehrlich zu gelten. Lassen Sie nicht allzu viele damit durchkommen.

Aus Zeitmangel (warum sonst?) habe ich früher Zeitschriften und Zeitungen auf einen Tisch in meinem Büro gelegt, damit ich sie später lesen konnte. Als sich weitere Fachblätter dazugesellten, habe ich sie sorgfältig auf diesen Stapel gelegt. Bereits der Anblick deprimierte mich – wie viele Informationen hatte ich mir schon entgehen lassen. Und eines Abends fiel der Stapel um. Da ging mir ein Licht auf, und endlich wanderten all diese Blätter ungelesen dorthin, wohin sie eigentlich gehörten: in den Papierkorb.

Ich schätze, das Verhältnis von überflüssiger zu wichtiger Lektüre beträgt etwa 20:1. In diesem Sinne empfehle ich den Zustrom an Lesestoff auf maximal zwei Tageszeitungen, zwei wöchentlich erscheinende Zeitschriften und zwei Fachblätter zu reduzieren. Fangen Sie damit an, stolz darauf zu sein, daß Sie nicht alles mitbekommen. Lassen Sie sich aus Verteilern streichen. Es lohnt sich, denn Sie erhalten dadurch die Gelegenheit, sich einer weithin unterschätzten Beschäftigung hingeben zu können – dem Nachdenken. Aristoteles, der The Wall Street Journal nicht abonniert hatte, hat einmal gesagt: »Zum Denken braucht man Muße.« Wenn Sie keine Muße haben, können Sie auch nicht viel denken.

3. Wenn Sie geglaubt haben sollten, Sie könnten Ihre Zeit organisieren, ohne in Ihr Betriebsvermögen zu investieren, dann befinden Sie sich auf dem Holzweg. Da gibt es nämlich eine ganz wichtige Neuerwerbung: einen zusätzlichen Papierkorb.

Ich weiß, Sie haben schon einen richtig großen Papierkorb. Aber die meisten Menschen haben genug auf ihrem Schreibtisch, um zwei füllen zu können. Zunächst braucht es Mut, diesen zweiten Papierkorb zu benutzen. Sie müssen beeindruckende Berichte und ungelesene Zeitschriften hineinwerfen. Aber denken Sie immer daran, was sich Alfred Sloan, der legendäre Boss von General Motors, stets zu fragen pflegte: »Was ist das Schlimmste, das passieren kann, wenn ich dies hier wegwerfe?« Wenn Sie nicht gleich zittern, ins Schwitzen oder außer Atem geraten – los, werfen Sie es weg. Irgendwann einmal wird Ihr zweiter Papierkorb ein Babysitter für Ihren Eingangskorb. Lassen Sie ihn ein paar Monate lang stehen – was für ein herrliches Symbol der Freiheit.

4. Denken Sie erst nach, bevor Sie diese Einladung zum Mittagessen annehmen oder jenen Besuch bei einem Lieferanten machen oder eine Rede vor Wirtschaftsleuten halten. Gewöhnlich reagiert man doch als erstes darauf, daß man nach dem Terminkalender greift und – falls die entsprechende Zeile frei ist – die neue Verpflichtung einträgt. Gewöhnen Sie sich eine neue Taktik an: »Vielen Dank, aber ich habe einfach keinen Termin frei.« Oder fragen Sie zurück: »Haben Sie es schon bei X probiert?« Oder: »Ich kann es leider nicht machen, aber geben Sie mir bitte Bescheid, wie es gelaufen ist.«

Oder wenn alle Stricke reißen: »Es tut mir schrecklich leid, aber da bin ich gerade in den Flitterwochen.« Reden Sie mit den Leuten, aber nehmen Sie nur an Ereignissen teil, die wirklich absolut wichtig sind. Das Mittagessen, um Lieferant Z besser kennenzulernen oder Kunde Y zu beeindrucken – wie all diese Verabredungen, die man nur eingeht, »weil es vermutlich eine gute Idee ist« –, zeigt doch nur, wie unsicher Sie sind. Ich bin noch nie einem Zulieferer begegnet, der mir einen besseren Preis gemacht hat, weil er sich mit mir beim Mittagessen so prächtig unterhalten hatte, oder einem Kunden, der mir einen Auftrag erteilt hat, weil ihn mein Beaujolais beim Abendessen so beschwingt hat. Nehmen Sie an irgendeiner Einladung oder Veranstaltung nur dann teil, wenn Sie sicher sind, daß es sich lohnen wird, dafür Ihre kostbare Zeit zu opfern.

Wenn Sie sich unbedingt mit jemandem verabreden müssen, dann im Büro. In dieser Umgebung lassen sich die Leute am wenigsten vom Thema ablenken. Aber bieten Sie Ihren Besuchern keinen Kaffee an – damit verleiten Sie sie nur zu einer lockeren, unproduktiven Unterhaltung. Wenn Sie einen Eindringling nicht mit Koffeein aufputschen, tun Sie was für seine Gesundheit, und außerdem kommt er vielleicht nicht so schnell wieder.

5. Wenn man über eine rationellere Zeiteinteilung spricht und dabei nicht auf das Thema Konferenzen eingeht, dann ist das etwa wie ein Fußballspiel ohne Randale. Gibt es überhaupt jemanden, der in einem Büro arbeitet und nicht an zu vielen Konferenzen teilnimmt?

Zunächst einmal sollten wir nicht vergessen, daß der Mensch ein geselliges Lebewesen ist. Wir fühlen uns wohler in der Gegenwart anderer Menschen. Konferenzen vermitteln das Gefühl der Zusammengehörigkeit, der Solidarität – auch wenn die allgegenwärtigen Spannungen und Eifersüchteleien des Wirtschaftslebens dabei nicht wegzudenken sind. Und natürlich funktioniert die Kommunikation in einem Unternehmen normalerweise nicht schnell genug und reicht oft nicht aus, so daß wir uns durch Konferenzen auf dem laufenden halten können.

Auf Besprechungen oder Konferenzen zu verzichten, hieße, wider die menschliche Natur zu handeln und die Effizienz eines Unternehmens zu schmälern. Aber so schwer ist es ja nun auch wieder nicht, Konferenzen effektiver zu gestalten. Wir haben bei Semco die verschiedensten Möglichkeiten durchprobiert und können darum mit ein paar Empfehlungen aufwarten.

- Beginnen Sie pünktlich. (Fünf oder zehn Minuten später ist immer noch pünktlich – es sei denn, Sie sind Schwede.) Fangen Sie einfach an, auch wenn noch nicht alle da sind. Wenn Sie das ein paarmal gemacht haben, werden es auch die kapieren, die normalerweise immer zu spät kommen.
- Setzen Sie als erstes bei einer Konferenz den Zeitpunkt fest, zu dem sie beendet sein soll. Überschreiten Sie ihn um höchstens ein paar Minuten. Wenn Sie in Ihrem eigenen Büro sind, stehen Sie einfach auf und sagen: »Das war's dann«, wenn Sie die Sitzung beenden wollen. Manchmal setze ich mich von Anfang an nur auf die Schreibtischkante. Das mag vielleicht unhöflich sein, aber es funktioniert.
- Gehen Sie vor den anderen die Tagesordnung durch. Notieren Sie die Themen in der Reihenfolge ihrer Wichtigkeit. Geben Sie der Versuchung nicht nach, zunächst einmal die alten Punkte vom letzten Mal zu klären oder unproblematische neue Punkte abzuhaken.
- Delegieren Sie an eine oder mehrere Personen jeden Punkt, der mehr als die vorgesehene Zeit erfordert oder eine Diskussion auslöst, die sich hinzieht, ohne daß Aussicht auf eine Lösung besteht.
- Halten Sie keine Besprechungen ab, die länger als zwei Stunden dauern. Danach läßt die Aufmerksamkeit rapide nach.

- Hüten Sie sich davor, eine billige Schau abzuziehen. Achten Sie darauf, daß Berichte kurz ausfallen, und vermeiden Sie die Verwendung von Diagrammen und Tabellen. Ersparen Sie sich auch die Overhead-Projektion von Folien, und schalten Sie *nie* Licht aus.
- Dulden Sie keine Unterbrechungen. Es gibt nur eine Entschuldigung dafür, daß jemand in eine Konferenz hereinplatzt: ein Kunde, der ein Problem hat.
- Reduzieren Sie so viele Besprechungen wie möglich auf Telefongespräche oder kurze Unterhaltungen in der Halle. Viele Menschen neigen dazu, eine Konferenz wegen irgendwelcher Probleme einzuberufen, die in zehn bis fünfzehn Minuten telefonisch geklärt werden könnten oder sogar mit einem Fax.

6. Ein paar Worte übers Telefonieren: Jeder, der bei Semco eine Nachricht entgegennimmt, bittet den Anrufer, sein Anliegen kurz zu schildern. Bitten Sie Ihre Sekretärin oder Assistentin, automatisch zu sagen, daß Sie ein Gespräch leider nicht entgegennehmen können – und natürlich ehe der Anrufer gefragt worden ist, wer er ist. Nehmen Sie sich die Liste der Anrufer von einem bestimmten Tag (oder von mehreren Tagen) vor und rufen Sie nur Leute zurück, mit denen Sie wirklich sprechen müssen, also etwa mit Kunden. Was die anderen betrifft, so werden sie entweder
- immer wieder anrufen, bis sie es aufgeben, und dann wissen Sie, daß es sich um etwas Unwichtiges gehandelt hat, oder
- einen Ihrer Kollegen anrufen.

Machen Sie sich jedenfalls darauf gefaßt, daß man Ihnen sagt, zu Ihnen durchzukommen sei ja schwerer, als mit dem Papst zu sprechen. Fassen Sie das als Kompliment auf.

7. Nehmen Sie sich Zeit zum Denken. Versuchen Sie in Ihrem Terminkalender dafür einen halben Tag freizuhalten. Ich finde Montag- und Freitagmorgen gut, weil ich dann die Ablenkungen nach und vor dem Wochenende loswerden kann. An diesem halben Tag sollten Sie Ihr Büro meiden. Ziehen Sie sich in einen unbenutzten Konferenzraum zurück oder noch besser: Bleiben Sie zu Hause.
- Denken ist schwer. Es erfordert Konzentration und Disziplin. Gönnen Sie sich die Zeit, die Sie dazu brauchen. Aristoteles würde das gefallen.

Anhang C
Ein Semco-Wörterbuch

Ausbildung: Anstelle von offiziellen Ausbildungsprogrammen gibt es bei uns verschiedene Möglichkeiten, wenn Mitarbeiter sich gern neue Kenntnisse und Fähigkeiten aneignen wollen. Wir fordern unsere Leute auf, sich darüber Gedanken zu machen, was sie in fünf Jahren tun möchten, und dann legen wir ihnen nahe, sich einer Ausbildung zu unterziehen, mit der sie ihr Ziel erreichen können. Über die Kosten sprechen wir dann auf den wöchentlich stattfindenden Konferenzen in unseren Unternehmensbereichen.

Bevormundung: Bei Semco ein verpöntes Wort. Wir wollen keine glückliche große Familie sein, sondern ein erfolgreiches Unternehmen. Wir sind ausschließlich an der Leistungsfähigkeit unserer Mitarbeiter am Arbeitsplatz interessiert, nicht an ihrem Privatleben. Bei Semco gibt es keine Aschenbahn, keinen Swimmingpool, keinen Fitneßraum. Wenn unsere Leute in einen Fitneßklub gehen wollen, dann ist das ihre Privatsache. Wir bieten eine Krankenversicherung und andere Vergünstigungen an, aber wir fordern unsere Mitarbeiter auf, sich selbst mit darum zu kümmern. Gelegentlich leiht Semco ihnen auch Geld, aber nur in unvorhergesehenen Notfällen. Statt unsere Mitarbeiter wie Kleinkinder zu behandeln, um die man sich kümmern muß, gehen wir mit ihnen wie mit Erwachsenen um, die imstande sind, Entscheidungen hinsichtlich ihrer Arbeit selbständig zu treffen. (Siehe Kapitel 21.)

Bewertung von unten: Bevor jemand für eine Führungsposition eingestellt oder befördert wird, muß er sich allen Leuten, die unter ihm arbeiten werden, in einem Vorstellungsgespräch präsentieren, und dann wird er von ihnen bewertet und akzeptiert oder abgelehnt. Außerdem werden Semco-Manager alle sechs Monate von ihren Untergebenen bewertet, die einen von uns dafür entwickelten Multiple-choice-Fragebogen anonym ausfüllen. Die dabei vergebenen Noten werden öffentlich bekanntgegeben. Es gibt zwar keine verbindlichen Regelungen, aber diejenigen, die ständig nur schwache Noten bekommen (80 von 100 möglichen Prozentpunkten werden im Durchschnitt erreicht), verlassen Semco gewöhnlich früher oder später. (Siehe Kapitel 23.)

Bosse: Semco hat längst nicht mehr so viele wie früher, und die verhalten sich auch nicht mehr unbedingt wie Bosse. Als die Arbeiter damit begannen, ihre Jobs stärker selbst in die Hand zu nehmen, ging der Bedarf an Aufsehern zurück. Wir haben auch das Personal, das in unseren Produktionsstätten für Rechtsberatung, Buchhaltung und Marketing zuständig ist, um über 75 Prozent reduziert und unter anderem die Abteilungen Datenverarbeitung, Ausbildung und Qualitätskontrolle ganz abgeschafft.

Demokratie: Ein Eckstein im Semco-System. Wir haben eine repräsentative Demokratie dank unserer Werkskomitees – bei wichtigen Entscheidungen wie Werksverlegungen haben alle Mitarbeiter bei uns ein direktes Stimmrecht. Untergebene wählen im Prinzip ihre Bosse. Und damit das absolut klar ist: Wir haben keine Speisesäle für leitende Angestellte oder reservierte Parkplätze.

Familiensilber: Wenn es eine freie Stelle gibt oder eine neue Position geschaffen wird, wird ein Semco-Mitarbeiter, der 70 Prozent der Anforderungen erfüllt, gegenüber einem Außenseiter bevorzugt in Erwägung gezogen. (Siehe Kapitel 22.)

Fertigungszellen: Anstelle von Fließbändern gibt es bei uns Gruppen von Produktionsmaschinen, so daß einzelne Teams von Arbeitern eine ganze Waage, Geschirrspülmaschine, Mischmaschine oder irgendein anderes komplettes Produkt zusammenbauen können, statt nur einzelne Komponenten zu fertigen. Damit haben unsere Arbeiter mehr Selbständigkeit und Verantwortung, und das macht sie glücklicher und unsere Produkte besser. Beinahe alle Fabrikarbeiter beherrschen mehrere Fertigungsjobs, und einige können sogar Gabelstapler fahren, um ihre Teamkameraden mit Rohmaterialien und Einzelteilen zu versorgen, die unsere Arbeiter selbst bei Zulieferern kaufen können. Oft setzen unsere Fabrikarbeiter die Produktionsquoten selbst fest und entwickeln Verbesserungen für unsere Produkte. (Siehe Kapitel 16.)

Gehaltsspiegel: Viele Unternehmen verwenden abstrakte Lohn- und Gehaltsspiegel, denen sie ihre Löhne und Gehälter anpassen. Semco ist meines Wissens das einzige Unternehmen, das seine Fabrikarbeiter und Büroangestellten gebeten hat, bei dieses System mitzuarbeiten. Sie suchen andere Produktionsunternehmen auf, die mit Semco zu vergleichen sind, unterhalten sich mit ihren dortigen Kollegen und stimmen die Ergebnisse miteinander ab. Infolgedessen mißtraut niemand unseren Gehaltsspiegeln. Allerdings hoffen wir, daß eines Tages alle Semco-Mitarbeiter ihr Einkommen selbst festsetzen werden.

Gewinnbeteiligung: Im Gegensatz zu den üblichen Plänen, bei denen von der Geschäftsleitung einseitig darüber entschieden wird, wieviel und an wen ausgeschüttet wird, haben wir bei Semco mit unseren Arbeitern den zu verteilenden prozentualen Grundanteil – etwa ein Viertel der Unternehmensgewinne – ausgehandelt, und dann bestimmen sie, wie er aufgeteilt werden soll. (Siehe Kapitel 17.)

Gleitzeit: In vielen Unternehmen dürfen Büroangestellte ihre Arbeitszeit selbst bestimmen. Soweit ich sehe, sind wir das einzige Unternehmen, das diese Freiheit auch auf die Fabrikarbeiter ausgedehnt hat. Das kann durchaus zu Störungen führen, da jeder Fabrikarbeiter stark von seinen Teamkameraden abhängt, aber unsere Leute haben individuelle Vorlieben immer den Gruppenarbeitszeiten untergeordnet. (Siehe Kapitel 30.)

Größe: Große, zentralisierte Unternehmensorganisationen fördern die Entfremdung – so wie sich in stehenden Gewässern Algen bilden. Wir glauben, daß Menschen ihr Potential nur dann entfalten können, wenn sie fast jeden in ihrer Umgebung kennen, und das ist im allgemeinen dann der Fall, wenn sie nicht mehr als 150 Kollegen haben. Wenn bei uns Unternehmensbereiche diese Größe überschreiten, teilen wir sie auf. (Siehe Kapitel 14 und 15.)

Großreinemachen: Zweimal im Jahr macht Semco für einen Nachmittag dicht, und jeder räumt seinen Arbeitsplatz gründlich auf. Büroangestellte werfen überflüssige Akten weg, Fabrikarbeiter beseitigen Schrott und alte Maschinen. Dieses Programm haben wir zunächst in unseren Büros eingeführt, aber inzwischen ist niemand davon ausgenommen und nichts davor sicher.

Hepatitis-Urlaub: Unsere Form von Bildungsurlaub. Unsere Mitarbeiter können sich alle ein oder zwei Jahre ein paar Wochen oder sogar ein paar Monate von ihrer Tätigkeit freinehmen, um sich neue Kenntnisse oder Fertigkeiten anzueignen, ihren Arbeitsplatz umzugestalten oder einfach neue Kräfte aufzutanken. Wir haben dieses Programm eingeführt, als mehrere streßgeplagte Manager uns erklärten, sie hätten keine Zeit zum Denken. Wir haben sie aufgefordert, sich darüber Gedanken zu machen, was geschähe, wenn sie plötzlich eine Hepatitis bekämen und gezwungen wären, sich zwei Monate lang davon zu erholen. Dann ließen wir sie das tun. (Siehe Kapitel 20.)

Hilfspersonal: Wir haben sämtliche Sekretärinnen, Empfangsdamen, persönliche Assistenten und andere unbeliebte Jobs ohne Aufstiegschancen abgeschafft. Es gehört nun einmal zu unserer Philosophie eines natürlichen Unternehmens, daß bei Semco jeder seine Besucher selbst abholt, seine Kopien selbst macht und seine Faxe selbst sendet. (Siehe Kapitel 18.)

Kerntruppe für technische Innovation: Eine kleine Gruppe von Mitarbeitern, meist Ingenieuren, die von allen täglichen Produktions- oder Verwaltungsaufgaben freigestellt sind und die ganze Zeit nichts anderes tun sollen, als neue Produkte zu entwickeln, alte zu verbessern, Marketing-Strategien zu entwerfen, sich Maßnahmen zur Einsparung von Kosten und zur Leistungssteigerung auszudenken – und sogar von neuen Geschäftszweigen zu träumen. Finanziell sind sie teilweise am Erfolg ihrer unternehmerischen Bemühungen beteiligt. (Siehe Kapitel 29.)

Korruption: Eine ganze Reihe von Regierungsinspektoren, die Semco erpressen wollten, sind im Gefängnis gelandet. Das hat uns zwar eine Menge Ärger mit den Regierungsinspektoren in ganz Brasilien eingebracht, aber das nehmen wir lieber in Kauf, als daß wir unseren Mitarbeitern und Kunden signalisieren wollen, wir würden Unlauterkeit tolerieren. (Siehe Kapitel 28.)

Kreisförmige Organisation: Wir haben die Bürokratie bei Semco von zwölf Managementebenen radikal auf drei heruntergefahren und eine neue Organisationsstruktur eingeführt, die auf fließenden konzentrischen Kreisen beruht statt auf einer starren, hierarchisch aufgebauten Pyramide. Alle Mitarbeiter haben nur einen von vier Titeln: *Mitglieder des Verwaltungsrates*, ähnlich den Vizepräsidenten oder höheren Chargen in konventionellen Unternehmen, die unsere allgemeinen Richtlinien und Strategien koordinieren; Partner, die unsere Unternehmensbereiche leiten; Koordinatoren, die jene erste, wichtige Managementebene in Bereichen wie Marketing, Vertrieb und Produktion ausmachen oder die Vorarbeiter in den Bereichen Technik und Montage stellen; und schließlich die Kollegen, wie wir alle übrigen nennen. (Siehe Kapitel 24.)

Management durch Herumwandern: Semco ist architektonisch so gestaltet, daß unsere Leute ohne weiteres mit anderen zusammenkommen können. Unsere Büros haben normalerweise keine Wände – nur die einzelnen Werke sind voneinander getrennt. Gelegentlich vermischen wir ganz bewußt einzelne Abteilungen. Im Grunde mögen wir nichts, was unsere Mitarbeiter voneinander trennt.

Natürliches Unternehmen: Ein Führungsprinzip. Wir haben bei Semco überflüssige Vergünstigungen und Privilegien abgeschafft, wie Speisesäle für leitende Mitarbeiter und schicke Büromöbel, die nur das Ego hätscheln, aber der Bilanz schaden, und die alle nur von den entscheidenden Aufgaben in einem Unternehmen ablenken, nämlich zu produzieren, zu verkaufen, Rechnungen auszustellen und das Geld einzutreiben.

Risikogehalt: Etwa ein Drittel aller Semco-Mitarbeiter haben die Möglichkeit, eine Gehaltskürzung von bis zu 25 Prozent in Kauf zu nehmen, aber durch einen Gehaltszuschlag 150 Prozent des normalen Einkommens zu erreichen, wenn das Unternehmen ein gutes Jahr hinter sich hat. Ist es Semco allerdings schlechter gegangen, bekommen sie nur 75 Prozent ihres Gehalts. Mit diesem Programm werden diejenigen belohnt, die bereit sind, ein Risiko einzugehen, und zugleich lassen sich unsere Personalkosten teilweise den Gewinnen oder Verlusten anpassen. (Siehe Kapitel 25.)

Satelliten-Programm: Ein Versuch, elementare Herstellungsprozesse nach draußen zu verlagern, und zwar mit einem besonderen Dreh: Statt Geschäfte mit Außenseitern zu machen, sind wir unseren Arbeitern behilflich, ihre eigenen Firmen zu gründen, und damit machen wir unsere Mitarbeiter zu Partnern. Um ihnen den Übergang zu erleichtern, leasen wir ihnen unsere Produktionsmaschinen zu günstigen Raten und bieten ihnen unseren Rat bei der Preisgestaltung, der Qualität, bei den Steuern und ähnlichen Dingen an. Es steht ihnen frei, auch an unsere Konkurrenten zu verkaufen. (Siehe Kapitel 32.)

Schlagzeilenmemo: Alle Aktennotizen bei Semco dürfen nicht länger als eine Seite sein und müssen eine schlagzeilenähnliche Überschrift tragen, die das Ganze auf den Punkt bringt. Wir machen da keine Ausnahmen, nicht einmal bei Marketing-Berichten. (Siehe Kapitel 18.)

Selbstbestimmtes Einkommen: Menschen das zu zahlen, was sie wollen, scheint ein sicherer Weg in den Bankrott zu sein, aber wir machen das nun schon seit acht Jahren, und es ist uns seither noch nie so gut gegangen. Eine zehnprozentige Steigerung ist dabei eher die Ausnahme. Fast 25 Prozent unserer Mitarbeiter setzen inzwischen ihr Einkommen selbst fest, darunter die meisten unserer Koordinatoren, und es gibt für mich eigentlich keinen Grund, warum nicht auch Fabrikarbeiter eines Tages ihren Lohn selbst bestimmen sollten. (Siehe Kapitel 25.)

Sicherheit des Arbeitsplatzes: Es ist noch gar nicht so lange her, daß Konzerne wie IBM, Bridgestone Tire, 3M und Kyocera sich damit brüsteten, bei ihnen gäbe es eine »lebenslange Arbeitsplatzgarantie«. Die amerikanischen Manager dieser Unternehmen und ihre japanischen Kollegen spielten sich gegenseitig die Bälle zu, als sie sich in Interviews für Fortune, The Financial Times und Asahi Shimbun wegen der hochherzigen Strategie des »Glaubens an die eigenen Leute« rühmten. Inzwischen ist all das Schnee vom vergangenen Winter, und japanische wie amerikansiche Multis haben Tausende erfahrener Arbeitskräfte entlassen. Bei Semco haben wir niemandem jemals einen sicheren Arbeitsplatz versprochen, so daß wir dieses Versprechen auch nie brechen mußten.

Stellenrotation: Wir legen unseren Managern nahe, ihre Jobs untereinander auszutauschen, und pro Jahr tun das bis zu 25 Prozent. Im allgemeinen reicht es, wenn jemand mindestens zwei Jahre und maximal fünf Jahre eine Stelle innegehabt hat, aber wie bei anderen Semco-Programmen ist es Sache der Mitarbeiter, die Initiative zu ergreifen. Stellenrotation kann eine aufreibende Angelegenheit sein, bietet aber einige wesentliche Vorteile, weil sie 1. die Menschen zwingt, etwas Neues zu lernen; 2. die Errichtung von Machtbereichen verhindert; 3. den Mitarbeitern ein umfassenderes Bild des Unternehmens vermittelt, so daß sie Verständnis für die Probleme ihrer Kollegen haben; 4. das Management zwingt, mehr als eine Person für eine Position einzuarbeiten; 5. zusätzliche Entfaltungsmöglichkeiten für all jene schafft, die sonst nicht weiterkämen. (Siehe Kapitel 20.)

Streiks: Auch wir konnten sie bedauerlicherweise nicht abschaffen. Aber wenn es zu einem Ausstand kommt, halten wir uns an folgende Regeln: 1. behandeln wir alle wie erwachsene Menschen; 2. versprechen wir den Streikenden, daß niemand bestraft wird, wenn sie die Arbeit wiederaufnehmen; 3. führen wir nicht darüber Buch, wer zur Arbeit gekommen ist und wer die Rädelsführer sind; 4. rufen wir nie die Polizei, und wir versuchen auch nie, eine Streikpostenkette zu durchbrechen; 5. gewähren wir auch weiterhin alle Vergünstigungen; 6. sperren wir weder Arbeiter noch Gewerkschaftsführer aus der Fabrik aus; 7. bestehen wir darauf, daß jeder das Recht derjenigen, die arbeiten wollen, respektiert; 8. entlassen wir niemanden während des Streiks oder danach. (Siehe Kapitel 13.)

Transparenz: Wir veröffentlichen praktisch alle Informationen über das Unternehmen – von den Gehältern bis zu den Strategien, von den Produktivitätsstatistiken bis zu den Gewinnspannen. Wir veranstalten auch Kurse für unsere Arbeiter, in denen wir ihnen beibringen, wie man Finanzdokumente wie Bilanzen und Gewinn- und Verlustrechnungen liest. Unsere Mitarbeiter können unsere Manager über jeden Aspekt unseres Unternehmens befragen und mit den Medien sprechen, ohne Angst vor einem Nachspiel haben zu müssen. (Siehe Kapitel 18.)

Verloren im Weltall: In jedem guten Jahr suchen wir uns unter den jungen Leuten, die sich bei uns als Auszubildende bewerben, mehrere aus und nehmen sie an die lange Leine. Ohne Stellenbeschreibung, ohne Boss, ohne Zuständigkeitsbereich dürfen sie überall hineinschnuppern, solange sie in den ersten 12 Monaten in mindestens 12 Abteilungen arbeiten. Dann können sie eine dauerhaftere Anstellung in einer dieser Abteilungen vereinbaren. (Siehe Kapitel 29.)

Vorschriften: Bei uns gibt es so wenige Vorschriften wie möglich. Es gibt zum Beispiel keine Kleiderordnung oder Regelungen für die Reisetätigkeit. Und wir haben auch keine interne Prüfstelle mehr, die unseren Leuten auf die Finger sieht. Wir sagen nichts weiter als: Gebraucht euren gesunden Menschenverstand. (Siehe Kapitel 9.)

Werkskomitees: In jedem Unternehmensbereich von Semco wählen bestimmte Gruppen von Mitarbeitern – Maschinisten, Büropersonal, Wartungskräfte, Lagerarbeiter, technische Zeichner und alle sonstigen Mitarbeiter außer den Managern – ihre Repräsentanten in Komitees. (Auch die Gewerkschaft ist darin vertreten.) Diese Komitees setzen sich regelmäßig mit den Topmanagern in jedem Unternehmensbereich zusammen und besprechen mit ihnen sämtliche Arbeitsplatzprobleme oder unternehmenspolitischen Fragen. Sie sind befugt, Streiks auszurufen, die Bücher zu prüfen und alle Aspekte des Managements in Frage zu stellen. (Siehe Kapitel 10.)

Zu Hause arbeiten: Ich tue es mindestens an drei Vormittagen pro Woche und ermuntere jeden dazu, der zu Hause arbeiten kann, meinem Beispiel zu folgen. Damit lassen sich Konzentration und Produktivität steigern, und es macht die Menschen auch flexibler.

Anhang D
Das Überlebens-Handbuch

Die folgenden Seiten sind Auszüge aus der kleinen Broschüre, die wir jedem neuen Semco-Mitarbeiter überreichen. Es sind die einzigen geschriebenen Regeln, die es bei uns gibt.

ORGANIGRAMM

Bei Semco gibt es kein offizielles Organigramm. Führer wird man bei uns nur aufgrund der Achtung der Geführten. Wenn es sich nicht vermeiden läßt, die Struktur irgendeines Unternehmensbereichs darzustellen, machen wir immer nur eine Bleistiftskizze, die wir so bald wie möglich wegwerfen.

Bevor jemand eingestellt oder befördert wird, haben die anderen Mitarbeiter in diesem Bereich Gelegenheit, die Kandidaten zu befragen und zu bewerten.

Bei Semco gibt es flexible Arbeitszeiten, und jeder einzelne Mitarbeiter ist selbst dafür verantwortlich, sie festzulegen und einzuhalten. Menschen arbeiten unterschiedlich schnell, und ihre jeweilige Leistungsfähigkeit schwankt im Laufe des Tages. Semco bemüht sich, den Wünschen und Bedürfnissen des einzelnen möglichst gerecht zu werden.

Unsere Leute können gern ihren Arbeitsbereich so gestalten und verändern, wie sie möchten. Es liegt ganz bei Ihnen, ob Sie die Wände oder Maschinen anmalen, Pflanzen aufstellen oder Ihren Arbeitsplatz sonstwie dekorieren wollen. Im Unternehmen gibt es dafür keine Vorschriften, und wir wollen auch keine erlassen. Verändern Sie also Ihre Umgebung, wie es Ihrem Geschmack und Ihren Wünschen sowie denen der Menschen entspricht, die mit Ihnen arbeiten.

Beides spielt bei Semco keine wichtige Rolle. Wie jemand aussieht, hat auf seine oder ihre Einstellung oder Beförderung keinen Einfluß. Jede(r) weiß doch selbst, was er oder sie tragen möchte oder muß. Machen Sie es sich bequem – kleiden Sie sich ganz normal.

AUTORITÄT

Viele Positionen bei Semco sind mit hierarchischer Autorität verbunden. Aber jeder Versuch, Untergebene zu unterdrücken, ihre Angst oder Unsicherheit als Druckmittel bei der Arbeit zu nutzen oder sie zu mißachten, gilt als unverzeihlicher Machtmißbrauch und wird nicht geduldet.

GEWERKSCHAFTEN

Gewerkschaften haben die wichtige Funktion, Arbeitnehmer zu schützen. Bei Semco können sich die Arbeiter gern einer Gewerkschaft anschließen, und es ist absolut untersagt, Gewerkschaftsmitglieder zu verfolgen. Es ist nicht immer der Fall, daß die Gewerkschaften und das Unternehmen einer Meinung sind oder gar gut miteinander auskommen, aber wir bestehen darauf, daß zwischen beiden gegenseitige Achtung herrscht und daß man miteinander im Gespräch bleibt.

STREIKS

Streiks sind für uns etwas ganz Normales. Sie gehören nun einmal zur Demokratie. Niemand wird wegen der Teilnahme an Streiks verfolgt, solange diese widerspiegeln, was die Leute im Unternehmen denken und empfinden. In dieser Hinsicht sind die Arbeiterversammlungen souverän.

Abwesenheit von der Arbeit wegen eines Streiks gilt als normales Fehlen und zieht keine Konsequenzen oder Strafen nach sich.

WANDEL

Bei Semco gibt es von Zeit zu Zeit größere Veränderungen. Machen Sie sich deshalb keine Sorgen. Wir halten Wandel für gesund und positiv. Nehmen Sie diese Veränderungen ohne Angst hin. Sie sind typisch für unser Unternehmen.

Unsere Philosophie beruht auf aktiver Beteiligung und Engagement. Lehnen Sie sich nicht einfach bequem zurück. Äußern Sie Ihre Meinung, bemühen Sie sich um Chancen und um ein Weiterkommen und sagen Sie immer, was Sie denken. Seien Sie nicht bloß ein x-beliebiger Mitarbeiter.

Ihre Meinung ist stets interessant, auch wenn Sie niemand danach gefragt hat. Nehmen Sie Kontakt auf mit den Werkskomitees und beteiligen Sie sich an Wahlen. Auch Ihre Stimme zählt!

WERKSKOMITEES

Mitarbeiter bei Semco haben die Garantie, daß ihre Interessen durch das Werkskomitee ihres jeweiligen Unternehmensbereichs vertreten werden. Lesen Sie die Charta, beteiligen Sie sich, sorgen Sie dafür, daß Ihr Komitee Ihre Interessen wirkungsvoll verteidigt – diese müssen sich durchaus nicht immer mit den Interessen von Semco dekken. Wir halten diesen Konflikt für gesund und notwendig.

Zweimal im Jahr sollen Sie einen Fragebogen ausfüllen – hier können Sie sagen, was Sie von Ihrem Boß halten. Seien Sie offen und ehrlich, und zwar nicht nur auf diesem Formular, sondern auch in der daran anknüpfenden Diskussion.

Jeder, der seit drei Jahren bei uns ist oder 50 geworden ist, genießt einen besonderen Schutz und darf nur nach einer ganzen Reihe von Anhörungen entlassen werden. Das bedeutet nicht, daß es bei Semco keine Entlassungen gibt, aber wir wollen dafür sorgen, daß sich unsere Leute sicherer fühlen.

VORSCHLÄGE

Semco hält nichts davon, Preise für Vorschläge zu verleihen. Wir wollen, daß jeder sich frei äußert, und alle Meinungen, Vorschläge und Anregungen sind uns recht, aber wir finden es nicht in Ordnung, sie mit Preisen oder mit Geld zu belohnen.

DIE SEMCO-FRAU

Frauen haben (auch) in Brasilien geringere Beschäftigungs-, Aufstiegs- und finanzielle Möglichkeiten als Männer. Bei Semco gibt es verschiedene Programme für Frauen, die von Frauen geleitet werden und die diese Form der Diskriminierung einzuschränken versuchen. Sie laufen unter dem Namen »Die Semco-Frau«.

Wenn Sie eine Frau sind, nehmen Sie doch daran teil.

Wenn nicht, sollten Sie sich weder bedroht fühlen noch gegen diese Einrichtung ankämpfen. Versuchen Sie einfach, sie zu verstehen und zu respektieren.

URLAUB

Semco gehört nicht zu jenen Unternehmen, die glauben, daß irgend jemand unersetzbar ist. Jeder sollte 30 Tage Urlaub im Jahr machen. Das ist für Ihre Gesundheit genauso wichtig wie für das Wohlergehen des Unternehmens. Keine Ausrede kann so gut sein, daß man Urlaubstage für »später« ansammelt.

Wenn Sie irgendwelche Fragen haben
oder mir Ihre Meinung sagen wollen,
schreiben Sie bitte an:

RICARDO SEMLER
RUA DOM AGUIRRE 438
JARDIM MARAJOARA
SAO PAULO – SP 04671
BRASILIEN